高职高专土建类立体化系列教材
建筑工程技术专业

建筑构造与识图

主　编　卢士华　郑　钧
副主编　周　婧　徐　磊
参　编　胡永平　钟晓天
　　　　欧阳平　刘舒宇

机械工业出版社

本书重点内容包含民用建筑构造、民用建筑设计两篇。其中，民用建筑构造篇有九个模块：建筑概述、基础与地下室、墙体、楼地层、楼梯、屋顶、门窗、变形缝、预制装配式建筑；民用建筑设计篇有一个模块。全书采用实训任务驱动式编写模式，每个实训任务都精心设计了实训目标、实训内容和实训要求等，为了方便学生学习，每个模块都有模块小结和习题。

本书针对高职高专教育的特点，融入国家颁布的现行建筑规范、规程和标准、"建筑工程识图"职业技能等级标准、建筑信息模型（BIM）职业技能等级标准、全国职业院校技能大赛高职组"建筑工程识图"竞赛等相关内容，并结合工程实例进行编写，突出了新材料、新技术、新工艺的应用。

本书可作为建筑工程技术、智能建造、工程造价、工程管理、工程监理等专业教材，也可供成人教育、工程技术人员学习、参考。

图书在版编目（CIP）数据

建筑构造与识图／卢士华，郑钧主编． -- 北京：机械工业出版社，2024．11． --（高职高专土建类立体化系列教材）． -- ISBN 978-7-111-77122-7

Ⅰ．TU22；TU204

中国国家版本馆 CIP 数据核字第 20243635BN 号

机械工业出版社（北京市百万庄大街 22 号　邮政编码 100037）
策划编辑：张荣荣　　　　　　责任编辑：张荣荣　关正美
责任校对：丁梦卓　王　延　　封面设计：张　静
责任印制：单爱军
北京虎彩文化传播有限公司印刷
2025 年 5 月第 1 版第 1 次印刷
184mm×260mm・17 印张・415 千字
标准书号：ISBN 978-7-111-77122-7
定价：49.80 元

电话服务　　　　　　　　　　网络服务
客服电话：010-88361066　　　机　工　官　网：www.cmpbook.com
　　　　　010-88379833　　　机　工　官　博：weibo.com/cmp1952
　　　　　010-68326294　　　金　书　网：www.golden-book.com
封底无防伪标均为盗版　　机工教育服务网：www.cmpedu.com

前言

近年来,在职业教育快速发展的大背景下,土建类专业也在不断发展壮大。建筑构造与识图作为土建类专业的专业基础课程,随着时代的发展也在不断改革创新教学内容和教学方法,但在教学实践中我们却发现,建筑构造与识图教材无法满足教学改革的需要。

教材对于教学的重要性不言而喻。我们对市面上现有的建筑构造与识图教材进行了系统梳理,发现现有的建筑构造与识图教材存在以下几个问题:

1)教材内容陈旧,没有融入现行的规范、标准以及新技术、新材料等内容。

2)教材内容没有紧跟国家教育指引方向,没有融入国家颁布的"建筑工程识图"职业技能等级标准。

3)教材内容没有融入职业院校职业技能大赛的内容。技能大赛目的是提高学生的职业技能,将其融入教材,开展普适性的教育,才能对所有学生有利。

4)对读者需求不够了解。不清楚高职土建类专业的学生应该学哪些建筑构造与识图的内容,有的用要求本科学生的标准来要求高职学生。

5)信息化内容不多。一些传统的教材信息化内容不多,文本较为死板。

为满足高职院校土建类专业的教学需要,培养从事建筑工程施工、管理、设计等工程技术人才,根据土建类高职建筑工程技术及相关专业人才培养的要求,以国家颁布的建筑行业现行规范、规程、标准、职业技能等级标准、职业技能大赛技术文件为依据,校、企合作共同编写了本书。本书主要特色如下:

1. 立德树人,课程内容与思政元素有机融合

本书重视学生核心素养的养成,充分融入思政元素。将中国建筑发展历史、工匠人物故事等融入教学内容及实训任务中,设置"案例引入"或"拓展思考"栏目,丰富体现中国的建筑文化特色、工匠精神、绿色节能政策等,突显了"学好工程知识技术,传承中国工匠精神"的宗旨和责任。

2. 岗、赛、证、标准融合,教材针对性和实用性强

编者以大量的毕业生跟踪调研访谈、就业单位调研访谈、相关的文献分析研究以及对相关高职土建专业群调研访谈为基础,得出了较为准确的土建专业从业人员的读者需求,并融入职业技能大赛、职业技能等级标准、新规范、新标准等内容。

3. 校企深度融合,联合开发教材

本书由广州番禺职业技术学院牵头,广州城市职业学院、广州中望龙腾软件股份有限公司、广州珠江建设发展有限公司四家单位共同编写完成。两所学校负责文字编纂,广州中望龙腾软件股份有限公司刘舒宇负责文字审核、广州珠江建设发展有限公司提供施工图,广州中望龙腾软件股份有限公司提供施工图及虚拟仿真等资料。

本书由卢士华、郑钧任主编，周婧、徐磊任副主编，参编者有胡永平、钟晓天、欧阳平、刘舒宇。具体编写分工：卢士华编写第一篇中的模块一至模块八，郑钧负责全书的统稿；周婧编写第二篇；徐磊编写第一篇中的模块九；胡永平负责动画制作，欧阳平参与教学录像的录制工作，钟晓天负责试题的编制工作，刘舒宇负责文字审核工作。

4. 重视学生个性化需求

本书为新形态教材，配有大量的教师教学录像、虚拟仿真、三维动画、规范、标准、图集等，可通过扫描二维码等展现建筑构造，具有形式新颖、生动形象、内容丰富、互动功能强等特点，能够满足学生的学习需求。同时，本书在配套的课程网站中提供了丰富的微课视频、课件等数字化资源，有助于满足学生个性化的学习需求。

在编写过程中参考和借鉴了许多国内外同类教材和文献资料，特此向有关作者致以真诚的谢意。

由于编者水平有限，书中难免存在疏漏和不妥之处，欢迎广大读者批评指正。

编　者

在线学习

目录

前言

第一篇　民用建筑构造

模块一　建筑概述 ………………… 2
1.1　建筑构成的基本要素 …………… 3
1.2　建筑的分类与等级 ……………… 4
　1.2.1　建筑的分类 ………………… 4
　1.2.2　建筑物的等级 ……………… 7
1.3　建筑物的组成、影响因素及设计原则 … 9
　1.3.1　建筑物的组成 ……………… 9
　1.3.2　建筑物构造的影响因素 …… 10
　1.3.3　建筑构造的设计原则 ……… 11
1.4　建筑标准化与建筑模数 ………… 12
　1.4.1　建筑标准化 ………………… 12
　1.4.2　建筑模数 …………………… 12
　1.4.3　建筑构件的尺寸 …………… 15
1.5　定位轴线 ………………………… 16
　1.5.1　砖墙的平面定位轴线 ……… 16
　1.5.2　变形缝处的砖墙平面定位轴线 … 17
　1.5.3　高低层分界处砖墙的定位轴线 … 18
　1.5.4　框架柱的平面定位轴线 …… 18
　1.5.5　建筑的竖向定位 …………… 19
模块小结 ………………………………… 20
习题 ……………………………………… 21
实训项目 ………………………………… 22

模块二　基础与地下室 …………… 23
2.1　地基与基础概述 ………………… 24
　2.1.1　地基与基础的概念 ………… 24
　2.1.2　地基的分类 ………………… 24
　2.1.3　地基的设计要求 …………… 25
　2.1.4　基础的设计要求 …………… 25
2.2　基础埋深及其影响因素 ………… 25
　2.2.1　基础埋深 …………………… 25
　2.2.2　基础埋深的影响因素 ……… 26
2.3　基础的类型及构造 ……………… 28
　2.3.1　按材料和受力特点分 ……… 28
　2.3.2　按构造形式分 ……………… 31
2.4　地下室 …………………………… 33
　2.4.1　地下室的分类 ……………… 33
　2.4.2　地下室的组成 ……………… 34
　2.4.3　地下室的防潮 ……………… 35
　2.4.4　地下室的防水 ……………… 36
模块小结 ………………………………… 38
习题 ……………………………………… 39
实训项目 ………………………………… 40

模块三　墙体 ……………………… 41
3.1　墙体概述 ………………………… 42
　3.1.1　墙体的作用 ………………… 42
　3.1.2　墙体的类型 ………………… 42
　3.1.3　墙体设计要求 ……………… 44
　3.1.4　墙体承重方案 ……………… 44
3.2　墙体构造 ………………………… 46
　3.2.1　砖墙材料 …………………… 46
　3.2.2　砖墙的砌筑方式 …………… 47
　3.2.3　实心砖墙的尺寸 …………… 49
　3.2.4　墙体的细部构造 …………… 49
3.3　隔墙构造 ………………………… 58
　3.3.1　块材隔墙 …………………… 58
　3.3.2　骨架隔墙 …………………… 59
　3.3.3　板材隔墙 …………………… 60
3.4　墙面装修 ………………………… 62
　3.4.1　墙面装修的作用及分类 …… 62
　3.4.2　墙面装修的构造 …………… 63
　3.4.3　特殊部位的墙装修 ………… 68

3.5 幕墙 ………………………………………… 69
    3.5.1 幕墙主要组成和材料 ……………… 69
    3.5.2 幕墙的基本结构类型 ……………… 71
模块小结 ……………………………………… 73
习题 …………………………………………… 73
实训项目 ……………………………………… 75

模块四 楼地层 …………………………… 77
4.1 楼地层的组成及设计要求 ………………… 78
    4.1.1 楼地层的组成 ……………………… 78
    4.1.2 楼地层的设计要求 ………………… 79
4.2 钢筋混凝土楼板 …………………………… 80
    4.2.1 现浇整体式钢筋混凝土楼板 ……… 80
    4.2.2 预制装配式钢筋混凝土楼板 ……… 83
    4.2.3 装配整体式钢筋混凝土楼板 ……… 89
4.3 楼地层构造 ………………………………… 90
    4.3.1 楼地面构造做法 …………………… 90
    4.3.2 楼地面防水构造 …………………… 94
4.4 顶棚构造 …………………………………… 95
    4.4.1 直接式顶棚 ………………………… 95
    4.4.2 悬吊式顶棚 ………………………… 96
4.5 阳台与雨篷 ………………………………… 100
    4.5.1 阳台 ………………………………… 100
    4.5.2 雨篷 ………………………………… 104
模块小结 ……………………………………… 106
习题 …………………………………………… 107
实训项目 ……………………………………… 108

模块五 楼梯 ……………………………… 109
5.1 楼梯的组成与类型 ………………………… 110
    5.1.1 楼梯的组成 ………………………… 110
    5.1.2 楼梯的类型 ………………………… 110
5.2 楼梯的尺寸与设计 ………………………… 112
    5.2.1 楼梯的尺寸 ………………………… 112
    5.2.2 楼梯设计 …………………………… 117
5.3 钢筋混凝土楼梯 …………………………… 121
    5.3.1 现浇钢筋混凝土楼梯 ……………… 121
    5.3.2 预制装配式钢筋混凝土楼梯 ……… 122
    5.3.3 楼梯的细部构造 …………………… 126
5.4 室外台阶与坡道 …………………………… 131
    5.4.1 台阶与坡道的形式 ………………… 131
    5.4.2 台阶的构造形式 …………………… 131
    5.4.3 坡道 ………………………………… 133
5.5 电梯与自动扶梯 …………………………… 135
    5.5.1 电梯 ………………………………… 135
    5.5.2 自动扶梯 …………………………… 137
模块小结 ……………………………………… 140
习题 …………………………………………… 140
实训项目 ……………………………………… 143

模块六 屋顶 ……………………………… 144
6.1 屋顶概述 …………………………………… 145
    6.1.1 屋顶的作用 ………………………… 145
    6.1.2 屋顶的类型 ………………………… 145
    6.1.3 屋顶的设计要求 …………………… 147
6.2 屋顶排水 …………………………………… 147
    6.2.1 屋顶坡度选择 ……………………… 147
    6.2.2 屋顶排水方式 ……………………… 149
    6.2.3 屋顶排水组织设计 ………………… 150
6.3 平屋顶屋面 ………………………………… 152
    6.3.1 平屋顶的防水 ……………………… 152
    6.3.2 平屋顶的细部构造 ………………… 156
    6.3.3 平屋顶的保温与隔热 ……………… 161
6.4 坡屋顶屋面 ………………………………… 165
    6.4.1 坡屋顶屋面的组成 ………………… 165
    6.4.2 坡屋顶的承重结构体系 …………… 166
    6.4.3 坡屋顶屋面做法 …………………… 167
    6.4.4 坡屋顶的细部构造 ………………… 170
    6.4.5 坡屋顶的保温与隔热 ……………… 172
模块小结 ……………………………………… 174
习题 …………………………………………… 175
实训项目 ……………………………………… 176

模块七 门窗 ……………………………… 177
7.1 门窗的形式与尺寸 ………………………… 178
    7.1.1 门的形式与尺寸 …………………… 178
    7.1.2 窗的形式与尺寸 …………………… 179
7.2 木门窗 ……………………………………… 181
    7.2.1 木门的构造 ………………………… 181
    7.2.2 木窗的构造 ………………………… 184
7.3 金属门窗 …………………………………… 187
    7.3.1 铝合金门窗 ………………………… 187
    7.3.2 钢门窗 ……………………………… 187
7.4 塑钢门窗 …………………………………… 191
模块小结 ……………………………………… 192
习题 …………………………………………… 193
实训项目 ……………………………………… 194

模块八 变形缝 …………………………… 195
8.1 伸缩缝 ……………………………………… 196

8.1.1 伸缩缝的概念 …………………… 196
8.1.2 伸缩缝的设置 …………………… 196
8.1.3 伸缩缝的构造 …………………… 198
8.2 沉降缝 ………………………………… 200
8.2.1 沉降缝的概念 …………………… 200
8.2.2 沉降缝的设置要求 ……………… 200
8.2.3 沉降缝的构造 …………………… 201
8.3 防震缝 ………………………………… 202
8.3.1 防震缝的概念 …………………… 202
8.3.2 防震缝的设置要求 ……………… 202
8.3.3 防震缝的构造 …………………… 203
8.4 变形缝处建筑物的结构布置 ………… 204
模块小结 ………………………………… 205
习题 ……………………………………… 205
实训项目 ………………………………… 206

模块九 预制装配式建筑 ……………… 208
9.1 预制装配式建筑的概念和特点 ……… 208
9.1.1 预制装配式建筑的概念 ………… 208
9.1.2 预制装配式建筑的特点 ………… 209
9.2 砌块建筑 ……………………………… 209

9.2.1 砌块的类型 ……………………… 209
9.2.2 砌块墙的排列与组合 …………… 210
9.2.3 砌块砌筑的原则 ………………… 210
9.2.4 砌块墙构造 ……………………… 211
9.3 板材建筑 ……………………………… 212
9.3.1 板材建筑的概念 ………………… 212
9.3.2 板材建筑主要构件 ……………… 212
9.3.3 板材建筑节点构造 ……………… 214
9.3.4 板材建筑的板缝防水构造 ……… 215
9.4 骨架装配式建筑 ……………………… 216
9.4.1 骨架装配式建筑的构件类型 …… 216
9.4.2 骨架装配式建筑的构件连接 …… 217
9.5 盒子建筑 ……………………………… 220
9.5.1 盒子建筑的类型 ………………… 220
9.5.2 盒子建筑的组成方式与构造 …… 220
9.6 升板建筑 ……………………………… 221
模块小结 ………………………………… 222
习题 ……………………………………… 222
实训项目 ………………………………… 223

第二篇 民用建筑设计

模块十 民用建筑设计 …………………… 226
10.1 建筑平面设计 ……………………… 227
10.1.1 建筑平面的组成及设计概论 … 227
10.1.2 主要房间的平面设计 ………… 228
10.1.3 辅助房间的平面设计 ………… 233
10.1.4 交通联系部分的平面设计 …… 237
10.1.5 建筑平面组合设计 …………… 240
10.2 建筑剖面设计 ……………………… 244
10.2.1 房间的剖面形状 ……………… 244
10.2.2 房间高度的确定 ……………… 245

10.2.3 建筑层数的确定 ……………… 248
10.2.4 建筑剖面的组合形式 ………… 249
10.2.5 建筑空间的处理 ……………… 251
10.3 建筑体型和立面设计 ……………… 251
10.3.1 建筑体型和立面设计的要求 … 252
10.3.2 建筑体型的组合 ……………… 254
10.3.3 建筑立面设计 ………………… 255
模块小结 ………………………………… 256
习题 ……………………………………… 257
实训项目 ………………………………… 258

参考文献 ………………………………………………………………………………………… 262

第一篇
民用建筑构造

建筑工程识图职业技能等级标准

模块一

建筑概述

学习目标

知识目标
1. 了解建筑构成的基本要素。
2. 掌握建筑物的分类和等级划分。
3. 掌握建筑物的构造组成及影响因素和设计原则。
4. 掌握建筑模数的概念。
5. 掌握建筑定位轴线确定的方法。

技能目标
1. 能够对建筑物进行分类和等级划分。
2. 能分析建筑的构造组成。
3. 能按建筑模数确定建筑尺寸。
4. 能按定位轴线的划分原则和建筑制图标准标注定位轴线。

素质目标
1. 具备精益求精的工作态度。
2. 具有高尚的民族自豪感。
3. 具有与其他人员配合工作的协作精神。

工作任务
1. 识读建筑施工图总说明中的建筑物分类、等级、定位轴线等内容。
2. 平面图轴线设计与绘制。

案例引入

建筑，是人类文明和文化最早的记忆之一。而中国古建筑更是源远流长，从穴居野外，到楼台亭阁，中国古建筑无不彰显着古代劳动人民的智慧。

1. 原始社会时期——栖身之所

约五十万年前，我们的祖先利用天然的洞穴作为栖身之所，逐步掌握了在地面营建房屋的技术，创造了原始的木架建筑，如图1-1所示。

2. 奴隶社会时期——宫殿组合群

奴隶社会时期，周代各国都城均为夯土建筑，墙外建有城壕，有高大的城门。以木构架为主要的结构形式，屋顶使用陶瓦，中国古代建筑体系初步形成。在河南偃师的二里头遗址是我国最早的庭院式夯土建筑，如图1-2所示。

图 1-1　木架建筑

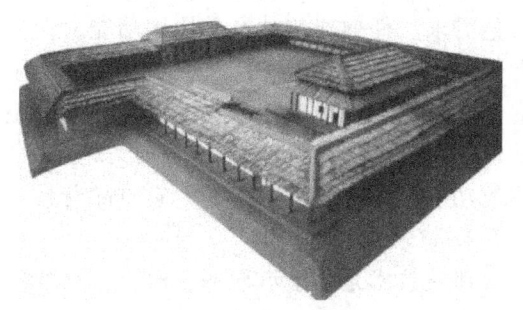
图 1-2　二里头遗址

3. 封建社会时期——建筑体系定型

封建社会时期，高台宫室盛行，多采用夯土台为中心，周围用空间较小的木架建筑环抱，上下层叠绕，形成一组建筑群。汉代时期，木架建筑趋于成熟，屋顶以悬山顶和庑殿顶最为普遍，歇山顶和囤顶也相继应用。元、明、清三朝时期，中国古代建筑发展也趋于尾声。元朝的建筑多有放荡不羁的特点。明朝的建筑则规模宏大，晚期却趋于繁琐。清朝的建筑崇尚工巧华丽，善用琉璃瓦进行雕琢。

4. 中国近代建筑——新建筑体系

中国近代建筑材料水泥、玻璃、机制砖瓦等有了快速发展，主体结构大致可分为砖木混合结构、砖石钢筋混凝土混合结构、钢和钢筋混凝土框架结构三种基本形式。中国近代建筑不只是单纯地引进西方建筑，而是结合中国实际创作出一些有中国特色的近代建筑。

思考

1. 建筑构成基本要素有哪些？
2. 简述建筑的分类与等级。

建筑构造包括建筑物的构成、各组成部分的组合原理和构造方法等内容。在进行建筑设计时，不但要解决空间的划分和组合、外观造型等问题，还必须要考虑建筑构造上的可行性。为此，就要研究能否满足建筑物各组成部分的使用功能；在构造设计中综合考虑结构选型、材料的选用、施工的方法、构配件的制造工艺，以及技术经济、艺术处理等问题。我国先秦典籍《考工记》对当时营造宫室的屋顶、墙、基础和门窗的构造已有记述。唐代的《大唐六典》、宋代的《木经》和《营造法式》、明代成书的《鲁班经》和清代的《清工部工程做法》等，都有关于建筑构造方面的内容。

1.1　建筑构成的基本要素

建筑构成的基本要素包括建筑功能、建筑技术和建筑形象。

1. 建筑功能

建筑功能是建筑的第一基本要素，是人们建造房屋的具体目的和使用要

建筑构成的基本要素

求的综合体现。人们建造房屋主要是满足生产、生活的需要，同时也应充分考虑整个社会的其他需求。任何建筑都有其使用功能，但由于各类建筑的具体使用目的和要求不尽相同，因此就产生了不同类型的建筑，如住宅是为了满足人们居住的需要，娱乐场所是为了丰富人们的文化、精神生活的需要，工厂是为了满足工业生产的需要等。建筑功能在建筑中起决定性的作用，它直接影响建筑的结构形式、平面布局和组合、建筑体型、建筑立面以及形象等。建筑功能也不是一成不变的，它将随着社会的发展和人们物质文化水平的不断提高而变化。

2. 建筑技术

建筑技术是建造房屋的手段，包括建筑材料与制品技术、结构技术、施工技术和设备技术等内容。材料是物质基础，随着材料研发技术的发展，各种新材料不断涌现，为建造各种类型的建筑提供了物质保障；结构是构成建筑空间的骨架，随着建筑结构计算理论的发展和计算机辅助设计的应用，建筑设计技术不断革新，为新的建筑功能的实现和新的建筑空间形式的创造，提供了技术上的可能；施工技术是实现建筑生产的过程和方法，各种新的施工技术和工艺提供了建筑建造的手段；设备是改善建筑环境的技术条件，它为建筑满足各种使用要求创造了条件。

3. 建筑形象

建筑形象的塑造不仅要遵循美观的原则，还要根据建筑的使用功能和性质，综合考虑建筑所在地的自然条件、地域文化、经济发展和建筑技术手段。影响建筑形象的因素包括建筑体量、组合形式、立面构图、细部处理、建筑装饰材料的色彩和质感、光影效果等。不同的处理手法，给人带来或庄重宏伟或简洁明快或轻快活泼的视觉效果，如人民大会堂、中山纪念堂、广州塔等。

构成建筑的三个要素之间是辩证统一的关系。建筑功能起主导作用；建筑技术是达到目的的手段，技术对功能又有约束和促进作用；建筑形象是功能与技术的反映，但是如果充分发挥设计者的主观作用，在一定的功能和技术条件下，可以把建设设计得更加美观。

1.2 建筑的分类与等级

1.2.1 建筑的分类

1. 按建筑物的使用功能分

按使用功能分为民用建筑、工业建筑与农业建筑。

民用建筑又分为居住建筑、公共建筑。居住建筑又分为住宅建筑与宿舍建筑等。居住建筑主要是指提供人们日常居住生活使用的建筑物，如住宅、宿舍、公寓等。公共建筑主要是指提供人们进行各种社会活动的建筑物，其中包括：

建筑的分类

（1）行政办公建筑。如机关、企业单位的办公楼等。

（2）文教建筑。如学校、图书馆、文化宫、文化中心等。

（3）托教建筑。如托儿所、幼儿园等。

（4）科研建筑。如研究所、科学实验楼等。

（5）医疗建筑。如医院、诊所、疗养院等。

(6) 商业建筑。如商店、商场、购物中心、超级市场等。

(7) 观览建筑。如电影院、剧院、音乐厅、影城、会展中心、展览馆、博物馆等。

(8) 体育建筑。如体育馆、体育场、健身房等。

(9) 旅馆建筑。如旅馆、宾馆、度假村、招待所等。

(10) 交通建筑。如航空港、火车站、汽车站、地铁站、水路客运站等。

(11) 通信广播建筑。如电信楼、广播电视台、邮电局等。

(12) 园林建筑。如公园、动物园、植物园、亭台楼榭等。

(13) 纪念性建筑。如纪念堂、纪念碑、陵园等。

工业建筑主要是指为工业生产服务的各类建筑，如生产车间、辅助车间、动力用房、仓储建筑等。

农业建筑主要是指用于农业、牧业生产和加工的建筑，如温室、畜禽饲养场、粮食与饲料加工站、农机修理站等。

2. 按建筑层数或总高度分

(1) 根据《民用建筑设计统一标准》（GB 50352—2019），民用建筑按地上层数或高度（应符合防火规范）分类应符合下列规定：

1) 低层或多层民用建筑。建筑高度不大于27m的住宅建筑、建筑高度不大于24m的公共建筑及建筑高度大于24m的单层公共建筑。

2) 高层民用建筑。建筑高度大于27m的住宅建筑和建筑高度大于24m且不大于100m的非单层公共建筑。

《民用建筑设计统一标准》（GB 50352—2019）

3) 超高层建筑。建筑高度大于100m的建筑。

(2) 根据《建筑设计防火规范》（GB 50016—2014）（2018年版），民用建筑根据其高度和层数可分为单、多层民用建筑和高层民用建筑。高层民用建筑根据其建筑高度、使用功能和楼层的建筑面积又可分为一类高层民用建筑和二类高层民用建筑。民用建筑的分类应符合表1-1的规定。

表1-1 民用建筑的分类

名称	高层民用建筑		单、多层民用建筑
	一类	二类	
住宅建筑	建筑高度大于54m的住宅建筑（包括设置商业服务网点的住宅建筑）	建筑高度大于27m，但不大于54m的住宅建筑（包括设置商业服务网点的住宅建筑）	建筑高度不大于27m的住宅建筑（包括设置商业服务网点的住宅建筑）
公共建筑	1. 建筑高度大于50m的公共建筑 2. 建筑高度24m以上部分任一楼层建筑面积大于1000m²的商店、展览、电信、邮政、财贸金融建筑和其他多种功能组合的建筑 3. 医疗建筑、重要公共建筑、独立建造的老年人照料设施 4. 省级及以上的广播电视和防灾指挥调度建筑、网局级和省级电力调度建筑 5. 藏书超过100万册的图书馆、书库	除一类高层公共建筑外的其他高层公共建筑	1. 建筑高度大于24m的单层公共建筑 2. 建筑高度不大于24m的其他公共建筑

注：1. 表中未列入的建筑，其类别应根据本表类比确定。
　　2. 除《建筑设计防火规范》（GB 50016—2014）（2018年版）另有规定外，宿舍、公寓等非住宅类居住建筑的防火要求，应符合《建筑设计防火规范》（GB 50016—2014）（2018年版）有关公共建筑的规定。
　　3. 除《建筑设计防火规范》（GB 50016—2014）（2018年版）另有规定外，裙房的防火要求应符合《建筑设计防火规范》（GB 50016—2014）（2018年版）有关高层民用建筑的规定。

3. 按建筑结构类型分

（1）砖混结构。砖混结构也称为砌体结构，是由墙体、钢筋混凝土圈梁、构造柱、楼板等构件构成的混合结构体系。墙体承受建筑的全部荷载，并把荷载传递给基础的承重体系。这种承重体系适用于内部空间较小、建筑高度较小的多层或低层的建筑。

（2）框架结构。框架结构是指由梁、柱组成框架承受建筑的全部荷载，墙体只起维护和分隔作用的承重体系。其适用于跨度大、荷载大、高度大的建筑。

（3）排架结构。排架结构由屋架、柱组成框架承受建筑的全部荷载，一般单层工业厂房大多采用此种结构。

（4）框架剪力墙结构。框架剪力墙结构是由框架和剪力墙组成的受力体系，共同承担建筑的全部荷载，而水平作用力主要由剪力墙承担。其广泛应用于高层办公建筑、住宅及旅馆建筑等。

（5）空间结构。空间结构是指由钢筋混凝土或钢材组成的空间结构承受建筑的全部荷载，如网架、悬索、壳体等，其适用于特种建筑、大空间建筑。

4. 按数量和规模分

（1）大量性建筑。主要是指量大面广、与人们生活密切相关的建筑，如住宅、学校、商店、医院、中小型办公楼。

（2）大型性建筑。主要是指建筑规模大、耗资多、影响较大的建筑，与大量性建筑相比，其修建数量有限，但这些建筑在一个国家或一个地区具有代表性，对城市的面貌影响很大，如大型火车站、航空站、大型体育馆、博物馆、大会堂等。

拓展思考——中国智慧

中国代表性建筑物

1. 北京故宫

北京故宫是由70多座大小宫殿和9000余间房间共同组成的世界上现存规模最大、保存最完整的木质结构古建筑之一，其中的故宫博物院藏有清明上河图、乾隆款金瓯永固杯等国家级文物，1987年被联合国教科文组织列为世界文化遗产。

2. 东方明珠

东方明珠是由3根斜撑、3根立柱、广场、塔座、下球体、上球体、5个小球体、太空舱等共同构成的总高468m的上海标志性建筑之一，是集购物娱乐、都市观光、浦江游览、广播电视发射等多功能于一体的上海十大新景观之一。

3. 广州塔

广州塔又被俗称为小蛮腰，主体高454m，总高600m，是中国第一高塔，在广州塔上不仅可以去旋转餐厅品尝美食、欣赏风景，塔身顶部设的摩天轮还是世界最高的十大摩天轮之一。

4. 深圳地王大厦

地王大厦是于20世纪90年代初建设在深圳市罗湖区的超高层综合性建筑组群，也是可以俯瞰深圳、远眺香港的亚洲首个高层主题性观光游览项目。2018年地王大厦被列入中国20世纪建筑遗产项目名录。

1.2.2 建筑物的等级

1. 建筑物的耐久等级

根据《民用建筑设计统一标准》(GB 50352—2019)，民用建筑的设计使用年限应符合表1-2的规定。建筑物的耐久年限主要根据建筑物的安全设防等级来划分。按耐久等级划分，共分为四类：1 类，耐久年限 5 年，适用于临时性建筑，如建筑工地活动板房；2 类，耐久年限 25 年，适用于易于替换结构构件的建筑，如大型物流中心仓库等；3 类，耐久年限 50 年，适用于普通建筑和构筑物，如住宅楼、办公楼等；4 类，耐久年限 100 年，适用于纪念性建筑和特别重要的建筑，如广州塔等。

建筑物的等级

表 1-2 民用建筑设计使用年限

类别	设计使用年限/年	适用范围
1	5	临时性建筑
2	25	易于替换结构构件的建筑
3	50	普通建筑和构筑物
4	100	纪念性建筑和特别重要的建筑

2. 建筑物的耐火等级

为了保证建筑物的安全，必须采取必要的防火措施，使之具有一定的耐火性，即使发生了火灾也不至于造成太大的损失，通常用耐火等级来表示建筑物所具有的耐火性。建筑物的耐火等级是由组成建筑物的墙、柱、梁、楼板等主要构件的燃烧性能和耐火极限决定的。

(1) 燃烧性能。燃烧性能取决于所使用的建筑材料。我国将建筑构件的燃烧性能分为三类：

1) 不燃烧体（非燃烧体），包括金属、砖、石、混凝土等不燃性材料制成的构件。这种构件在空气中遇明火或高温作用下不起火、不微燃、不炭化，如砖墙、钢屋架、钢筋混凝土梁等构件都属于非燃烧体，常被用作承重构件。

2) 难燃烧体，包括用难燃性材料制成的构件或用可燃材料制成而用不燃性材料作保护层制成的构件。其在空气中遇明火或在高温作用下难起火、难微燃、难炭化，且当火源移开后燃烧和微燃立即停止。

3) 燃烧体，是指用可燃性材料制成的构件。这种构件在空气中遇明火或在高温作用下会立即起火或发生微燃，而且当火源移开后，仍继续保持燃烧或微燃，如木柱、木屋架、木梁、木楼梯、木搁栅、纤维板吊顶等构件都属于燃烧体构件。

(2) 耐火极限。建筑构件的耐火极限是指建筑构件从受到火的作用时起，到失去支持能力或完整性被破坏或失去隔火作用时止的这段时间，以 h 为单位。影响耐火极限的因素有三个：

1) 材料的燃烧性能。材料的燃烧性能好，构件的耐火极限就低。

2) 构件的截面尺寸。构件的截面尺寸大，构件的耐火极限就高。

3) 保护层的厚度。构件的保护层厚度大，构件的耐火极限就高。

耐火极限的判定条件：失去完整性、失去隔火性、失去稳定性我国《建筑设计防火规范》(GB 50016—2014)(2018 年版)规定，民用建筑的耐火等级可分为一级、二级、三级、四级，一级最高，四级最低。不同耐火等级建筑相应构件的燃烧性能和耐火极限不应低于表 1-3 的规定。一级耐火等级建筑，其主要建筑构件全部为不燃烧性。二级耐火等级建筑，其主要建筑构件除吊顶为可燃烧性，其他为不燃烧性。三级耐火等级建筑，其屋顶承重构件为难燃性。四级耐火等级建筑，其只有柱为难燃性。

《建筑设计防火规范》(GB 50016—2014)(2018 年版)

表 1-3 不同耐火等级建筑相应构件的燃烧性能和耐火极限　　　　（单位：h）

构件名称		耐火等级			
		一级	二级	三级	四级
		燃烧性能与耐火极限			
墙	防火墙	不燃性 3.00	不燃性 3.00	不燃性 3.00	不燃性 3.00
	承重墙	不燃性 3.00	不燃性 2.50	不燃性 2.00	不燃性 0.50
	非承重外墙	不燃性 1.00	不燃性 1.00	不燃性 0.50	可燃性
	房间隔墙	不燃性 0.75	不燃性 0.50	不燃性 0.50	不燃性 0.25
柱		不燃性 3.00	不燃性 2.50	不燃性 2.00	难燃性 0.50
梁		不燃性 2.00	不燃性 1.50	不燃性 1.00	难燃性 0.50
楼板		不燃性 1.50	不燃性 1.00	不燃性 0.50	可燃性
屋顶承重构件		不燃性 1.50	不燃性 1.00	可燃性	可燃性
疏散楼梯		不燃性 1.50	不燃性 1.00	不燃性 0.50	可燃性
吊顶（包括吊顶栅格）		不燃性 0.25	难燃性 0.25	难燃性 0.15	可燃性

拓展思考——中国智慧、中国方案、中国力量

港珠澳大桥

港珠澳大桥跨越伶仃洋，东接香港特别行政区，西接广东省珠海市和澳门特别行政区，总长约 55km，是"一国两制"框架下粤港澳三地首次合作共建的超大型跨海交通工程。2018 年 10 月 24 日上午 9 时正式通车。

在中国桥梁中,港珠澳大桥堪称佼佼者,创造了众多"中国之最""世界之最"——它是世界最长的跨海大桥,拥有世界最长海底沉管隧道,是世界最长钢结构桥梁……

55km:港珠澳大桥全长55km,是世界上最长的跨海大桥。

120年:港珠澳大桥是中国交通建设史上技术最复杂、施工难度最大、工程规模最庞大的桥梁,设计使用年限首次采用120年标准。

42万t:港珠澳大桥是世界上最长的钢结构桥梁,仅主体工程的主梁钢板用量就达42万t,相当于10座"鸟巢"体育场或60座埃菲尔铁塔的重量。

500人:2010年,"港珠澳大桥跨海集群工程建设关键技术与示范"正式列入"十一五"国家科技支撑计划,21家企事业单位、8所高等院校组成了超过500人的科研队伍,共完成项目创新工法31项、创新软件13项、创新装备31项、创新产品3项,申请专利454项。

1.3 建筑物的组成、影响因素及设计原则

1.3.1 建筑物的组成

建筑物是供人们居住、生活和从事各类公共活动的建筑,通常由基础、墙体和柱、楼地层、楼梯、屋顶、门和窗六个主要构造部分组成,如图1-3所示。这些组成部分构成了房屋的主体,它们在建筑的不同部位发挥着不同的作用。

建筑物是由若干大小不等的室内空间组合而成的,而空间的形成又需要各种各样的实体来组合,这些实体称为建筑构配件。除上述六个主要组成部分之外,还有其他构配件和设施,如阳台、雨篷、台阶、散水、通风道等,以保证建筑充分发挥其功能。

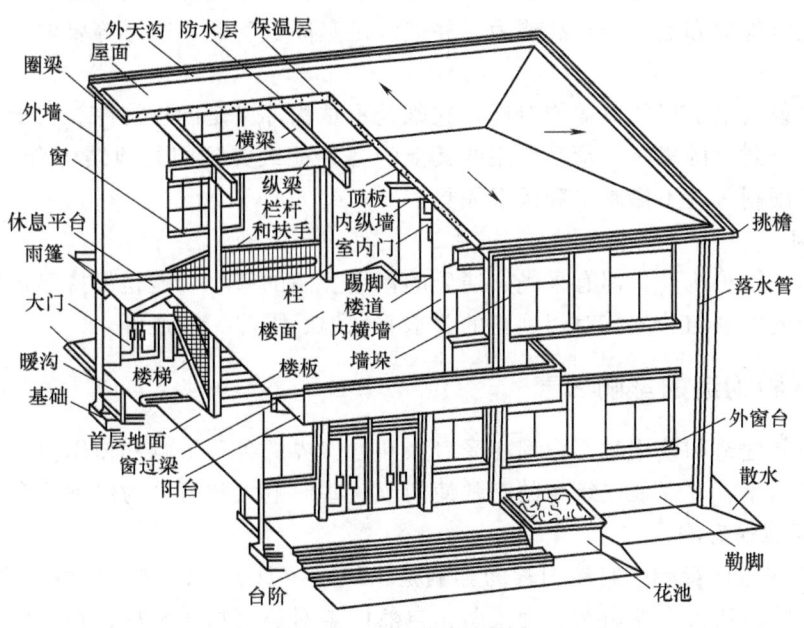

图1-3 建筑物的组成

1. 基础

基础是建筑物最下部的承重构件，是建筑物的地下部分。其作用是承受建筑物的全部荷载，并将这些荷载传给下面的土层（该土层称为地基）。基础是房屋的主要受力构件，其构造要求必须坚固、稳定、耐久，能经受冰冻、地下水及所含化学物质的侵蚀，保持足够的使用年限。

2. 墙体和柱

墙体是建筑物的承重构件和围护构件。作为承重构件，承受着屋顶或楼板层传来的荷载，并将这些荷载传给基础。作为围护构件，外墙起着抵御自然界各种因素对室内的侵袭作用，内墙起着分隔空间、组成房间、隔声、遮挡视线以及保证室内环境舒适的作用。因此，墙体要求具有足够的强度、稳定性、保温、隔热、隔声、防火、防水等能力。

柱是框架或排架结构等的主要承重构件，承受屋顶、楼板层传来的荷载连同自重一起传给基础。它必须具有足够的强度和刚度。

3. 楼地层

楼地层包括楼板层和地坪层。

楼板层也称为楼层，它是建筑物的水平承重构件，承受家具、设备、人的重量和楼层自重，同时楼板层对墙或柱起水平支撑作用，传递风、地震等侧向水平荷载，并将其上所有荷载连同自重传给墙或柱。楼板层把建筑空间在垂直方向上划分为若干层。楼板层应有足够的强度和刚度，以及隔声、防潮、防水等功能。

地坪层是指底层地面，承受其上部荷载并传给地基。地坪层应坚固、稳定，应具有足够的强度和刚度，并应具备足够的防水、防潮等性能。

4. 楼梯

楼梯是房屋的垂直交通工具，作为人们上下楼层和发生紧急事故时疏散人流之用。楼梯应有足够的通行能力和足够的承载能力，并应满足坚固、耐磨、防滑等要求。

5. 屋顶

屋顶是建筑物最上层的覆盖构造层，它既是承重构件又是围护构件。它抵抗风、雨、雪的侵袭和太阳辐射热的影响，承受作用在其上的各种荷载并连同屋顶结构自重一起传给梁、墙。屋顶应坚固耐久，不渗漏水和保温隔热。

6. 门和窗

门与窗属于围护构件，都有采光、通风的作用。门的基本功能是保持建筑物内部与外部或各内部空间的联系与分隔。对门、窗的要求有保温、隔热、隔声等。

1.3.2 建筑物构造的影响因素

建筑物在其建造和使用过程中都经受着人和自然界的各种影响和作用力。设计时应充分考虑这些影响因素，以保证建筑物的正常使用。这些影响大致可分为以下几个方面。

1. 外界环境的影响

（1）自然因素的影响。自然因素的影响是指风吹、日晒、雨淋、积雪、冰冻、地下水、地震等因素给建筑物带来的影响。为了防止自然因素对建筑物的破坏，在设计构造时，必须采用相应的防潮、防水、保温、隔热、防温度变形、防震等构造措施，从而提高建筑物抵御外界自然环境的能力。

（2）外力作用的影响。外力对建筑物的作用形式多种多样，如家具设备、结构及其构配件的自重、正常使用时人群的自重、风力、雪压力、地震力、热胀冷缩产生的内应力等。这些作用在建筑物上的各种外力统称为荷载。荷载可分为恒荷载和活荷载。荷载的大小、作用形式和作用位置是建筑结构设计的主要依据，也是结构选型及构造设计的重要基础，起着决定构件尺度、用料多少的重要作用。

（3）人为因素的影响。伴随着人们的生产、生活活动，常会产生一些负效应，如火灾、爆炸、机械振动、化学腐蚀、烟尘等，对这些因素，设计时要认真分析，采取相应的防火、防爆、防振、隔声、防腐等构造措施，以防止建筑物遭受不应有的损失。

2. 建筑技术条件的影响

在建筑构造具体构成及其做法上均会受到建筑材料、建筑设备、施工方法等条件的约束。同一个建筑环节可能会由不同的设计方案来实现，在选择时应充分考虑方案是否能满足功能要求，在现有技术条件下更便于实施，尽可能降低材料、能源和劳动力消耗。随着科学技术的不断发展，建筑材料、技术也有了日新月异的变化，建筑施工技术的不断进步，使建筑构造技术也变得丰富多彩。悬索、网架、膜、壳等空间结构建筑，点式玻璃幕墙，采光天窗中庭等现代建筑设施的大量涌现，无不证明建筑构造没有一成不变的固定模式，而是在利用原有构造的基础上，不断发展或创造新的构造方案。

3. 经济条件的影响

如今对建筑的使用要求越来越高，如采光、通风、保温、洁净、防噪声等。对建筑构造的要求和建筑物的使用功能也随着经济条件的改变有了新的要求，从而也提高了建筑本身的造价。如何满足人们日益增长的精神追求，在构造设计中还有待进一步完善。

拓展思考——北方建筑与南方建筑有什么差异？

1.3.3 建筑构造的设计原则

建筑构造设计应遵循适用、安全、经济、美观的原则，具体来说就是要满足功能的要求，确保结构坚固、安全，注意建筑的经济、社会和环境的综合效益，适应工业化的发展，并使建筑美观大方。

1. 满足使用要求

建筑构造设计必须最大限度地满足建筑物的使用功能，这也是整个设计的根本目的。综合分析诸多因素，设法消除或减少来自各方面的不利影响，以保证建筑构造使用方便，耐久性好。

2. 确保结构安全可靠

房屋设计不仅要对其进行必要的结构计算，在构造设计时，也要认真分析荷载的性质、大小，合理确定构件尺寸，确保强度和刚度，并保证构件间连接可靠。

3. 适应建筑工业化的需要

建筑构造应尽量采用标准化设计，采用定型通用构配件，以提高构配件间的通用性和互换性，为构配件生产工业化、施工机械化提供条件。

4. 经济合理

建筑构造无不包含经济因素。在设计中应掌握建筑标准，做到经济合理，在保证工程质量的前提下，尽量降低建筑造价。

5. 保护环境

建筑构造设计应选用无毒、无害、无污染、有益于人体健康的材料和产品，采用取得国家环境认证的标志产品。

6. 节约能源

建筑构造设计中，应尽可能地改进节点构造，提高外墙的保温隔热性能，改善外门窗气密性。充分利用自然光和采用自然通风换气，达到节约能源的目的。

7. 美观大方

建筑的美观主要是通过其平面空间组合、建筑体型和立面、材料的色彩和质感、细部的处理及刻画来体现的。建筑要做到美观大方，构造设计是非常重要的一环。

1.4 建筑标准化与建筑模数

1.4.1 建筑标准化

建筑标准化即建筑工业化，是指用现代工业的生产方式来建造房屋，其内容包括三个方面，即建筑设计标准化、构配件生产工厂化、施工机械化。其中，建筑设计标准化是实现其他两个方面目标的前提，只有实现了设计标准化，才能简化建筑构配件的规格类型，为工厂生产商品化的建筑构配件创造基础条件，为建筑产业化、机械化施工打下基础。

1.4.2 建筑模数

为保证建筑设计标准化和构配件生产工厂化，建筑物及其各组成部分的尺寸必须统一协调，为此，我国制定了《建筑模数协调标准》（GB/T 50002—2013）作为建筑设计的依据。该标准适用于一般民用与工业建筑的新建、改建或扩建工程的设计、部件生产、施工安装和模数协调。

建筑模数

1. 模数分类

模数是选定的标准尺寸单位，是建筑设计、建筑施工、建筑材料与制品、建筑设备等各部门进行尺度协调的基础。

（1）基本模数。基本模数是模数协调中选用的基本尺寸单位，其数值为100mm，符号为M，即1M=100mm。整个建筑物及其一部分或建筑组合构件的模数化尺寸应为基本模数的倍数。

（2）导出模数。导出模数是在基本模数的基础上发展的相互之间存在某种内在联系的模数，包括扩大模数和分模数两种。

1）扩大模数。扩大模数是基本模数的整数倍数。水平扩大模数基数为2M、3M、6M、12M、15M、30M、60M，其对应的尺寸分别是 200mm、300mm、600mm、1200mm、1500mm、3000mm、6000mm。

2）分模数。分模数是基本模数的分数值。分模数基数为 1/10M、1/5M、1/2M，其对应的尺寸分别是 10mm、20mm、50mm。

2. 模数数列

模数数列是指以基本模数、扩大模数、分模数为基础扩展成的一系列尺寸，它可以保证不同建筑及其组成部分之间尺度的统一协调，有效地减少建筑尺寸的种类，并确保尺寸具有合理的灵活性。模数数列根据建筑空间的具体情况有各自的使用范围，建筑物的所有尺寸除特殊情况之外，均应满足模数数列的要求。表 1-4 所列为我国现行的模数数列。

建筑物的开间或柱距，进深或跨度，梁、板、隔墙和门窗洞口宽度等分部件的截面尺寸宜采用水平模数和水平扩大模数数列，且水平扩大模数数列宜采用 $2nM$、$3nM$（n 为自然数）。承重墙和外围护墙厚度的优先尺寸系列宜根据 1M 的倍数及其与 M/2 的组合确定，宜为 150mm、200mm、250mm、300mm；内隔墙和管道井墙厚度优先尺寸系列宜根据分模数或 1M 与分模数的组合确定，宜为 50mm、100mm、150mm；柱、梁截面的优先尺寸系列宜根据 1M 的倍数与 M/2 的组合确定。

建筑物的高度、层高和门窗洞口高度等宜采用竖向基本模数和竖向扩大模数数列，且竖向扩大模数数列宜采用 nM。

构造节点和分部件的接口尺寸等宜采用分模数数列，且分模数数列宜采用 M/10、M/5、M/2。

表 1-4 模数数列 （单位：mm）

基本模数	扩大模数						分模数		
1M	3M	6M	12M	15M	30M	60M	1/10M	1/5M	1/2M
100	300	600	1200	1500	3000	6000	10	20	50
100	300						10		
200	600	600					20	20	
300	900						30		
400	1200	1200	1200				40	40	
500	1500	1800		1500			50		50
600	1800	2400					60	60	
700	2100	3000					70		
800	2400	3600	2400				80	80	
900	2700	4200					90		
1000	3000	4800		3000	3000		100	100	100
1100	3300	5400					110		
1200	3600	6000	3600				120	120	
1300	3900	6600					130		
1400	4200	7200					140	140	
1500	4500	7800		4500			150		150
1600	4800	8400	4800				160	160	
1700	5100	9000					170		
1800	5400	9600					180	180	

（续）

基本模数	扩大模数					分模数	
1900	5700					190	
2000	6000	6000	6000	6000	6000	200	200
2100	6300						
2200	6600					220	
2300	6900						
2400	7200	7200				240	
2500	7500						
2600							250
2700		8400				260	
2800							
2900		9600	7500			280	
3000							
3100						300	300
3200		10800				320	
3300		12000	9000	9000		340	
3400							
3500							350
3600			10500			360	
						380	
			12000	12000	12000	400	400
				15000			450
				18000	18000		500
				21000			550
				24000	24000		600
				27000			650
				30000			700
				33000	30000		750
				36000			800
					36000		850
							900
							950
							1000

拓展思考——文化自信

宋朝《营造法式》时期的建筑尺度体系

1. 营造尺制

营造尺是历代工部依据律尺颁布的用于土木营造的标准用尺，历代官方宫殿建筑、衙署、寺观和民府第基本以此为准。

宋朝《营造法式》共记述了壕寨、石作、大木作、小木作、雕作、旋作、锯作、竹作、瓦作、泥作、彩画作、砖作、窑作13个工种制度。除了大木作外其他诸作均采用营造尺制。

2. 材分制

（1）材、分、栔的概念。材是宋官式建筑使用的基本模数，以单栱或素方用料的断面尺寸为一材，标准材的宽度比为3：2，材的实质是构件用料的界面形态，并不包含具体尺寸，材的具体尺寸根据用材的等级而定。

分是与材联系的最小尺度单位。《营造法式》将材高划分为15份，材宽划分为10份，每一份称为一分。

单纯用材作为衡量建筑物及其构件的单位还不够灵活，《营造法式》中又将两层斗栱之间填充的断面尺寸定为一"栔"，并规定一栔高为6分，宽为4分。

（2）"以材为祖"的模数思想和材分八等的技术规范。宋朝《营造法式·大木作制度一》指出"凡构屋之制，皆以材为祖；材有八等，度屋之大小，因而用之"。就是说，房屋的设计、建造，在任何情况下都要以材作为最基本的依据，并规定材划分为八个等级，设计者、施工者可以根据所建房屋的大小，选用相应的用材等级。

（3）材分制的模数表现。宋朝《营造法式·大木作制度一》指出"凡屋宇之高深，各物之短长，曲直举折之势，规矩绳墨之宜，皆以所用材之分，以为制度焉"。即房屋的间广、进深、柱高、各构件的尺寸与形状都是以用材制度作为依据的。

1.4.3 建筑构件的尺寸

为了保证建筑制品、构配件等有关尺寸的统一协调，《建筑模数协调标准》（GB/T 50002—2013）规定了标志尺寸、构造尺寸、实际尺寸及其相互间的关系。

1. 标志尺寸

用以标注建筑物定位轴线间的距离，如开间或柱距、进深或跨度、层高等，以及建筑构配件、建筑组合件、建筑制品、有关设备位置界限之间的尺寸，如图1-4所示。标志尺寸应符合模数数列的规定。

2. 构造尺寸

构造尺寸是建筑构配件、建筑组合件、建筑制品等的设计尺寸，一般情况下标志尺寸减去缝隙为构造尺寸，如图1-4所示。缝隙尺寸应符合模数数列的规定。

3. 实际尺寸

实际尺寸是建筑构配件、建筑组合件、建筑制品等生产制作后的实际尺寸。这一尺寸因生产误差造成与设计的构造尺寸有差值，这个差值应符合施工验收规范的规定。

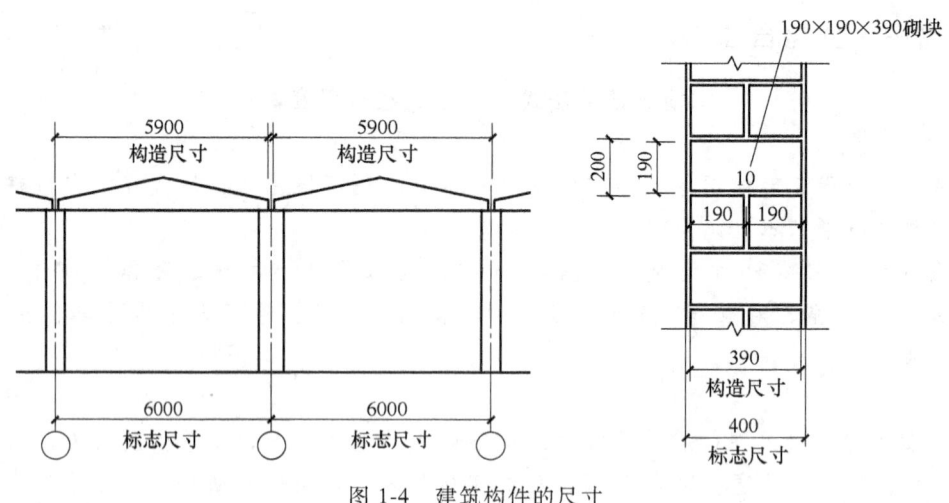

图 1-4 建筑构件的尺寸

1.5 定位轴线

定位轴线是确定建筑物主要承重构件位置的基准线，在施工图中一般将建筑物的基础、墙体、柱、梁和屋架等主要承重构件的轴线画出，并进行编号，以便施工时定位放线和查阅图纸。

1.5.1 砖墙的平面定位轴线

1. 承重外墙的定位轴线

当底层墙体与顶层墙体厚度相同时，承重外墙墙身内墙皮与定位轴线的间距为 120mm，如图 1-5a 所示；当底层墙体与顶层墙体厚度不同时，平面定位轴线与顶层外墙内墙皮的距离为 120mm，如图 1-5b 所示。

2. 承重内墙的定位轴线

承重内墙的定位，应使顶层墙身中线位于该墙的定位轴线之上。为了减轻自重和节省空间，承重内墙往往是变截面的，即上部墙体厚度变薄。如果墙体对称内缩，则平面定位轴线中分底层墙身，如图 1-6a 所示；如果是非对称内缩，则平面定位轴线偏分底层内墙，如图 1-6b 所示。有时根据建筑空间的要求，把平面定位轴线设在距离内墙某一外墙皮 120mm 处，如图 1-6c 所示。当墙厚大于或等于 370mm 时，为了便于圈梁或墙内竖向孔道的通过，往往采用双轴线形式，如图 1-6d 所示。

3. 非承重墙定位轴线

非承重内、外墙的定位可按承重内、外墙的规定定位，也可使墙身内墙皮与定位轴线重合。

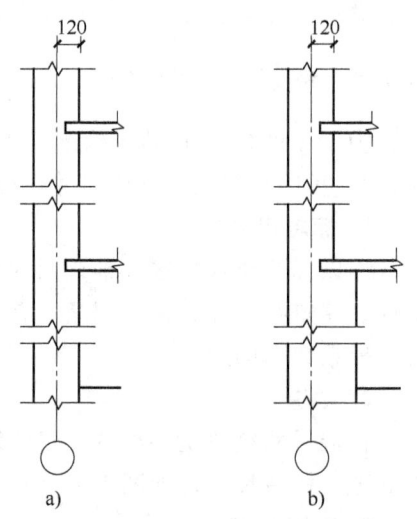

图 1-5 承重外墙定位轴线
a) 底层墙体与顶层墙体厚度相同
b) 底层墙体与顶层墙体厚度不同

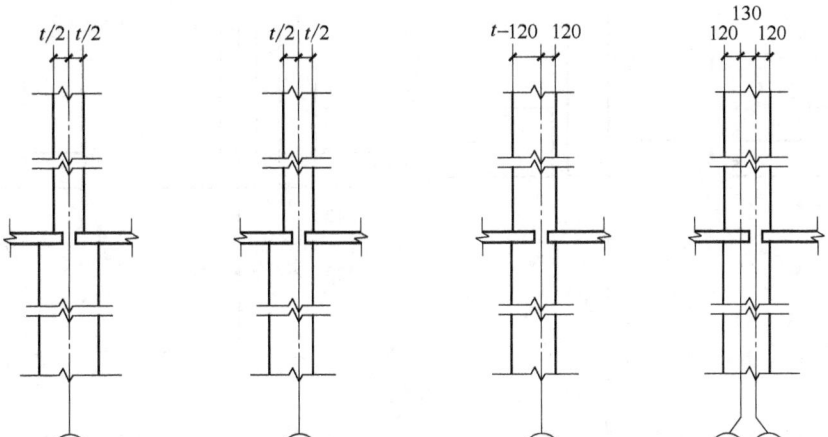

图 1-6 承重内墙定位轴线（t 为顶层砖墙厚度）
a) 定位轴线中分底层墙身 b) 定位轴线偏分底层内墙 c) 偏轴线 d) 双轴线

4. 带壁柱外墙定位轴线

带内壁柱外墙和带外壁柱外墙的定位方法，既可以使墙身内缘与定位轴线重合，如图1-7所示；也可以使距墙身内墙皮120mm处与平面定位轴线重合，如图1-8所示。

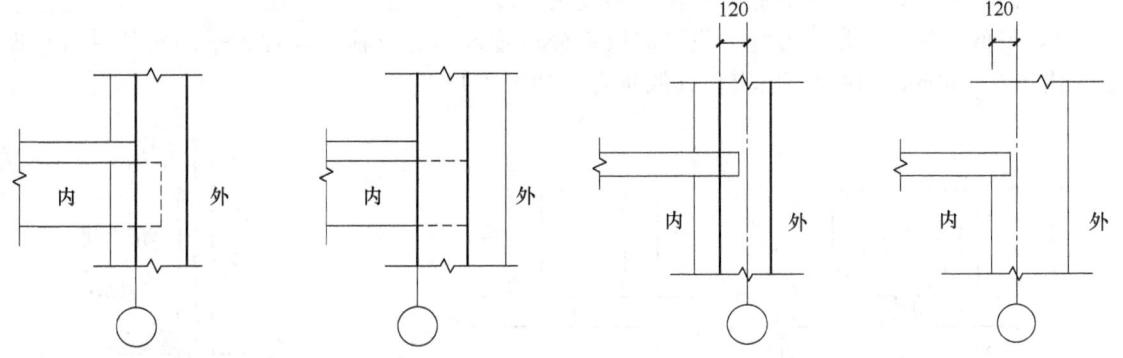

图 1-7 定位轴线与墙身内缘重合　　　　图 1-8 定位轴线距墙身内墙皮 120mm

1.5.2 变形缝处的砖墙平面定位轴线

墙体留设变形缝时可分为以下四种情况：

1）缝一侧为承重墙，另一侧为墙垛，墙垛的外墙皮应与平面定位轴线重合；若墙体是外承重墙，则平面定位轴线距顶层墙内墙皮120mm，如图1-9a所示。

2）缝一侧为非承重墙，另一侧为墙垛，平面定位轴线应与顶层墙内墙皮重合，如图1-9b所示。

3）缝两侧均为承重墙体，平面定位轴线应分别设在距顶层墙体内墙皮120mm处，如图1-10a所示。

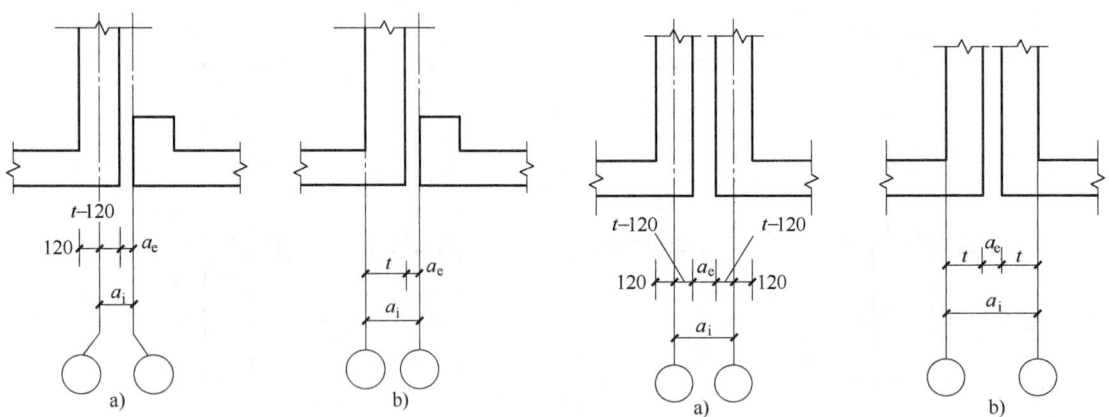

图 1-9 变形缝外墙与墙垛交界处定位轴线
（a_i 为插入距，a_e 为变形缝宽度）
a) 按外承重墙处理 b) 按非承重墙处理

图 1-10 变形缝处两侧为墙体的定位轴线
（a_e 为缝宽，a_i 为两轴线间的连系尺寸）
a) 按外承重墙处理 b) 按非承重墙处理

4) 缝两侧均为非承重墙体，平面定位轴线应分别与顶层墙体内缘重合，如图 1-10b 所示。

当缝两侧墙体带连系尺寸时，其平面定位轴线的处理方法与上述情况相同，如图 1-11 所示。

1.5.3 高低层分界处砖墙的定位轴线

1) 高低分界处设有变形缝，应按变形缝处砖墙平面定位轴线处理。

2) 高低分界处不设变形缝，应按高层部分承重外墙定位轴线处理，平面定位轴线应距墙体内墙皮 120mm，并与底层定位轴线重合，如图 1-12 所示。

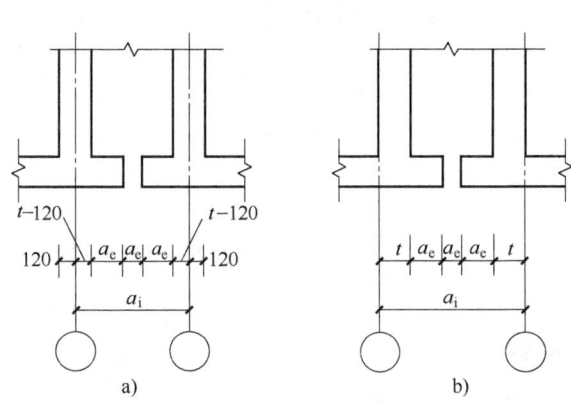

图 1-11 变形缝处两侧墙体带连系尺寸的定位轴线
a) 按外承重墙处理 b) 按非承重墙处理

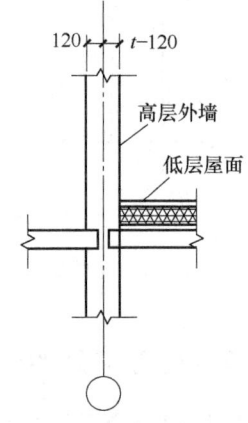

图 1-12 高低分界处不设变形缝时的定位轴线

1.5.4 框架柱的平面定位轴线

框架柱的中心线一般与平面定位轴线重合。边柱的定位轴线也可以位于柱的外边缘，如图 1-13 所示。

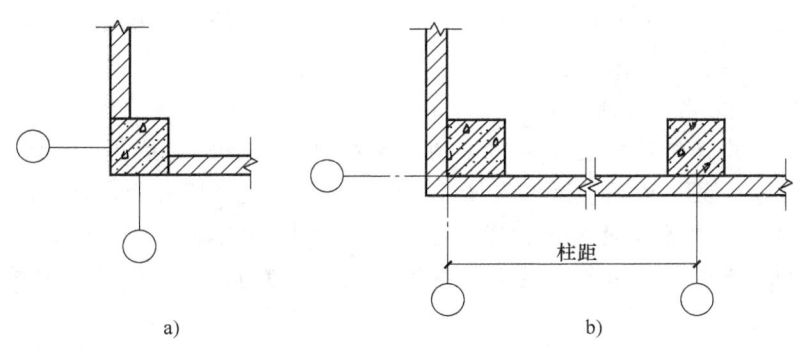

图 1-13 框架柱的平面定位轴线
a) 定位轴线与边柱中心线重合 b) 定位轴线与边柱的外边缘重合

1.5.5 建筑的竖向定位

竖向定位的目的是确定构配件的竖向位置和竖向尺寸。其定位基准常常理解为房屋上的某一水平平面，楼地面竖向定位应与楼（地）面面层上表面重合，如图 1-14 所示。通常建筑标高减去楼（地）面面层构造厚度为结构标高。

屋面的竖向定位基准选定在屋面结构层上表面与距墙内墙皮 120mm 的外墙定位轴线的相交处，如图 1-15 所示。若屋面为结构找坡，结构层顶面不能形成水平面时，则屋面定位基准选定在屋面结构层上表面与外墙定位轴线相交处。

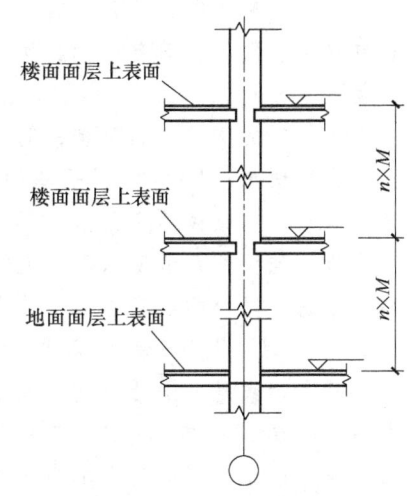

图 1-14 楼地面的竖向定位

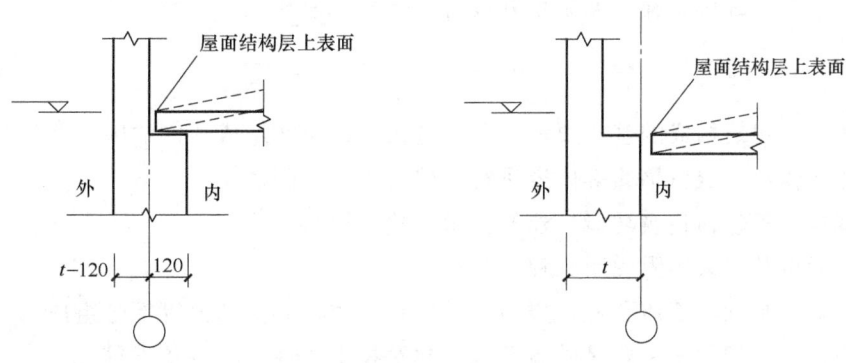

图 1-15 屋面竖向定位

拓展思考——文化传承

一根线，一座城，北京中轴线

北京中轴线始建于元，发展和完善于明、清，是北京城极富特色的坐标。它以紫禁城为中心，纵贯南北，左右对称，将偌大的北京城安排得井然有序。北京中轴线，不仅是空间之轴，是中国都城规划设计的杰作，而且是时间之轴、文明之轴，承载着中华民族数千年的文明，贯通历史与现实，指向未来。

1. 以"中道"文化为意涵

北京中轴线是中国传统文化孕育出来的，是中国人文智慧的结晶。它集中国文化之大成，有一颗中国心，集中体现了以礼为核心的中国文化，是中国文化对世界的一大贡献。

"中正"。表现在都城建设规划方面，中国人很早就确立了"建中立极""择中立国"的传统，选择中正之位建筑国都。在古人眼里，地理方位上的"中正"，与政权的合法性、制度的合理性是合一的。

"中和"。尚中贵和是中华民族的优秀文化传统和理想境界。中轴线从整体布局到具体建筑，对"中和"有鲜明的体现。内城中轴线长 7.8km，分布了 16 个建筑单元，有城门、道路、桥梁，有宫殿、坛庙，有皇宫、民居，有苑囿、市集，风格不一，功能各异。中轴线建筑群错落有致、和谐有序、层次分明、相得益彰，精致地表达了中国文化所追求的"中和之美"。

就中轴线的文化内涵而言，简言之，"中正"，强调的是公平和正义，体现的是中国人天下为公的理念；"中和"，强调的是中华民族的向心力和凝聚力，体现的是中国人的人伦观念。当然，中轴线的文化内涵不限于此，它还有中道、中庸、中心、对称等多重意思。中道、中庸，强调的是适度原则，无过无不及，体现的是"极高明而道中庸"的智慧；中心、对称，来源于民众的现实生活，体现的是中国人朴实的审美观念。

2. 以"时中""日新"精神为归趋

北京中轴线是充满活力的，是开放的，是指向未来的。1916 年，李大钊在《新青年》发表的《青春》一文中写道："中华之义，果何居乎？中者，宅中位正之谓也。吾辈青年之大任，不仅以于空间能致中华为天下之中而遂足，并当于时间而谛时中之旨也。"旷观中华文明五千年，古往今来，一以贯之，其一大奥秘，即在于"时中"精神。也就是说，有一种因时而变、与时俱进的精神。北京中轴线对此有立体的展现。

模块小结

本模块对房屋建筑构成的基本要素、分类分级、建筑物组成、影响因素及设计原理、建筑标准化与建筑模数、定位轴线等内容进行了较为详细的阐述。

建筑的基本要素包括建筑功能、建筑技术和建筑形象。

建筑物一般按其耐久年限和耐火程度分级。

建筑物主要由基础、墙体和柱、楼地层、屋顶、楼梯、门和窗等部分组成。

建筑物构造的影响因素主要是外界环境、建筑技术条件、经济条件等。

建筑标准化包括建筑设计标准化、构配件生产工厂化、施工机械化。

我国《建筑模数协调标准》（GB/T 50002—2013）中规定的基本模数为 $1M = 100mm$。建筑物及其构件，以及建筑组合件的模数化尺寸，应是基本模数的倍数。在建筑设计和建筑模数协调中涉及标志尺寸、构造尺寸和实际尺寸。

定位轴线是确定建筑构配件位置及相互关系的基准线。建筑物分水平和竖向两个方向进行定位，应合理选择定位轴线。

习题

一、选择题

1. 民用建筑包括居住建筑和公共建筑，其中（　　）属于居住建筑。
   A. 托儿所　　　　B. 宾馆　　　　C. 公寓　　　　D. 疗养院
2. 2级耐久年限为（　　）年。
   A. 100　　　　　B. 50　　　　　C. 25　　　　　D. 5
3. 建筑物的设计使用年限为10年，适用于（　　）。
   A. 临时性结构　　　　　　　　　B. 易于替换的结构构件
   C. 普通房屋和构筑物　　　　　　D. 纪念性建筑和特别重要的建筑结构
4. 建筑物的耐火等级主要取决于（　　）。（考证试题）
   A. 非主要构件的燃烧性能　　　　B. 主要构件的耐火极限和燃烧性能
   C. 建筑物的设计年限　　　　　　D. 建筑物的高度
5. 某民用建筑开间尺寸有3.0m、4.2m、5.2m、2.8m，其中（　　）m属于标准尺寸。
   A. 3.0　　　　　B. 5.2　　　　　C. 4.2　　　　　D. 2.8
6. 模数60M的数值是（　　）mm。
   A. 60　　　　　B. 600　　　　　C. 6000　　　　D. 60000
7. 高层建筑中常见的结构类型主要有（　　）。
   A. 砖混结构　　　B. 框架架构　　　C. 木结构　　　D. 砌体结构
8. 民用建筑承重外墙的定位轴线应（　　）。（比赛试题）
   A. 自墙内墙皮内移120mm
   B. 和墙内墙皮重合
   C. 距山墙内墙皮为半砖或半砖的倍数或墙厚的一半
   D. 与墙外墙皮重合

二、填空题

1. 建筑按使用性质分为＿＿＿＿＿、＿＿＿＿＿、＿＿＿＿＿三种类型。
2. 住宅建筑按高度划分，＿＿＿＿＿m以下为多层；＿＿＿＿＿m以上为高层。
3. 一般民用建筑由＿＿＿＿＿、＿＿＿＿＿、＿＿＿＿＿、＿＿＿＿＿、＿＿＿＿＿、＿＿＿＿＿等基本构件组成。
4. 模数数列是指以＿＿＿＿＿模数、＿＿＿＿＿模数、＿＿＿＿＿模数为基数扩展的一系列尺寸。

三、简答题

1. 什么是建筑物的耐火极限？耐火等级如何划分？
2. 民用建筑由哪几部分组成？各部分有什么作用？
3. 模数协调的意义是什么？什么是基本模数、扩大模数和分模数？
4. 什么是定位轴线？它和构件尺寸有何关系？

5. 承重墙的定位轴线如何划分？画图表示。

习题答案

实训项目

1. 实训目标

（1）能掌握工程类别、工程规模、工程等级、设计依据等。

（2）能理解建筑模数的作用。

（3）能正确标注建筑施工图尺寸。

2. 实训内容

（1）建筑设计总说明识读。

（2）建筑施工图尺寸标注。

3. 实训条件

（1）识读建筑设计总说明。

（2）完善下图未标注尺寸的住宅建筑首层平面图。

4. 图纸要求

用一张 A3 工程图纸绘制，图中线条按建筑制图标准绘制。

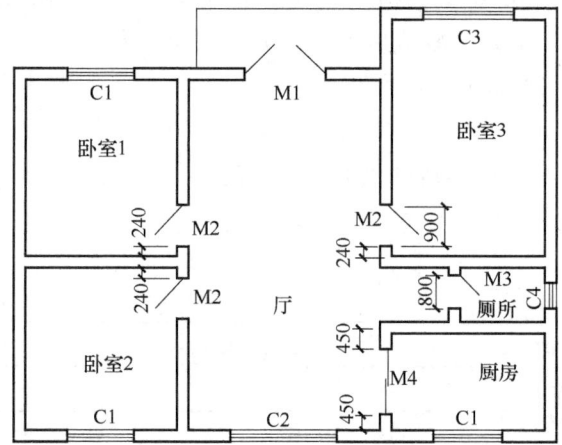

模块二

基础与地下室

学习目标

知识目标

1. 掌握地基、基础、埋置深度的基本概念。
2. 掌握基础的分类。
3. 掌握基础的构造做法。
4. 掌握地下室防潮及防水构造做法。

技能目标

1. 能识读基础构造图。
2. 能识读地下室构造做法。
3. 能使用软件绘制基础与地下室构造图。

素质目标

1. 具备识读、绘制基础构造图的耐心、细心及责任心。
2. 具备绘制基础构造图时保证质量的安全意识。
3. 具备尝试建筑构造新方法和新技术的创新意识。

工作任务

1. 识读建筑施工图中的基础与地下室构造图。
2. 软件绘制基础与地下室构造图。

案例引入

上海闵行区某13层在建楼房倒塌,造成一名工人死亡。14位勘察、设计、地质、水利、结构等相关专业专家组成的专家组,对事故原因进行调查。调查结果显示,此建筑物采用PHC桩,桩身是空心的,这种桩的特性为竖向承载力较强,而抗剪能力较弱。倾覆主要原因是,楼房北侧在短期内堆土高达10m,南侧正在开挖4.6m深的地下车库基坑,两侧压力差使土体产生水平位移,过大的水平力超过了桩基的抗侧能力,导致房屋倾倒。

思考

1. 基础的类型有哪些?
2. 基础的埋置深度及影响因素有哪些?

2.1 地基与基础概述

2.1.1 地基与基础的概念

在建筑工程中，建筑物与土层直接接触的部分称为基础，支承建筑物重量的土层称为地基。基础是建筑物的组成部分，它承受着建筑物的全部荷载，并将其传给地基。地基不是建筑物的组成部分，它只是承受建筑物荷载的土壤层。直接支承基础，持有一定承载能力的土层称为持力层；持力层以下的土层称为下卧层。地基土层在荷载作用下产生的变形，随着土层深度的增加而减少，到了一定深度则可忽略不计，如图 2-1 所示。

2.1.2 地基的分类

地基按土层性质不同，分为天然地基和人工地基。

1. 天然地基

天然状态下即可满足承载力要求、不需人工处理，可直接在其上部建造房屋的土层称为天然地基。可作为天然地基的岩土体包括岩石、碎石、砂土、黏性土等。

2. 人工地基

当天然岩土体承载力较差或虽然土层质地较好，但上部荷载过大时，为使地基具有足够的承载能力，应对土层进行加固。这种经过人工处理的土层称为人工地基。

图 2-1 基础与地基

《建筑地基基础设计规范》
（GB 50007—2011）

根据《建筑地基基础设计规范》（GB 50007—2011）规定，地基的处理方法有碾压夯实法、换土垫层法、排水固结法和深层挤密法等。

（1）碾压夯实法。碾压夯实法是指用打夯机、重锤、碾压机等对土层进行夯打碾压或采用振动方法将土层压（夯）实。此法简单，对于提高地基承载能力效果较好。

（2）换土垫层法。当地基土为杂填土、淤泥及其他高压缩性土，不能做地基时，应采用换土垫层，换为承载能力强的土壤，并分层压实。换土所用材料宜选用中砂、粗砂或级配石等空隙大、压缩性低、无侵蚀性的材料。

（3）排水固结法。排水固结法又称为预压法，是处理黏土地基的有效方法之一。对于天然地基，该法或是先在地基中设置砂井或塑料排水袋竖向排水体，然后利用建筑物本身重量分级逐渐加载；或是在建筑物建造前在场地上先行加载预压，使土体中的孔隙水排出，逐渐固结，地基发生沉降，同时强度逐步提高的方法。按照采用的各种排水技术措施的不同，排水固结法可分为堆载预压法、真空预压法、降水预压法等。该法适用于处理淤泥质土、淤泥、冲填土等饱和黏性土地基。

（4）深层挤密法。深层挤密法主要是靠桩管打入或振入地基后对软弱土产生横向挤密作用,从而使土的压缩性减小,抗剪强度提高。通常有灰土挤密桩法、砂石桩法、振冲法、夯实水泥土桩法等。

2.1.3 地基的设计要求

地基是支承由基础传递的上部结构荷载的土体(或岩体)。为了使建筑物安全、正常地使用而不遭到破坏,要求地基在荷载作用下不能产生破坏;组成地基的土层因膨胀收缩、压缩、冻胀、湿陷等原因产生的变形不能过大。

在进行地基设计时要考虑以下因素:

1. 强度要求

要求地基有足够的承载力,建筑物作用在基础底部的压力应小于地基承载力,这一要求是选择基础类型的依据。

2. 变形要求

要求地基有均匀的压缩量,以保证有均匀的下沉,避免不均匀沉降导致建筑物产生开裂变形。

3. 稳定要求

要求地基应具有防止产生滑坡、倾斜方面的能力。必要时应加设挡土墙,以防止滑坡变形。这一点对经常受水平荷载或位于斜坡上的建筑尤为重要。

4. 经济要求

应尽量选择土质优良的地基场地,降低土方开挖与地基处理的费用。

2.1.4 基础的设计要求

1. 强度、稳定性要求

基础应具有足够的承载力来承受和传递整个建筑物的荷载。要具有良好的稳定性,以保证建筑物均匀沉降,限制地基变形在允许范围之内。

2. 耐久性要求

基础属于隐蔽工程,其埋在土中,常年处于土壤的潮湿环境,建成之后的检查加固非常复杂和困难。因此,在选择基础构造形式与材料时就应注意与上部结构的耐久性和使用年限相适应。

3. 经济性要求

基础工程占工程总造价的比率为10%~40%,基础的设计在满足坚固耐久、技术合理的前提下,应采用先进的施工技术,就地取材,降低造价。

2.2 基础埋深及其影响因素

2.2.1 基础埋深

室外设计地面至基础底面的垂直距离称为基础埋深,如图2-2所示。基础按埋置深度大小分为浅基础和深基础,埋深大于或等于5m的称为深基础;埋深小于5m的称为浅基础。在保证安全使用的前提下,应优先选用浅基础。但当基础埋深过小时,有可能在地基受到压力后,把基础四周的土挤出,使基础产生滑移而失去稳定,同时易受到自然因素的侵蚀和影响,使基础破坏,故基础的埋深在一般情况下,不应小于 0.5m,岩石地基除外。

2.2.2 基础埋深的影响因素

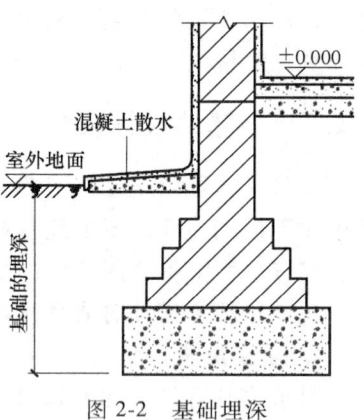

图 2-2 基础埋深

《建筑地基基础设计规范》(GB 50007—2011) 规定,建筑基础埋置深度的选择,应按下列条件确定:

1. 建筑物使用性质

应根据建筑物的大小、特点、刚度与地基的特性区别对待。高层建筑筏形和箱形基础的埋置深度应满足地基承载力、变形和稳定性要求。在抗震设防区,除岩石地基外,天然地基上的箱形和筏形基础埋置深度不宜小于建筑物高度的 1/15,桩筏基础的埋置深度不宜小于建筑物高度的 1/18,位于岩石地基上的高层建筑,其基础埋深应满足抗滑稳定性要求。

2. 地基土质条件

不同的建筑场地,其土质情况也不相同。就是同一地点,当深度不同时土质也会有变化。地基土层分布不同,通常有以下几种情况:

1) 土质均匀的良好土,基础宜浅埋,但不得低于 0.5m,如图 2-3a 所示。

2) 土层软土不超过 2m,下层为好土,基础宜埋在好土内,如图 2-3b 所示。

3) 上层软土在 2~5m,下层为好土,对于低层、轻型建筑可埋在软土内;总荷载较大的建筑宜埋在好土内,如图 2-3c 所示。

4) 上层软土大于或等于 5m,下层为好土,低层、轻型建筑可埋在软土内;总荷载较大的建筑宜埋在好土内或采用人工地基,如图 2-3d 所示。

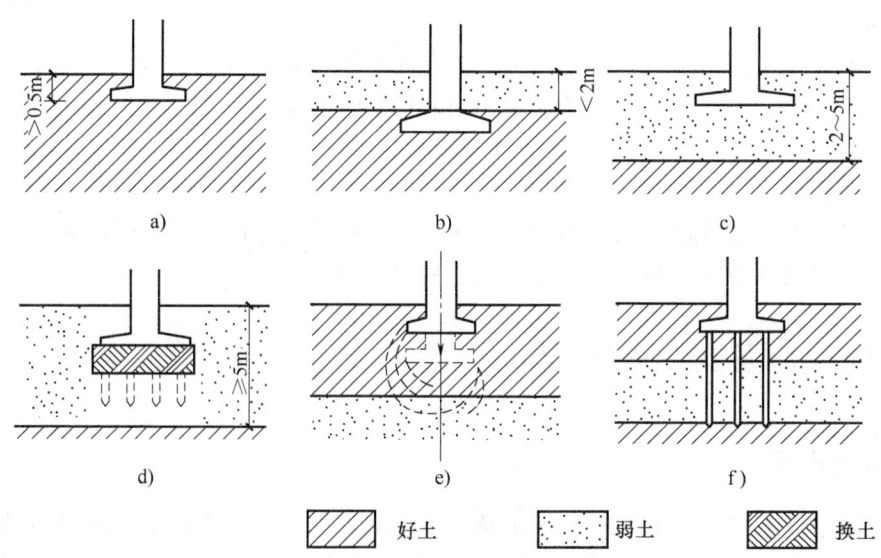

图 2-3 地基土层对基础埋深的影响

5）上层为好土，下层为软土，应把基础埋在好土内，适当提高基础底面，并验算下卧层顶面处压力，如图 2-3e 所示。

6）一般情况下，基础应设置在坚实的土层上，而不要设置在淤泥等软弱土层上。当表面软弱土层较厚时，可采用深基础或人工地基，如图 2-3f 所示。

3. 地下水位的影响

地基土含水量的大小对其承载力有很大的影响，所以地下水位的高低直接影响地基承载力，基础宜埋置在地下水位以上。当必须埋在地下水位以下时，宜将基础埋置在最低地下水位以下不小于 200mm 处，如图 2-4 所示。

4. 地基土冻结深度的影响

土的冻结深度随当地的气候变化而变化，地区不同各地的冻结深度也不同。地面以下冻结土与非冻结土的分界线称为冰冻线，冰冻线的深度即为土的冻结深度。

如果基础埋于冻土冻结深度内，土体冻胀产生的上抬力大于基础荷重，基础就有可能被上抬；土层解冻时，土体软化，强度降低，地基产生融陷。而不同位置的冻胀和融陷往往是不均匀的，可导致建筑物开裂、倾斜、倒塌、门窗不能开启，严重时可导致墙体开裂。

由于冻胀和融陷只发生在地表以下一定深度范围内，因此防止这种危害的一个重要措施就是使基础有足够的埋深。一般将基础埋置在土体冰冻线以下不少于 200mm 处，如图 2-5 所示。

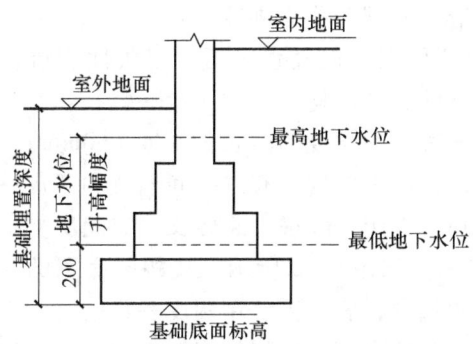

图 2-4　地下水位对基础埋深的影响　　图 2-5　地基土冻结深度对基础埋深的影响

5. 相邻建筑物基础的影响

新建建筑物基础埋深不宜大于相邻原有建筑物的基础埋深，当新建筑基础埋深小于或等于原有建筑基础埋深时，应考虑附加压力对原有基础的影响。若新建筑的基础埋深大于原有建筑的基础埋深，其数值应根据上部荷载的大小和性质等情况而定，如图 2-6 所示，一般为相邻两基础底面高差的两倍。具体做法是必须满足下列条件：

$$L = (1-2)H$$

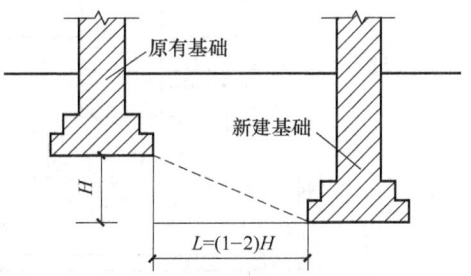

图 2-6　相邻建筑物基础的影响

式中　H——新建与原有建筑物基础底面标高之差；
　　　L——新建与原有建筑物基础边缘的最小距离。

拓展思考——知识、技能积累

万丈高楼平地起，一砖一瓦皆根基。在工业与民用建筑等行业，非常重视基础处理。据不完全统计，混凝土框架结构的低层、多层楼房，基础处理投资一般占总投资的 20%～30%，在高层建筑中占比更是高达 30%～50%。学生时代的我们，需要勤于思考，夯实基础知识，工作后，需要数十年乃至更长时间的艰苦积累、技术沉淀，才能在建筑行业里立足、发展。

2.3 基础的类型及构造

基础的类型较多，按基础所采用材料和受力特点分，有刚性基础和柔性基础；按构造形式分，有条形基础、独立基础、筏形基础、箱形基础和桩基础等。在选择基础时，须考虑上部结构形式、荷载大小、地基状况等因素。

基础的类型及构造

2.3.1 按材料和受力特点分

1. 无筋扩展基础（刚性基础）

无筋扩展基础又称为刚性基础。刚性基础所用的材料，一般是指抗压强度高，而抗拉强度低的材料，如砖、石、混凝土等。用此类材料建造的基础，称为刚性基础。

（1）砖基础。砖基础取材容易，构造简单，造价低廉，但其强度低，耐久性和抗冻性较差，适用于地基土质好、地下水位较低、五层以下的砖混结构。

砖基础的剖面为阶梯形，称为大放脚。每一阶梯挑出的长度为砖长的 1/4（60mm）。为保证基础外挑部分在基底反力作用下不致发生破坏，大放脚的砌法有二一间隔收和两皮一收两种。二一间隔收是砌二皮砖，收进 1/4 砖长，再砌一皮砖，收进 1/4 砖长，如此反复，如图 2-7a 所示。两皮一收是每砌二皮砖，收进 1/4 砖长，如图 2-7b 所示。在相同底宽的情况下，二一间隔收可减少基础高度，但为了保证基础的强度，底层需要用两皮一收砌筑。由于砖基础的强度及抗冻性较差，因此砌筑基础的砂浆与砖的强度等级需根据地区的潮湿程度和寒冷程度设置不同的要求。

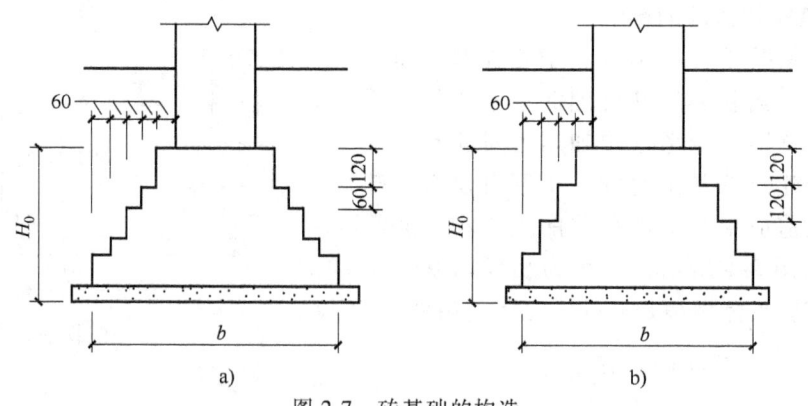

图 2-7 砖基础的构造

a）二皮砖与一皮砖间隔挑出 1/4 砖　b）二皮砖挑出 1/4 砖

（2）毛石基础。毛石基础是由未加工的块石用水泥砂浆砌筑而成的。基础的剖面为台阶形，顶面要比上部结构每边宽出 100mm，每个台阶的高度不宜小于 400mm，挑出的长度不应大于 200mm，如图 2-8 所示。毛石基础的强度高，抗冻、耐水性能好。适用于地下水位较高、冰冻线较深的产石区的建筑。

（3）混凝土基础。混凝土基础具有坚固、耐久、刚性角大、可根据需要任意改变形状的特点。常用于地下水位高、受冰冻影响的建筑物。混凝土基础断面有矩形、阶梯形和锥形三种，柱脚的高度一般不得小于 300mm，如图 2-9a、b 所示。当基础底面宽度大于 2000mm 时，为了节约混凝土常做成锥形，如图 2-9c 所示。

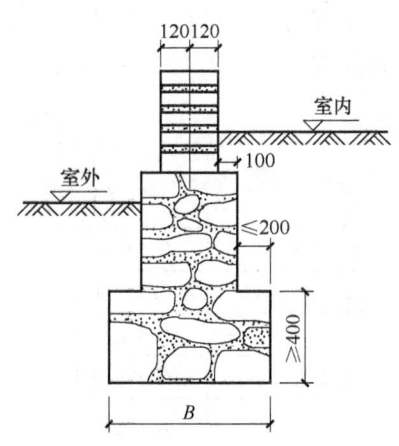

图 2-8 毛石基础的构造

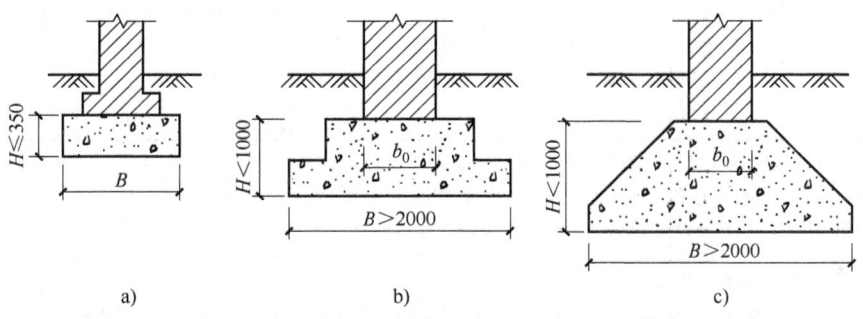

图 2-9 混凝土基础的构造
a）矩形　b）阶梯形　c）锥形

为了满足地基允许承载力的要求，需要加大基础底面积，基础底面尺寸的放大应根据材料的刚性角决定。刚性角是指基础的宽高比 b/H，或用夹角 α 表示，如图 2-10a 所示。由于刚性材料抗压能力强，抗拉能力弱，因此压力分布角只能在材料的抗压范围内控制。如果基础底面宽度超过控制范围，基础会因受拉而破坏，如图 2-10b 所示，所以，刚性基础底面宽度的增大要受到刚性角的限制。

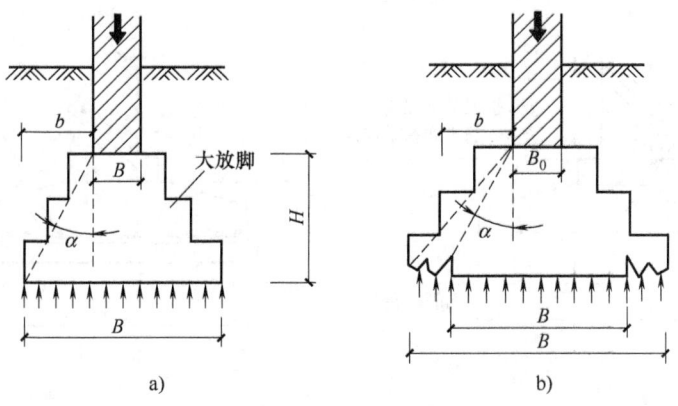

图 2-10 无筋扩展基础的受力、传力特点
a）基础在刚性角范围内传力　b）基础底面宽度超过刚性角范围而破坏

不同材料基础的刚性角是不同的,通常砖砌基础的刚性角控制在26°~33°,混凝土基础应控制在45°以内。表2-1所示为无筋扩展基础台阶宽高比的允许值。

表2-1 无筋扩展基础台阶宽高比的允许值

基础材料	质量要求	台阶宽高比的允许值		
		$P_k \leq 100$	$100 < P_k \leq 200$	$200 < P_k \leq 300$
混凝土基础	C15混凝土	1:1.00	1:1.00	1:1.25
毛石混凝土基础	C15混凝土	1:1.00	1:1.00	1:1.25
砖基础	砖不低于MU10、砂浆不低于M5	1:1.50	1:1.50	1:1.50
毛石基础	砂浆不低于M5	1:1.25	1:1.50	
灰土基础	体积比为3:7或2:8的灰土,其最小干密度:粉土 1.55t/m³、粉质黏土 1.50t/m³、黏土 1.45t/m³	1:1.25	1:1.50	
三合土基础	体积比为1:2:4~1:3:6(石灰:砂:骨料),每层均虚铺220mm、夯至150mm	1:1.50	1:2.00	

注:1. P_k为荷载效应标准组合时基础底面处的平均压力值(kPa)。
   2. 阶梯形毛石基础每个阶梯伸出宽度,不宜大于200mm。
   3. 当基础由不同材料叠合组成时,应对接触部分做抗压验算。

2. 扩展基础(柔性基础)

扩展基础又称为柔性基础。钢筋混凝土基础抗弯和抗剪性能良好,可在上部结构荷载较大、地基承载力不高以及有水平力和力矩等荷载的情况下使用,这类基础的高度不受台阶宽高比b/h的限制,故适宜在宽基浅埋的场合下采用。在同样情况下与混凝土基础比较,采用钢筋混凝土可节省大量的材料和挖土的工作量,如图2-11a所示。钢筋混凝土基础的构造如图2-11b所示。

钢筋混凝土基础断面可做成锥形,最薄处高度不小于200mm;也可做成阶梯形,每踏步高300~500mm。通常情况下,钢筋混凝土基础下面设有素混凝土垫层,厚度100mm左右;无垫层时,钢筋保护层不宜小于70mm,以保护受力钢筋不受锈蚀。

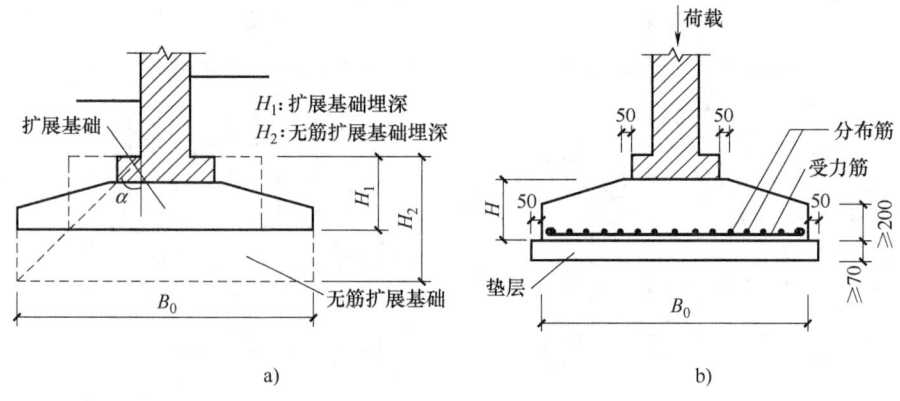

图2-11 钢筋混凝土基础
a) 无筋扩展基础与扩展基础比较 b) 无筋扩展基础构造

2.3.2 按构造形式分

基础按构造形式可以划分为条形基础、独立基础、筏形基础、箱形基础和桩基础等。基础的构造类型应根据上部结构特点、荷载大小和地质条件确定。

1. 条形基础

条形基础是指基础长度远大于其宽度的一种基础形式，也称为带形基础。按上部结构形式，可分为墙下条形基础和柱下条形基础。

（1）墙下条形基础。条形基础是承重墙基础的主要形式，可用砖、毛石建造，如 2-12a 所示。当上部结构荷载较大且土质较差时，可采用钢筋混凝土建造。墙下钢筋混凝土条形基础一般做成无肋式，如 2-12b 所示；如地基在水平方向上压缩性不均匀，为了增加基础的整体性，减少不均匀沉降，也可做成肋式的条形基础，如 2-12c 所示。墙下条形基础一般多用于多层混合结构建筑。

钢筋混凝土基础

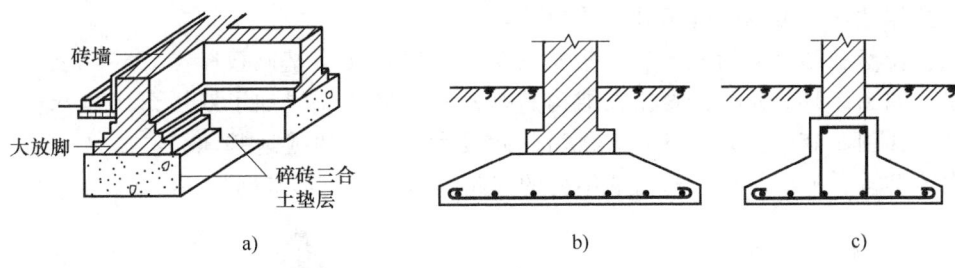

图 2-12 墙下条形基础
a）砖条形基础　b）无肋　c）有肋

（2）柱下条形基础。上部结构为框架结构或排架结构，荷载较大或荷载分布不均且地基承载力偏低时，为增加基底面积或增强整体刚度，以减少不均匀沉降，常采用钢筋混凝土条形基础，如图 2-13 所示。为了提高建筑物的整体性，防止柱子之间产生不均匀沉降，常将柱下基础沿纵横两个方向扩展连接起来，做成十字交叉的井格基础，如图 2-14 所示。

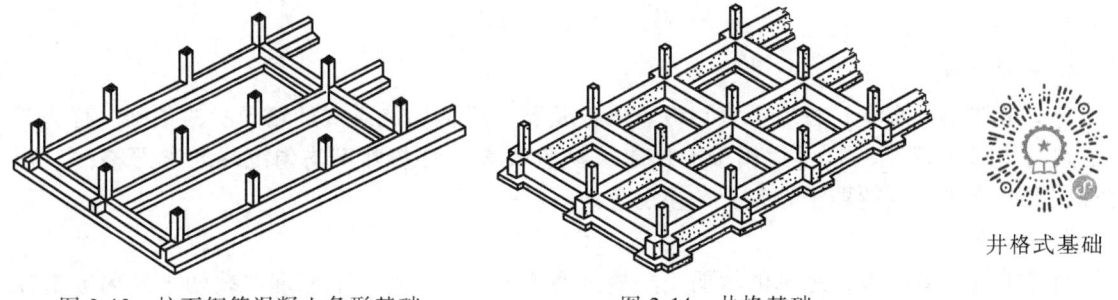

井格式基础

图 2-13　柱下钢筋混凝土条形基础　　图 2-14　井格基础

2. 独立基础

独立基础也称为单独基础或柱式基础。当建筑物上部结构采用框架结构或单层排架结构承重时，常采用阶梯形、锥形等独立基础，如图 2-15a 所示。当柱采用预制钢筋混凝土构件时，则基础做成杯口形，然后将柱子插入，并嵌固在杯口内，故称为杯形基础，如图 2-15b 所示。其材质常采用素混凝土和钢筋混凝土。独立基础是最常用、最经济的一种基础类型。

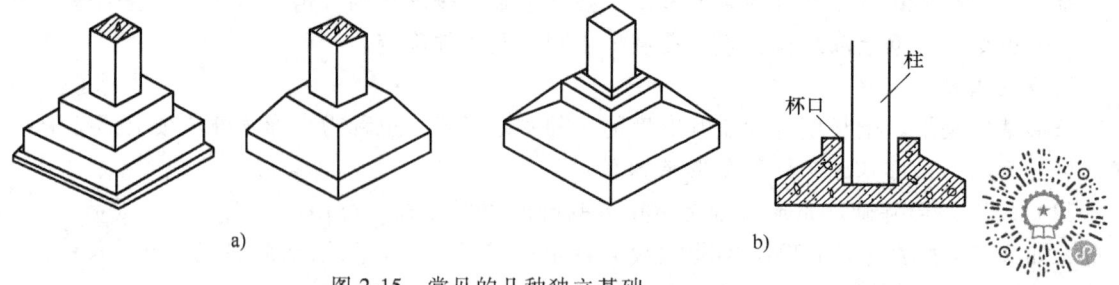

图 2-15　常见的几种独立基础

a）现浇钢筋混凝土柱式基础　b）杯形基础及剖面

3. 筏形基础

建筑物的基础由整片的钢筋混凝土板组成，板直接作用于地基上，称为筏形基础或片筏基础。筏形基础整体性好，可以跨越基础下的局部软弱土。

按构造不同，筏形基础可分为板式和梁板式两类。板式结构其基础板厚较大，构造简单，如图 2-16a 所示。梁板式结构其基础板厚较小，增加了双向梁，构造复杂，如图 2-16b 所示。当上部结构荷载较大且不均匀或地基承载力低的多层砌体结构、框架结构、剪力墙结构的建筑，可采用筏形基础。

筏形基础

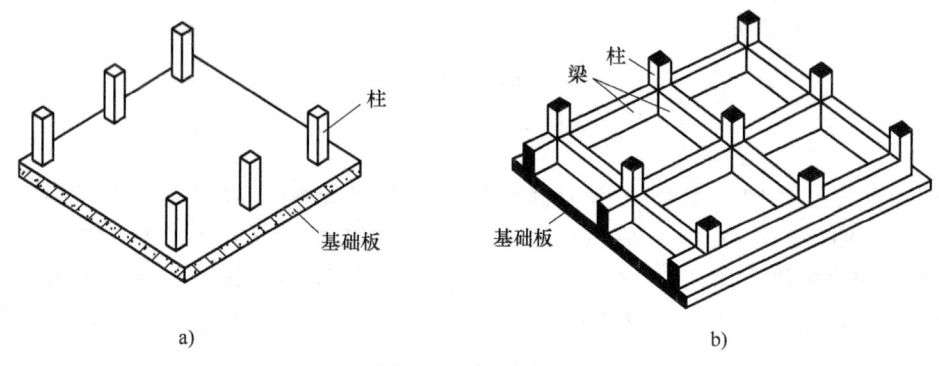

图 2-16　筏形基础

a）板式　b）梁板式

4. 箱形基础

为了增加基础刚度，将地下室顶板、底板及若干纵横墙浇筑成的箱子状的基础，称为箱形基础，如图 2-17 所示。其适用于上部建筑物荷载大，对基础不均匀沉降要求严格的高层建筑、重型建筑以及软弱土地基上的多层建筑。

5. 桩基础

当建筑物荷载较大，地基的软弱土层厚度在 5m 以上，基础不能埋在软弱土层内或对软弱土层进行人工处理困难和不经济时，常采用桩基础。

桩基础由桩身和桩承台组成。桩基础的类型很多，按桩的受力方式可分为端承桩和摩擦桩（图 2-18），按桩的施工方式可分为打入桩、压入桩、振入桩及灌注桩等，按所用材料可分为钢筋混凝土桩、钢管桩等。

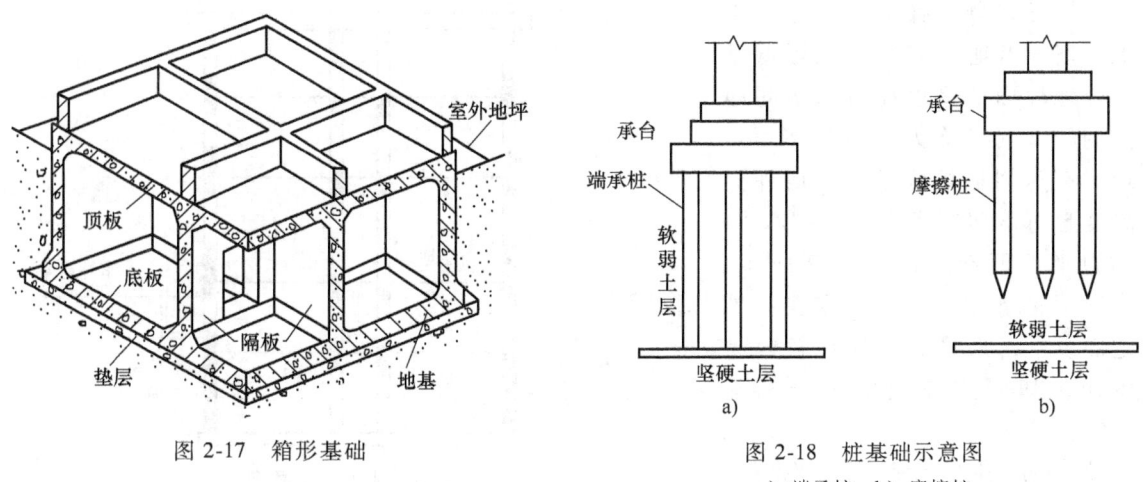

图 2-17　箱形基础　　　　图 2-18　桩基础示意图
　　　　　　　　　　　　　a）端承桩　b）摩擦桩

拓展思考——民族自信

中国古代建筑基础

　　中国是世界文明古国，其古代建筑独具特色，创造了一系列地基基础的先进技术，取得了辉煌的成就。

　　原始社会人们就懂得夯实土层可以增加土的承载力，能够提高建筑物的稳定性，发明了夯土地基，而后又创造了强度更高、耐水防潮性能优越的灰土地基、砖渣地基。河南偃师二里头所发掘的早商宫殿遗址的夯土地基采用纯黄土整片分层夯实，至今仍坚实异常。古人非常重视地质因素对夯土地基的影响，战国时期发明了"相土""验土"等科学方法。

　　中国古代桩基础技术有着悠久的历史和高超的水平，原始社会时期就有木桩基础，距今约 7000 年的旧石器时代，河姆渡遗址的基础采用了由圆木桩、方木桩和板桩组成的桩基础。夏代采用了"柱础"，增强了立柱的稳定性，并减轻土中的水分对木柱根部的侵蚀。商代出现了在柱与础之间加放铜质垫片的构造做法，有效避免了木柱埋地而腐朽。宋代创造性地应用了"筏形地基"技术，《营造法式》中载有"临水筑基"专节。我国现存最早的木桩基础实例是建于北宋天圣年间公元 1023~1031 年的山西太原的晋祠圣母殿。此殿经历了 900 多年，尚未发现不均匀沉陷。明清时期桩基础技术更趋完善，北京天安门就采用了群桩基础。别具特色的中国古代建筑台基除承托荷重外，还具有避水防潮、调适比例、标志等级等特殊的功效。

2.4　地下室

　　地下室是全部或部分建筑在地下的房间。多层和高层建筑物需要较深的基础，在建筑物底层下建造地下室，增加使用面积，又省去填土的费用，其经济效果和使用效果俱佳。

2.4.1　地下室的分类

　　按功能分，有普通地下室与人防地下室。

按形式分，有全地下室与半地下室。当地下室房间地坪低于室外地坪面的高度超过该房间净高的 1/2 时，称为全地下室。当地下室房间地坪低于室外地坪面高度超过该房间净高 1/3~1/2 时称为半地下室，如图 2-19 所示。半地下室有相当一部分露在室外地面以上，采光和通风比较容易解决，其周边环境要优于全地下室。

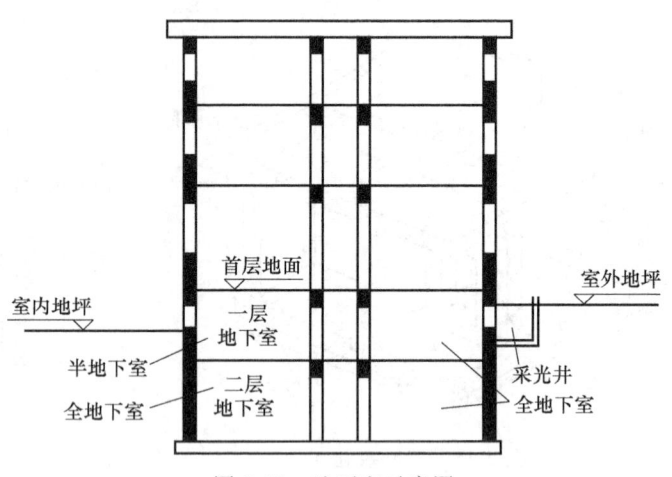

图 2-19 地下室示意图

《民用建筑设计统一标准》（GB 50352—2019）规定，地下室不应布置居室；当居室布置在半地下室时，必须采取满足采光、通风、日照、防潮、防霉及安全防护等要求的相关措施。当日常为人员使用时，地下室和半地下室应满足安全、卫生及节能的要求，且宜利用窗井或下沉庭院等进行自然通风和采光。

按结构材料分，有砖混结构地下室和钢筋混凝土结构地下室。

拓展思考——国防观念和爱国情怀

构筑"地下长城"，建设民生民防，铸就"和平之盾"

《中华人民共和国人民防空法》规定，人民防空工程包括为保障战时人员与物资隐蔽、人民防空指挥、医疗救护等而单独修建的地下防护建筑，以及结合地面建筑修建的战时可用于防空的地下室。城市新建民用建筑，按照国家有关规定修建战时可用于防空的地下室。人民防空建设的设计、施工、质量必须符合国家规定、防护标准和质量标准。

广东省粤府办〔1996〕79 号文件规定，新建、扩建、改建 10 层（含 10 层）以上或基础埋置深度 3m（含 3m）以上的 9 层以下民用建筑，必须修建"满堂红"防空地下室。经充分论证，确因地质、地形或施工条件限制不能修建的，由建设单位报经市人防办公室批准，可以不建，但要按应建防空地下室的面积的实际造价缴纳防空地下室"易地建设费"。

2.4.2 地下室的组成

地下室由墙体、顶板、底板、门和窗、采光井、楼（电）梯等部分组成。

地下室的组成

1. 墙体

地下室的外墙应按挡土墙设计，地下室墙体的工作环境潮湿，墙体的材料应具有良好的防水、防潮性能。一般采用混凝土墙或钢筋混凝土墙。其厚度应按计算确定，其最小厚度除应满足结构要求外，还应满足抗渗厚度的要求，其最小厚度不小于 300mm。若采用砖墙（现在较少使用），其厚度不小于 490mm。

2. 顶板

一般采用预制板、现浇钢筋混凝土板或装配整体式楼板。若做人防地下室，顶板均为现浇钢筋混凝土板。在无采暖的地下室顶板上，即首层地板处应设置保温层，以利于首层房间的使用舒适。

3. 底板

底板处于最高地下水位以上，且无压力作用时，可按一般地面工程处理。如底板处于最高地下水位以下时，底板不仅承受上部垂直荷载，还承受地下水的浮力荷载，因此应采用现浇钢筋混凝土底板，并双向配筋，底板下垫层上还应设置防水层，以防渗漏。

4. 门和窗

普通地下室的门窗与地上房间门窗相同，地下室外窗在室外地坪以下时，应设置采光井以利于室内采光、通风和室外行走安全。防空地下室一般不允许设窗，如需设窗，应设置暂时堵严措施。防空地下室的外门应按防空等级要求，设置相应的防护构造。

5. 采光井

为了改善地下室的室内环境，在城市规划部门允许的情况下，一般在窗外设置采光井以增加开窗面积。采光井由侧墙、底板、遮雨设施或铁栅栏组成。侧墙为砖砌，底板多为现浇混凝土。采光井底部抹灰应向外侧倾斜，并在井底低处设置排水管，如图2-20所示。

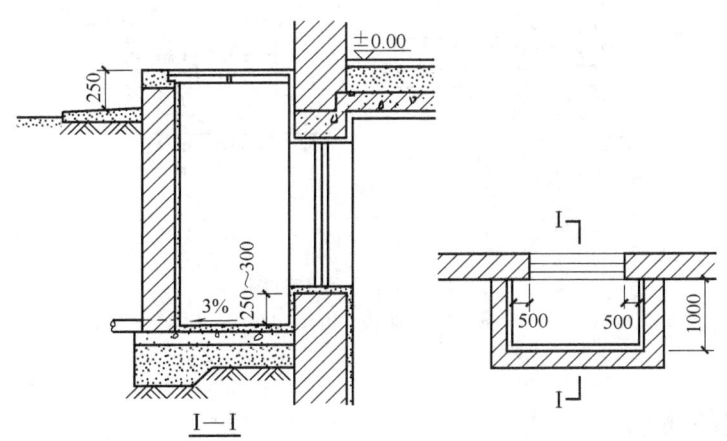

图2-20 采光井示意图

6. 楼（电）梯

地下室的楼（电）梯可与上部楼梯结合设置，当地下室的层高较小时，楼梯多为单跑式。对于人防地下室，应至少设置两部楼梯与地面相连，且必须有一部楼梯通向安全出口。

2.4.3 地下室的防潮

当设计最高地下水位低于地下室底板300~500mm时，且无形成上层滞水可能时，地下水不能侵入地下室内部，地下室的外墙和底板会受到土中潮气的影响，需作防潮处理。

当地下室的墙体采用砖墙时，墙体必须用水泥砂浆砌筑，要求灰缝饱满，并在墙体上设置水平防潮层和垂直防潮层。

地下室的防潮

1. 墙体水平防潮层

地下所有墙体必须设置两道水平防潮层，一道设在墙体与地下室地坪交接处，一般设置在结构层之间。另一道设在距离室外散水上表面以上 150~200mm 墙体中。地下室防潮的做法如图 2-21a 所示。

2. 墙体垂直防潮层

先在墙外侧抹 20mm 厚 1：2.5 的水泥砂浆找平层，延伸到散水以上 300mm，找平层干燥后，上面刷一道冷底子油和两道热沥青，然后在墙外侧回填低渗透性的土壤，如黏土、灰土等，并逐层夯实，底宽 500mm 左右，如图 2-21b 所示。

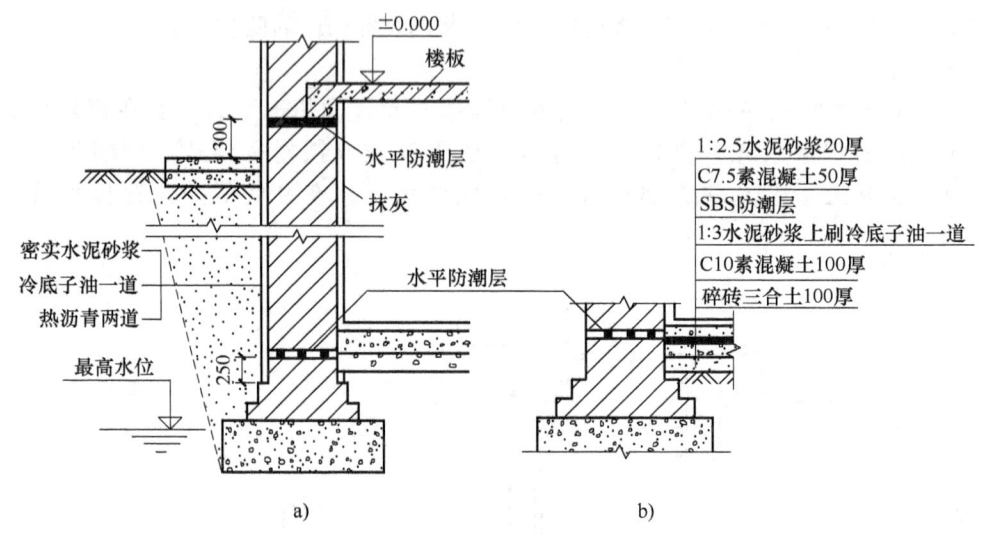

图 2-21　地下室的防潮
a）墙体防潮　b）底板

2.4.4　地下室的防水

当设计最高地下水位高于地下室底板标高，即地下室的外墙和地坪浸在水下时，地下室外墙受到地下水的侧压力，而底板受到地下水的浮力。地下水位高出地下室地面越高，则压力越大，在这种情况下，必须考虑对地下室作防水处理。

《地下工程防水技术规范》（GB 50108—2008）规定了常见的防水做法有卷材防水、混凝土构件自防水、涂料防水、水泥砂浆防水、塑料防水板防水等。

1. 卷材防水

卷材防水层宜用于经常处在地下水环境，且受侵蚀性介质作用或受振动作用的地下工程。卷材防水层应铺设在结构迎水面的基面上及基础底板。

防水卷材的品种和层数，应根据地下工程防水等级、地下水位高低及水压力作用状况、结构构造形式和施工工艺等因素确定。常用的卷材有高聚物改性沥青类防水卷材、合成高分子类防水卷材等。

卷材防水的施工方法有两种：外防水和内防水。防水卷材粘贴在地下工程围护结构外侧

（即迎水面）时，称为外防水，这种方法的防水效果较好，采用较多，但维修困难。卷材粘贴在地下结构内侧称为内防水，这种做法的防水效果较差，但施工简单，便于修补，常用于修缮工程。

（1）外防水。先在混凝土垫层上铺贴卷材，在其上浇筑细石混凝土或水泥砂浆保护层，接着绑扎钢筋，浇筑混凝土。

墙体防水是在外墙外侧抹 20mm 厚 1∶3 水泥砂浆找平层，刷冷底子油一道，再按一层油毡一层沥青胶顺序粘贴好防水层。墙体防水层与底板伸上来的防水层搭接，平立面交接处应加铺附加层。

然后在墙体防水层外侧砌半砖保护墙以保护防水层并使防水层均匀受压，在保护墙与防水层之间缝隙中灌以水泥砂浆，如图 2-22 所示。

（2）内防水。内防水是将卷材满包在地下室墙体和地坪的结构层内侧，其具体构造如图 2-23 所示。

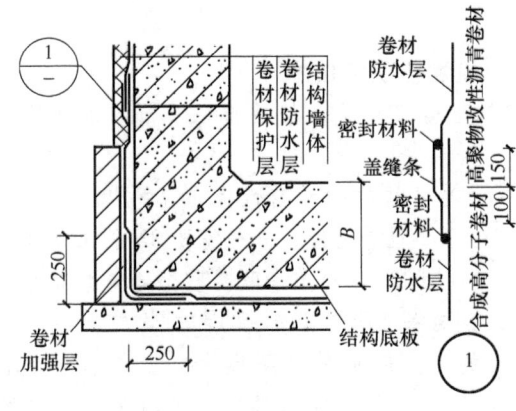

图 2-22　地下室外防水构造

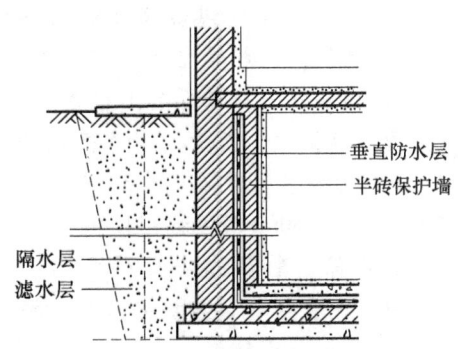

图 2-23　地下室内防水构造

2. 混凝土构件自防水

当地下室的墙体和地坪均为钢筋混凝土结构时，可采用构件自防水，即通过调整配合比，掺加外加剂、掺合料等方法配制而成的一种混凝土。防水混凝土结构底板的混凝土垫层，强度等级不应小于 C15，厚度不应小于 100mm，在软弱土层中不应小于 150mm。防水混凝土结构厚度不应小于 250mm，以保证刚度和抗渗效果。为防止地下水对钢筋混凝土结构的侵蚀，在墙的外侧应先用水泥砂浆找平，然后刷热沥青隔离。防水混凝土防水处理做法如图 2-24 所示。

3. 涂料防水

涂料防水层涂料应包括无机防水涂料和有机防水涂料。无机防水涂料可选用掺外加剂、掺合料的水泥基防水涂料和水泥基渗透结晶型防水涂料。有机防水涂料可选用反应型、水乳型、聚合物水泥等涂料。

无机防水涂料宜用于地下工程结构主体的背水面，有机防水涂料宜用于地下工程主体结构的迎水面。用于背水面的有机防水涂料应具有较高的抗渗性，且与基层有较好的粘结性，涂料防水做法如图 2-25 所示。

涂膜防水　防水混凝土
　　　　　涂料防水做法

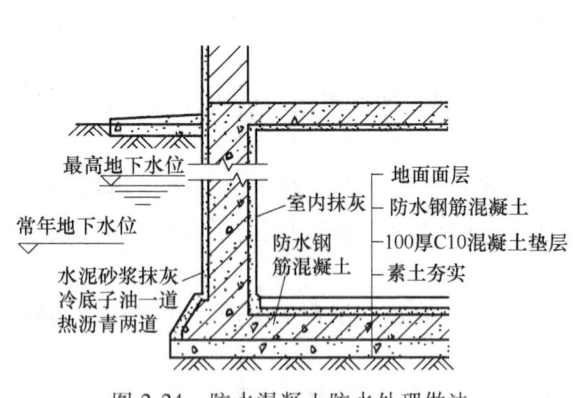

图 2-24 防水混凝土防水处理做法

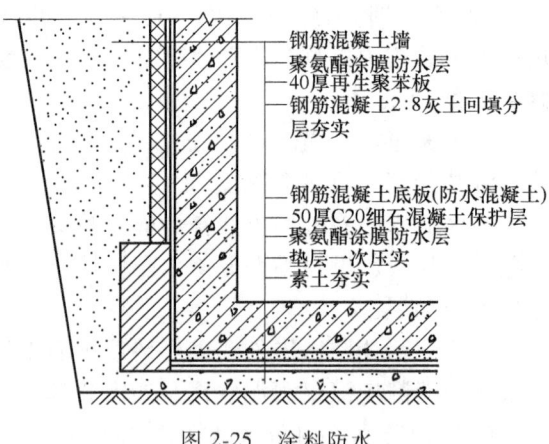

图 2-25 涂料防水

拓展思考——科技强国

港珠澳大桥 6.7km 沉管：挑战世界顶尖技术

所谓沉管隧道，就是在海底挖一条深槽，内部铺上碎石垫层，然后将一节节的沉管放在基槽内，连成一条长隧道。其工程特点如下：

1）隧道埋深大。沉管的埋深高达 20~45m，这对隧道结构的水密性提出了挑战。

2）沉管数量多，对接难度高。6.7km 的隧道长度创下了世界之最，全程需要 33 个管节（每个管节的尺寸为 180m×37.95m×11.4m，重约 7.4 万 t），共计 252 个小节串联。整个隧道共有上百个接头，既要保证管节在对接处严丝合缝、滴水不漏，又要保证所有管节受力相对均匀。

3）海底条件恶劣，质量要求高。海底隧道部分的耐久度更易受到挑战：据调查，香港一侧的海水盐度高于珠海、澳门一侧，高浓度的氯离子可引起钢筋锈蚀，对混凝土也有腐蚀作用；洋流冲击协同泥沙淤积带来不利影响，因而质量标准要求极高。

据了解，在全球范围，无数的案例研究表明，隧道中出现一些漏水是很常见的情况。曾经有一位欧洲著名岛隧专家依据多年的经验总结出，全世界的节段式沉管漏水率平均值为 10% 左右。也就是说，10 个接头中很可能会有一个漏水。这位专家还认为世界上没有沉管隧道 100% 不漏水的纪录。然而，在港珠澳大桥海底隧道的建设中，我国工程师凭借自身的严谨和创新第一次做到了巨型沉管的"滴水不漏"。

模块小结

基础是建筑物的重要组成部分，它承受建筑物的全部荷载并均匀地传给地基。地基是建筑物下部承担建筑总荷载的土层，它不是建筑物的组成部分。

地基分为天然地基和人工地基。一般工程宜优先选用天然地基。当需采用人工地基时，其常见的加固方法主要有碾压夯实法、换土垫层法等。

基础的埋置深度是指从室外地坪至基础底面的距离。影响基础埋置深度的因素主要有建筑物的用途、基础的类型和构造、地基上的荷载、工程地质和水文地质条件、相邻建筑物基础的埋深、地基土的冻胀和融陷等。

基础按其所用材料及受力情况不同有刚性基础和柔性基础；按构造形式不同有条形基础、独立基础等。

由于地下室的外墙、底板受到地下潮气和地下水的侵蚀，因此必须做好地下室的防潮与防水处理。地下室的防潮与防水做法选择主要取决于地下水位与地下室地面标高的关系。防水处理主要有卷材防水、混凝土构件自防水等几种。

习题

一、选择题

1. 基础的埋置深度一般不小于（　　）m。
   A. 0.3　　　　　B. 0.4　　　　　C. 0.5

2. 基础埋置深度是指（　　）。
   A. 基础顶面到室外设计地面的垂直距离　　B. 基础底面到室外设计地面的垂直距离
   C. 基础底面到室内地面的垂直距离　　　　D. 基础顶面到室内地面的垂直距离

3. 对于砖混结构的多层建筑的基础，通常采用（　　）。
   A. 独立基础　　　B. 条形基础　　　C. 片筏基础　　　D. 箱形基础

4. 基础和地基的关系为（　　）。
   A. 地基就是基础　　　　　　　　　B. 基础将荷载传给地基
   C. 地基将荷载传给基础　　　　　　D. 基础将荷载传给墙体

5. 下列基础属于柔性基础的是（　　）。（考证试题）
   A. 混凝土基础　　B. 砖基础　　　C. 钢筋混凝土基础

6. 基础按材料受力特点分为（　　）。
   ①刚性基础　②柔性基础　③独立基础　④条形基础
   A. ①②　　　　B. ②③　　　　C. ③④　　　　D. ①②③④

7. 柔性基础与刚性基础受力的主要区别是（　　）。
   A. 柔性基础比刚性基础能承受更大的荷载
   B. 柔性基础只能承受压力，刚性基础既能承受拉力，又能承受压力
   C. 柔性基础既能承受压力，又能承受拉力，刚性基础只能承受压力
   D. 刚性基础比柔性基础能承受更大的拉力

8. 当基础需埋在地下水位以下时，基础应埋置在最低地下水位以下至少（　　）mm的深度。
   A. 200　　　　　B. 300　　　　　C. 400

9. 在寒冷地区基础的埋置深度，应（　　）。（比赛试题）
   A. 在冰冻线以上　　B. 在冰冻线以下　　C. 在冰冻线处　　D. 与冰冻线无关

10. 新建基础深于原有建筑物基础时，两基础应保持一定净距，一般取相邻两基础底面高差的（　　）倍。
    A. 1~2　　　　　B. 2~3　　　　　C. 3~4　　　　　D. 4~5

二、填空题

1. 基础埋置深度是指_____到基础底面的距离。
2. 地基分为_____和_____两大类。基础按埋深的不同分为_____和_____。
3. 地下室由_____、_____、_____、_____、_____等组成。
4. 基础按构造形式不同分为_____、_____、筏形基础、_____、桩基础等。

三、简答题

1. 地基和基础区别有哪些？
2. 对地基和基础的要求各有哪些？
3. 影响基础埋置深度的因素有哪些？
4. 基础按构造形式分为几种类型？各适用于哪类建筑？
5. 地下室在什么情况下要防潮？什么情况下要防水？其构造分别用图表示。

习题答案

实训项目

1. 实训目标

通过绘制练习，加强对基础埋置深度概念的理解，进一步增强对地下室防潮和防水构造的理解，提高学生识图能力。

2. 实训内容

绘制基础构造图，地下室防潮、防水构造图。

3. 实训条件

（1）绘制一个基础（材质自选）的大放角的刚性基础构造图。

1) 承载力为 150kPa。
2) 基础埋深 1.5m。
3) 室内外高差 0.3m。
4) 基础垫层 100mm 厚，宽 1400mm（材料自选）。
5) 大放角底层为宽 1200mm，至少三层。
6) 基础墙为 240mm。

（2）绘制一个钢筋混凝土基础的柔性基础构造图。

1) 基础埋深 1m。
2) 室内外高差 450mm。
3) 基础垫层 100mm 厚，宽 1300mm（材料自选）。
4) 受力筋为直径 10mm，间距 200mm；分布筋为直径 8mm，间距 200mm。
5) 基础墙为 240mm 墙。

（3）绘制地下室防水构造图。

1) 地下室是全埋式地下室，地下室净高 3.3m。
2) 地下室底板为厚 100mm 的钢筋混凝土板，瓷砖做面层，板下 50mm 厚 C20 细石混凝土保护层，0.3mm 厚塑料膜保护层，卷材防水层，20mm 厚 1∶3 水泥砂浆找平层，100mm 厚 C15 混凝土，素土夯实。
3) 地下室外墙室内采用粉刷，墙厚 250mm 的钢筋混凝土，20mm 厚 1∶3 水泥砂浆找平层，卷材防水，XPS 板保护层，120mm 厚砌体保护墙，高度与底板顶面齐平，黏土分层夯实。

4. 实训要求

绘制基础、地下室构造图，所用材料、尺寸标注齐全，比例 1∶20。

模块三
墙体

学习目标

知识目标
1. 了解墙体的作用、分类、构造、承重方案。
2. 掌握墙体细部构造做法。
3. 掌握块材式隔墙、立筋式隔墙、板材式隔墙的构造做法。
4. 掌握常见墙面装修的材料、构造做法。
5. 了解幕墙的种类和基本做法。

技能目标
1. 能识读墙体大样详图。
2. 能识读墙面装修构造图。
3. 能使用软件绘制墙体构造大样详图与墙面装修构造图。

素质目标
1. 具备识读、绘制墙体构造图的能力,以及追求卓越和不断改进的工作态度。
2. 具备绘制墙体构造图时保证质量的意识。
3. 具备与其他人员配合工作的团队意识、协作精神。
4. 具备持续学习的精神。

工作任务
1. 识读墙体构造大样详图与墙面装修构造图。
2. 软件绘制墙体构造大样详图与墙面装修构造图。

案例引入

2021年,杭州一小区住户在装修自家房屋时敲掉承重墙,导致整栋楼成D级危房。因涉嫌过失以危险方式危害公共安全罪,该户业主、包工头被采取刑事强制措施。据了解,该幢楼为砖混结构,有6层36户。

思考

1. 非承重墙与承重墙的区别有哪些?
2. 墙体的类型有哪些?

3.1 墙体概述

墙体是建筑物重要的组成部分，是建筑物的承重或围护构件。墙体的材料和构造方法，直接影响建筑物的质量、造价、工期等。

3.1.1 墙体的作用

墙体是建筑物中重要的构件之一，主要有以下三个作用：

1. 承重作用

承重墙承受屋顶及楼板传给它的荷载、自重荷载和风荷载等，具有承重作用。

2. 围护作用

墙体抵挡风、雨、雪的侵蚀，防止太阳的辐射、噪声的干扰及室内热量的散失等，起保温、隔热、隔声、防水等作用。

3. 分隔作用

墙体把房屋分隔为若干使用空间。

墙体并不是同时具有以上三个作用的。如砌体承重的混合结构体系中的外墙，既起承重作用，又起围护作用；框架结构中的外墙只起围护作用；砌体承重的混合结构体系中的某些内墙具有承重和分隔双重作用；骨架承重体系中的某些内墙只起分隔作用。

3.1.2 墙体的类型

根据墙体在建筑物中的位置、受力情况、材料、构造方式和施工方法的不同，可将墙体分为不同类型。

墙体的分类

1. 按墙的位置与布置方向分

按照所处位置的不同，墙体分为内墙和外墙。内墙在房屋内部，主要起分隔内部空间的作用。外墙位于房屋的四周，是建筑的围护构件。

按照布置方向不同，墙体又分为纵墙和横墙。沿建筑物长轴方向布置的墙体称为纵墙，外纵墙也称为檐墙；沿建筑物短轴方向布置的墙体称为横墙，外横墙俗称为山墙，如图 3-1 所示。此外，根据墙体和门窗的位置关系，窗洞口之间、门与窗之间的墙体称为窗间墙；窗洞口下部的墙体称为窗下墙。

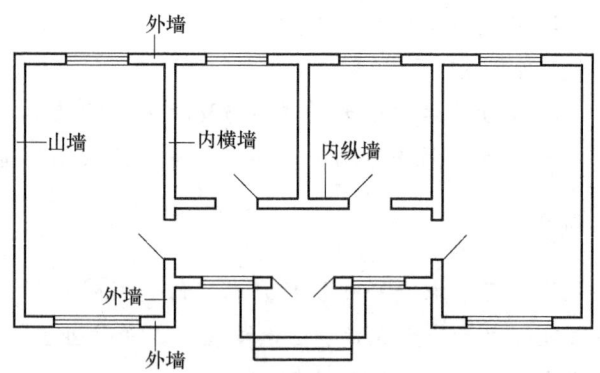

图 3-1 墙体按位置与布置方向分

2. 按墙体受力情况分

按墙体受力情况，墙体分为承重墙与非承重墙。承重墙是指承受楼面、屋面等上部结构传来的荷载及自重的墙体。非承重墙是指不承受外来荷载的墙体，如图 3-2 所示。

非承重墙包括自承重墙、框架填充墙、幕墙和隔墙。其中，自承重墙不承受外来荷载，只承受其墙体的自重；框架填充墙是指在框架结构中，填充在框架中间的墙；幕墙是指悬挂在建筑物结构外部的轻质外墙，如玻璃幕墙、铝塑板墙等；隔墙仅起分隔空间作用，其自身重量由楼板或梁承担。

3. 按墙体构成的材料分

按构成材料不同，墙体分为砖墙、砌块墙、混凝土墙、板材墙、幕墙等。

（1）砖墙。用来砌筑墙体的砖有普通砖、多孔砖等。普通黏土砖是我国传统墙体的材料，已被国家限制使用。多孔砖可利用工业废料制成。

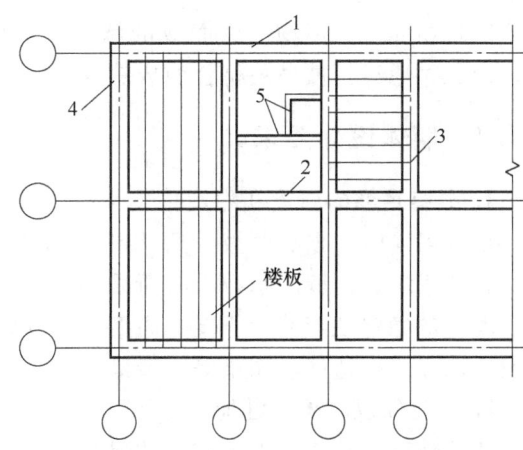

图 3-2　墙体按受力情况分
1—纵向承重外墙　2—纵向承重内墙　3—横向承重内墙　4—横向自承重外墙（山墙）　5—隔墙

（2）砌块墙。砌块墙是砖墙的良好替代品，由多种轻质材料和水泥制成，有加气混凝土砌块墙、混凝土空心小型砌块墙等。加气混凝土多用于隔墙和填充墙。混凝土空心小型砌块墙一般采用 C20 混凝土制作，可用于 6 层及以下的建筑。

（3）混凝土墙。混凝土墙可以现浇或预制，多用于多层及高层建筑中。

（4）板材墙。轻质的条板用粘结剂拼合在一起形成的墙，由墙板材自承重，将预制或现制的板材直接固定于建筑主体结构之上。

（5）幕墙。一般用在建筑的外墙，是围护构件，不承重，像幕布一样挂上去，故又称为"帷幕墙"，是现代大型和高层建筑常用的带有装饰效果的轻质墙体。

4. 按墙体构造分

按照构造方式不同，墙体分为实体墙、空体墙和复合墙三种。

（1）实体墙。由普通砖、实心砌块、混凝土和钢筋混凝土等砌筑或浇筑而成的墙。

（2）空体墙。空体墙可由实体材料砌筑成内部有空腔的墙体，如普通砖砌筑的空斗墙；也可以由有空洞的材料砌筑，如空心砖墙、空心砌块墙等。空心砖墙较普通砖墙有更好的保温能力，多用于框架结构中的内外墙体。

（3）复合墙。复合墙由两种以上材料组合而成，比如主体结构采用普通砖、多孔砖或钢筋混凝土板材，在其内侧或外侧复合轻质保温材料，如 EPS 板等构成内保温或外保温结构。

5. 按施工方法分

按照砌筑墙体的施工方法不同，可分为块材墙、板筑墙、板材墙，如图 3-3 所示。块材墙是用砂浆等胶结材料将砖、石、砌块等组砌而成，如砌块墙。板筑墙是

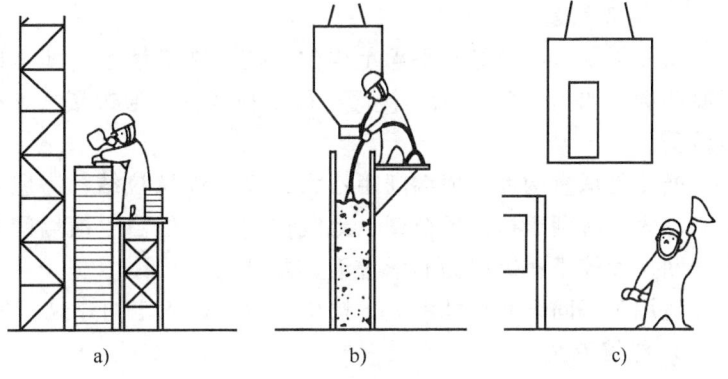

图 3-3　墙体按施工方法分
a) 砌块墙　b) 现浇混凝土墙　c) 预制混凝土大板墙

在施工现场支模,现场浇注而成的墙体,如现浇混凝土墙。板材墙是在工厂预先制作成墙板,施工时通过机械吊装拼合而成的墙体,如预制混凝土大板墙等。

3.1.3 墙体设计要求

1. 具有足够的强度和稳定性

设计墙体时,根据荷载及所用材料的性能,通过计算确定墙体的厚度和所具备的承载力。在使用中,砖墙的承载力与所采用的砖、砂浆强度等级及施工技术有关。

墙体的稳定性与墙的长度、高度、厚度以及墙体间距有关。要提高墙体的稳定性,可采用设置墙垛、构造柱、圈梁等构造措施。

2. 具有保温、隔热性能

寒冷地区,外墙要求有较好的保温能力,以减少室内热量的损失。同时要防止外墙内表面与保温材料内部出现凝结水现象,构造上防止热桥的产生。在炎热地区,外墙应具有一定的隔热性能。

3. 具有隔声性能

墙体应具有一定的隔声性能,以保证建筑物室内空间良好的工作、学习、生活等环境。

4. 满足防火要求

墙体的材料及厚度应符合国家建筑设计防火相关规范中相应的燃烧性能和耐火极限的要求,必要时还应设置防火墙、防火门等。

5. 满足防水、防潮要求

在厨房、卫生间、浴室等有水房间的墙体以及地下室的墙体均应采取防水、防潮措施,满足防水、防潮的要求。

6. 满足建筑工业化要求

随着建筑工业化的发展,墙体应用新材料、新技术是建筑技术的发展方向。可通过提高机械化施工程度来提高功效、降低劳动强度,采用轻质高强度的新型墙体材料,以减轻自重,提高墙体的质量,缩短工期,降低成本。

3.1.4 墙体承重方案

墙体有四种承重方案:横墙承重、纵墙承重、纵横墙承重、半框架承重。

1. 横墙承重

将楼板及屋面板等水平承重构件,搁置在横墙上,即由横墙承担楼面及屋面荷载,如图3-4a所示,楼面与屋面荷载依次通过楼板、横墙、基础传递给地基。

墙体承重方式与设计要求

横墙是承重构件,横墙间距不大,又有纵墙拉结,房屋的整体性好,横向刚度大,有利于抵抗风荷载、地震作用等。但由于横墙间距受到限制,建筑开间尺寸较小;纵墙为非承重墙,开窗灵活。

适用于房间开间尺寸不大,墙体位置比较固定的建筑,如宿舍、旅馆、住宅等。

2. 纵墙承重

将建筑的水平承重构件搁置在纵墙上,即由纵墙承担楼面及屋面的荷载,横墙只起分隔空间和连接纵墙的作用,如图3-4b所示。楼面与屋面荷载依次通过楼板、纵墙、基础传递给地基。

纵墙承重，横墙仅起分割空间和连接纵墙的作用。横墙间距可以很大，开间划分灵活，能分隔出较大的房间，以适应不同的需要。

纵墙承重，在纵墙上开设门窗洞口受到限制，室内通风不易组织；又由于横墙不承受垂直荷载，抵抗水平荷载的能力较差，所以这种房屋的整体刚度较差。

适用于房间较大的建筑物，如办公楼、餐厅、商店等。

3. 纵横墙承重

纵墙和横墙都是承重墙时，称为纵横墙承重，如图3-4c所示。纵横墙承重时，平面布置灵活，房屋刚度也较好。

适用于房间开间和进深尺寸较大、房间类型较多以及平面复杂的建筑，如教学楼、医院、托儿所、幼儿园等建筑。

4. 半框架承重

房屋内部采用梁、柱组成的内框架承重体系，四周墙体承重，由墙和柱共同承受水平承重构件传来的荷载，如图3-4d所示。房屋的刚度由框架提供，室内空间较大。

适用于内柱不影响使用的大空间建筑，如大型商场、展厅、餐厅等。

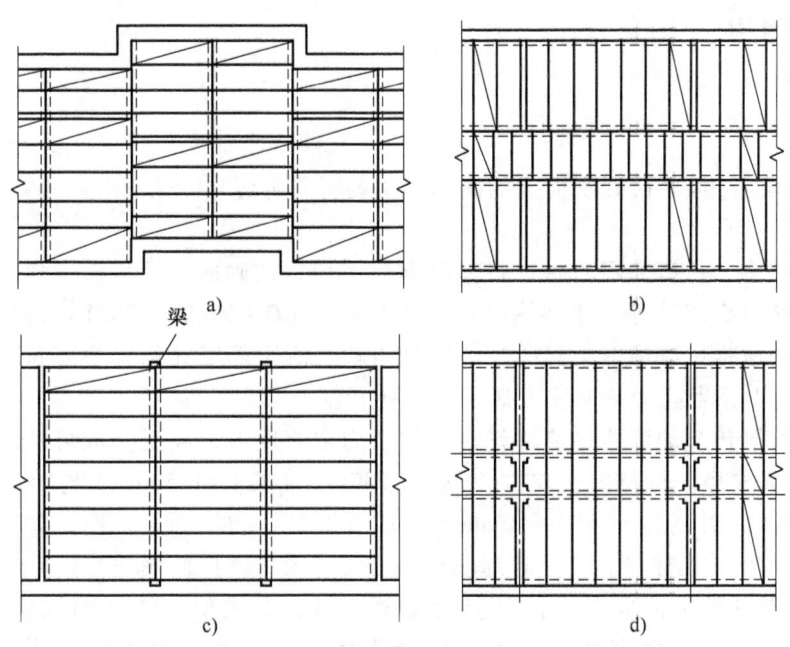

图 3-4 墙体的承重方案
a）横墙承重 b）纵墙承重 c）纵横墙承重 d）半框架承重

拓展思考——绿色低碳发展

砌体建筑的发展史

砌体结构的历史源远流长，其发源时间约为5000年前。万里长城、嵩岳寺塔都是我国古代经典的砌体结构。

在战国时期，我国已能烧制大型空心砖，到了秦汉时代，我国的砌体材料步入了繁荣发展阶段。在这之后，历代都大量采用实心黏土砖砌筑砌体结构工程。一百多年前混凝土砌块的问世，为砌体材料体系增添了重要一员。20世纪50年代以后，实心黏土砖成为我国的主要砌体材料，并且其地位一直维持了近五十年。由于实心黏土砖的生产可能会毁坏大量的耕地，我国陆续出台政策淘汰落后产能，禁实限黏，大力推进墙体材料革新。

在20世纪50年代之前，我国建造的砌体结构房屋仅凭经验设计而且层数低，缺乏成体系的砌体结构设计理论。1956年12月，我国采用苏联的《砖石及钢筋砖石结构设计标准及技术规范》为参考规范，并推广使用。1973年，我国自主研制第一部砌体结构设计规范《砖石结构设计规范》（GBJ 3—1973）。1976年的唐山大地震摧毁了当时唐山市大量的砌体结构建筑物，造成了无法估量的生命与财产损失。1988年9月，我国颁布了《砌体结构设计规范》（GBJ 3—1988）。2002年3月，我国实施了新的《砌体结构设计规范》（GB 50003—2001），2008年5月12日，四川省汶川县发生里氏8.0级地震，造成了震区房屋大量垮塌和破坏。2012年8月，我国开始实施了新的《砌体结构设计规范》（GB 50003—2011）。为部署改革标准和标准化管理体制，深化标准的实施和监督，2021年4月，我国又颁布了《砌体结构通用规范》（GB 55007—2021）。

3.2　墙体构造

3.2.1　砖墙材料

砖墙是用砌筑砂浆将砖砌筑而成的砌体，主要材质为砖与砂浆。

1. 砖

砖的种类很多，从所采用的原材料上分有黏土砖、灰砂砖、页岩砖、煤矸石砖、水泥砖、矿渣砖等。《砌体结构通用规范》（GB 55007—2021）规定，砌体结构中应推广应用以废弃砖瓦、混凝土块、渣土等废弃物为主要材料制作的块体。从形状上分砖有实心砖、多孔砖及空心砖。

砖墙材料

黏土砖是我国传统的墙体砌筑材料，以黏土为主要原料，经搅拌成可塑性，用机械挤压成型。标准黏土砖的规格是240mm（长）×115mm（宽）×53mm（厚），砌筑时的灰缝尺寸10mm，形成4∶2∶1的尺度关系，如图3-5a所示。目前，国家禁止使用普通黏土实心砖，大力推广使用空心砖。

《砌体结构通用规范》（GB 55007—2021）

多孔砖是指以黏土、页岩、粉煤灰为主要原料，经成型、焙烧而成，有烧结多孔砖、蒸压灰砂多孔砖、承重混凝土多孔砖、蒸压粉煤灰多孔砖等。孔形为圆孔或非圆孔，孔的尺寸小而数量多。产品主规格尺寸是240mm（长）×115mm（宽）×90mm（宽）、190mm（长）×190mm（宽）×90mm（厚）等，如图3-5b所示，适用于各类承重和框架填充等不同建筑墙体结构中。

空心砖分为烧结空心砖、非承重蒸压灰砂空心砖、非承重混凝土空心砖，以黏土、页岩等为主要原料烧结而成，一般规格是390mm（长）×190mm（宽）×190mm（厚）。空心砖质量轻、强度高、保温、隔声降噪性能好。空心砖是建筑行业常用的墙体材料，由于质轻、消耗原材料少等优势，成为国家

《烧结多孔砖和多孔砌块》（GB 13544—2011）

建筑部门首先推荐的产品。

2. 砂浆

砂浆按其成分分为水泥砂浆、石灰砂浆和混合砂浆、预拌砂浆或专用砌筑砂浆等。

水泥砂浆由水泥、砂和水按一定的比例拌和而成，属于水硬性材料，强度高，适合砌筑处于潮湿环境下的砌体。

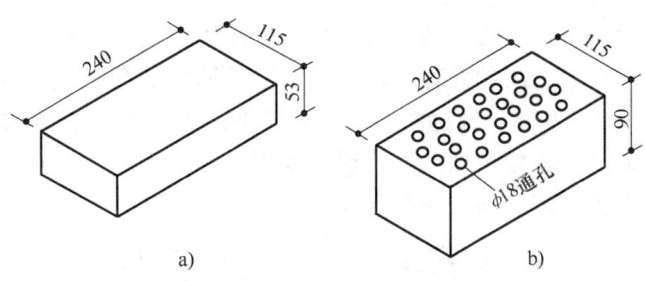

图 3-5 标准砖、多孔砖的规格
a）标准砖 b）多孔砖

石灰砂浆由石灰膏、砂加水拌和而成，属于气硬性材料，强度不高，多用于砌筑次要的、临时的、简易的建筑中地面以上的砌体。

混合砂浆由水泥、石灰膏、砂加水拌和而成，强度较高，和易性和保水性较好，适合于砌筑地面以上的砌体。

预拌砂浆是指由专业化厂家生产的，用于建设工程中的各种砂浆拌合物，是我国近年发展起来的一种新型建筑材料，按性能可分为普通预拌砂浆和特种砂浆。

工程中所用砌筑砂浆，应按设计要求对砌筑砂浆的种类、强度等级、性能及使用部位核对后使用，其中对设计有抗冻要求的砌筑砂浆，应进行冻融循环试验，其结果应符合行业标准《砌筑砂浆配合比设计规程》（JGJ/T 98—2010）的要求。

拓展思考——绿色低碳发展

"限黏禁实"，绿色发展

黏土砖是建筑用的人造小型块材，也被称为烧结砖。实心黏土砖是世界上最古老的建筑材料之一，中国在春秋战国时期陆续创制了方形和长形砖，秦汉时期制砖的技术和生产规模、质量和花式品种都有显著发展，世称"秦砖汉瓦"。从陕西秦始皇陵到北京明清长城，它传承了中华民族几千年的建筑文明史。

2005年，国务院办公厅发布了《国务院办公厅关于进一步推进墙体材料革新和推广节能建筑的通知》（国办发〔2005〕33号），印发了《"十二五"墙体材料革新指导意见》（发改环资〔2011〕2437号），提出开展"城市限黏、县城禁实"，即全国县城城区开展禁止使用实心黏土砖工作，坚持疏堵结合、禁产和禁用相结合的原则，采取有效措施推进实心黏土砖厂关停、转产。工作重点由禁止使用向禁止生产转移，大力发展符合当地建筑结构需求、能够替代实心黏土砖的优质新型墙体材料。

实施原因是每年500万亩耕地在"流血"，其中70万亩被损毁。我国人均耕地资源不到世界平均水平的40%，但因城乡建房烧制黏土砖，一年竟要损毁良田70万亩。

3.2.2 砖墙的砌筑方式

砖墙的砌筑方式是指砖块的排列方式，砖墙组砌应满足横平竖直、砂浆饱满、错缝搭接、避免出现通缝等基本原则，以保证墙体的强度和稳定性。

在砖墙组砌中，把砖的长向沿墙面砌筑的称为顺砖，把砖的短向沿

砖墙的砌筑方式

墙面砌筑的称为丁砖。每排列一层砖则称为一皮砖。上下皮砖之间的水平灰缝称为横缝，左右两块砖之间的垂直缝称为竖缝。砖墙横缝和竖缝宽度宜为10mm，但不得小于8mm，也不能大于12mm。横缝的砂浆饱满度不得小于80%。砖砌筑时切忌出现竖直通缝，否则会影响墙的强度和稳定性。墙体通常采用一顺一丁式、梅花丁式（十字式）、全顺式、两平一侧式等砌筑方式，如图3-6所示。

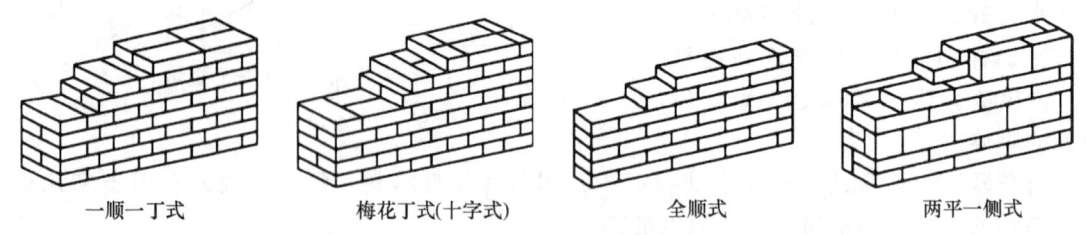

图3-6 实体砖墙的组砌方式

拓展思考——工匠精神

中国第一个在国际砌筑类比赛中获得金牌的人——梁智滨

梁智滨，一个来自广东省的小伙子，2017年，他代表国家参加了在阿联酋阿布扎比举行的第44届世界技能大赛，打败了其他29个国家的选手，成为中国第一个在国际砌筑类比赛中获得金牌的人。

1998年，梁智滨出生于广东湛江吴川市兰石镇上的一个普通家庭。吴川市经济发达，是我国著名的建筑装饰之乡。梁智滨从小就熟悉泥浆砖瓦，对建筑有着浓厚的兴趣。2014年，梁智滨初中毕业后没有继续上高中，他来到了广州市建筑工程职业学校学习工程施工。一次，学校号召大家报名参加砌筑技能竞赛，17岁的梁智滨毫不犹豫地走进了训练场，开始了为期两年的"魔鬼式训练"。

每天早上8点到晚上9点，除了上课，他把所有的时间都用在了训练上。一个看似简单长2m、高1.5m的直墙，水平方向、垂直方向和角度测量，误差不能超过1mm。每完成一次训练，往往需要砌上八九个小时。砌好、推倒、再砌……梁智滨每星期差不多要这样循环5次，一直往复地练了10个月。

两年的时间，梁智滨累计砌了350堵墙，每面墙超过了200块砖；铲了至少20万次砂浆。慢慢地，他的技术越来越熟练，随手一铲就能准确地判断出砂浆的厚度。

功夫不负有心人，2015年，梁智滨在学校200进4的初赛中夺得第一名，获得了进入国家集训队的资格。在国家队的初赛中，梁智滨获得了第二名，有资格进入残酷的淘汰赛。10名选手经过三轮激烈的角逐，最终梁智滨拿到了代表中国出战第44届世界技能大赛砌筑项目比赛的资格。2017年10月14日，19岁的梁智滨走进了阿布扎比的赛场。在这里，他将与来自其他国家的29名选手同台竞技。比赛要求选手在4天半内，按照图纸砌出三面墙体，而墙体的平整度、垂直度误差不能超过1mm。成绩公布后，梁智滨以69.89分的成绩夺得大赛第一名。

他拒绝了百万年薪诱惑，回到母校担任了一名实习指导教师，同时他还学习了工程管理专业，希望提升自己的理论水平，争取做一个完美的建筑工匠。

3.2.3 实心砖墙的尺寸

砖墙的基本尺寸包括墙厚和墙段两个方向的尺寸,必须满足结构和功能要求的同时,满足砖的规格。以标准砖为例,根据砖块的尺寸、数量、灰缝可形成不同的墙厚度和墙段的长度。

1. 墙厚

标准砖的长、宽、高规格为240mm×115mm×53mm,砖块间灰缝宽度为10mm。砖厚加灰缝、砖宽加灰缝后与砖长形成1:2:4的比例特征,组砌灵活。墙厚与砖规格的关系如表3-1所示。

2. 墙身长度

当墙身过长时,其稳定性就差,故每隔一定距离应有垂直于它的横墙或其他构件来增强其稳定性。

3. 墙身高度

墙身高度主要是指房屋的层高。要依据实际要求,即设计要求而定,但墙高与墙厚有一定的比例制约,同时要考虑到水平侧推力的影响,保证墙体的稳定性。

4. 砖墙洞口与墙段的尺寸

砖墙洞口主要是指门窗洞口,其尺寸应符合模数要求,尽量减少与此不符的门窗规格,以有利于工业化生产。国家及地区的通用标准图集是以扩大模数3M为倍数的,故门窗洞口尺寸多为300mm的倍数,1000mm以内的小洞口可采用基本模数100mm的倍数。

墙段多指转角墙和窗间墙,其长度取值以砖模125mm为基础。墙段由砖块和灰缝组成,即砖宽加缝宽:115mm+10mm=125mm;而建筑的进深、开间、门窗都是按扩大模数300mm进行设计的,这样一幢建筑中采用两种模数必然给建筑、施工带来很多困难。只有靠调整竖向灰缝大小的方法来解决。竖缝宽度大小的取值范围为8~12mm。墙段长调整余地大,墙段短调整余地小。

表 3-1 普通砖墙墙厚与砖规格的关系 （单位：mm）

砖墙断面					
尺寸组成	115	53+10+115	115+10+115	115+10+240	240+10+240
构造尺寸	115	178	240	365	490
标志尺寸	120	180	240	370	490
习惯称谓	12 墙	18 墙	24 墙	37 墙	49 墙
墙厚名称	半砖墙	3/4砖墙	一砖墙	一砖半墙	两砖墙

3.2.4 墙体的细部构造

墙体作为建筑物主要的承重或围护构件,不同部位必须进行不同的处理,才能保证其耐久、适用。砖墙主要的细部构造包括墙身防潮、勒脚、散水、明沟、门窗洞口、墙身加固措施等。

1. 墙身防潮层

建筑地下部分的墙体和基础会受到土壤中潮气的影响，土壤中的潮气进入这部分材料的孔隙内形成毛细水，毛细水沿墙体上升，逐渐使地上部分墙体潮湿，影响建筑的正常使用和安全，如图3-7所示。为了防止地下土壤中的潮气沿墙体上升和地表水对墙体的侵蚀，提高墙体的坚固性与耐久性，保证室内干燥、卫生，应在墙身中设置防潮层。防潮层有水平防潮层和垂直防潮层两种。

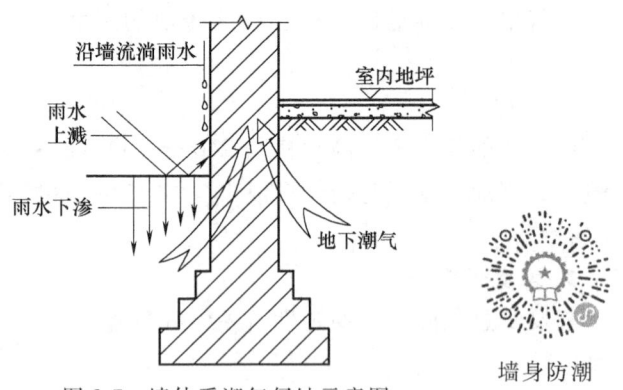

图3-7 墙体受潮气侵蚀示意图

（1）水平防潮层。当室内地面垫层为密实材料时，如混凝土等，防潮层的位置应低于室内地面60mm处，即-0.060m处，同时还应至少高于室外地坪150mm，防止雨水溅湿墙面，如图3-8a所示。当室内地面垫层为透水材料，如炉渣、碎石等，水平防潮层的位置应平齐或高于室内地面60mm，即在0.060m处，如图3-8b所示。

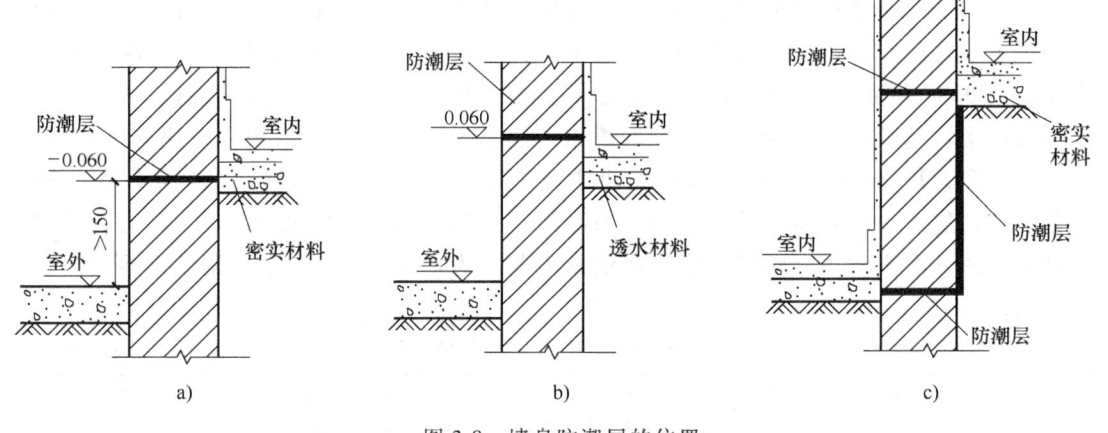

图3-8 墙身防潮层的位置
a）地面垫层为密实材料 b）地面垫层为透水材料 c）室内地面有高差

墙身水平防潮层的构造做法常用的有以下三种（图3-9）：

1）防水砂浆防潮层。采用1:2水泥砂浆加水泥用量3%~5%防水剂，厚度为20~25mm或用防水砂浆砌三皮砖作防潮层。此种做法构造简单，但砂浆开裂或不饱满时会影响防潮效果。适用于抗震地区、独立砖柱和震动较大的砖砌体中。

2）细石混凝土防潮层。采用60mm厚的细石混凝土带，内配三根Φ6钢筋，其防潮性能好。适用于地下水位较高、地基土软弱而整体刚度要求较高的建筑中。

3）卷材防潮层。先抹20mm厚水泥砂浆找平层，上铺一毡二油，此种做法防水效果好，但有油毡隔离，削弱了砖墙的整体性，不应在刚度要求高或地震区采用。

（2）垂直防潮层。当室内地面出现高差或室内地面低于室外地面时，除了要在相应位置设置水平防潮层外，还要对两道水平防潮之间靠土壤的垂直墙体做防潮处理，即垂直防潮层。具体做法是在墙体靠回填土一侧用 20mm 厚 1∶2 水泥砂浆抹灰，涂冷底子油一道，再刷两遍热沥青防潮，如图 3-8c 所示，也可以抹 25mm 厚防水砂浆。在另一侧的墙面，最好用水泥砂浆抹灰。

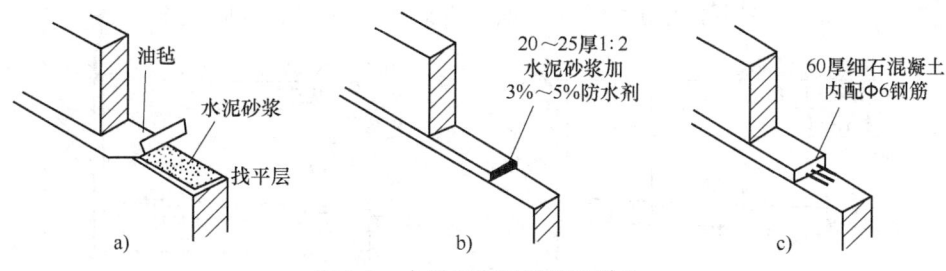

图 3-9　水平防潮层的构造做法
a）卷材防潮层　b）防水砂浆防潮层　c）细石混凝土防潮层

2. 勒脚

勒脚是外墙接近室外地面的部分。其高度一般为室内外地坪的高差，有时为了满足建筑立面形象的要求，可以把勒脚顶部提高至首层窗台处。勒脚的作用是防御水对墙角的侵蚀，防止外界的机械碰撞，增加建筑物的立面美观。

勒脚构造的做法有以下几种（图 3-10）：

（1）抹灰勒脚。可采用 20mm 厚 1∶3 水泥砂浆抹面；1∶2 水泥白石子水刷石或斩假石抹面。此法多用于一般建筑。

（2）贴面勒脚。可采用天然石材或人工石材，如花岗石、水磨石等。其耐久性、装饰效果好，用于高标准建筑。

（3）石砌勒脚。用石材，如条石、毛石等坚固耐久的材料砌筑，在生产天然石材的地区可因地制宜，取得特殊的艺术效果。

勒脚

勒脚做法

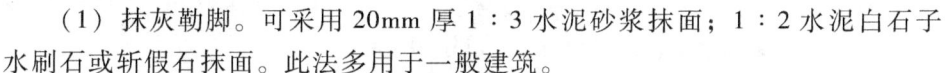
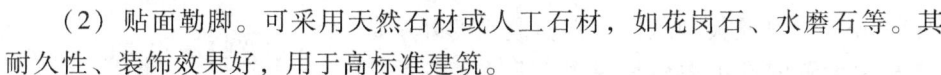
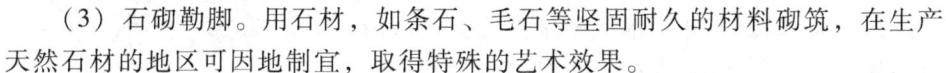

图 3-10　勒脚的构造做法
a）抹灰勒脚　b）贴面勒脚　c）石砌勒脚

3. 散水与明沟

在建筑物外墙四周靠近勒脚部位的地面设置散水或明沟，将建筑物四周的地表水及时排走，保护外墙基础和地下室的结构免受水的不利影响。

（1）散水。散水即外墙周围向外倾斜的坡面。散水应设不小于 3% 的排水坡，宽度一般为 600~1000mm。当屋面排水方式为自由落水时，其宽度应比屋檐挑出宽度大 150~200mm。散水一般采用素混凝土浇筑，水泥砂浆做面

散水与明沟

散水做法

层,或用砖石材料铺砌,再做水泥砂浆抹面,如图 3-11 所示。寒冷地区应在基层上设置 100~150mm 厚 3∶7 灰土垫层以加强其抗冻变形能力。散水与外墙交接处应设分格缝,防止外墙下沉时将散水拉裂。散水整体面层纵向距离每隔 6m 左右做一道伸缩缝,防止面层开裂,缝宽 20~30mm,并用弹性防水材料(如沥青砂浆)嵌缝,以防止渗水。

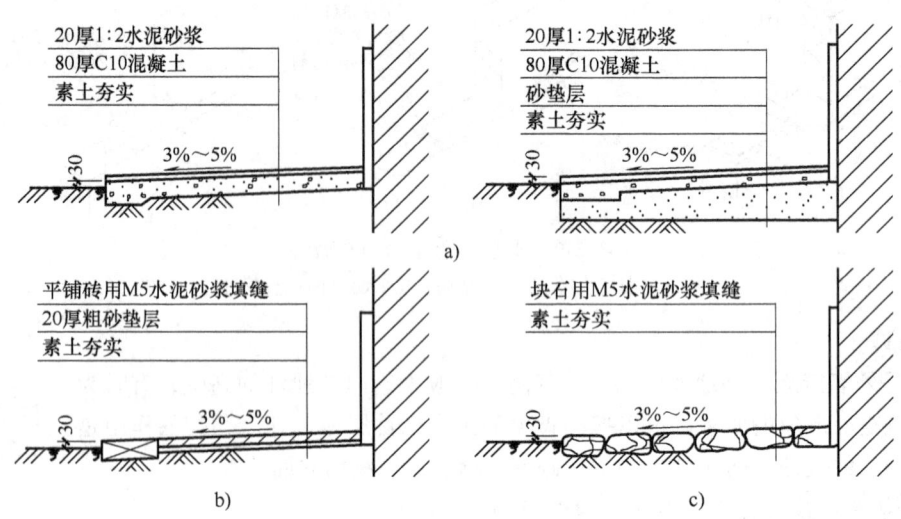

图 3-11 散水构造
a) 混凝土散水 b) 砖散水 c) 块石散水

(2) 明沟。对于年降水量较大的地区,常在散水的外缘或直接在建筑物外墙根部设置的排水沟称为明沟。明沟通常采用混凝土浇筑,也可用砖、石砌筑,并用水泥砂浆抹面。沟底应有不小于 1% 的纵向坡度,如图 3-12 所示。明沟适合于降雨量较大的南方地区。

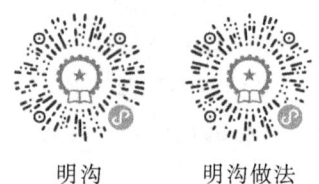

明沟　明沟做法

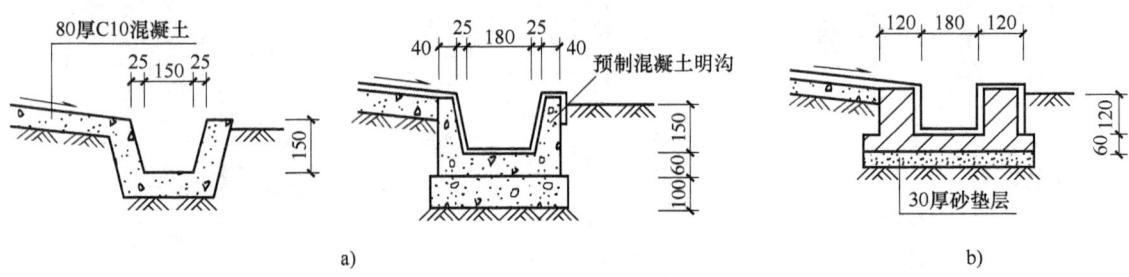

图 3-12 明沟构造
a) 混凝土明沟 b) 砖砌明沟

4. 窗台

为避免沿窗面流下的雨水渗入墙身,且沿窗缝渗入室内,在窗洞口的下部应设置窗台。窗台分为外窗台和内窗台两部分。窗台构造有悬挑和不悬挑两种。外墙面材料为贴面砖时,可不设挑窗台。窗台的构造要点有以下几点:

窗台1

1) 悬挑窗台可以用砖砌,常采用一皮砖平挑出 60mm 或将一砖侧砌并挑出 60mm,如图 3-13a 所示,也可用混凝土窗台。

2）窗台表面应做好抹灰或贴面处理，侧砌窗台可做水泥砂浆勾缝的清水窗台；窗台表面应做一定的排水坡度，并应注意抹灰与窗下槛的交接处理，防止雨水向室内渗入；悬挑窗台下做滴水槽或斜抹水泥砂浆，引导雨水垂直下落不致影响窗下墙面，如图 3-13b 所示。

3）内窗台一般为水平放置，通常结合室内装修做成水泥砂浆抹灰、木板或贴面砖等多种饰面形式，如图 3-13c 所示。

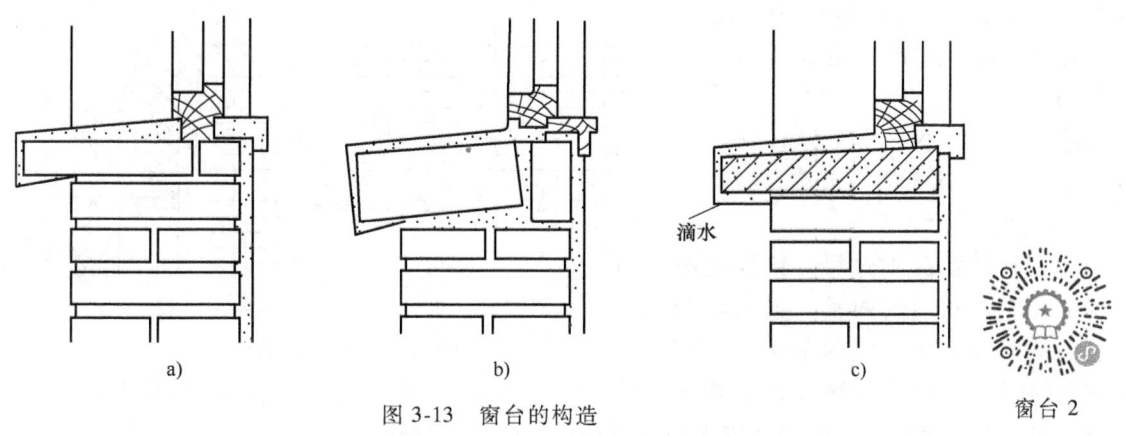

图 3-13 窗台的构造
a）平砌筑外窗台　b）侧砌筑外窗台　c）预制钢筋混凝土窗台

为了美化外墙立面，经常做窗套与腰线。窗套由带挑檐的过梁、窗台和窗边挑出的立砖形成，外抹水泥砂浆后再做其他装饰。腰线是指梁和窗台形成的水平线条，外抹水泥砂浆后，再做其他装饰。

5. 过梁

过梁设置在门窗洞口上方，用来支承门窗洞口上墙体、楼板等荷载，并将这些荷载传给洞口两侧的窗间墙。

根据《砌体结构设计规范》（GB 50003—2011），按材料和构造方式不同，过梁的形式有砖拱过梁、钢筋砖过梁和钢筋混凝土过梁三种。目前，钢筋混凝土过梁最常见。

（1）砖拱过梁。砖拱过梁是我国传统做法，分为平拱、弧拱等。由竖砌的砖作拱圈，灰缝上宽下窄，使砖向两边倾斜，相互挤压形成拱来承担荷载。灰缝的宽度，在拱底面不应小于 5mm；在拱顶面不应大于 15mm，拱体的纵向及横向灰缝应填实砂浆。两端下部伸入墙内 20~30mm。砌筑时，中部起拱，高度为洞口跨度的 1/50。砖砌平拱过梁底应有 1% 的起拱。砖拱过梁的砖不低于 MU10，砂浆不低于 M5。净跨宜小于或等于 1.2m，如图 3-14 所示。

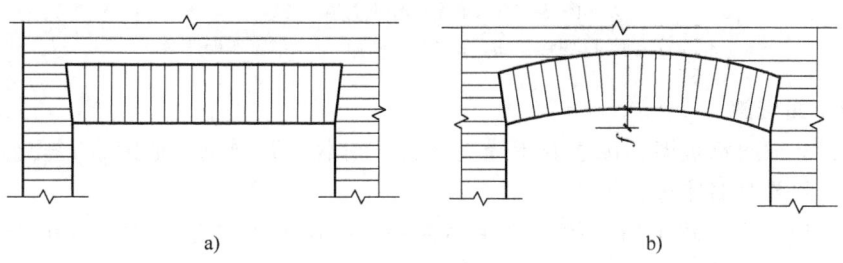

图 3-14 砖拱过梁
a）平拱　b）弧拱

砖拱过梁用于清水砖墙中可满足墙面统一的外观效果，但不宜用于上部有集中荷载或有较大振动荷载的部位，或可能产生不均匀沉降和有抗震设防要求的建筑物。

（2）钢筋砖过梁。将钢筋均匀、对称埋在梁底部厚度为30mm的水泥砂浆层内，其直径不应小于5mm，间距不大于120mm。钢筋伸入洞口两侧墙内的长度不应小于240mm，并设90°直弯钩，埋在墙体的竖缝内，以利于锚固。在洞口上部不小于1/4洞口跨度的高度范围内（且不应小于5皮砖），砖不低于MU10，用不低于M5的砂浆砌筑，如图3-15所示。

适用于净跨小于或等于1.5m，不应超过2m，上部无集中荷载及抗震设防要求的建筑。

（3）钢筋混凝土过梁。钢筋混凝土过梁有现浇和预制两种。钢筋混凝土过梁承载能力强，坚固耐久，可用于较宽的门窗洞口，对建筑物不均匀沉降或振动有一定的适应性，已成为门窗洞口过梁的主要形式。

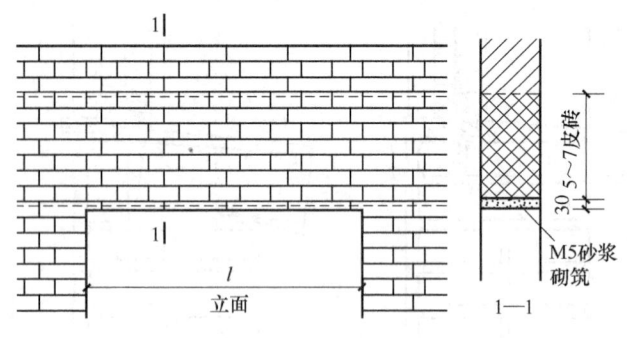

图3-15 钢筋砖过梁构造

为方便施工，梁高应与砖的皮数相适应，常见梁高为60、120、180、240（单位为mm），梁宽一般同墙厚，梁两端支承在墙上的长度不少于240mm。

过梁断面形式有矩形和L形，如图3-16a、b所示。矩形多用于内墙和混水墙，L形多用于外墙和清水墙。为简化构造、节约材料，可将过梁与圈梁、悬挑雨篷、窗楣板或遮阳板等结合起来设计。如在南方炎热多雨地区，常从过梁上挑出300~500mm宽的窗楣板，既保护窗户不被雨水侵蚀，又遮挡部分直射太阳光，如图3-16c所示。

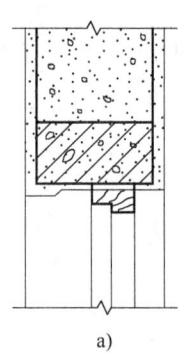 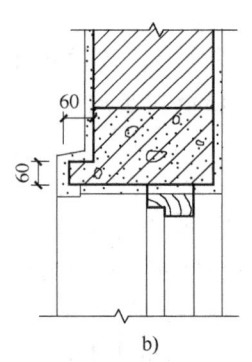 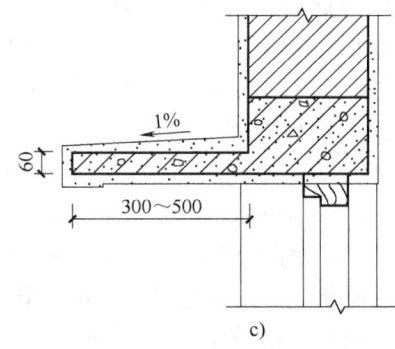

图3-16 钢筋混凝土过梁形式
a）矩形过梁断面 b）L形过梁断面 c）带窗楣板过梁

6. 墙身加固措施

对于砖混结构的承重墙，由于要承受上部集中荷载、开洞及其他因素，会影响墙体强度和稳定性，因此要对墙体进行加固。

（1）增加壁柱和门垛。当墙体承受集中荷载，强度不能满足要求，或由于墙体的长度和高度超过一定限度并影响到墙体稳定性时，常在墙身适当位置增设凸出墙面的壁柱，与墙体共同承担荷载并提高墙体刚度。壁柱凸出墙面的尺寸一般为120mm×370mm、240mm×

370mm、240mm×490mm，或根据结构计算确定，如图3-17a所示。

在墙转角处或丁字墙体交接处开设门窗洞口时，为了保证墙体的承载力、稳定性和便于门窗框安装，应设门垛，门垛凸出墙面不少于120mm，宽度同墙厚，如图3-17b所示。

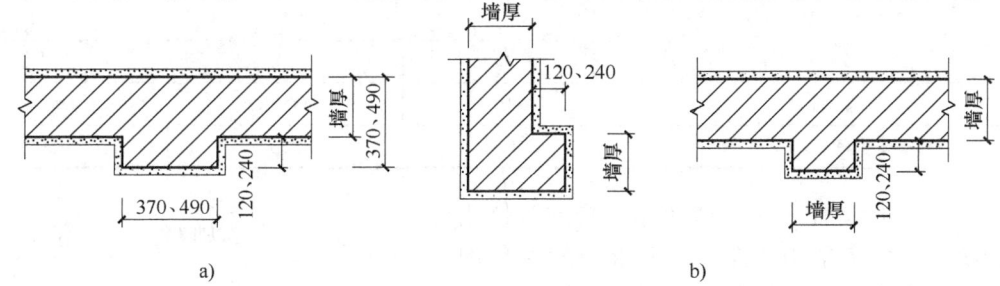

图3-17 壁柱和门垛
a）壁柱 b）门垛

（2）设置圈梁。圈梁是沿外墙四周及部分内墙设置的连续闭合的梁，与楼板共同作用，可提高建筑物的空间刚度及整体性，增加墙体的稳定性，减少由于地基不均匀沉降而引起的墙身开裂。圈梁与构造柱形成骨架，可提高建筑物的抗震能力。

圈梁

《建筑抗震设计规范》（GB 50011—2010）（2016年版）规定：多层砖砌体房屋的现浇钢筋混凝土圈梁设置应符合下列要求：

1）装配式钢筋混凝土楼、屋盖或木屋盖的砖房，应按表3-2的要求设置圈梁；纵墙承重时，抗震横墙上的圈梁间距应比表内要求适当加密。

2）现浇或装配整体式钢筋混凝土楼、屋盖与墙体有可靠连接的房屋，应允许不另设圈梁，但楼板沿抗震墙体周边均应加强配筋并应与相应的构造柱钢筋可靠连接。

表3-2 多层砖砌体房屋现浇钢筋混凝土圈梁设置要求

墙类	烈度		
	6、7	8	9
外墙和内纵墙	屋盖处及每层楼盖处	屋盖处及每层楼盖处	屋盖处及每层楼盖处
内横墙	同上 屋盖处间距不应大于4.5m 楼盖处间距不应大于7.2m 构造柱对应部位	同上 各层所有横墙，且间距不应大于4.5m 构造柱对应部位	同上 各层所有横墙

多层砖砌体房屋现浇混凝土圈梁的构造应符合下列要求：

1）圈梁宜连续地设在同一水平面上，并形成封闭状；当圈梁被门窗洞口截断时，应在洞口上部增设相同截面的附加圈梁。附加圈梁与圈梁的搭接长度不应小于其垂直间距的2倍，且不得小于1m，如图3-18所示。

2）圈梁宜与预制板设在同一标高处或紧靠板底。

3）圈梁在表3-2要求的间距内无横墙时，应利用梁或板缝中配筋替代圈梁。

4）圈梁的截面高度不应小于120mm，配筋应符合表3-3的要求；地基

《建筑抗震设计规范》（GB 50011—2010）（2016年版）

为软弱黏性土、液化土、新近填土或严重不均匀土时，应根据地震时地基不均匀沉降和其他不利影响，要求增设基础圈梁，截面高度不应小于180mm，配筋不应少于4Φ12。

表3-3 多层砖砌体房屋圈梁配筋要求

配筋	烈度		
	6、7	8	9
最小纵筋	4Φ10	4Φ12	4Φ14
箍筋最大间距/mm	250	200	150

（3）设置构造柱。为了增加建筑物的整体刚度、稳定性及抗震能力，在多层砖混结构房屋的墙体中，还需设置钢筋混凝土构造柱，使之与各层圈梁连接，形成空间骨架，加强墙体抗弯、抗剪能力。《建筑抗震设计规范》（GB 50011—2010）（2016年版）对砖砌体结构构造柱要求如下：

构造柱一般设置在建筑物的四角、内外墙交接处、楼梯间、电梯间四周、较长墙体中部以及

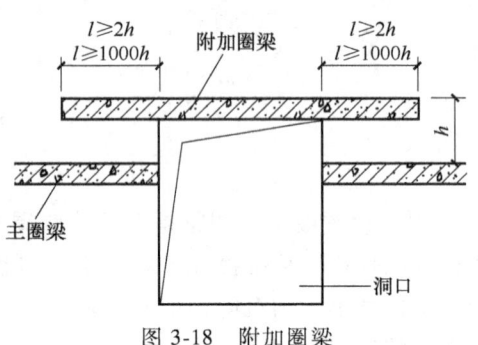

图3-18 附加圈梁

较大洞口两侧等位置。根据房屋层数和抗震设防烈度不同，构造柱的设置要求如表3-4所示。

表3-4 砖砌体房屋构造柱设置要求

房屋层数				设置部位	
6度	7度	8度	9度		
四、五	三、四	二、三		楼、电梯间四角，楼梯斜梯段上下端对应的墙体处	隔12m或单元横墙与外纵墙交接处 楼梯间对应的另一侧内横墙与外纵墙交接处
六	五	四	二	外墙四角和对应转角 错层部位横墙与外纵墙交接处	隔开间横墙（轴线）与外墙交接处 山墙与内纵墙交接处
七	≥六	≥五	≥三	大房间内外墙交接处 较大洞口两侧	内墙（轴线）与外墙交接处 内墙的局部较小墙垛处 内纵墙与横墙（轴线）交界处

注：较大洞口，内墙是指不小于2.1m的洞口；外墙在内外墙交接处已设置构造柱时允许适当放宽，但洞侧墙体应加强。

多层砖砌体房屋的构造柱应符合下列构造规定：

1）构造柱的最小截面尺寸为180mm×240mm。

2）构造柱纵向钢筋宜采用4Φ12，箍筋直径可采用6mm，间距不宜大于250mm，且在柱上、下端适当加密；当抗震设防烈度为6度、7度超过六层、抗震设防烈度为8度超过五层和抗震设防烈度为9度时，构造柱纵向钢筋宜采用4Φ14，箍筋间距不应大于200mm；房屋四角的构造柱应适当加大截面及配筋。

3）为加强构造柱与墙体的连接，该处墙体宜砌成马牙槎，马牙槎应先退后进，每个马牙槎沿高度方向的尺寸不宜超过300mm，凹凸尺寸宜为60mm。砌筑时，应沿墙高每500mm设2Φ6拉结钢筋，每边伸入墙内不少于1m。

4）构造柱与圈梁连接处，构造柱的纵筋应在圈梁纵筋内侧穿过，保证构造柱纵筋上下贯通。

5）构造柱可不单独设置基础，但应伸入室外地面下 500mm，或与埋深小于 500mm 的基础圈梁相连。

施工时应先放置构造柱钢筋骨架，后砌墙，随着墙体的升高而逐段现浇混凝土构造柱身，如图 3-19 所示。

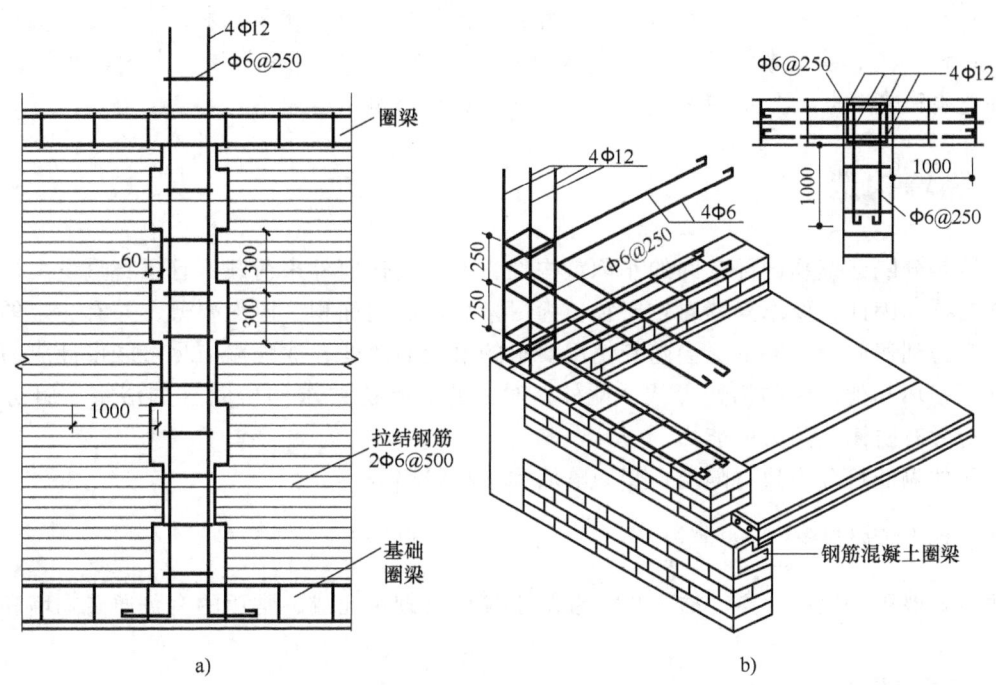

图 3-19 现浇混凝土构造柱身
a）平直墙面处构造柱　b）墙体转角处构造柱

拓展思考——责任担当

汶川地震与《中华人民共和国防震减灾法》的修订

1998 年 3 月 1 日，《中华人民共和国防震减灾法》（以下简称《防震减灾法》）正式施行。《防震减灾法》由第十一届全国人民代表大会常务委员会第六次会议于 2008 年 12 月 27 日修订通过，并于 2009 年 5 月 1 日施行。

《防震减灾法》明确了防震减灾工作实行预防为主、防御与救助相结合的方针，并对地震监测预报、地震灾害预防、地震应急三大工作体系作了规定。

为适应经济社会和防震减灾事业发展需要，2008 年 4 月，十一届全国人大常委会 2008 年立法计划获得通过，防震减灾法修订草案初步定于当年 8 月提请审议，对《防震减灾法》进行了全面的修改、完善。正当立法机关为草案如期提请审议紧锣密鼓准备之时，四川汶川特大地震发生了。有关立法机关迅速决策，推迟审议防震减灾法修订草案，全面总结这次抗震救灾工作经验，对实践证明行之有效的法律制度予以完善，对法律尚未规定的成功做法予以制度化。

"对学校、医院等人员密集场所的建设工程，应当按照高于当地房屋建筑的抗震设防要求进行设计和施工，采取有效措施，增强抗震设防能力。"这是新《防震减灾法》对人员密集场所作出的特别规定。

汶川地震中，凡是农村住房有"圈梁"等抗震措施的，伤亡就小，没有采取这些措施的，伤亡就多。

为此，新《防震减灾法》规定：县级以上地方人民政府应当加强对农村村民住宅和乡村公共设施抗震设防的管理，组织开展农村实用抗震技术的研究和开发，推广达到抗震设防要求、经济适用、具有当地特色的建筑设计和施工技术，培训相关技术人员，建设示范工程，逐步提高农村村民住宅和乡村公共设施的抗震设防水平。

3.3 隔墙构造

隔墙是分隔建筑物内部空间的非承重构件，不承受任何外来荷载，且本身重量由楼板或小梁来支撑。因此，要求隔墙自重要轻，为尽量少占房间面积，厚度要薄，并有一定的隔声能力。考虑到房间的分隔状况会随着使用要求的改变而改变，故隔墙应尽可能设计成易于拆除而又不损坏其他部件的构造形式。此外，对一些有特殊要求的房间（如浴室、厨房等），隔墙则应具有防潮、防火的能力。

常用的隔墙可分为块材隔墙、骨架隔墙和板材隔墙等。

3.3.1 块材隔墙

块材隔墙用普通砖、空心砖、加气混凝土等块材砌筑而成，常用的有普通砖隔墙和砌块隔墙。

1. 普通砖隔墙

普通砖隔墙一般采用半砖隔墙，是用烧结普通砖采用全顺式砌筑而成。当采用M5砂浆砌筑时，高度不宜超过4m，长度不宜超过6m。高度超过4m时，应在门窗过梁处设通长钢筋混凝土带，长度超过6m时，应设砖壁柱。

为使隔墙与两端的承重墙或柱固接，隔墙两端的承重墙须预留出马牙槎，并沿墙高每隔500mm埋入2Φ6拉结钢筋，伸入隔墙长度不小于1m。为了保证隔墙不承重，在隔墙顶部与板底或梁相接处，应将砖斜砌一皮顶牢，或留约30mm的空隙，每1000mm塞木楔打紧，然后用砂浆填缝。隔墙上有门窗洞口时，需预埋防腐木砖、铁件或将带有木楔的混凝土预制块砌入隔墙中，以便固定门框，如图3-20所示。

半砖隔墙坚固耐久，隔声性能较好，但自重大，湿作业量大，不易拆装。

2. 砌块隔墙

砌块隔墙是采用轻质砌块炉渣混凝土砌块、陶粒混凝土砌块、加气混凝土砌块砌筑而成，减轻了隔墙自重，节约了用砖。

轻质砌块隔墙

砌块隔墙厚度由砌块尺寸决定，一般为90~120mm。砌块墙吸水性强，故在砌筑时应先在墙体下部实砌3~5皮黏土砖再砌砌块。

砌块不够整块时宜用普通黏土砖填补。砌块隔墙的其他加固构造方法同普通砖隔墙，如图3-21所示。

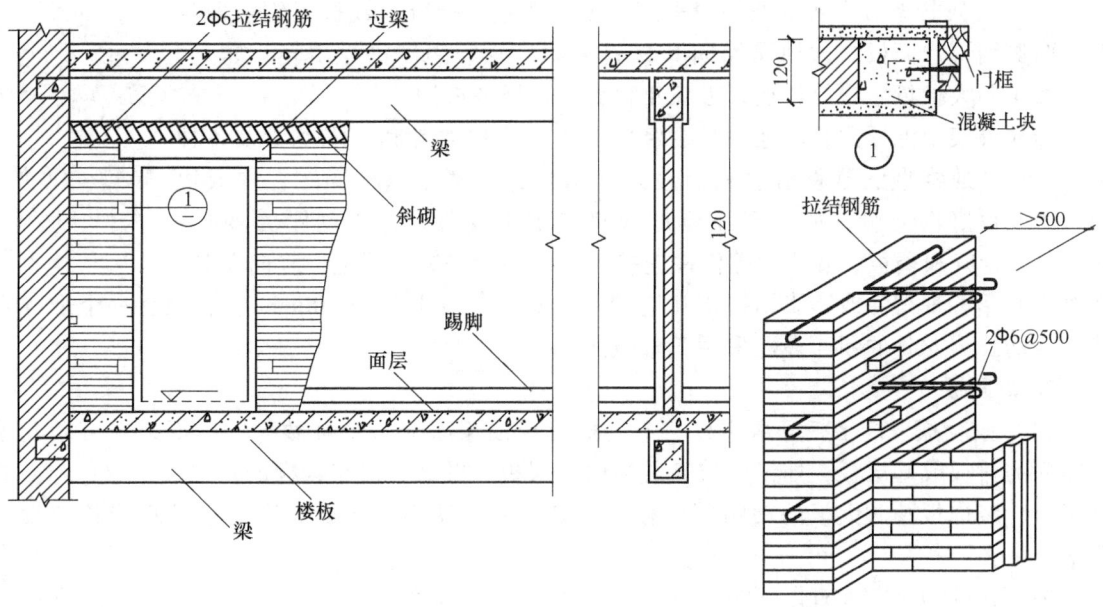

图 3-20 普通砖隔墙构造

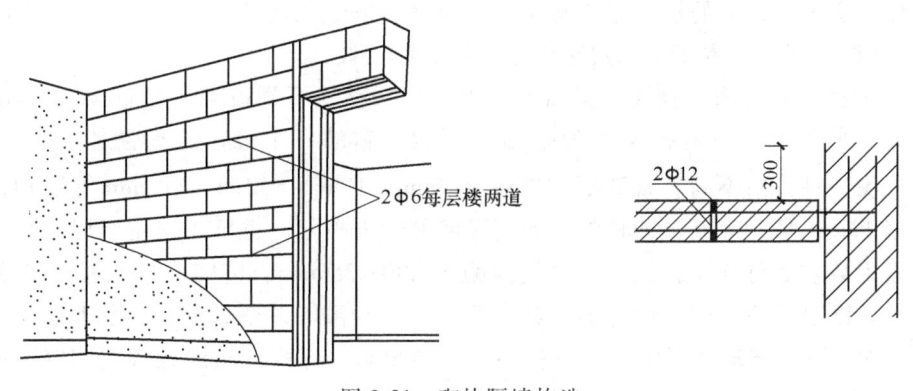

图 3-21 砌块隔墙构造

3.3.2 骨架隔墙

骨架隔墙又称为立筋式隔墙,是由骨架和饰面板组成的,常用的骨架有木骨架、金属或其他材料,饰面有板材饰面。

1. 骨架

(1) 木骨架。木骨架隔墙是由上槛、下槛、立柱(墙筋)、横档或斜撑组成骨架,然后在立柱两侧铺钉饰面板。这种隔墙质轻、壁薄、拆装方便,但防火、防潮、隔声性能差,且耗用木材较多。

木骨架通常采用 50mm×(70~100) mm 的方木。立柱之间沿高度方向设横档,两端与立柱撑紧、钉牢,以增加强度。立柱间距一般为 400~600mm,横档间距为 1.2~1.5m。有门框的隔墙,其门框立柱加大断面尺寸或双根并用。木骨架的固定多采用金属胀管、木楔圆钉、水泥钉等。另外,木骨架还应作防火、防腐处理。

（2）金属骨架。金属骨架一般采用薄壁轻型钢、铝合金或拉眼钢板做骨架，两侧铺钉饰面板。这种隔墙因其材料来源广泛、强度高、质轻、防火、易于加工和大批量生产等特点，近几年得到了广泛的应用。

金属骨架由沿顶龙骨、地龙骨、竖向龙骨、横撑龙骨和加强龙骨及各种配件组成。通常做法是将沿顶和沿地龙骨用射钉或膨胀螺栓固定，构成边框，中间设竖向龙骨，如需要还可加横撑和加强龙骨，龙骨间距为400~600mm。骨架和楼板、墙或柱等构件连接时，多用膨胀螺栓固定，竖向龙骨、横撑之间用各种配件或膨胀铆钉相互连接。在竖向龙骨上每隔300mm左右预留一个准备安装管线的孔。龙骨的断面多数采用T形或V形。

轻钢龙骨石膏板隔墙工程

2. 饰面板

（1）胶合板、纤维板等木质板。木制板可经油漆涂饰后直接做隔墙饰面，也可做其他装饰面的衬板或基层板，如镜面玻璃装饰的基层板，壁纸、壁布裱糊的基层板，软包饰面的基层板，装饰板及防火板的粘贴基层板。木龙骨及木墙面板的防火和防腐处理应符合设计要求。

饰面板的固定方式有以下两种：

1）将面板封于骨架，并将骨架全部掩盖，称为贴面式。贴面式的饰面板要在立柱上拼缝，常见的拼缝方式有明缝、暗缝、嵌缝和压缝。

2）将面板镶嵌或用木压条固定于骨架中间，称嵌装式。

轻质板材隔墙施工

（2）饰面板有石膏板、金属薄钢板或其他人造板材。石膏板隔墙是目前使用较多的一种隔墙。石膏板又称为纸面石膏板，它的自重轻，防火性能好，加工方便，且价格不高。石膏板的厚度有9mm、10mm、12mm、15mm等数种，用于隔墙时多选用12mm厚石膏板。有时为了提高隔墙的耐火极限，也可以采用双层石膏板。

石膏板用自攻螺钉与龙骨连接，钉的间距为200~250mm，钉帽应压入板内约2mm，以便于刮腻子。刮腻子后，即可做饰面，如喷刷涂料、油漆、贴壁纸等。为了避免开裂，板的接缝处应加贴50mm宽玻璃纤维带。根据墙面观感要求，事先在板缝处预留凹缝，如图3-22所示。

3.3.3 板材隔墙

板材隔墙是采用在构件生产厂家生产的轻质板材，如加气混凝土条板、石膏条板、碳化石灰板、水泥玻璃纤维空心条板、泰柏板以及各种复合板，在现场直接装配而成的隔墙。这种隔墙装配性好，施工速度快，防火性能好，但价格较高。

1. 石膏条板和水泥玻璃纤维空心条板隔墙

石膏条板和水泥玻璃纤维空心条板多为空心板，长度为2400~3000mm，略小于房间的净高，宽度一般为600~1000mm，厚度为60~100mm。主要用粘结砂浆和特制胶粘剂进行粘结安装。为使之结合紧密，板的侧面多做成企口。板之间采用立式拼接，当房间高度大于板长时，水平接缝应当错开至少1/3板长。条板安装时，条板下部先用小木楔顶紧后，用细石混凝土堵严，板缝用胶粘剂粘结，并用胶泥刮缝，平整后再进行表面装修。水泥玻璃纤维空心条板隔墙的连接构造如图3-23所示。

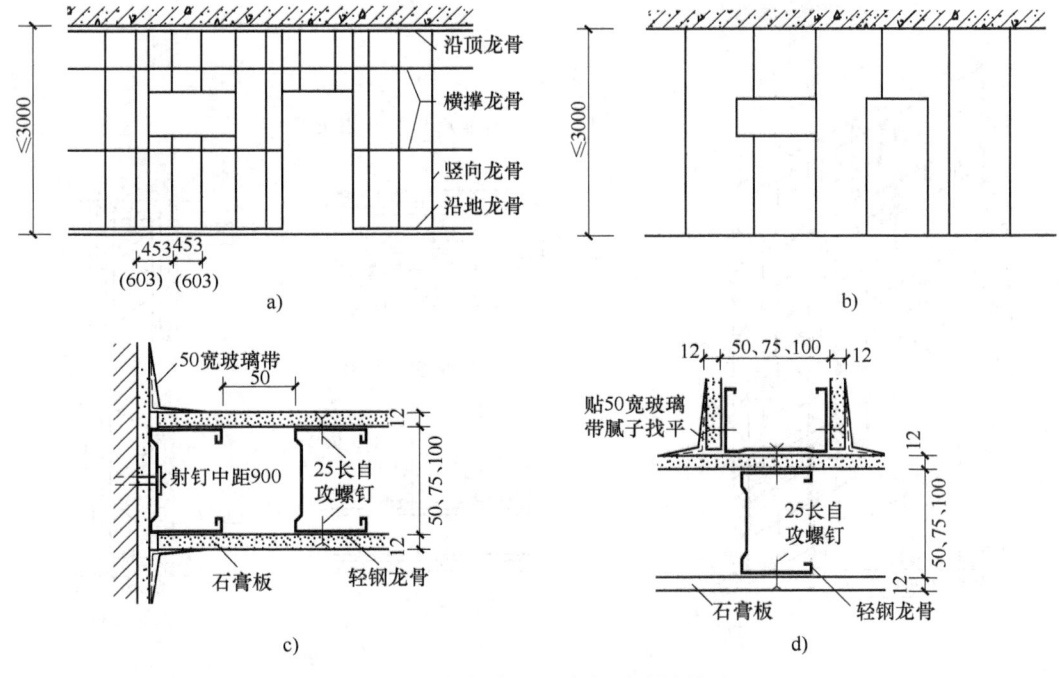

图 3-22 轻钢龙骨石膏板隔墙的构造
a) 龙骨排列 b) 石膏板排列 c) 靠墙节点 d) 丁字隔墙节点

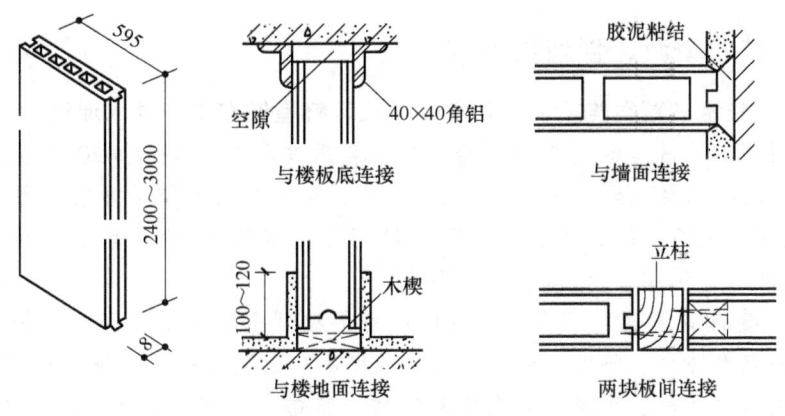

图 3-23 水泥玻璃纤维空心条板隔墙的连接构造

2. 泰柏板隔墙

泰柏板是由点焊 14 号钢丝网笼和可发性聚苯乙烯泡沫塑料板组合而成的墙体材料，如图 3-24 所示。泰柏板可以根据实际尺寸进行加工，现场进行拼接组装。

泰柏板的自重轻，保温、隔热性能较好，而且具有相当大的强度，不但可以用做隔墙，还可以用做建筑的非承重外墙、承重较小的内墙、屋顶和跨度较小的楼板。泰柏板一般由膨胀螺栓与地面、顶棚或其他承重构件相连，接缝和转角处应加设连接网。泰柏板隔墙的连接构造如图 3-24b 所示。泰柏板虽然有较好的防火性能，但在高温下会散发出有毒气体，因此不宜在建筑的疏散通道两侧使用。

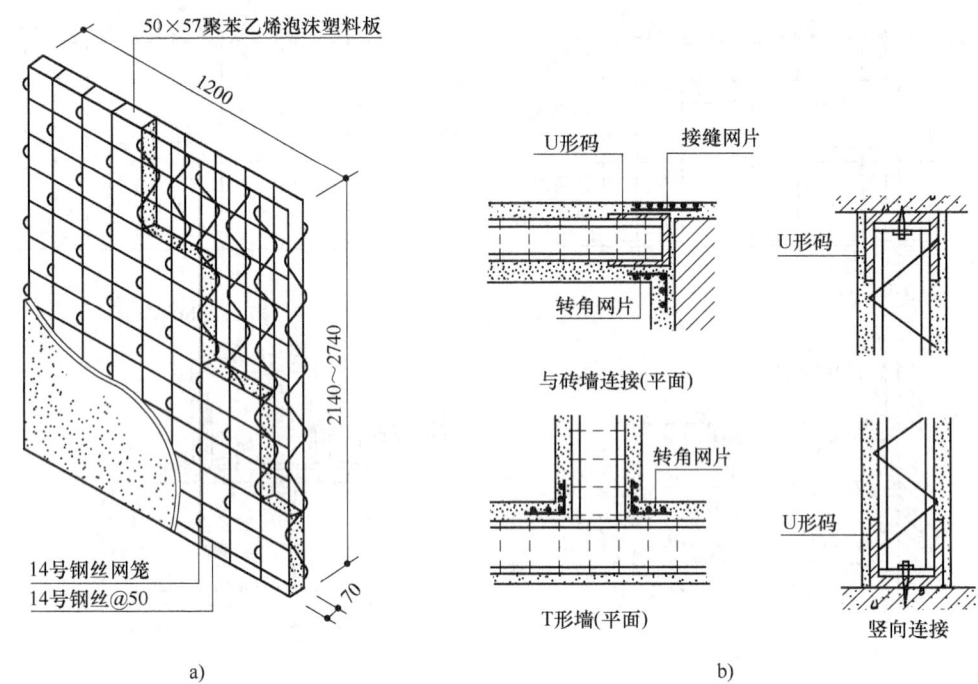

图 3-24 泰柏板
a）泰柏板隔墙 b）泰柏板隔墙的连接构造

拓展思考——技术革新、创造精神

技术革新类奖项：一种环保防火可钉型低密度纤维水泥板

2020年度中国混凝土与水泥制品协会混凝土科学技术奖工作于2020年6月启动，至12月圆满完成。报名期间共收到有效申报项目61项。经过专家评审委员会的初评及终评，共计39个项目获奖，包括一等奖2项、二等奖15项、三等奖22项，其中"科技进步类"13项、"基础理论类"2项、"技术革新类"24项。

浙江汉德邦建材有限公司研究的环保防火可钉型低密度纤维水泥板获技术革新类三等奖。其主要创新点有防火、防水防潮、轻质、强度高、耐久性强、环保隔热节能、可在现场二次加工，也可二次使用。适用于居室、写字楼、宾馆、酒店、商场、医院、机场、地铁、图书馆、会场、运动场、博物馆、厂房等室内外装饰的基础板材。本项目纤维水泥板应用于G20杭州峰会会场。

3.4 墙面装修

3.4.1 墙面装修的作用及分类

对墙面进行装修处理，可使墙体免遭风、雨的直接袭击，提高墙体防潮、抗风化的能力，从而增强墙体的坚固性和耐久性。同时可以改善墙体热工性能，对室内可增加光线的反射，提高室内照度，对有吸声要求房间的墙面进行吸声处理后，还可以改善室内音质的效果。另外，墙面装修对提高建筑物的艺术效果，美化建筑环境起重要作用。

墙体装修按其所处的部位不同，可分为室外装修和室内装修。由于材料和施工方式的不同，常见的墙面装修可分为抹灰类、贴面类、涂料类、裱糊类和铺钉类五类。

3.4.2 墙面装修的构造

墙面装修的种类繁多，随着新材料、新工艺的不断出现，装修的种类也日新月异。下面介绍几种常用的构造。

1. 抹灰类

抹灰是把各种砂浆抹在建筑墙体表面的一种传统的装修方法。为了保证抹灰表面平整，避免裂缝、脱落，便于施工操作，抹灰要分层施工，一般分为底层、中层和面层，如图3-25所示。

底层抹灰的作用是与基层（墙体表面）粘结和初步找平，厚度为5~15mm。底层灰浆用料因基层材料而异：普通砖墙常用石灰砂浆和混合砂浆；对混凝土墙应采用混合砂浆和水泥砂浆。另外，对湿度较大的房间或有防水、防潮要求的墙体，底灰应选用水泥砂浆或水泥混合砂浆。

中层抹灰主要起找平作用，其所用材料与底层基本相同，也可以根据装修要求选用其他材料，厚度一般为5~10mm。

面层抹灰主要起装饰作用，要求表面平整、色彩均匀、无裂纹，可以做成光滑、粗糙等不同质感。根据面层所用材料，抹灰装修有很多类型，常见抹灰层的组成和构造见表3-5。

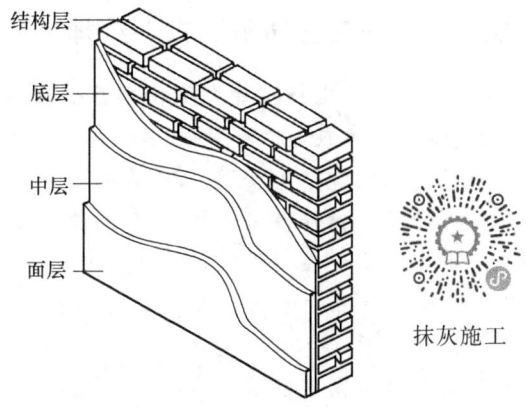

图 3-25　墙面抹灰分层构造

表 3-5　抹灰层的组成和构造

抹灰层	作用	基层材料	厚度	一般做法
底层抹灰	与基层（墙体表面）粘结和初步找平	砖墙基层	5~15mm	（1）内墙一般采用石灰砂浆、石灰炉渣浆打底 （2）外墙、勒脚以及室内有防水防潮要求，采用水泥砂浆打底
		混凝土、加气混凝土基层		采用混合砂浆和水泥砂浆打底
		木板条、苇箔、钢丝网基层		（1）宜用混合砂浆或麻刀石灰浆、玻璃丝灰打底 （2）需将灰浆挤入基层缝隙内，以加强拉结
中层抹灰	主要起找平作用	与底层基本相同	5~10mm	根据施工质量要求，可一次抹成，也可分遍进行
面层抹灰	主要起装饰作用			（1）要求表面平整、色彩均匀、无裂纹，可以做成光滑、粗糙等不同质感的表面 （2）室内一般采用麻刀灰、纸筋灰，室外常用水泥砂浆、水刷石、斩假石等

墙面因抹灰面积较大，由于材料干缩和温度变化，容易产生裂缝，常在抹灰面层作分格，称为引条线。引条线的做法是在底灰上埋放不同形式的引条，面层抹灰完毕后及时取下引条，再用水泥砂浆勾缝，以提高抗渗能力。外墙引条线构造如图 3-26 所示。

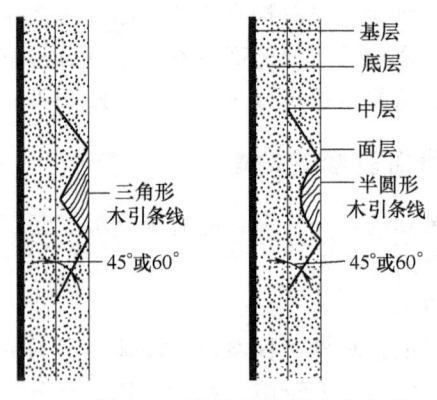

图 3-26 外墙引条线构造

拓展思考——工匠精神、奋斗精神

世界技能大赛特别赛抹灰与隔墙系统项目冠军——马宏达

第 46 届世界技能大赛特别赛抹灰与隔墙系统项目冠军马宏达出生于 2000 年，2016 年进入浙江建设技师学院就读，2017 年加入抹灰与隔墙系统项目实训队训练，一练就是 5 年。世界竞赛领域，操作误差往往不能超过 1mm。为了备战比赛，每天早上 8 点，马宏达的身影总是会准时出现在实训室内，一天的训练量不低于 7h，他说要让每一个动作刻进肌肉记忆里。时间从不辜负努力，夜以继日的付出让马宏达如愿收获了金牌。

马宏达赛后表示，作为青年工匠，他要传承"老手艺人"的衣钵，把技能学精学透，用所学所能助力国家发展。

2. 贴面类

贴面类装修是指利用各种天然或人造的板、块对墙面进行装修处理。这类装修具有耐久性强、施工方便、质量高、装饰效果好的特点。

常见的贴面材料包括各种陶瓷饰面材料、水刷石、水磨石等预制板以及花岗石、大理石等天然石板。其中，釉面砖、大理石板多用于室内装修；外墙面砖、马赛克、花岗岩石板等多用于室外装修，如图 3-27 所示。

墙砖铺贴

（1）陶瓷面砖。陶瓷面砖多由瓷土或陶土焙烧而成。常见的陶瓷面砖有釉面砖、无釉面砖、仿花岗岩瓷砖等。无釉面砖多用于外墙，其质地坚硬、强度高、吸水率低，是高级建筑外墙装修的常用材料。釉面砖表面光滑、色彩丰富美观、易于清洗、吸水率低，可用于建筑外墙装饰，大多用于厨房、卫生间的墙裙贴面。面砖种类繁多，安装时先将其放入水中浸泡，取出沥干水分，用水泥石灰砂浆或掺有专用胶的水泥砂浆满刮于背面，贴于水泥砂浆打底的墙上轻巧粘牢。外墙面砖之间常留出一定缝隙，以便湿气排除；内墙安装紧密，不留缝隙。

（2）陶瓷（玻璃）锦砖。陶瓷（玻璃）锦砖俗称马赛克（玻璃马赛克），是高温烧制而成的小型块材。为了便于粘贴，首先将其正面粘贴于一定尺寸的牛皮纸上，施工时，纸面向外，待砂浆半凝，将纸洗去，校正缝隙，修正饰面。此类饰面质地坚硬、耐磨、耐酸碱、不易变形，价格便宜，但较易脱落。如图 3-27 所示。

（3）石材墙面。常见的天然石板有花岗岩板、大理石板。它们具有强度高、结构密实、

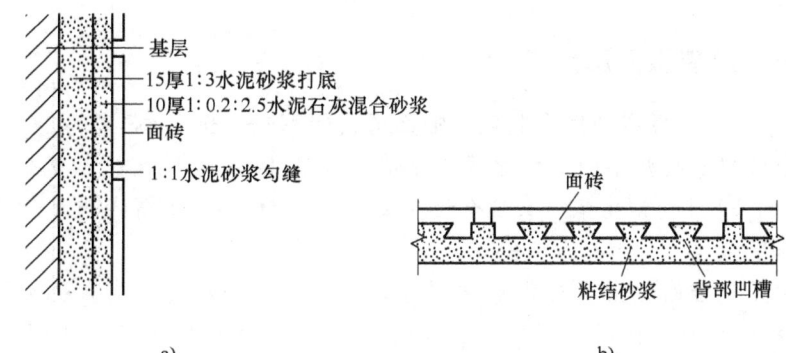

图 3-27 外墙面砖的基本构造
a) 饰面构造 b) 粘结状况

不易污染、装修效果好等优点，多用于高级墙面装修。

人造石板是指人造大理石和人造花岗岩等，一般由白水泥、彩色石子、颜料等配合而成、造价较低。

石材饰材的安装方法有湿法安装和干法安装。

湿法安装是基层用水泥砂浆作为粘贴材料，先挂板后灌砂浆。具体做法是在石材背部拉孔，横竖方向铁筋用铁环固定在墙体上，用钢丝或铅丝穿过石材的孔，和墙体的横筋绑牢。分批灌浆，如每隔1m高灌浆一次。建筑外墙用这种工艺比较多，如图 3-28 所示。

墙面石材干挂施工

湿法安装优点是通过挂钢丝和灌浆来固定石材，安全性高。缺点是施工慢，浇筑砂浆后需要养护，工期长。绑铁丝和墙面固定需要人工费，因此需要更多的成本。通过灌浆的形式来做，容易出现空鼓的情况，而且使用水泥砂浆作为粘结材料，也会出现泛碱。

干法安装即干挂法安装，又称为连接件挂接法。它用一组高强耐腐蚀的金属挂件，将石材与结构可靠地连接，其间形成的空气层不做灌浆处理。其主要优点是石材板面不泛碱，装饰效果好；比湿法安装减轻了自重，同时石材与连接件构成整体，有利于抗震，如图 3-29 所示。

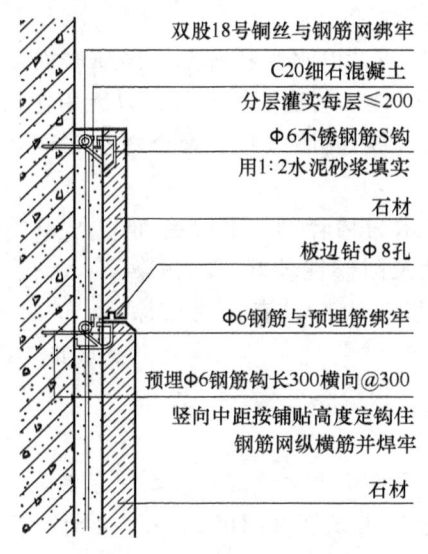

图 3-28 石材湿法施工构造

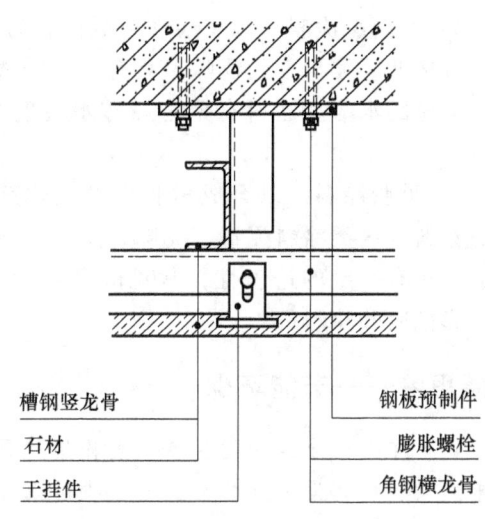

图 3-29 石材干挂法施工构造

拓展思考——怀抱梦想又脚踏实地

世界技能大赛瓷砖贴面项目冠军——崔兆举

崔兆举，浙江建设技师学院工程管理专业学生，第 44 届世界技能大赛瓷砖贴面项目冠军。2017 年 10 月 19 日，崔兆举和来自全世界 26 个国家和地区的青年技术工人在阿联酋同台竞技，最终斩获金牌。

荣誉的背后是辛苦的付出。崔兆举说"每天规定练 9 个小时，我自己加练到十一二个小时；老师说练习半个月休息一天，我绝对不会休息；过年就休息三五天，提前返校练习"。长时间的训练，崔兆举的手心落下厚厚的老茧，虎口处也留下了伤痕。

功夫不负有心人。经过努力，他的成绩不断提高，从最后一名到第十名、第七名、第五名，最后成为该项目仅有的四个种子选手之一。2017 年全国大赛前，崔兆举的成绩逐渐稳定在学校第一。在全国选拔赛上获得了唯一的参加世界技能大赛瓷砖贴面项目比赛的入场券，最终获得了世界冠军。

3. 涂料类

涂料类饰面具有功效高、工期短、材料用量少、自重轻、造价低、维修更新方便等优点，因此在饰面装修工程中得到较为广泛的应用。

建筑涂料的种类很多，按其主要成膜物的不同可分为无机涂料和有机涂料两大类。

（1）无机涂料。无机涂料分为普通无机涂料和无机高分子涂料。普通无机涂料包括石灰浆、大白浆、水泥浆等，是历史上最早的涂料之一，具有资源丰富、生产工艺简单、节约能源、减少环境污染等特点，但涂膜质地疏散、耐水性差。

无机高分子涂料多用于外墙面装修和有擦洗要求的内墙装修。

（2）有机涂料。有机涂料根据主要成膜物质与稀释不同分为溶剂型涂料、水溶型涂料和乳胶涂料。

1）溶剂型涂料。以合成树脂为主要成膜物质，有机溶剂为稀释剂研磨而成的涂料，表面光滑、细腻、耐水性、耐候性、刚度和硬度好，但可挥发有害气体，污染环境。常见的溶剂型涂料有苯乙烯内墙涂料、聚乙烯醇缩丁醛内外墙涂料等。

2）水溶型涂料。以水溶性合成树脂为主要成膜物质，以水为稀释剂，经研磨而成的涂料。价格低、无毒、无怪味，具有一定的透气性、耐候性、耐洗刷性不强，只能用作内墙涂料。常见的水溶型涂料有聚乙烯醇水玻璃内墙涂料、多彩内墙涂料、聚合物水泥砂浆饰面涂料。

3）乳胶涂料。以合成树脂借助乳化剂作用，以水为稀释剂，经研磨而成的涂料。这类涂料无毒、无味，不易燃烧，耐水性及耐候性较好，不污染环境，具有一定的透气性，常见的乳胶涂料有乙-丙乳胶涂料、苯-丙乳胶涂料、彩色胶砂涂料等。

乳胶漆施工

拓展思考——节能环保

涂料在人们生活中发挥着重要作用，是现代社会不可缺少的建筑材料之一。但是全世界每年从涂料中挥发出来排放到大气中的挥发性有机物 VOC 大约有 1000 万 t，是大气污染的主要来源之一。近年来城市不断出现雾霾、沙尘暴天气，人们环保意识不断提高，国家、省、市绿色建筑标准及限制 VOC 排放的相关法规也相继出台。环保节能涂料以其环保性、功能性、美观性等特点博得了消费者的喜爱，新型环保节能涂料代替传统重污染涂料成为整个社会的共识。

4. 裱糊类

裱糊类墙面装修一般是指用裱糊的方法将墙纸、织物或微薄木等装饰在内墙面的一种饰面。这类饰面装饰性强，卷材饰面材料在色彩、纹理和图案等方面比较丰富，品种众多，如塑料壁纸、纸基涂塑壁纸、玻璃纤维印花墙布、无纺墙布等。裱糊类墙面仅适用于室内装修。

壁纸裱糊施工

墙纸是室内装饰中常用的一种装饰材料，不仅广泛地用于墙面装饰，也可应用于顶棚饰面。它具有色彩丰富，图案装饰性强，易于擦洗、更新等特点，依其构成材料和生产方式的不同主要有以下几种：

（1）PVC 塑料墙纸。塑料墙纸由面层和衬底层组成。面层以聚氯乙烯塑料薄膜或发泡塑料为原料，经配色、喷花而成。发泡面层具有弹性，花纹起伏多变，立体感强，美观豪华。墙纸的衬底一般分纸基和布基两类。

（2）纺织物面墙纸。采用各种植物以及人造纤维等纺织物作为面料复合于纸质衬底而制成的墙纸。各种纺织面料质感细腻、古朴典雅，多用于较高级房间的装修。

（3）金属墙纸。由面层和底层组成。采用铝箔等原料制成各种花纹图案，以衬托金属效果的漆面相间配制成面层，然后将面层与纸质衬底复合压制而成的墙纸。这种墙纸可形成多种图案，色彩艳丽，可耐酸，防油污，多用于高级房间的装修。

金属饰面板安装

（4）天然木纹面墙纸。采用名贵木材加工成极薄的木皮，贴于布质衬底上而制成的墙纸。它类似于胶合板，具有特殊的装饰效果。

各种墙纸均应粘贴在具有一定强度，表面平整、光洁、干净、不疏松掉面的基层上。墙纸裱糊前，应先在基层刮腻子，视基层的实际情况采取局部刮腻子、满刮一遍腻子或满刮两遍腻子，然后用砂纸磨平，以达到裱糊墙纸的基层表面平整光滑、颜色一致的效果。为了避免基层吸水过快，还应对基层进行封闭处理，处理方法为在基层表面满刷一遍专用胶。

木饰面板安装

粘贴时，注意保持纸面平整，防止出现气泡，并对拼缝处压实。如果是不干胶墙纸，可直接裱贴在做好的墙面基层或家具表面上。

（5）墙布。墙布是指以纤维织物直接制成的墙面装饰材料。纤维织物有玻璃纤维墙布及织锦等。

玻璃纤维墙布是指采用玻璃纤维织物为基衬，表面涂合成树脂，经印花而成。这种墙布具有耐水、抗拉力强、可以擦洗、价格低等优点；缺点是日久变黄并易泛色。

织锦是将织锦裱糊于墙面上形成的一种装饰饰面。墙纸及墙布的裱贴主要是在抹灰基层上进行，因而要求基层平整、致密，对不平处需用腻子刮平。这种墙面颜色艳丽、色调柔和，但价格昂贵，仅用于少量高级装修工程。锦缎裱糊的基本构造如图 3-30 所示。

5. 铺钉类

铺钉类装修是指利用天然木板或各种人造薄板借助于钉、胶等固定方式对墙面进行的装

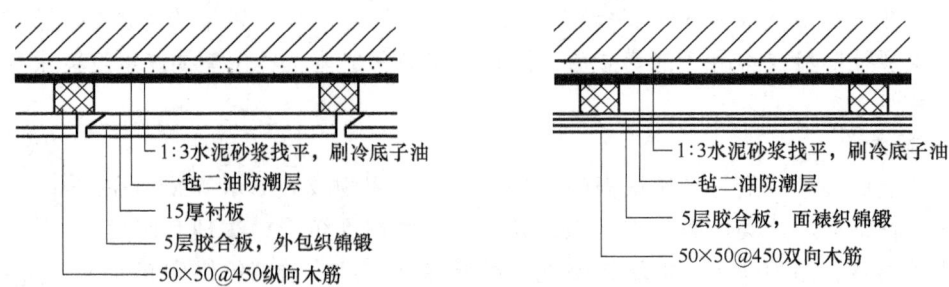

图 3-30 锦缎裱糊的基本构造

修处理。铺钉类装修因所用材料质感细腻、美观大方，装饰效果好。同时材料多是薄板或多孔性材料，对改善室内音质效果有一定作用。但防潮、防火性能欠佳，一般多用于宾馆、大型公共建筑大厅（如候机室、候车室以及商场等）的墙面或墙裙装修。

铺钉类装修和隔墙构造相似，由骨架和板两部分组成，其具体构造各地均有标准图集可供选用。

墙面软硬包施工

6. 清水墙饰面装修

清水墙饰面是指墙体砌成之后，墙面不加其他覆盖性装饰面层，只是利用原结构砖墙或混凝土墙的表面进行勾缝或处理的一种墙体装饰方法。清水墙饰面主要有清水砖墙面和混凝土墙面。

（1）清水砖墙装饰。清水砖墙的砌筑方法、灰缝处理一般是以普通的梅花丁为主。清水砖墙勾缝，多采用1∶1水泥砂浆，砂子的粒径以0.2mm为宜，清水砖墙的灰缝处理形式主要有凹缝、斜缝、圆弧凹缝、平缝等形式，如图3-31所示。若为勾凹缝，则凹入部分应不小于4mm。

（2）清水混凝土墙装饰。清水混凝土墙装饰的特点是外表朴实、坚固、耐久，不易发生冻胀、褪色、剥离等问题。

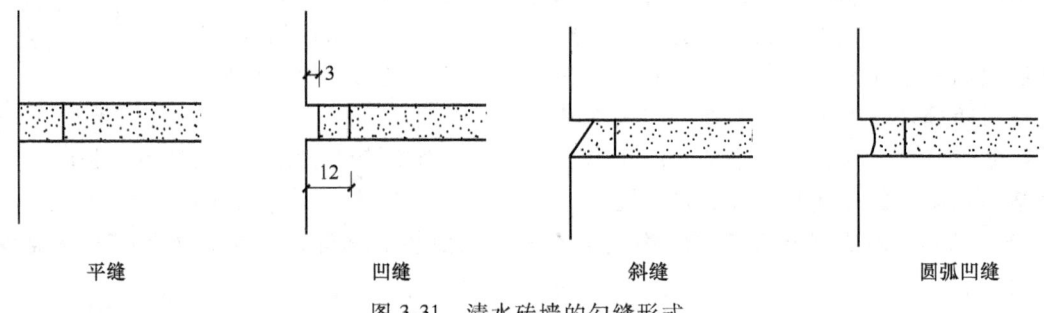

图 3-31 清水砖墙的勾缝形式

3.4.3 特殊部位的墙装修

1. 墙裙

在内墙抹灰中，有些部位容易受到碰撞（如门厅走道的墙面），有些部位有防潮、防水要求（如厨房、浴厕的墙面），为保护墙身，做护墙墙裙，并起装饰作用。对内墙阳角，门洞转角等处则做成护角。墙裙和护角高度为2m左右。常用水泥砂浆、水磨石、瓷砖、大理石、木材或涂料等材料做成。墙裙高度应为 1.5~2m。如图 3-32 所示。

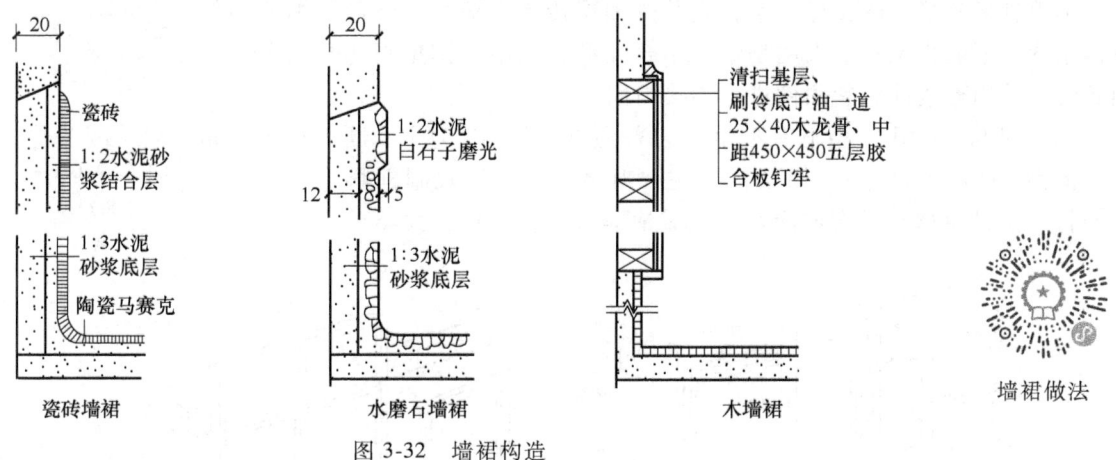

图 3-32　墙裙构造

2. 踢脚

踢脚又称为踢脚板、踢脚线，在外墙内侧和内墙两侧与室内地坪交接处，目的是防止墙面弄脏，遮盖地面装饰与墙面装饰的接缝。常用的材料有水泥砂浆、水磨石、木材、缸砖、油漆等，选用时一般应与地面材料一致。踢脚高为 120~150mm，可凸出墙面、与墙面平齐或凹入墙面，如图 3-33 所示。

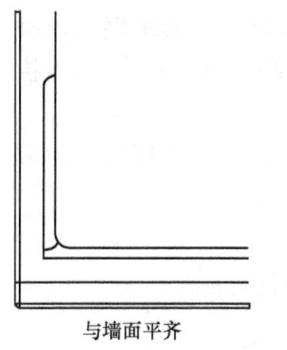
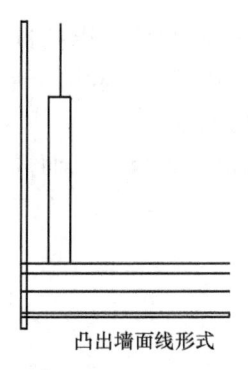
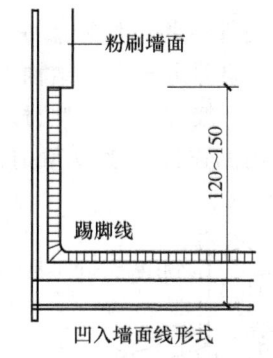

图 3-33　踢脚线做法

3.5　幕墙

幕墙是由金属构件与各种板材组成的悬挂在建筑主体结构上的轻质装饰性外围护墙，是现代大型和高层建筑常用的带有装饰效果的轻质墙体。

3.5.1　幕墙主要组成和材料

幕墙主要由骨架材料、饰面板及封缝材料组成。为了安装固定和修饰完善幕墙，还应配有连接固定件和装饰件等，如图 3-34 所示。

1. 骨架材料

幕墙骨架是幕墙的支撑体系，它承受面层传来的荷载，然后将荷载传给主体结构。幕墙骨架一般采用型钢、铝合金型材和不锈钢型材等材料制作主副龙骨，采用连接件和紧固件进行连接与固定。

（1）型材。常用的型材有型钢（以普通碳素钢A3为主，断面形式有角钢、槽钢、空腹方钢等）、铝型材（主要有竖梃、横挡及副框料等）和不锈钢型材（不锈钢薄板压弯或冷轧制造成钢框格或竖框）三大类。

《建筑幕墙》（GB/T 21086—2007）

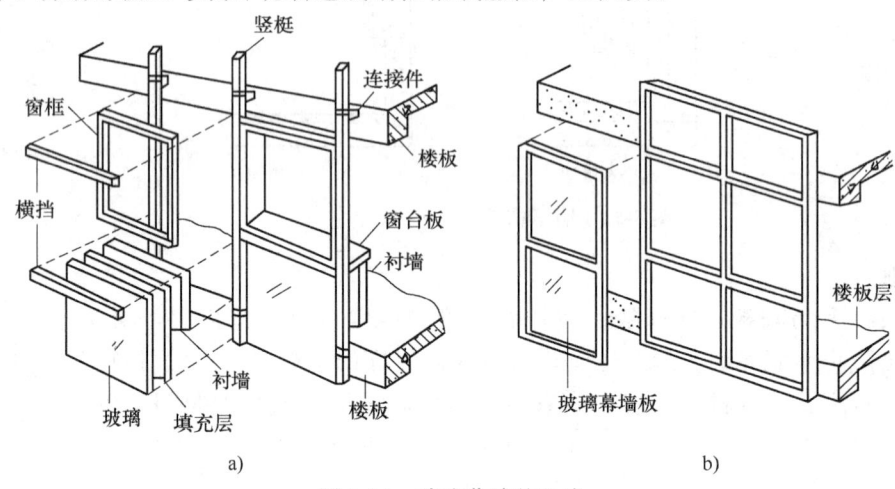

图 3-34 玻璃幕墙的组成

（2）紧固件。紧固件主要包括膨胀螺栓、普通螺栓、铝拉钉、射钉等。膨胀螺栓和射钉一般通过连接件将骨架固定于主体结构上，普通螺栓一般用于骨架型材之间及骨架与连接件之间的连接，铝拉钉一般用于骨架型材之间的连接。

（3）连接件。常用的连接件多以角钢、槽钢及钢板加工而成，也有部分是特制的。常见形式如图3-35所示。

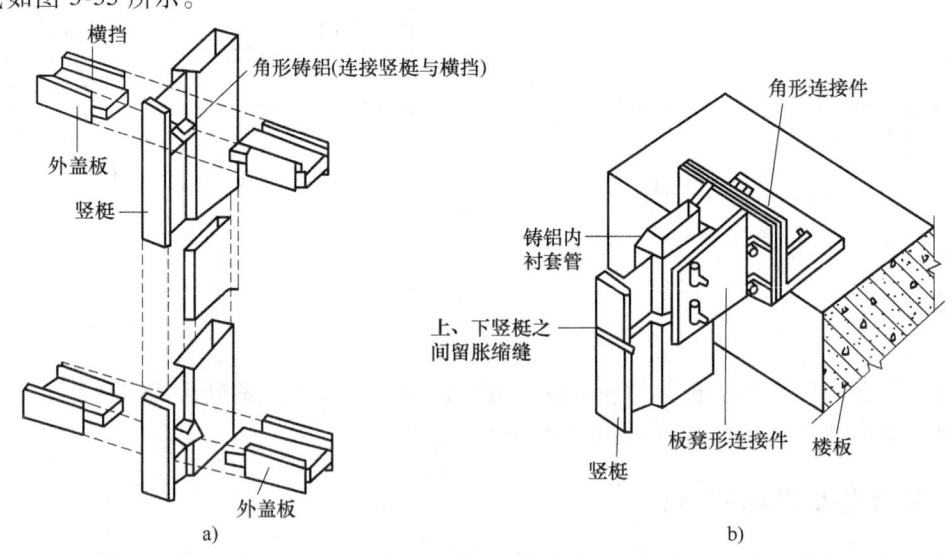

图 3-35 幕墙铝框连接构造
a）竖梃与横挡的连接 b）竖梃与楼板的连接

2. 饰面板

幕墙作为建筑的外衣，饰面板的效果直接体现建筑的外立面效果。一般饰面板分为以下几类：

（1）玻璃。主要有热反射玻璃、吸热玻璃、双层中空玻璃、夹层玻璃、夹丝玻璃及钢化玻璃等。其中前3种为节能玻璃，后3种为安全玻璃。

（2）铝板。常用的铝板有单层铝板、复合铝板和蜂窝复合铝板3种，如图3-36、图3-37所示。复合铝板也称为铝塑板，是由两层0.5mm厚的铝板内夹低密度的聚乙烯树脂，表面覆盖氟碳树脂涂料而成的复合板，用于幕墙的铝塑板厚度一般为4~6mm。铝塑板的表面光洁、色彩多样、防污易洗、防火、无毒，加工、安装和保养均较方便，是金属板幕墙中采用较广泛的一种。

（3）不锈钢板。一般为0.2~2mm厚不锈钢薄板冲压成槽形钢板。

（4）石板。常用的天然石材有大理石和花岗石。其与玻璃等饰面板组合应用，可以产生虚虚实实的装饰效果。

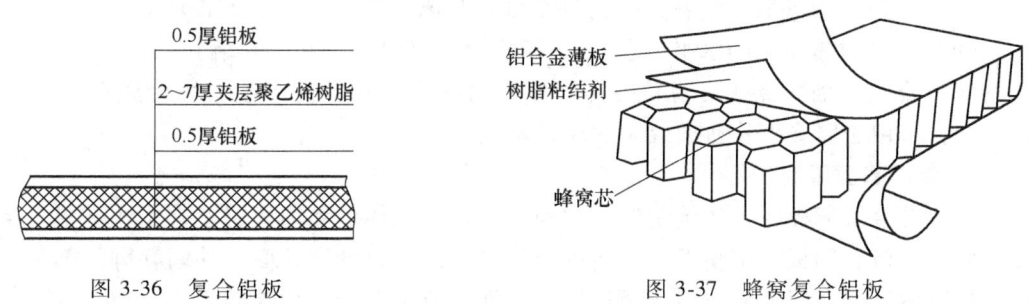

图 3-36　复合铝板　　　　　　　图 3-37　蜂窝复合铝板

3. 封缝材料

封缝材料通常是填充材料、密封固定材料和防水密封材料三种材料的总称。

（1）填充材料。主要有聚乙烯泡沫材料、聚苯乙烯泡沫材料及氯丁二烯材料等，有片状、板状、圆柱状等多种规格，主要起保温作用。

（2）密封固定材料。如铝合金压条或橡胶密封条等。

（3）防水密封材料。应用较多的有聚硫橡胶封缝料和硅酮封缝料。

3.5.2　幕墙的基本结构类型

建筑幕墙产品种类繁多，一般情况下按照幕墙所采用的饰面材料不同分为玻璃幕墙、金属薄板幕墙、石材幕墙、纤维水泥板幕墙、复合板幕墙等。下面介绍常见的几种。

1. 玻璃幕墙

玻璃幕墙是当代的一种新型墙体，是由金属构件与玻璃板组成的建筑外围护结构。它赋予建筑的最大特点是将建筑美学、建筑功能、建筑节能和建筑结构等因素有机地统一起来，建筑物从不同的角度呈现出不同的色调，随阳光、月色、灯光的变化给人以动态的美。在世界各大洲的主要城市均建有宏伟华丽的玻璃幕墙建筑，如纽约世界贸易中心、芝加哥石油大厦、西尔斯大厦都采用了玻璃幕墙。我国香港的中国银行大厦、北京长城饭店和上海联谊大厦也相继采用了玻璃幕墙。玻璃幕墙也存在一些局限性，如光污染、能耗较大等问题。

玻璃幕墙材料应选用耐气候性、不燃烧性材料或难燃烧性材料。金属材料和零附件除不锈钢外，钢材应进行表面热浸镀锌处理，铝合金应进行表面阳极氧化处理。玻璃幕墙的建筑设计应根据建筑物的使用功能、美观要求，经综合技术经济比较选择立面形式、结构形式和材料。玻璃幕墙立面的线条、构图、色调和虚实组成应与建筑整体及环境相协调。玻璃幕墙立面分格尺寸应与玻璃板的成品尺寸相匹配。立面分格的横梁标高宜与附近楼面标高一致，其立柱位置宜与房间划分相协调。

玻璃幕墙有以下几种类型：

（1）全玻璃式幕墙。这是由玻璃板和玻璃肋制作的玻璃幕墙。全玻璃式幕墙的面板以及与建筑物主体结构部分的连接构件全都由玻璃构成。因为玻璃属于脆性材料，用玻璃肋来支撑的全玻璃式幕墙的整体高度受到一定程度的限制。

《建筑幕墙》
（J103-2～7—2003）

（2）明框玻璃幕墙。金属框架构件显露在外表面的玻璃幕墙。明框玻璃幕墙与主体建筑之间的连接杆件系统做成框格的形式，面板安装在框格上，若框格全部暴露出来称为明框幕墙。

（3）半隐框玻璃幕墙。金属框架竖向或横向构件显露在外表面的玻璃幕墙。

（4）隐框玻璃幕墙。金属框架构件全部不显露在外表面的玻璃幕墙。

（5）斜玻璃幕墙。与水平面呈大于75°、小于90°角的玻璃幕墙。

（6）点式幕墙。点式幕墙采用在面板四角或周边穿孔的方法，用金属爪来固定幕墙面板。这种多用于需要大片通透效果的玻璃幕墙上。

2. 金属薄板幕墙

幕墙的金属薄板既是建筑物的围护构件，也是墙体的装饰面层。其主要有铝合金、不锈钢、彩色钢板、铜板、铝塑板等，多用于建筑物的入口处、柱面、外墙勒脚等部位。采用有骨架幕墙体系，金属薄板与铝合金骨架采用螺钉或不锈钢螺栓连接。

3. 石板幕墙

石板幕墙主要采用装配式轻质混凝土板材或天然花岗石做幕墙板，骨架多为型钢骨架，骨架的分格一般不超过900mm×1200mm，石板厚度一般为30mm。石板与金属骨架的连接多采用金属连接件钩或（挂）接。花岗石色彩丰富、质地均匀、强度高且抗大气污染性能强，多用于高层建筑的底部。

拓展思考——自豪感

我国建筑幕墙发展史

我国建筑幕墙发展经历了以下几个阶段：

第一阶段，1995年之前。相对单一的玻璃幕墙品种用于建筑外立面，并以最早发布的四项重要的建筑幕墙性能分级国家标准为标志，开始建立国家和行业标准体系。这四项标准是《建筑幕墙物理性能分级》（GB/T 15225—1994）；《建筑幕墙空气渗透性能检测方法》（GB/T 15226—1994）；《建筑幕墙风压变形性能检测方法》（GB/T 15227—1994）；《建筑幕墙雨水渗漏性能检测方法》（GB/T 15228—1994）。以上四个标准，于1995年8月1日执行，使我国的幕墙行业迅速走上了快速、健康的发展之路。

第二阶段，1995~2001年。属于行业稳固发展期，此阶段幕墙品种多样化，相关标准形成体系。其代表性的标准有《玻璃幕墙工程技术规范》（JGJ 102—1996）、《建筑幕墙》（JG 3035—1996）和《金属与石材幕墙工程技术规范》（JGJ 133—2001）。

第三阶段，2001~2008年。完善标准体系和行政管理体系，幕墙普遍应用于国内高端建筑立面，国内幕墙企业走向国际市场阶段。参与和完成了一些世界各地区标志性建筑幕墙。

第四阶段，2008年到现在。幕墙向多样化、智能化和绿色环保化发展，逐步推动参数化设计，并广泛参与国际市场竞争。同时幕墙设计制作和安装进入数字化实施和发展阶段。

模块小结

墙体是建筑物的重要组成部分。它有承重、围护和分隔的作用。不同位置的墙体功能和作用不同，设计要求也不同。

墙体应具有足够的承载力和稳定性；满足保温、隔热、隔声、防火、防水、防潮等要求，并适应工业化生产的要求。

墙体承重方案有四种：横墙承重、纵墙承重、纵横墙承重、半框架承重。

砖墙的组砌要求是砂浆饱满，厚薄均匀，灰缝横平竖直，上下错缝，内外搭接，避免形成竖向通缝。

勒脚、散水和明沟位于墙脚，与室外地坪相邻。处理好这几部分的构造，可保护墙体并提高其耐久性。

墙身防潮层是防止土中水渗透到墙体造成侵害的重要构造，分水平防潮层和垂直防潮层。常见的防潮层构造做法有防水砂浆防潮层和配筋细石混凝土防潮层等。

墙身加固的构造措施有增加壁柱和门垛、设置圈梁和构造柱。圈梁是在水平方向把墙体和楼板箍住；构造柱在竖向加强楼层之间墙体的连接。圈梁和构造柱需紧密连接。

隔墙是分隔房间的非承重内墙，应具有自重轻、厚度薄、隔声、防潮、防水等性能特点。常见的隔墙类型有块材隔墙、骨架隔墙、板材隔墙三种。

墙面装修有保护墙体、改善其物理性能、美化环境等作用。常见的墙面装修有抹灰、贴面、涂料、裱糊等。

幕墙是由金属构件与各种板材组成的悬挂在建筑主体结构上的轻质装饰性外围护墙。幕墙主要由骨架材料、饰面板及封缝材料组成。建筑幕墙按幕墙所采用的饰面材料分为玻璃幕墙、金属薄板幕墙、石材幕墙、纤维水泥板幕墙、复合板幕墙等。

习题

一、选择题

1. 墙体按受力情况，可分为（　　）与非承重墙。
A. 承重墙　　　　　　B. 隔墙　　　　　　C. 山墙

2. 横墙承重的优点是（　　）。
A. 整体性好　　　　　B. 房间布局较灵活　　C. 纵墙上开门、窗限制较少

3. 当地面垫层为密实材料时，墙体水平防潮层一般设于（　　）。（考证试题）
A. 基础顶面
B. 底层地坪混凝土结构层之间的砖缝中
C. 底层地坪之下60mm处
D. 室外地坪之上60mm处

4. 当首层地面为实铺时，水平防潮层的位置通常选择在标高（　　）m处。

A. ±0.000　　　　B. -0.060　　　　C. 0.060　　　　D. -0.100

5. 下列散水的构造做法不正确的是（　　）。
   A. 在夯实素土上做 60~100mm 厚混凝土，其上再做 5%的水泥砂浆抹面
   B. 散水宽度一般为 600~1000mm
   C. 散水与墙体之间应整体连接，防止开裂
   D. 散水宽度比采用自由落水的屋顶檐口多出 150~200mm

6. 标准砖的规格为（　　）。
   A. 240mm×115mm×53mm　　　　B. 250mm×115mm×60mm
   C. 240mm×120mm×60mm

7. 设置在门窗洞口上方的用来支承门窗洞口上部砌体和楼板传来的荷载，并把这些荷载传给门窗洞口两侧墙体的水平承重构件称为（　　）。
   A. 过梁　　　　B. 圈梁　　　　C. 散水　　　　D. 窗台

8. 沿建筑物外墙四周及部分内墙的水平方向设置的连续闭合的梁称为（　　）。
   A. 过梁　　　　B. 圈梁　　　　C. 散水　　　　D. 窗台

9. 构造柱的截面尺寸宜采用（　　）。
   A. 240mm×180mm　　B. 120mm×240mm　　C. 240mm×240mm

10. 圈梁遇洞口中断，所设的附加圈梁与原圈梁的搭接长度应满足（　　）。
    A. ≤2h 且 ≤1000mm　　　　B. ≤4h 且 ≤1500mm
    C. ≥2h 且 ≥1000mm　　　　D. ≥4h 且 ≥1500mm

11. 下列做法不是墙体加固做法的是（　　）。
    A. 当墙体长度超过一定限度时，在墙体局部位置增设壁柱
    B. 设置圈梁
    C. 设置钢筋混凝土构造柱
    D. 在墙体适当位置用砌块砌筑

12. 砖墙或石墙表面不作覆盖性的装修称为（　　）。
    A. 清水墙　　　B. 抹灰类墙面　　　C. 面砖墙面　　　D. 涂料类墙面

13. 采用普通砖、空心砖、加气混凝土块等块状材料砌筑的隔墙是（　　）。
    A. 块材隔墙　　B. 板材隔墙　　C. 立筋隔墙　　D. 石膏隔墙

14. 构造柱在施工时应当先砌墙体，留出（　　），并随着墙体的上升，逐段现浇钢筋混凝土。（比赛试题）
    A. 马牙槎　　　B. 钢筋　　　C. 配筋砖带　　　D. 圈梁

15. 下列关于过梁和圈梁的说法错误的是（　　）。
    A. 过梁是门窗洞口上部的承重构件　　B. 圈梁是连续封闭的梁
    C. 过梁可以代替圈梁　　　　　　　　D. 圈梁可以代替过梁

16. 当门窗洞口大于或等于 2m 时，须采用的过梁形式为（　　）。
    A. 钢筋砖过梁　　　　　　　　B. 钢筋混凝土过梁
    C. 平拱砖过梁　　　　　　　　D. 弧拱砖过梁

二、填空题

1. 当室内地面为不透水性地面时，把防潮层的上表面设置在室内地坪以下_____。
2. 隔墙按构造方式分为_____、_____、_____三种。

3. 墙面装修按材料和施工方式的不同，分为_____、_____、_____、_____、_____等五大类。

三、简答题

1. 墙体有什么作用？其设计要求是什么？
2. 砖墙有哪些砌筑方式？组砌要求是什么？
3. 用图示表示常见防潮层的构造做法。
4. 用图示表示常见的勒脚构造做法。
5. 用图示表示常见的散水和明沟的构造做法。
6. 窗台的构造设计有哪些要点？
7. 砖混结构的抗震构造措施有哪些？
8. 圈梁的作用是什么？其设置要求是什么？
9. 构造柱的作用是什么？其设置要求是什么？
10. 隔墙的设计要求有哪些？
11. 墙面装修的作用和常见做法有哪些？
12. 幕墙的主要组成及分类有哪些？

习题答案

实训项目

1. 实训目标

能查阅构造详图图集，正确绘制墙身构造节点详图，能识读建筑施工图中的墙身构造节点详图。

2. 实训内容

根据设计条件绘制如下图所示墙身构造节点 1、2、3 详图。

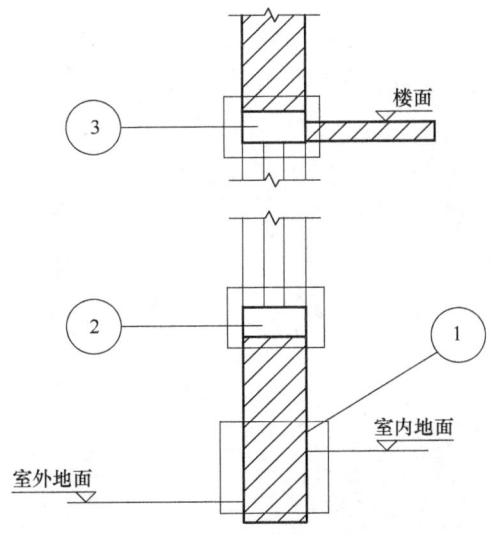

3. 设计条件

本地区住宅，总层数为三层，层高为 3.0m。剖切处为 240mm 厚外墙，楼板为 100mm 厚钢筋混凝土现浇板，室内外高差 450mm。内墙面为普通抹灰 20mm 厚，外墙面贴面砖 25mm 厚。

4. 图纸要求

用一张 A3 工程图纸绘制，图中线条、材料等按建筑制图标准绘制。

5. 设计要求

(1) 按平面图上详图索引位置画出三个墙身节点详图，即墙脚、窗台和过梁节点详图。

(2) 绘制墙脚节点大样图，反映墙脚部分细部构造（包括散水、勒脚、防潮层等）。

(3) 绘制窗台节点大样图，比例 1∶20，反映窗台部分细部构造（包括窗台、内外墙面等）。

模块四

楼地层

学习目标

知识目标
1. 掌握楼板的分类。
2. 掌握钢筋混凝土楼板的构造要求。
3. 掌握楼地层的构造组成及做法。
4. 掌握顶棚的类型及构造做法。
5. 了解阳台的构造。
6. 了解雨篷的构造。

技能目标
1. 能根据要求设计楼板类型及构造。
2. 能读懂楼地层施工图。
3. 能读懂顶棚的构造图。
4. 能读懂阳台的构造图。
5. 能读懂雨篷的构造图。

素质目标
1. 具备严谨、认真的工作态度。
2. 具备绘制楼地层构造图时保证质量的意识。
3. 具有与其他人员配合工作的团队意识、协作精神。
4. 具备持续学习的精神。

工作任务
1. 识读楼地层、顶棚、阳台、雨篷构造图。
2. 绘制楼地层、顶棚、阳台、雨篷构造图。

案例引入

王某因村里新农村改造分得房产一套，位于××市××小区4号楼4单元401室。被告徐某、朱某分得该小区4号楼4单元501室。原告王某与被告徐某、朱某夫妇系楼上楼下邻居关系。王某常年在青岛工作，家中无人居住。被告徐某、朱某夫妇将该房装修后也未在该房居住。2021年2月11日，王某的母亲发现家中屋顶、墙体被水浸泡并有水从屋顶往下滴，立即通知了王某。王某从外地赶回家中，便到被告徐某、朱某家查看，发现被告家中木地板都已经被水浸泡变形，墙围处被水浸泡痕迹高度大约20cm。王某确认其房屋被浸泡后屋顶、墙体不时掉落墙皮，卧室门边已经变形开裂系因为被告家里卫生间的进水总开关处水管破裂，把家里灌满水，溢出楼道，渗入原告房顶所致。

法院经审理判定被告应对其导致401房屋的损害承担相应的赔偿责任。

思考

1. 楼板的组成有哪些？
2. 楼板的类型有哪些？
3. 楼板的防水构造做法是什么。

楼地层的组成
与设计要求

4.1 楼地层的组成及设计要求

楼地层包括楼板层和地坪层，是水平方向分隔房屋空间的承重构件。楼板层分隔上下楼层空间，地坪层分隔底层空间。楼地层因所处位置不同、受力不同，因而结构层也有所不同。楼板将所承受的上部荷载和自重传递给梁、墙或柱，并由墙、柱传给基础，楼板层有隔声等功能要求。地坪层的结构层为垫层，垫层将所承受的荷载及自重均匀传给地基。

4.1.1 楼地层的组成

1. 楼板层的组成

楼地层是用来分隔建筑空间的水平承重构件，其竖向将建筑物分成许多个楼层。楼板层一般由面层、结构层和顶棚层等几个基本层次组成，当房间对楼地层有特殊要求时，可加设相应的附加层，如防水层、防潮层、隔声层、隔热层等，如图4-1所示。

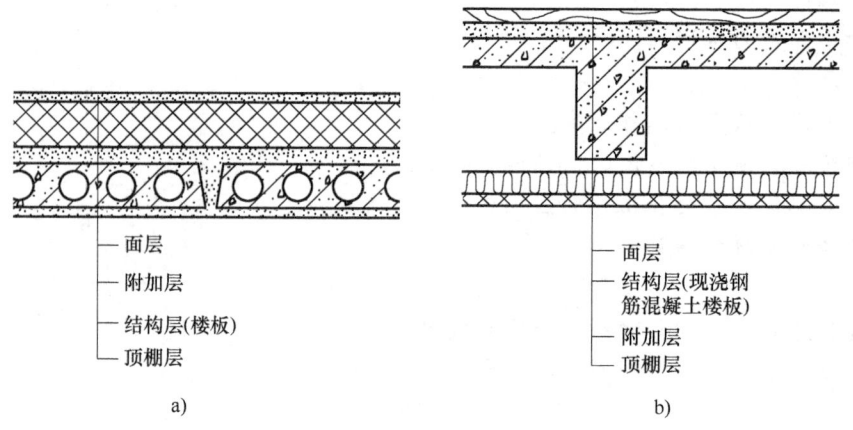

图4-1 楼板层的组成
a）直接抹灰顶棚型楼板层 b）吊顶型楼板层

（1）面层。面层是楼地层上表面的构造层。面层对结构层起着保护作用，使结构层免受损坏，同时也起着装饰室内的作用。根据各房间的功能要求不同，面层有多种不同的做法。

（2）结构层。结构层通常称为楼板，位于面层和顶棚层之间，是承重构件，包括板、梁等构件。结构层承受整个楼层的全部荷载，并对楼板层的隔声、防火等起主要作用。

（3）顶棚层。顶棚层是楼板层下表面的构造层，也是室内空间上部的装修层，又称为天棚。顶棚的主要功能是保护楼板、安装灯具、装饰室内空间以及满足室内的特殊使用要求。

（4）附加层。附加层通常设置在面层和结构层之间，有时也设置在结构层和顶棚层之间，主要有管线敷设层、隔声层、防水层、保温或隔热层等。管线敷设层是用来敷设水平设备暗管线的构造层；隔声层是为隔绝撞击声而设的构造层；防水层是用来防止水渗透的构造层；保温或隔热层是改善热工性能的构造层。

2. 地坪层的组成

地坪层的基本组成部分有面层、垫层和基层，对有特殊要求的地坪，常在面层和垫层之间增设附加层，如图 4-2 所示。

（1）面层。地坪的面层又称为地面，起着保护结构层和美化室内的作用。地面的做法和楼面相同。

（2）垫层。垫层在基层和面层之间，其作用是承重传力，一般采用 60~100mm 厚的 C10 混凝土垫层。垫层材料分为刚性和柔性两大类。刚性垫层如混凝土、碎砖三合土等，有足够的整体刚度，受力后不产生塑性变形，多用于整体地面和小块料地面。柔性垫层如砂、碎石、炉渣等松散材料，无整体刚度，受力后产生塑性变形，多用于块料地面。

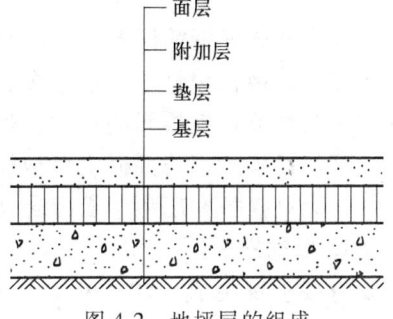

图 4-2　地坪层的组成

（3）基层。基层即地基，一般为原土层或填土分层夯实。当上部荷载较大时，增设 100~150mm 厚 2∶8 灰土，或碎砖、100~150mm 厚道渣三合土。

（4）附加层。附加层应主要满足某些有特殊使用要求而设置的构造层次，如防水层、防潮层、保温层和管道敷设层等。

4.1.2　楼地层的设计要求

楼地层设计应满足以下要求：

1. 强度与刚度要求

楼板应有足够的强度承受自重和使用荷载作用下安全可靠，不发生任何破坏。同时要求具有一定的刚度，即在荷载作用下不发生过大变形，以保证正常使用。

2. 隔声要求

隔声包括隔绝空气传声和固体传声两个方面，楼板的隔声量一般在 40~50dB。空气传声的隔绝可以采用空心构件，并通过铺垫焦渣等材料来做到。隔绝固体传声应通过减少对楼板的撞击来做到。在地面上铺设橡胶、地毯可以减少一些冲击量，以达到隔声效果。

3. 防水、防潮要求

对于厨房、卫生间等一些地面潮湿、易积水房间，应处理好楼地层的防渗问题。

4. 热工和防火要求

对有一定温度、湿度要求的房间，常在其中设置保温层，使楼板层的温度与室内温度趋于一致,减少通过楼板层造成的冷热损失。楼板层应根据建筑物耐火等级,对防火要求进行设计,以满足防火安全的功能。

5. 经济要求

一般楼板和地面造价占建筑物总造价的 20%~30%,选用楼板时应考虑就地取材和提高装配化的程度。

4.2 钢筋混凝土楼板

钢筋混凝土楼板根据施工方式不同,分为现浇整体式、预制装配式以及装配整体式三种。

4.2.1 现浇整体式钢筋混凝土楼板

现浇整体式钢筋混凝土楼板具有能够自由成型、整体性强、抗震性能好的优点,但模板用量大,工序多,工期长,需要养护,工人劳动强度大,并且施工受季节、气候影响较大,如图 4-3 所示。

现浇整体式钢筋混凝土楼板

现浇整体式钢筋混凝土楼板按其受力和传力情况分为板式楼板、梁板式楼板、无梁楼板和压型钢板组合楼板。

1. 板式楼板

将楼板现浇成一块平板,四周直接支承在墙上,这种楼板称为板式楼板。板式楼板按其支承情况和受力特点,可分为单向板和双向板。当板长边尺寸与短边尺寸之比大于 2 时,板上的荷载基本沿短边方向传递,这种板称为单向板,如图 4-4 所示。当板的长边与短边之比小于或等于 2 时,板上荷载将沿两个方向传递,这种板称为双向板,如图 4-4 所示。

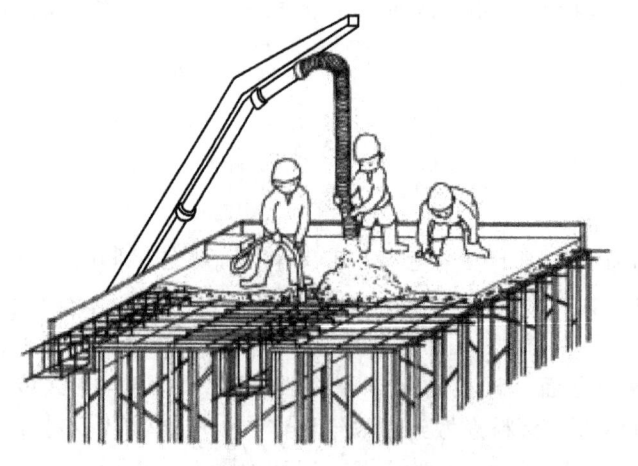

图 4-3 现浇整体式钢筋混凝土楼板施工

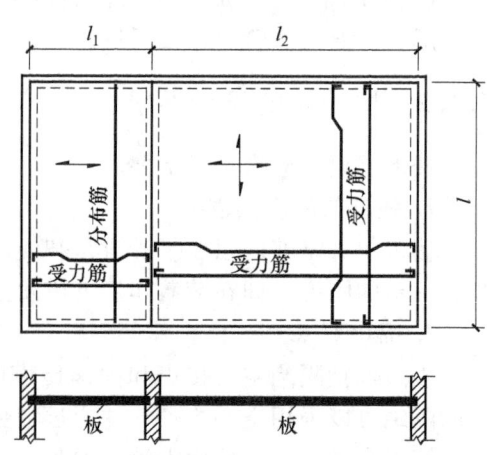

图 4-4 楼板的受力、传力方式

板式楼板的底面平整,便于支模施工,但当楼板跨度大时,需增加楼板的厚度,耗费材料较多,所以适用于平面尺寸较小的房间,如厨房、卫生间及走廊等。板式楼板的厚度一般不超过 120mm,经济跨度在 3m 以内。

2. 梁板式楼板

当房间平面尺寸较大时，为了避免楼板的跨度过大，可在楼板下设梁来增加板的支点，从而减小板跨。这时，楼板上的荷载由板传给梁，再由梁传给墙或柱。这种由板、梁组成的楼板称为梁板式楼板。根据梁的布置情况，梁板式楼板可分为单梁式楼板、双梁式楼板和井式楼板。梁板式楼板的经济尺寸见表4-1。

表 4-1 梁板式楼板的经济尺寸

构件名称		经济尺寸		
		跨度（L）	梁高/板厚（h）	梁宽（b）
主梁		5~8m	1/14~1/8L	1/3~1/2h
次梁		4~6m	1/12~1/6L	1/3~1/2h
楼板	单向板	2~3m	1/40~1/30L	
	双向板	3~6m	1/50~1/40L	

（1）单梁式楼板。当房间有一个方向的平面尺寸相对较小时，可以只沿短边方向设梁，梁直接搁置在墙上，这种梁板式楼板属于单梁式楼板，如图4-5所示。单梁式楼板荷载的传递途径为板→梁→墙。单梁式楼板的结构较简单，仅适用于教学楼、办公楼等建筑。

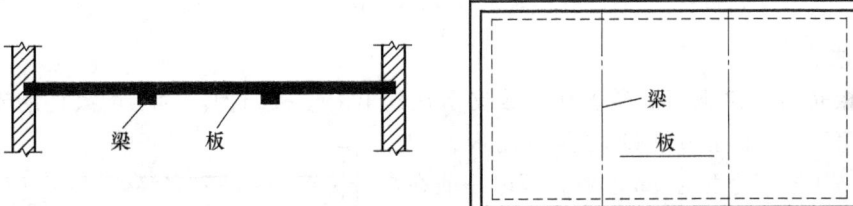

图 4-5 单梁式楼板

（2）双梁式楼板。当房间两个方向的平面尺寸都较大时，在板下沿纵横两个方向都设置梁，有主梁和次梁之分。主梁和次梁的布置应整齐有规律，并考虑建筑物的使用要求、房间的大小形状以及荷载作用情况等，一般主梁沿房间短跨方向布置，次梁则垂直于主梁布置，这种由主、次梁组成的梁板式楼板称为双梁式楼板，如图4-6所示。双梁式楼板荷载的传递途径为板→次梁→主梁→墙或柱。

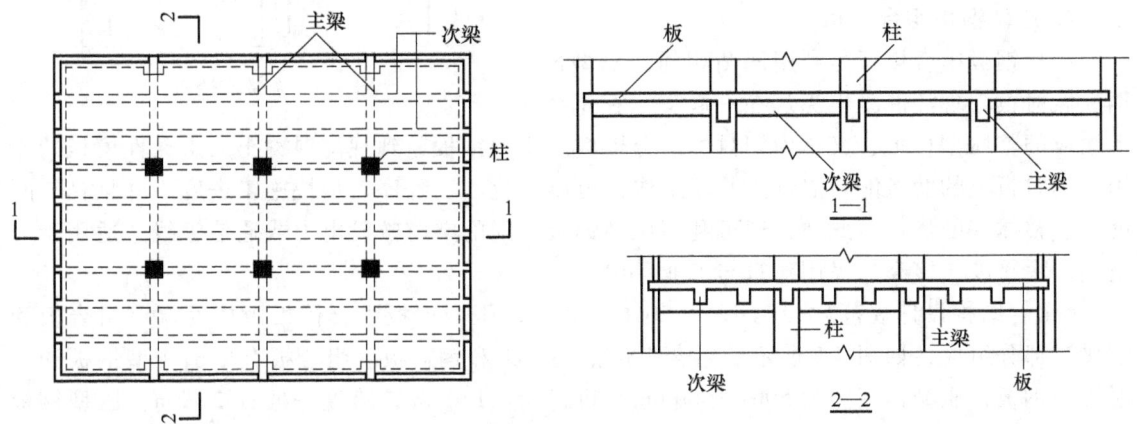

图 4-6 双梁式楼板

双梁式楼板适用于面积较大的房间，如教学楼、办公楼、商店等公共建筑。

（3）井式楼板。当房间尺寸较大，接近正方形时，沿两个方向布置等截面高度的梁，梁不分主次，与板整浇形成井格形的梁板结构。纵梁和横梁同时承担着板传递的荷载。其荷载传递路线为板→梁→柱（或墙），井字楼板的跨度一般为6~10m，板厚度为70~80mm，井格边长一般在2.5m之内。

井式楼板适用于建筑平面为方形或近似方形的大厅。由于其结构形式整齐，具有较强的装饰性，多用于公共建筑的门厅和大厅式的房间，如图4-7所示。

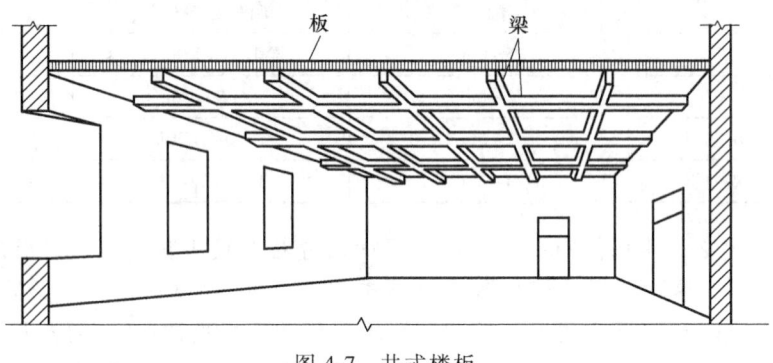

图4-7 井式楼板

3. 无梁楼板

无梁楼板是将现浇钢筋混凝土板直接支承在柱上的楼板结构。为了增大柱的支承面积和减小板的跨度，常在柱顶增设柱帽和托板，如图4-8所示。其经济跨度为6m左右，板厚一般在120mm以上。楼面荷载较大时，为避免楼板太厚，应采用有柱帽无梁楼板，增加板在柱上的支承面积；当楼面荷载较小时，可采用无柱帽楼板。

无梁楼板的板底平整，室内净空高度大，采光、通风条件好，便于采用工业化的施工方式，适用于楼面荷载较大的公共建筑和多层工业厂房，如商店、仓库、展览馆等。

4. 压型钢板组合楼板

压型钢板组合楼板是利用凹凸相间的压型薄钢板做衬板与现浇混凝土浇筑在一起支承在钢梁

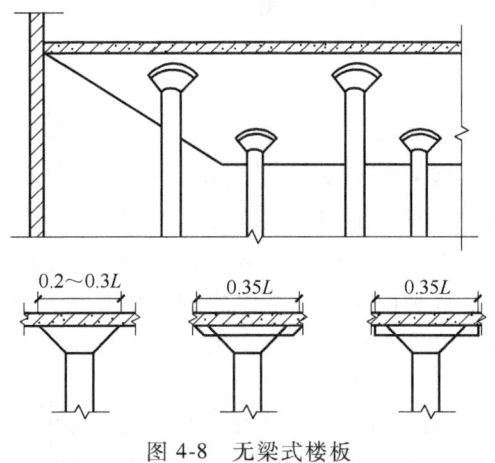

图4-8 无梁式楼板

上构成的整体型楼板，又称为钢衬板组合楼板。压型钢板起到现浇混凝土的永久性模板的作用，同时板上的肋条能与混凝土共同工作，可以简化施工程序，加快施工进度；并且具有刚度大、整体好的优点。此外，还可利用压型钢板肋间的空腔敷设电力或通信管线，适用于大空间、大跨度、多高层民用建筑与工业厂房。

《组合结构设计规范》（JGJ 138—2016）规定，压型钢板组合楼板由楼面层、组合板和钢梁三部分组成，如图4-9所示。组合板包括混凝土和钢衬板。组合板有单层压型钢板和双层压型钢板，压型钢板宽为500~1000mm，肋高35~150mm，跨度一般为2~3m，压型钢板上面浇筑的混凝土厚度不应小于50mm。压型钢板组合楼板总厚度不应小于90mm，压型钢板基板厚度不应小于0.7mm。压型钢板之间或压型钢板与钢梁之间的连接一般采用焊接、螺栓连接、铆钉连接等方法。

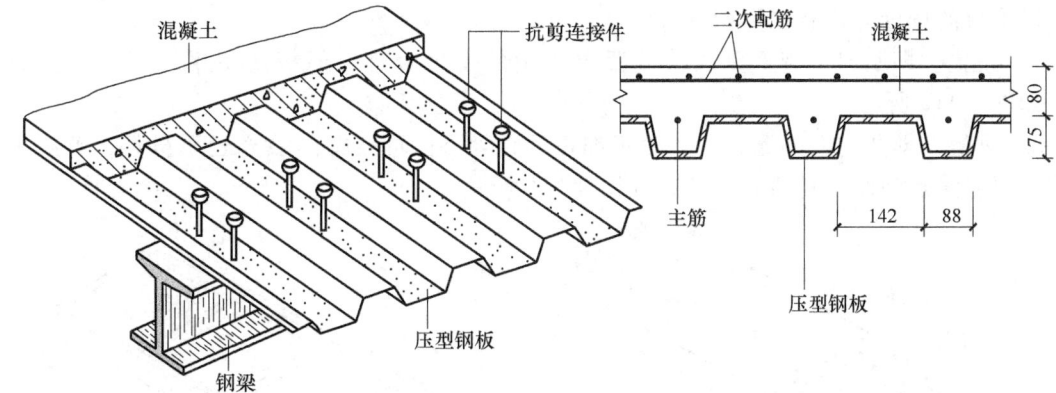

图 4-9 压型钢板组合楼板

压型钢板组合楼板应避免在腐蚀环境中使用，且应避免长期暴露，以防钢板、梁生锈，破坏结构的连接性能。在动荷载作用下，应仔细考虑其细部设计，并注意结构组合作用的完整性和共振问题。

4.2.2 预制装配式钢筋混凝土楼板

预制装配式钢筋混凝土楼板是指在预制构件加工厂或施工现场预先制作，然后再运到施工现场装配而成的钢筋混凝土楼板。这种楼板可节省模板，减少施工工序，缩短工期，提高施工工业化的水平。

1. 板的类型

按楼板的构造形式，预制装配式钢筋混凝土楼板可分为实心平板、槽形板和空心板三种。

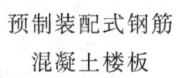

预制装配式钢筋混凝土楼板

（1）实心平板。预制实心平板的板面平整，制作简单。其跨度较小，一般不超过2.4m，板厚为60~100mm，宽度为600~1000mm，如图4-10所示。

实心平板的跨度小，尺寸不大，重量轻，可以采用简易吊装设备或人工安装。它的造价低，但隔声效果较差，常用于建筑的楼梯平台、走廊、厨房、厕所等处。

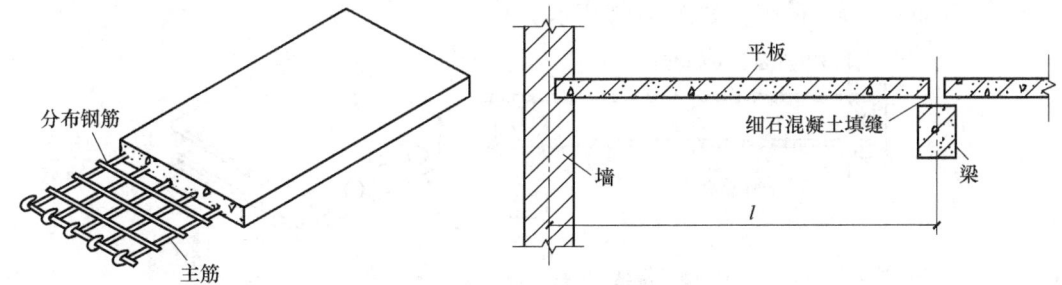

图 4-10 实心平板

（2）槽形板。槽形板是一种梁板结合的构件，在实心板的两侧或四周设有相当于小梁的肋，构成槽形断面，用以承受板的荷载。槽形板的跨度为3~7.2m，板宽为600~1200mm，板肋高一般为150~300mm。由于板肋形成了板的支点，板跨减小，所以板厚较小，只有 25~35mm。为了增加槽形板的刚度和便于搁置，当板的长度超过 6m 时，需沿短长每隔 1~1.5m 增设横肋。

槽形板的搁置方式有以下两种：

1）正置。即肋向下搁置，这种搁置方式板的受力合理，但板底不平，通常需要做吊顶，如图 4-11a 所示。

2）倒置。即肋向上搁置，板受力不如正置合理，但可在槽内填充轻质材料，解决板的隔声和保温隔热问题，且顶棚平整，如图 4-11b 所示。

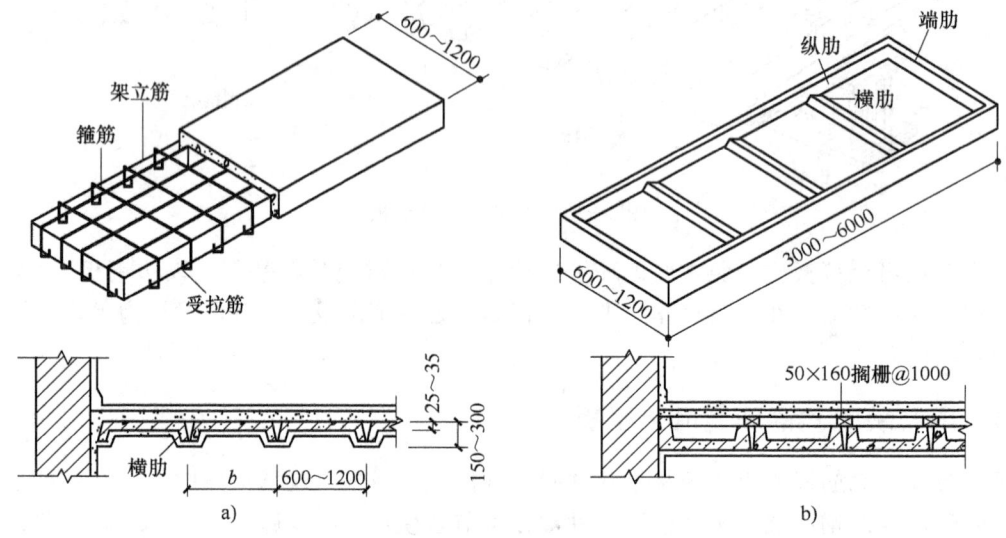

图 4-11 槽形板
a）正置槽形板 b）倒置槽形板

（3）空心板。空心板是将楼板中部沿纵向抽孔而形成中空的一种钢筋混凝土楼板。孔的断面形式有圆形、椭圆形、方形和长方形等。由于圆形孔制作方便且刚度好，故应用最普遍。

空心板有预应力和非预应力之分，一般多采用预应力空心板。

短向空心板长度为 2.1~4.2m，非预应力板厚为 150mm，预应力板厚为 130mm。预应力空心板可制成 4.5~6m 的长向板，板厚 120~380mm。板宽为 600mm、900mm、1200mm 等，如图 4-12 所示。

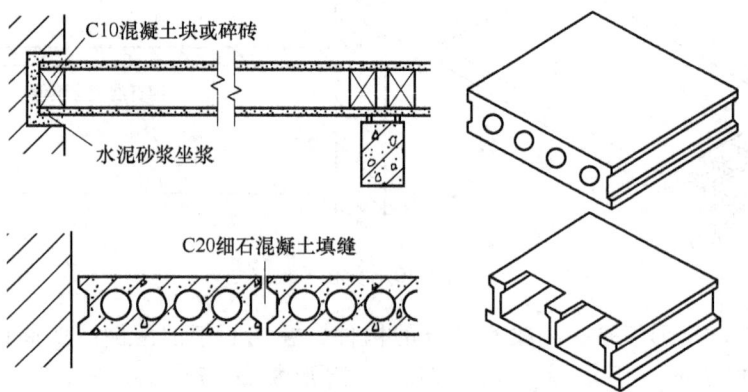

图 4-12 空心板

空心板上、下表面平整，隔声效果较实心平板和槽形板好，是预制板中应用最广泛的一种类型，但空心板不能任意开洞，故不宜用于管道穿越较多的房间。

空心板在安装前，孔的两端应用混凝土预制块和砂浆堵严，这样不仅能避免板端被上部墙体压坏，还能避免灌缝材料流入孔内。空心板板面不能随意开洞，如需开孔洞，应在板制作时就预留孔洞位置。空心板安装后，应将四周的缝隙用细石混凝土灌注，以增强楼板的整体性，增加房屋的整体刚度，避免缝隙漏水。

2. 板的结构布置

对楼板结构布置时，应根据房间的平面尺寸，并结合所选板的规格来定。板的布置方式有两种：一种是预制楼板直接搁置在承重墙上，形成板式结构布置，多用于横墙承重的住宅、宿舍、旅馆等建筑；另一种是预制楼板搁置在梁上，梁支承于墙或柱上，形成梁式结构布置，多用于教学楼、实验楼、办公楼等较大空间的建筑物，如图 4-13 所示。

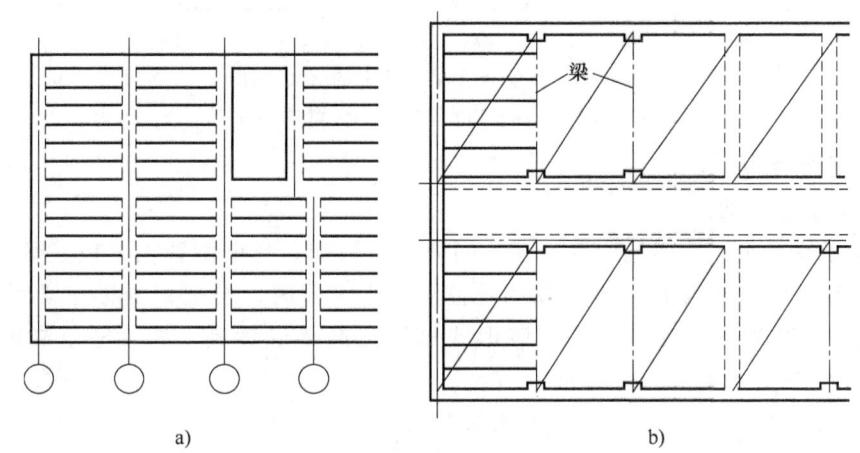

图 4-13 板的结构布置
a) 板式结构布置 b) 梁式结构布置

预制装配式钢筋混凝土楼板结构布置时应注意以下几点：

1）尽量使用宽板，减少板的规格、类型。板的规格过多，不仅增加了板的制作，而且施工也较复杂，容易搞错。

2）为减少板缝的现浇混凝土量，应优先选用宽板，窄板可作为调剂使用。

3）板的布置应避免出现三面支承情况，即楼板的长边不得搁置在梁或砖墙内，否则在荷载作用下板会产生裂缝。

4）按支承楼板的墙或梁的净尺寸计算楼板的块数，不够整块数的尺寸可通过调整板缝、墙边挑砖或增加局部现浇板等办法来解决。

5）遇有上下管线、烟道、通风道穿过楼板时，为防止圆孔板开洞过多，应尽量将该处楼板现浇。

3. 板的搁置

预制板搁置在墙或梁上时，均应有足够的支承长度，支承于梁上时搁置长度不小于 80mm，支承于内墙时搁置长度不小于 100mm，支承于外墙上时搁置长度不应小于 120mm，并在梁或墙上坐浆 M5 厚 20mm 的水泥砂浆，以保证板的平稳，传力均匀，如图 4-14 所示。

另外，为增加建筑物的整体刚度，板与墙、梁之间或板与板之间常用拉结钢筋拉结锚固在一起，以增强房屋的整体刚度。

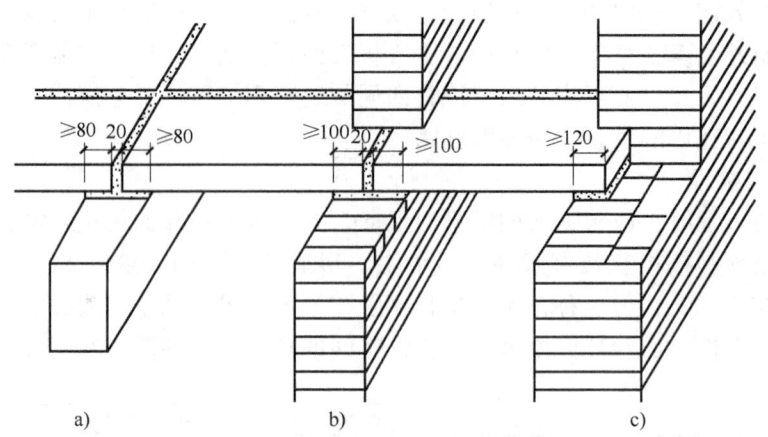

图 4-14 预制板在梁、墙上的搁置要求
a）梁上搁置 b）内墙上搁置 c）外墙上搁置

4. 板的细部构造

（1）安装节点构造。

1）板支承在梁上。因梁的断面形式不同分三种情况。当板搁置在梁顶，梁板的高度较大，如图 4-15a 所示。当梁的截面形状为花篮形、十字形时，可把板搁置在梁侧挑出部分，板不占用高度，当层高不变时此种安装形式可以提高梁底标高，增大净空高度，如图 4-15b、c 所示。

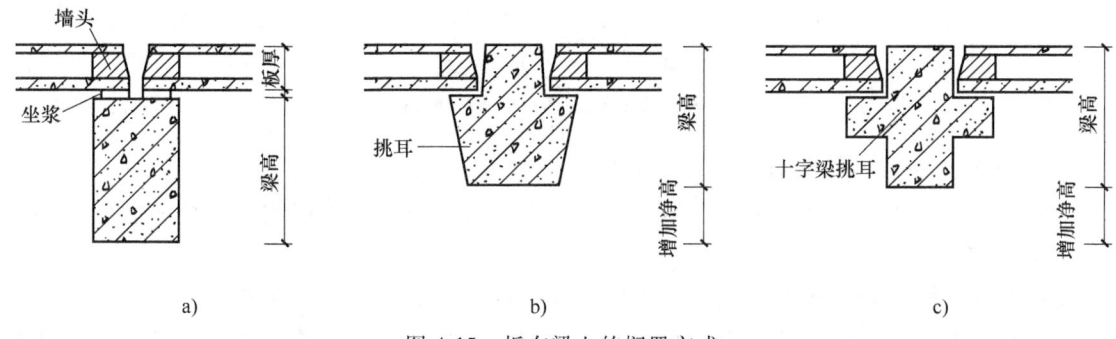

图 4-15 板在梁上的搁置方式
a）板搁在矩形梁顶上 b）板搁在花篮梁挑耳上 c）板搁在十字梁挑耳上

2）板支承在墙上。用拉结筋将板与墙连接起来。非地震区，拉结筋间距不超过 4m，地震区依设防要求而增加，如图 4-16a~d 所示。

3）板边与外墙平行。板不得深入平行墙内以免自由面边受力而破坏，其构造做法如图 4-16e、f 所示。

4）板边与内墙平行。其构造做法如图 4-16g、h 所示。

（2）板缝调整及处理。在布置房间楼板时，预制板的总宽度可能与房间的平面尺寸之间存在差额，即出现不足以排一块板的缝隙，此时可根据不同情况采取相应的措施来解决：当剩余缝隙较小时，可调整板缝的宽度，即将各板缝的宽度适当加大，调整后的板缝宽度宜

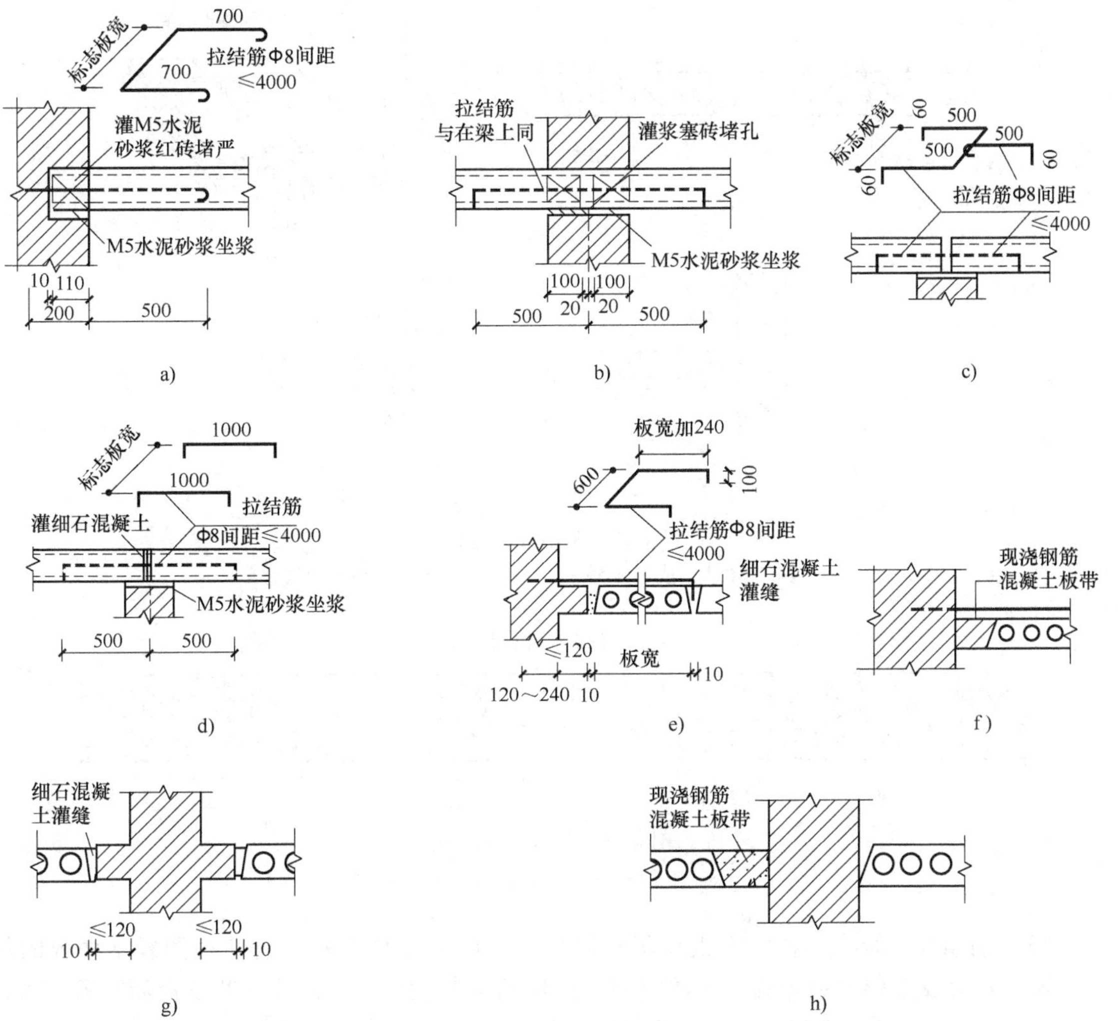

图 4-16 预制板安装节点构造

a) 板支撑在外墙上　b) 板支撑在内墙上　c) 内墙上两侧板的位置　d) 内墙上两侧板的位置相对
e) 板的平行外墙砌挑砖　f) 板与平行外墙间设现浇板带　g) 板的平行内墙砌挑砖　h) 板与内墙平行

小于 30mm，如图 4-17a 所示。当板缝宽度大于或等于 50mm 时，应在灌缝的混凝土中配置钢筋，如图 4-17b 所示。当缝隙小于 120mm，墙体可挑出 60mm 砖，如图 4-17c 所示。当缝隙为 120~200mm，且在靠墙处有管道穿过时，可用局部现浇钢筋混凝土板带的办法补缝，如图 4-17d 所示。当缝隙大于 200mm 时，需重新调整板的规格。

预制板之间的接缝有端缝和侧缝两种，其具体处理要求如下：

1）端缝。端缝的处理一般是用细石混凝土灌缝，使之相互连接。为了增强建筑物的整体性和抗震性能，可将板端外露的钢筋交错搭接在一起，或加钢筋网片，并用细石混凝土灌实。

2）侧缝。侧缝起着协调板与板之间共同工作的作用。为了加强楼板的整体性，侧缝内应用细石混凝土灌实。板的侧缝一般有 V 形缝、U 形缝和凹形缝三种形式。其中，V 形缝和 U 形缝便于灌缝，多在板较薄时采用。凹形缝连接牢固，楼板整体性好，相邻的板之间共同工作的效果较好。侧缝接缝形式如图 4-18 所示。

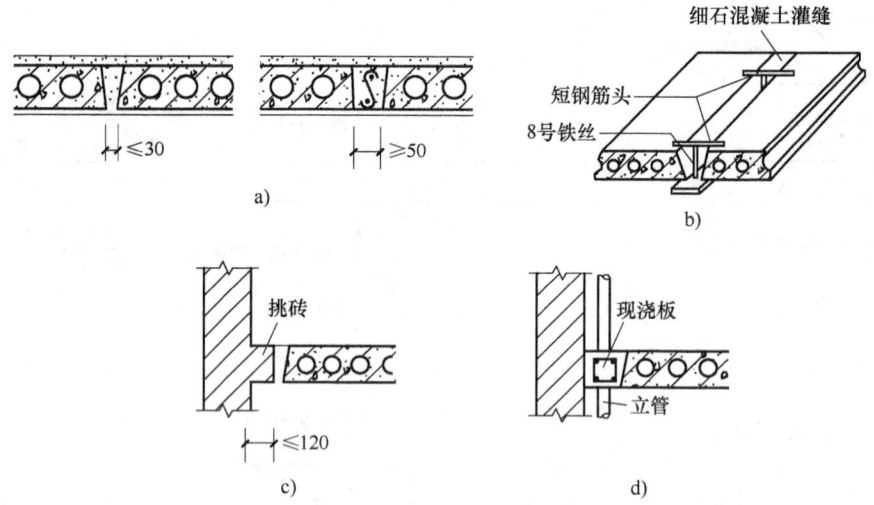

图 4-17 预制板板缝构造

a)、b) 板缝大于或等于 50mm c)、d) 内墙上两侧板的位置

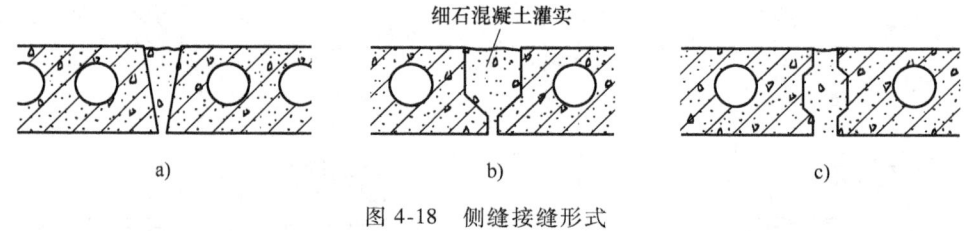

图 4-18 侧缝接缝形式

a) V 形缝 b) U 形缝 c) 凹形缝

（3）隔墙与楼板。当楼板上设置轻质隔墙时，由于其自重轻，隔墙可搁置于楼板的任一位置。若为自重较大的隔墙，如砖隔墙、砌块隔墙等，一般应在其下部设置隔墙梁。如允许隔墙设置在楼板上，则应避免将隔墙搁置在一块板上。

1）当隔墙与板跨平行时，通常将隔墙设置在两块板的接缝处。采用槽形板的楼板，隔墙可直接搁置在板的纵肋上，如图 4-19a 所示。

2）若采用空心板，须在隔墙下的板缝处设现浇钢筋混凝土板带或梁来支承隔墙，如图 4-19b、c 所示。

3）当隔墙与板跨垂直时，应选择合适的预制板型号，并在板面加配钢筋，如图 4-19d 所示。

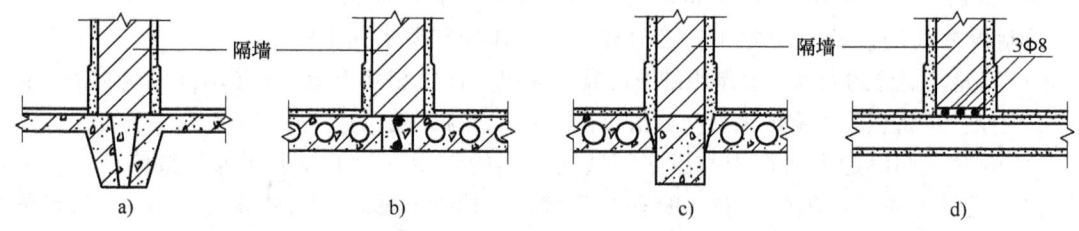

图 4-19 楼板上设置隔墙的构造

a）板的纵肋上 b）设现浇钢筋混凝土板带 c）设钢筋混凝土梁 d）板面加配钢筋

4.2.3 装配整体式钢筋混凝土楼板

装配整体式钢筋混凝土楼板是先将楼板中的部分构件预制,现场安装后,再浇筑混凝土面层而形成的整体楼板。它具有整体性较好、施工简单、工期较短等优点,避免了现浇钢筋混凝土楼板湿作业量大,施工复杂和装配式楼板整体性较差的不足。按结构和构造方法的不同,可分为密肋填充块楼板和叠合楼板。

1. 密肋填充块楼板

密肋填充块楼板是采用间距较小的密肋小梁作为承重构件,小梁之间用轻质砌块填充,并在上面整浇面层而形成的楼板。密肋小梁有现浇和预制两种。

现浇密肋填充块楼板是以陶土空心砖、矿渣混凝土空心块、塑料膜壳、空心管等作为肋间填充块来现浇密肋和面板而成的。填充块与肋和面板相接触的部位带有凹槽,用来与现浇的肋、板咬接,以加强楼板的整体性。肋的间距一般为 300~600mm,面板的厚度一般为 40~50mm,如图 4-20a 所示。

预制小梁填充块楼板的小梁采用预制倒 T 字形断面混凝土梁,在小梁之间填充陶土空心砖、矿渣混凝土空心块、煤渣空心砖、塑料膜壳、空心管等填充块,上面现浇混凝土面层而成,如图 4-20b、c 所示。

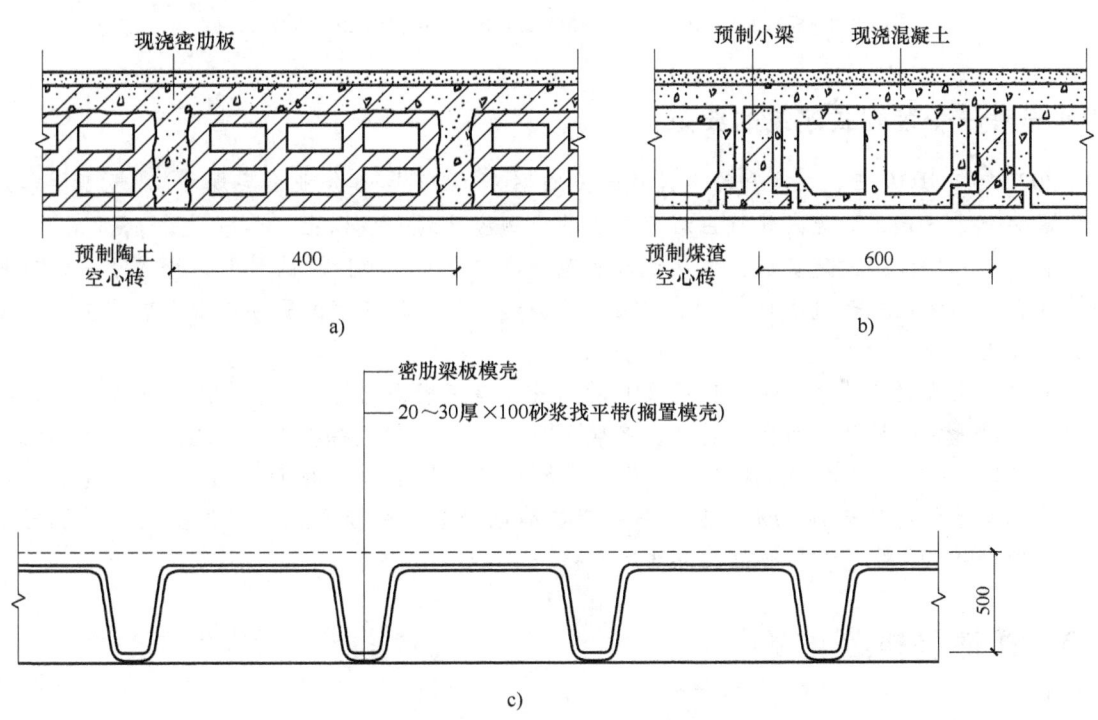

图 4-20 密肋填充块楼板
a) 现浇密肋填充块楼板 b) 预制小梁填充块楼板 c) 模壳密肋楼板

2. 叠合楼板

叠合楼板是由预制薄板和现浇钢筋混凝土层叠合而成的装配整体式楼板。预制薄板既是楼板结构的组成部分之一,又是现浇钢筋混凝土叠合层的永久性模板。现浇叠合层内部可敷设水平设备管线。预制薄板下表面平整，可直接喷浆或贴其他装饰材料作为顶棚。

叠合楼板的预制板部分通常采用预应力或非预应力薄板，预应力薄板的跨度一般为4~6m，最大可达9m，板的宽度一般为1.1~1.8m，板厚通常为50~70mm。现浇叠合层厚度一般为100~120mm。叠合楼板的总厚度一般为150~250m。

为使预制薄板与现浇叠合层牢固地结合在一起，可将预制薄板的板面做适当处理，如板面刻槽、板面露出结合钢筋等，如图4-21a、b所示。叠合楼板的预制板部分，也可采用钢筋混凝土空心板，现浇叠合层的厚度较薄，一般为30~50mm，如图4-21c所示。

叠合楼板

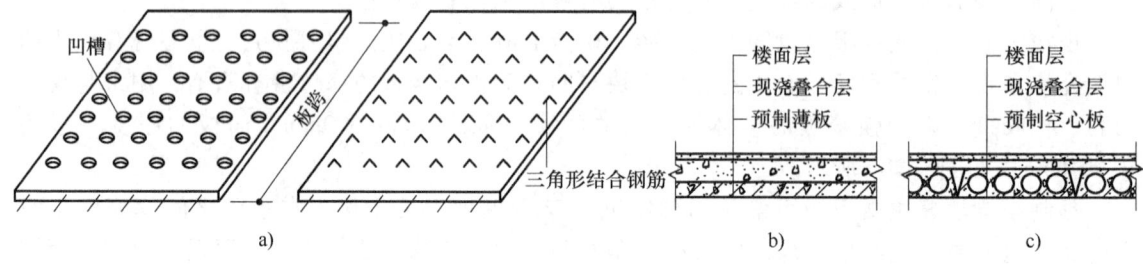

图4-21 叠合楼板
a）预制薄板的板面处理 b）预制薄板叠合楼板 c）预制空心板叠合楼板

拓展思考——装配式建筑的典范

2022年1月19日，住房和城乡建设部发布《"十四五"建筑业发展规划》，规划要求大力发展装配式建筑，装配式建筑占新建建筑的比例应达到30%以上。

目前，我国装配式建筑已完成从试点示范阶段向全面发展阶段的过渡，形成了一批有颜值、有内涵的装配式建筑项目，包括上海世博会远大馆、雄安市民服务中心、敦煌文博会主场馆、上海宝业中心等。

其中，上海世博会远大馆，仅用24h时间就安装完成，它是唯一被留用的企业馆。该建筑可抗9级地震；墙体采用保温材料，冬暖夏凉；新风经静电除尘后引入室内。不仅如此，由于100%实现工厂化制造，建筑垃圾只有传统施工所产生垃圾的1%；此外，该建筑的耗能也只相当于传统建筑的20%。由于采用带有静电除尘器的换风机，室外空气经过机器进入室内时，99.9%的尘埃和细菌都将被过滤掉。

4.3 楼地层构造

4.3.1 楼地面构造做法

楼板层的面层和地坪层的面层，在构造做法上是一致的，一般统称为地面。根据面层所用材料和施工方法不同，可分为以下几类：

1. 整体类地面

整体类地面是指现场浇筑的整片地面。常见的有水泥砂浆地面、水磨石

楼地面构造

地面等。

(1) 水泥砂浆地面。水泥砂浆地面通常用作对地面要求不高的房间地面。水泥砂浆地面构造简单、坚固，能防潮、防水而造价又较低，是应用广泛的低档地面做法，但水泥地面易起灰、无弹性、热传导高。

水泥砂浆地面即是在结构层上抹水泥砂浆，一般有单层和双层两种做法。单层做法是先刷素水泥砂浆结合层一道，再用15~20mm厚1:2水泥砂浆压实抹光。双层做法是用15~20mm厚1:3水泥砂浆打底、找平，再以5~10mm厚1:2或1:2.5的水泥砂浆抹面，如图4-22所示。双层做法虽增加了工序，但可确保质量，减少了表面干缩时产生裂纹的可能。

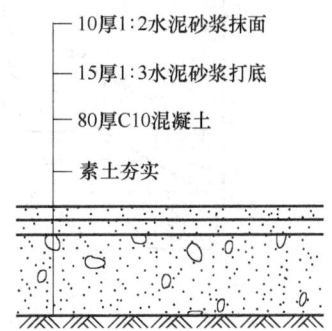

图4-22 水泥砂浆地面构造

(2) 水磨石地面。水磨石地面是用水泥作胶结材料，中等硬度的方解石、大理石或白云石等石屑作骨料而形成的水泥石屑浆浇抹，硬结后，经磨光打蜡而成。水磨石地面耐磨性好，表面光洁，不易起灰，但造价较高。常用于卫生间、公共建筑的门厅、走廊、楼梯间以及标准较高的房间。

水磨石地面做法是在结构层上用10~15mm厚的1:3水泥砂浆找平。做好找平层后，用玻璃、塑料或金属条作嵌条把地面分成若干小块，尺寸为1000mm左右，分块形状可以设计成各种图案。嵌条高度同磨石面层厚度，用1:1水泥砂浆固定。再用1:2.5~1:2水泥石粒浆抹面，浇水养护约一周后用磨石机磨光，再用草酸清洗，打蜡保护。如图4-23所示。

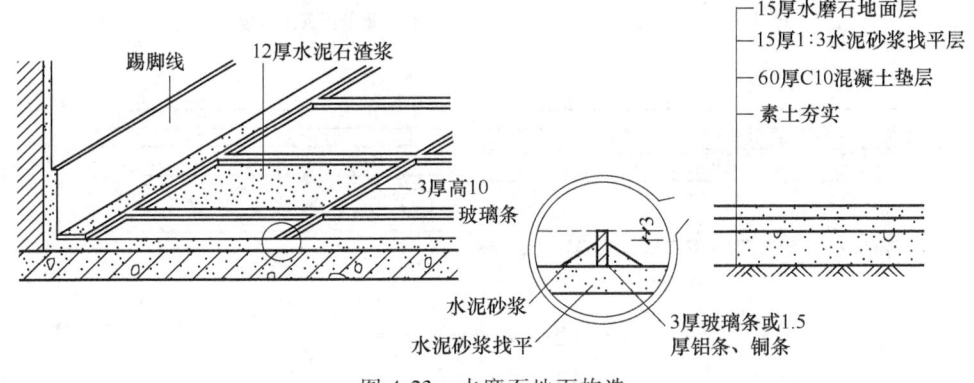

图4-23 水磨石地面构造

2. 块材类地面

块材类地面是指用各种不同形状的块材铺贴而成的地面，如陶瓷板块地面、石材类地面，如图4-24所示。

(1) 陶瓷地砖、陶瓷锦砖。陶瓷地砖又称为墙地砖，分有釉面和无釉面、防滑及抛光等多种。其色彩丰富，抗腐耐磨，施工方便，装饰效果好。陶瓷锦砖又称为马赛克，是优质瓷土烧制的小尺寸瓷砖，人们按各种图案将正面贴在牛皮纸上，反面有小凹槽，便于施工。

陶瓷板块地面做法

(2) 石材地面。饰面石材主要有大理石、花岗岩、石灰岩等，是从天然

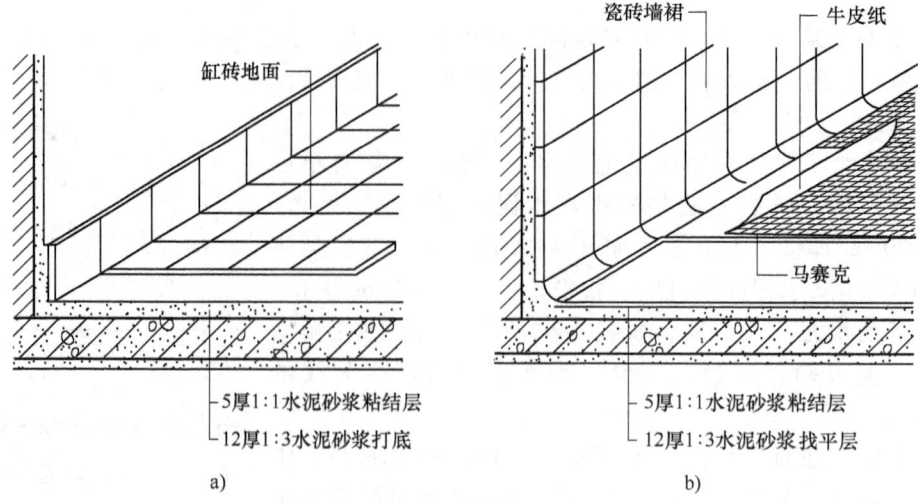

图 4-24 块材类地面构造
a) 缸砖或瓷砖地面　b) 陶瓷锦砖（马赛克）地面

岩体中开采出来的、经过加工成块材或板材，再经过粗磨、细磨、抛光、打蜡等工序，就可以加工成各种不同质感的高级装饰材料。其构造做法如图 4-25 所示。

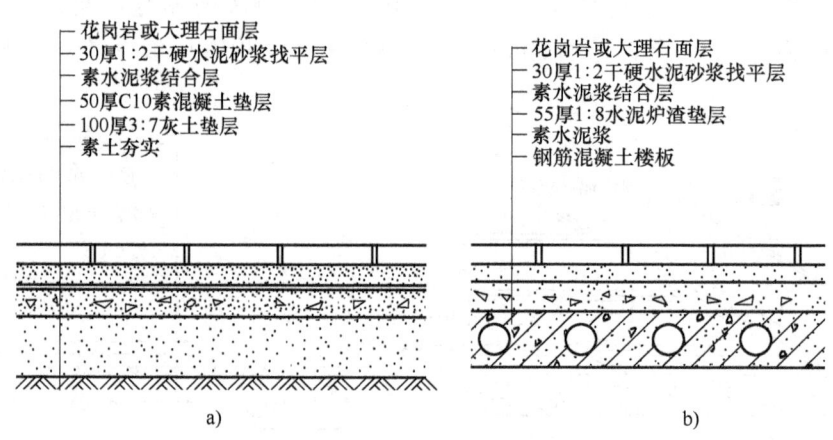

图 4-25 石材地面构造
a) 石材地坪面　b) 石材楼地面

（3）木地面。木地面有较好的弹性、蓄热性和接触感，目前常用在住宅、宾馆、体育馆、舞台等建筑中。木地面可采用单层地板或双层地板。按板材排列形式，有长条地板和拼花地板。长条地板应顺房间采光方向铺设，走道沿行走方向铺设。为了防止木板的开裂，木板底面应开槽。为了加强板与板之间的连接，板的侧面开有企口或截口。木地板按其构造方法不同有实铺和架空两种。

地胶板施工

1）实铺木地板。实铺木地板是在钢筋混凝土楼板上做好找平层，然后用粘结材料，将木板直接贴上的木地板形式。它具有结构高度小、经济性好的优点。木地板弹性差，使用中维修困难，构造形式如图 4-26 所示。实铺地板直接粘贴在找平层上，应注意粘贴质量和基层平整。粘贴材料常用沥青胶、环氧树脂、乳胶等。

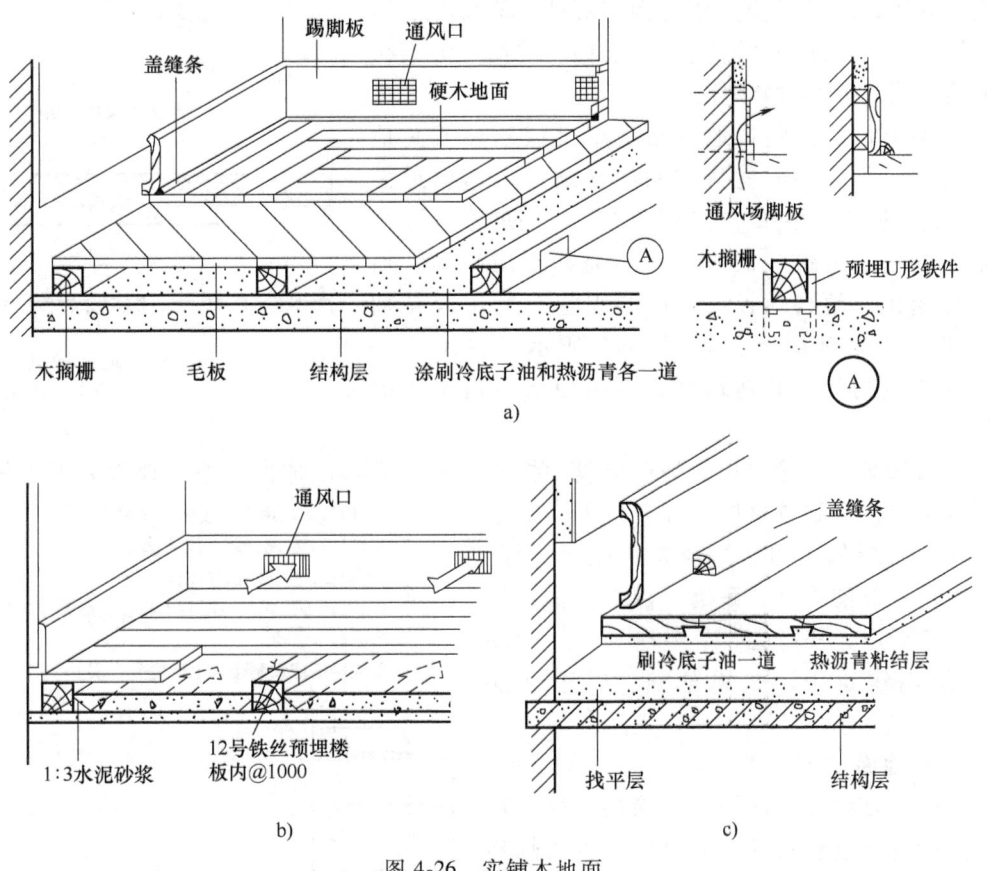

图 4-26 实铺木地面
a) 双层木地板 b) 单层木地板 c) 粘贴式木地板

2) 架空木地板。有单层架空木地板和双层架空木地板两种。单层架空木地板是在找平层上固定梯形截面的小搁栅，然后在搁栅上钉长条木地板。双层架空木地板是在搁栅上铺设毛板再铺地板，毛板与面板最好成 45°或 90°交叉铺钉，毛板与面板之间可衬一层油纸，作为缓冲层。为了防潮，要在结构层上刷冷底子油和热沥青一道，并组织好板下架空层的通风。通常在木地板与墙面之间，留有 10~20mm 的空隙，踢脚板或地板上可设通风箅子，以保持地板干燥。搁栅间可填以松散材料，如经过防腐处理的木屑、经过干燥处理的木渣、矿渣等，能起到隔声的作用。架空木地板做法如图 4-27 所示。

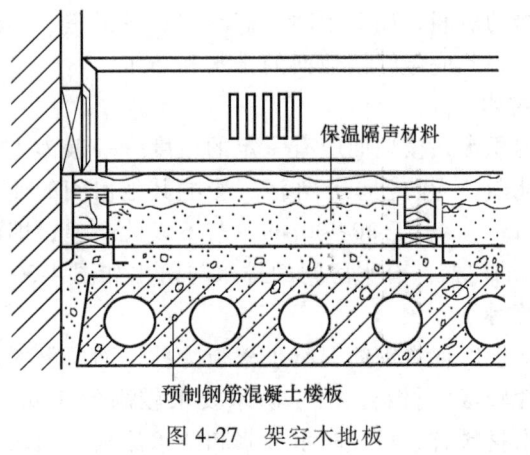

图 4-27 架空木地板

架空木地板施工

3. 卷材类地面

按材料分，卷材类地面可分为塑料制品、油毡地毡、橡胶地毯和涂布无缝地面。卷材类地面施工灵活、维修保养方便、脚感舒适、有弹性、可缓解固体传声、厚度小、自重轻、柔韧、耐磨、外表美观。下面介绍几种卷材类地面。

（1）塑料地面。塑料地面是指用聚氯乙烯或其他树脂塑料地板作为饰面材料铺贴的楼地面。塑料地面具有美观、质轻、耐腐、绝缘、绝热、防滑、易清洁、施工简便、造价较低的优点。但其不耐高温、怕明火、易老化。塑料地板与基层的固定一般用胶粘剂粘贴在水泥砂浆基层上，如图4-28所示。多用于一般性居住建筑物和公共建筑物，不适用于人流密集的公共场所。

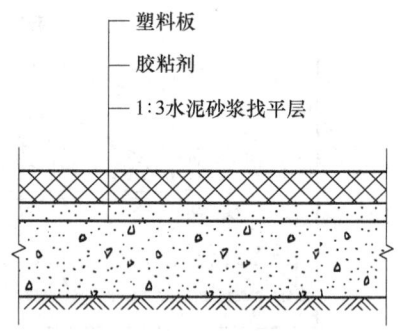

图 4-28 塑料地面构造

（2）橡胶地面。橡胶地面是在橡胶中掺入一些填充料制成的。橡胶地面表面可做成光滑的或带肋的，可制成单层的或双层的。双层橡胶地面的底层如改用海绵橡胶弹性会更好。橡胶地面有良好的弹性、耐磨、保温、消声性能好，行走舒适，其构造如图4-29所示。适用于很多公共建筑中，如阅览室、展馆和实验室。

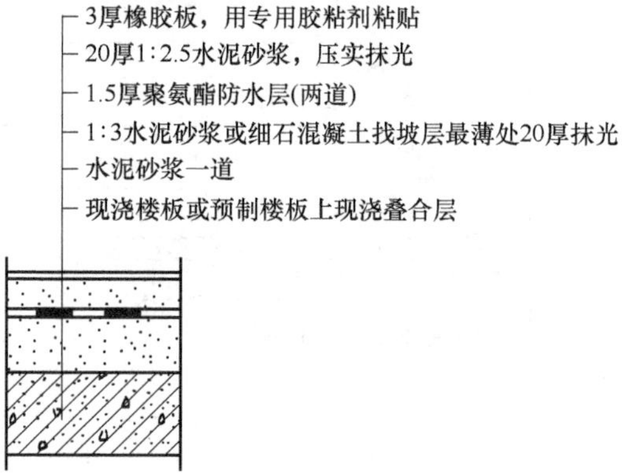

4. 涂料地面

涂料地面以涂刷方法施工，涂层较薄。用于地面的涂料有过氯乙烯地面涂料、苯乙烯地面涂料等。这些涂料施工方便，造价低，能提高地面的耐磨性和不透水性，故多适用于民用建筑中，但涂料地面涂层较薄，不适于人流较多的公共场所。

图 4-29 橡胶地面构造

4.3.2 楼地面防水构造

在用水频繁的房间，如卫生间、盥洗室、淋浴室、实验室等，楼地面容易积水，且易发生渗漏水现象，因此应做好楼地面的排水和防水。

1. 楼地面排水

为排除室内积水，楼地面应有一定的坡度，一般为1%～1.5%，同时应设置地漏，使水有组织地排向地漏。为防止积水外溢，影响其他房间的使用，有水房间楼地面应比相邻房间的楼地面低15mm，一般低20～30mm。若不设此高差，即两房间楼地面等高时，则应在门口做20～30mm高的门槛。有水房间的排水与防水如图4-30所示。

2. 楼地面防水

有水房间楼板以现浇钢筋混凝土楼板为佳，面层材料通常为整体现浇水泥砂浆、水磨石或瓷砖等防水性较好的材料。对于防水要求较高的房间，还应在楼板与面层之间设置防水层。常见的防水材料有卷材、防水砂浆和防水涂料。为防止房间四周墙脚受水，应将防水层

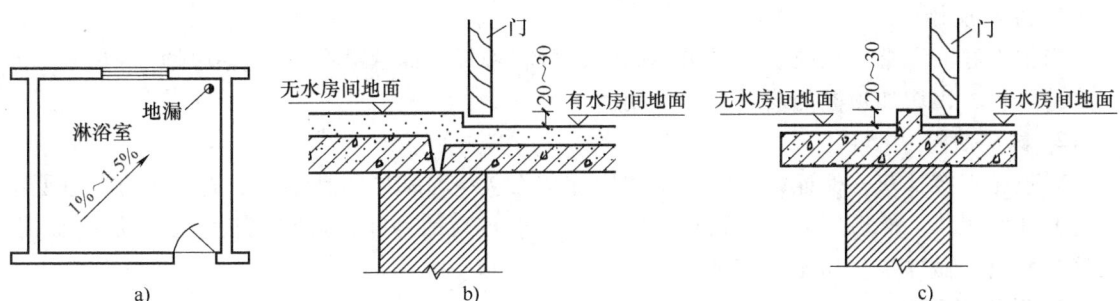

图 4-30 有水房间的排水与防水
a) 淋浴室 b) 地面低于无水房间 c) 与无水房间地面齐平，设门槛

沿周边向上泛起至少 150mm，如图 4-31a 所示；当遇到门洞时，应将防水层向外延伸，如图 4-31b 所示。

当竖向管道穿越楼地面时，也容易产生渗透，处理方法一般有两种：对于冷水管道，可在竖管穿越的四周用 C20 干硬性细石混凝土填实，再以卷材或涂料作密封处理，如图 4-31c 所示；对于热水管道，为防止温度变化引起热胀冷缩现象，常在穿管位置预埋比竖管管径稍大的套管，高出楼地面 30mm 左右，并在缝隙内填塞弹性防水材料。

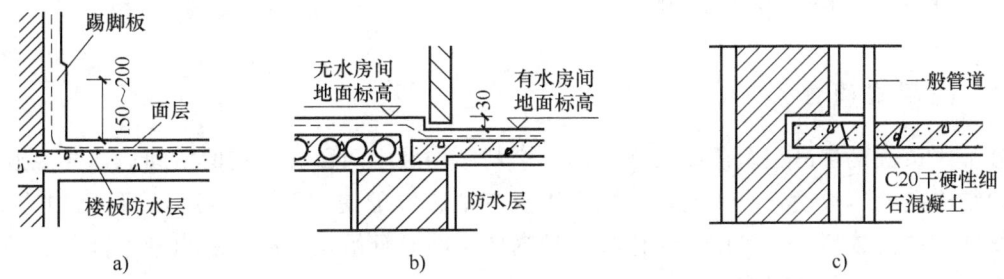

图 4-31 楼地面的防水构造
a) 防水层沿周边上卷 b) 防水层向外延伸 c) 一般竖管穿过楼板层

4.4 顶棚构造

顶棚是位于楼板层下面的装修层，对顶棚的基本要求是光洁、美观，能通过光线反射来改善室内采光和卫生状况，对特殊房间还要求具有防水、隔声、保温、隐蔽管线等功能。

顶棚按构造方式的不同可分为直接式顶棚和悬吊式顶棚两种。

4.4.1 直接式顶棚

直接式顶棚是在屋面板或楼板的底面直接进行喷刷、抹灰、贴面而形成饰面的顶棚。顶棚与上部结构层应可靠地粘结或钉接，具有取材容易、构造简单、施工方便、造价较低的优点，广泛应用于民用建筑中。

1. 涂料顶棚

当楼板底面平整、室内装饰要求不高时,可将楼板底面填缝刮平后直接喷刷大白浆、石灰浆等涂料,以增加顶棚的反射光照作用。

2. 抹灰顶棚

对顶棚直接抹灰,保证饰面的平整和增加抹面灰层与基层的粘结力。先在顶棚的基层上刷一遍纯水泥浆,然后用混合砂浆打底找平。要求较高的房间,可在底板增设一层钢板网,在钢板网上再做抹灰,如图 4-32 所示。

3. 贴面类顶棚

对装修要求较高或有隔声、隔热等特殊要求的建筑物,可在板底直接粘贴装饰吸声板、石膏板、塑胶板等,此类顶棚称为贴面类顶棚,如图 4-33 所示。

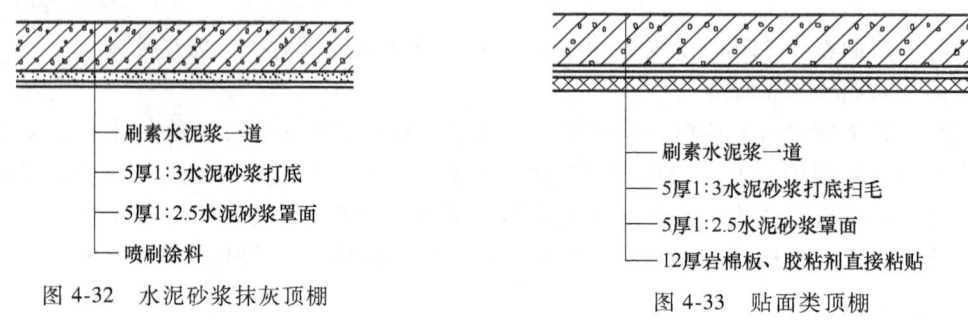

图 4-32 水泥砂浆抹灰顶棚　　　　　　　图 4-33 贴面类顶棚

4.4.2 悬吊式顶棚

悬吊式顶棚是悬吊在屋顶或楼板下面,它与结构层之间留有一定的空间,以满足遮挡不平整的结构底面、敷设管线、通风、隔声以及其他特殊的使用要求。悬吊式顶棚构造复杂、施工复杂、造价较高,一般用于装修标准较高的房间。悬吊式顶棚一般由悬吊部分、顶棚骨架、饰面层和连接部分组成。

1. 悬吊部分

悬吊部分包括吊点、吊杆和连接杆,如图 4-34 所示。吊杆与楼板或屋面板连接的节点为吊点。吊杆(吊筋)是连接龙骨和承重结构的承重传力构件。吊杆的作用是承受整个悬

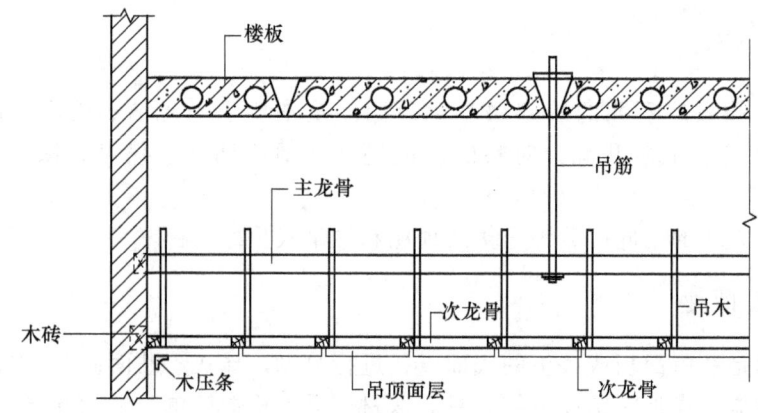

图 4-34 悬吊部分主要构件示意图

吊式顶棚的重量（如饰面层、龙骨以及检修人员），并将这些重量传递给屋面板、楼板、屋架或屋面梁，同时还可以调整、确定悬吊式顶棚的空间高度。

吊杆按其材料分为钢筋吊杆、型钢吊杆、木吊杆。钢筋吊杆的直径一般为 6～8mm，用于一般悬吊式顶棚；型钢吊杆用于重型悬吊式顶棚或整体刚度要求高的悬吊式顶棚，其规格尺寸应通过结构计算确定；木吊杆用 40mm×40mm 或 50mm×50mm 的方木制作，一般用于木龙骨悬吊式顶棚。

2. 顶棚骨架

顶棚骨架又称为顶棚基层，是由主龙骨、次龙骨、小龙骨（或称为主搁栅、次搁栅）所形成的网格骨架体系。其作用是承受饰面层的重量并通过吊杆传递到楼板或屋面板上。龙骨按材料分为木龙骨、型钢龙骨、轻钢龙骨、铝合金龙骨等。

木饰面板
吊顶施工

3. 饰面层

饰面层又称为面层，其主要作用是装饰室内空间，并且还兼有吸声、反射、隔热等特定的功能。饰面层一般有抹灰类、板材类、开敞类等。

4. 连接部分

连接部分是指悬吊式顶棚龙骨之间、悬吊式顶棚龙骨与饰面层之间、龙骨与吊杆之间的连接件、紧固件。一般有吊挂件、插挂件、自攻螺钉、木螺钉、圆钢钉、特制卡具、胶粘剂等。

（1）吊杆、吊点连接构造。空心板、槽形板缝中吊杆的安装如图 4-35 所示。现浇钢筋混凝土板上吊杆的安装如图 4-36 所示。

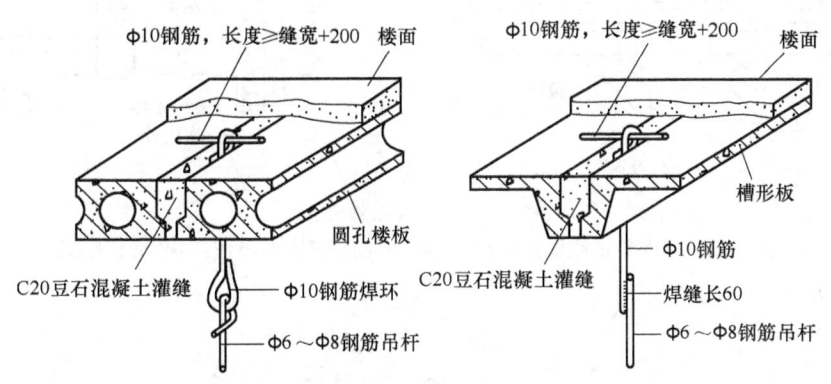

图 4-35 空心板、槽形板缝中吊杆的安装

（2）龙骨的布置与连接构造。主龙骨是悬吊式顶棚的承重结构，又称为承载龙骨、大龙骨。次龙骨主要用于固定面板。次龙骨与主龙骨垂直布置，并紧贴主龙骨安装。小龙骨又称为间距龙骨、横撑龙骨，一般与次龙骨垂直布置，如图 4-37 所示。

木主龙骨的断面尺寸一般为 50mm×70mm，间距一般为 0.9～1.2m；其底部钉装次龙骨，间距由面板规格而定。次龙骨一般双向布置，其中一个方向的次龙骨断面尺寸一般为 50mm×50mm，垂直钉在主龙骨上，间距一般为 0.4～0.6m，如图 4-38 所示；另一个方向的次龙骨断面尺寸一般为 30mm×50mm，可以直接钉在次龙骨上。木龙骨使用前必须进行防火、防腐处理。木龙骨多用于造型复杂的悬吊式顶棚。

铝扣板
吊顶施工

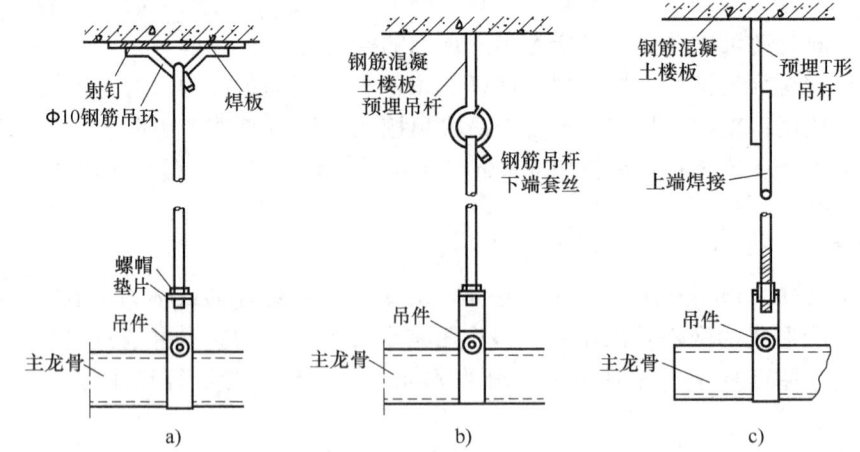

图 4-36 现浇钢筋混凝土板上吊杆的安装
a）射钉固定吊环　b）预埋吊杆　c）预埋 T 形吊杆

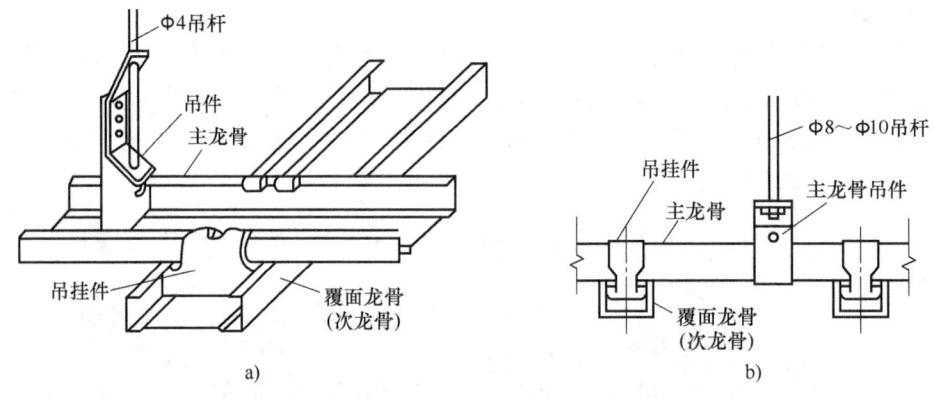

图 4-37 主次龙骨连接
a）不上人型吊杆吊件与主次龙骨连接　b）上人型吊杆吊件与主次龙骨连接

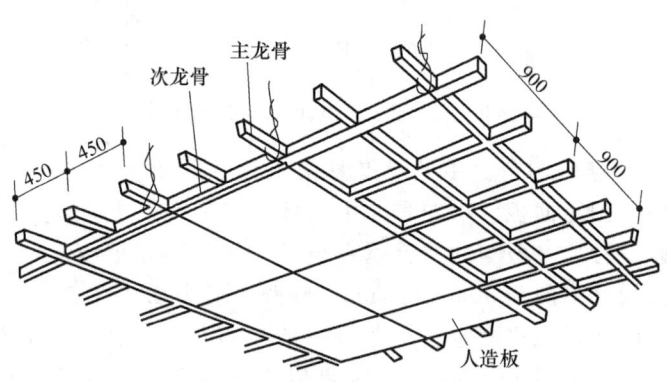

图 4-38 木龙骨构造示意图

轻钢龙骨由主龙骨、中龙骨、横撑小龙骨、次龙骨、吊件、接插件和挂插件组成。主龙骨一般用特制的型材，断面有 U 形、C 形，一般多为 U 形，间距一般为 0.9~1.2m，如

图 4-39 所示。龙骨的承载能力与型材的厚度有关,荷载大时必须采用厚型材料。中龙骨、小龙骨断面有 C 形和 T 形两种。

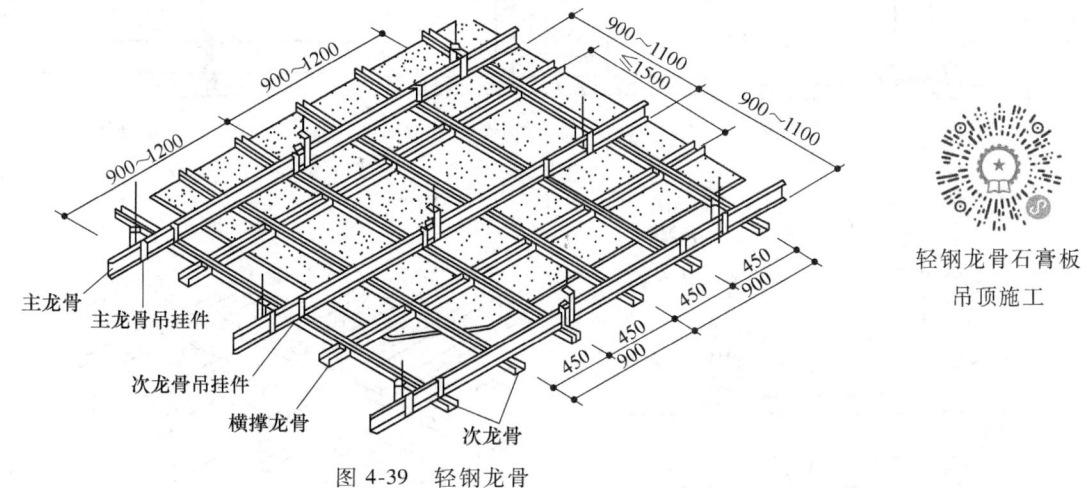

图 4-39 轻钢龙骨

（3）悬吊式顶棚饰面层连接构造。板材类饰面层又称为悬吊式顶棚饰面板。最常用的饰面板有植物板材（木材、胶合板、纤维板、装饰吸声板）、矿物板材（各类石膏板、矿棉板）、金属板材（铝板、铝合金板、薄钢板）。

1) 各类饰面板与龙骨的连接。

① 钉接。用铁钉、螺钉将饰面板固定在龙骨上。木龙骨一般用铁钉，轻钢龙骨、型钢龙骨用螺钉，钉距视板材材质而定，要求钉帽应埋入板内，并作防锈处理，如图 4-40a 所示。适用于钉接的板材有植物板、矿物板、铝板等。

② 粘接。用各种胶粘剂将板材粘贴于龙骨底面或其他基层板上，如图 4-40b 所示。也可以采用粘、钉结合的方式，使连接更牢靠。

③ 搁置。将饰面板直接搁置在倒 T 形断面的轻钢龙骨或铝合金龙骨上，如图 4-40c 所示。有些轻质板材采用该方式固定，遇风易被掀起，应用物件夹住。

④ 卡接。用特制龙骨或卡具将饰面板卡在龙骨上，这种方式多用于轻钢龙骨、金属类饰面板，如图 4-40d 所示。

⑤ 吊挂。利用金属挂钩龙骨将饰面板按排列次序组成的单体构件挂于其下，组成开敞悬吊式顶棚，如图 4-40e 所示。

2) 饰面板的拼缝。

① 对缝。对缝也称为密缝，是板与板在龙骨处对接，如图 4-41a 所示。粘、钉固定饰面板时可以采用对缝。对缝适用于裱糊、涂饰的饰面板。

② 凹缝。凹缝是利用饰面板的形状、厚度所形成的拼接缝，也称为离缝，凹缝的宽度不应小于 10mm，如图 4-41b、c 所示。凹缝有 V 形缝和矩形缝两种，纤维板、细木工板等可刨破口，一般做成 V 形缝。石膏板做成矩形缝，镶金属护角。

③ 盖缝。盖缝是利用装饰压条将板缝盖起来，这样可以克服缝隙宽窄不均、线条不顺直等施工质量问题。

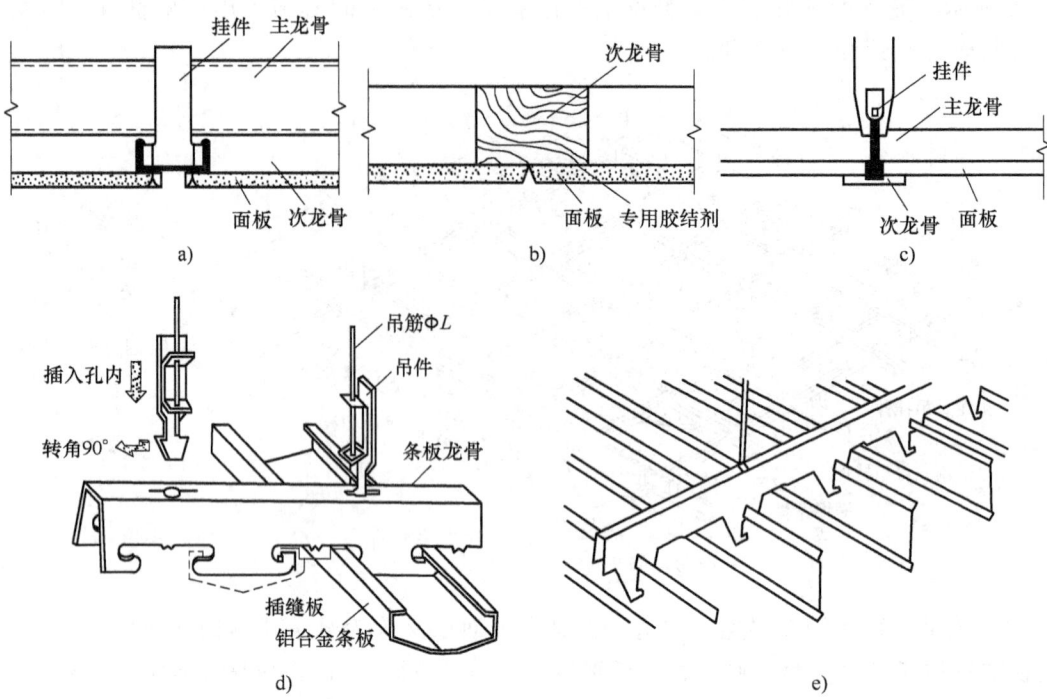

图 4-40　悬吊式顶棚饰面板与龙骨的连接构造示意图
a）钉接　b）粘接　c）搁置　d）卡接　e）吊挂

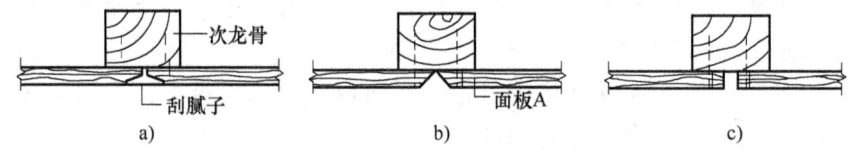

图 4-41　主龙骨型材断面
a）密缝　b）V形缝　c）矩形缝

4.5　阳台与雨篷

4.5.1　阳台

阳台是指与室内房间相连的室外的平台，可供使用者在上面休息、眺望、晾晒衣物或从事其他活动。同时，可增加建筑物的外观美感。阳台由阳台板和栏杆扶手组成，阳台板是阳台的承重结构，栏杆扶手是阳台的围护构件，设在阳台临空的一侧。

阳台

1. 阳台的类型

按阳台与外墙的相对位置不同，可分为凸阳台、凹阳台、半凸半凹阳台及转角阳台，如图 4-42 所示。

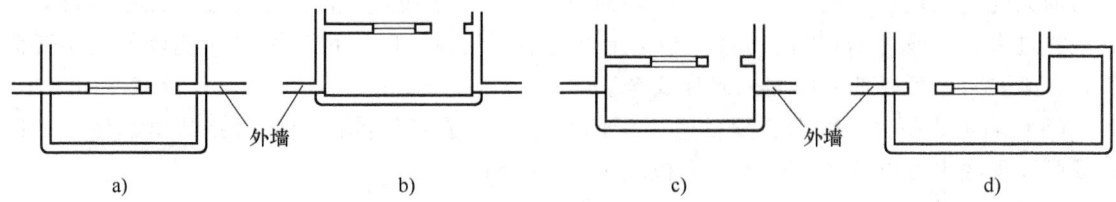

图 4-42　阳台的类型
a) 凸阳台　b) 凹阳台　c) 半凸半凹阳台　d) 转角阳台

按施工方法不同，可分为现浇钢筋混凝土阳台与预制装配式钢筋混凝土阳台。

住宅建筑的阳台根据使用功能的不同，可分为生活阳台和服务阳台。

按阳台是否封闭，可分为封闭阳台与非封闭阳台。

2. 阳台的结构布置

阳台的结构形式、布置方式及材料应与建筑物的楼板结构布置统一考虑。目前，采用最多的是现浇钢筋混凝土结构或预制装配式钢筋混凝土结构。阳台的承重结构一般为悬挑式结构，按悬挑方式不同，有挑板式、挑梁式、压梁式和墙承式四种。

（1）挑板式阳台。如图 4-43a 所示，挑板式阳台是将楼板延伸挑出墙外，形成阳台板。由于阳台板与楼板是一个整体，楼板的质量和墙的质量构成阳台板的抗倾覆力矩，以保证阳台板的稳定。挑板式阳台板底平整美观，若采用现浇式工艺，还可以将阳台平面制成半圆形、弧形、多边形等形式，增加房屋的形体美观性。

（2）挑梁式阳台。如图 4-43b 所示，挑梁式阳台是从建筑物的横墙上伸出挑梁，上面搁置阳台板。为防止阳台倾覆，挑梁压入横墙部分的长度应不小于悬挑部分长度的 1.5 倍。工程中一般在挑梁端部增设与其垂直的边梁，以加强阳台的整体性，并承受阳台栏杆的质量。

（3）压梁式阳台。如图 4-43c 所示，压梁式阳台是将凸阳台板与梁整体浇筑在一起，梁

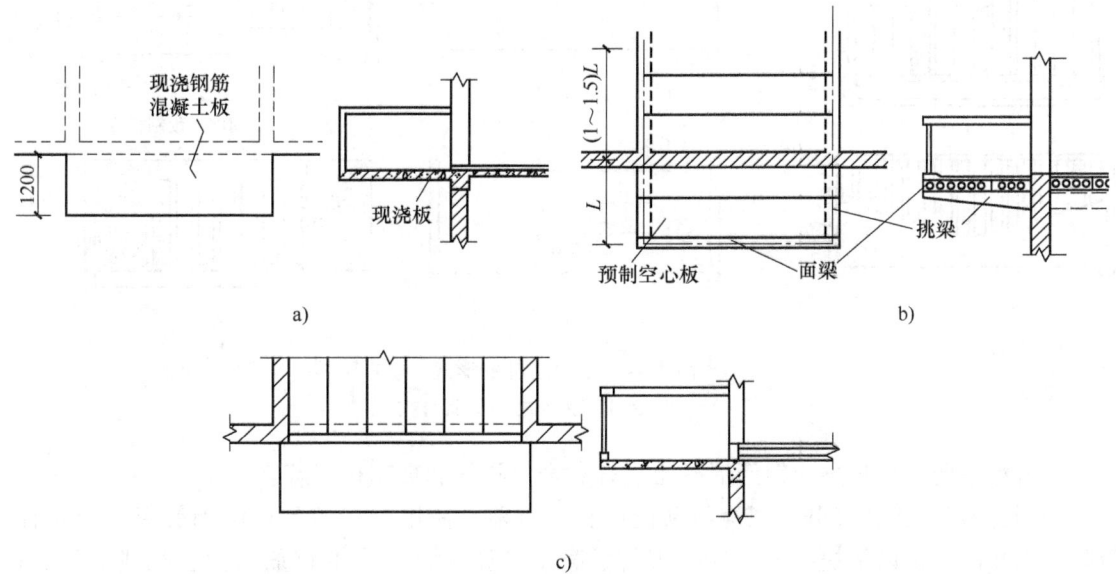

图 4-43　阳台悬挑形式
a) 挑板式　b) 挑梁式　c) 压梁式

可用加大的圈梁代替，此时梁和梁上的墙构成阳台板后部压重。由于梁受扭，故阳台悬挑尺寸不宜过大，一般在 1m 以内为宜。当梁上部的墙开洞较大时，可将梁向两侧延伸至不开洞部分，必要时还可以伸入内墙来确保安全。

（4）墙承式阳台。墙承式阳台适用于凹阳台，它是将阳台板放在两侧凸出的墙上，阳台板可以现浇也可以预制，一般与楼板施工方法一致。

3. 阳台构造

（1）栏杆与扶手。栏杆是阳台外围设置的维护构件，一方面保障人的安全，另一方面对建筑物起装饰作用，因而栏杆的构造要求坚固、安全、美观。

《民用建筑通用规范》（GB 55031—2022）中规定，阳台、外廊、室内回廊、内天井、上人屋面及室外楼梯等临空处应设置防护栏杆，并应符合下列规定：

栏杆应以坚固、耐久的材料制作。当临空高度在 24.0m 以下时，栏杆高度不应低于 1.05m；当临空高度在 24.0m 及以上时，栏杆高度不应低于 1.1m。上人屋面和交通、商业、旅馆、医院、学校等建筑开敞中庭的栏杆高度不应小于 1.2m。栏杆高度应从所在楼地面或屋面至栏杆扶手顶面垂直高度计算，当底面有宽度大于或等于 0.22m，且高度低于或等于 0.45m 的可踏部位时，应从可踏部位顶面起算。公共场所栏杆离地面 0.1m 高度范围内不宜留空。

阳台栏杆

住宅、托儿所、幼儿园、中小学及其他少年儿童专用活动场所的栏杆必须采取防止攀爬的构造。当采用垂直杆件时，其杆件净间距不应大于 0.11m。

按外形不同，栏杆可分为空花式、实体式、混合式三种，如图 4-44 所示。

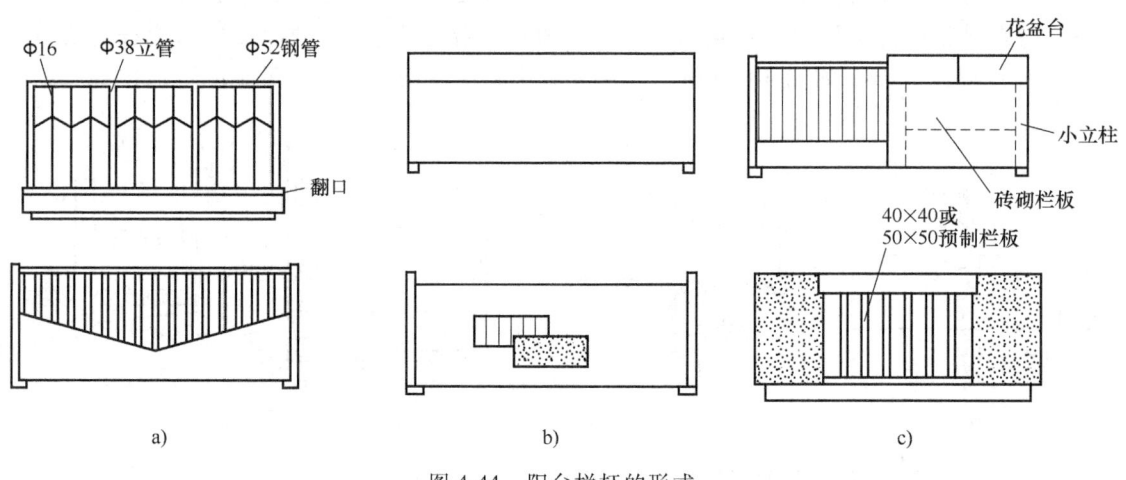

图 4-44 阳台栏杆的形式
a）空花式 b）实体式 c）混合式

按材料不同，栏杆分为钢筋混凝土栏杆、金属栏杆和玻璃栏杆等。

1）钢筋混凝土栏杆分为现浇与预制两种。目前，使用较多的是现浇钢筋混凝土栏杆，与阳台板或阳台梁以及扶手连接时，可将混凝土栏杆（板）中的钢筋与阳台板或面梁、扶手内主筋锚固绑扎，然后整体现浇，如图 4-45a 所示。对预制混凝土栏杆（板），则用预埋钢板焊接，也可预留插筋插入预留孔内用水泥砂浆灌筑，如图 4-45b 所示。

2）金属栏杆一般采用圆钢、方钢、扁钢或钢管等制作。为保证安全，栏杆扶手应有适宜的尺寸。此外，栏杆应与阳台板有可靠的连接，通常是在阳台板顶面预埋扁钢与金属栏杆焊接，也可将栏杆插入阳台板的预留孔洞中，用砂浆灌筑。金属栏杆构造如图 4-45c 所示。

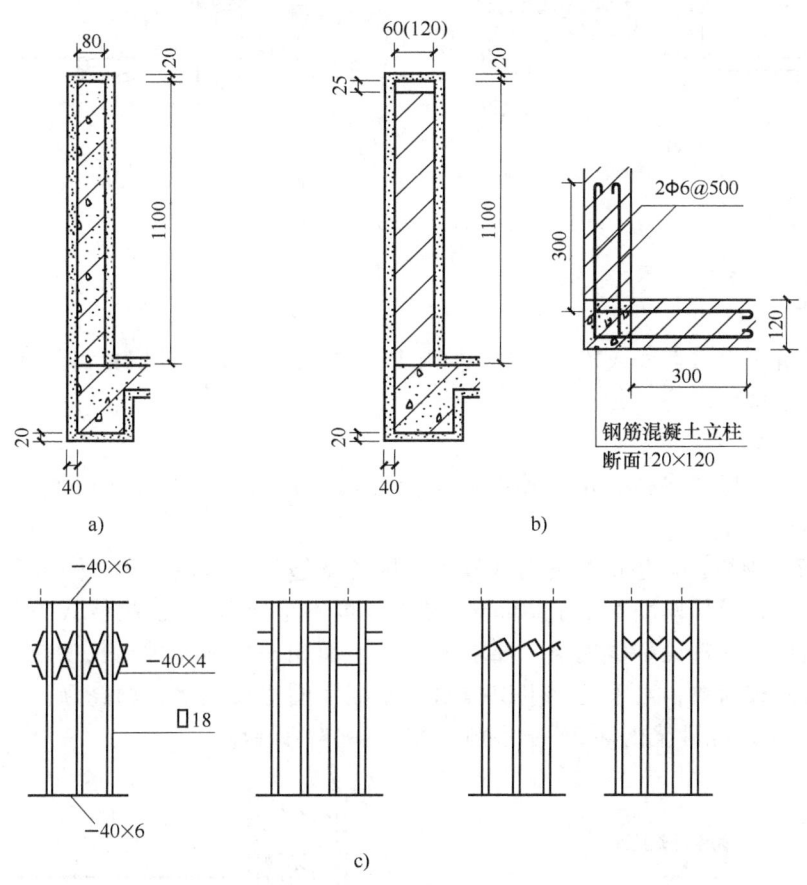

图 4-45 栏杆构造
a）钢筋混凝土栏杆 b）砖砌栏板 c）金属栏杆

（2）栏板。钢筋混凝土栏板，有现浇和预制两种。现浇栏板通常与阳台板整浇在一起；预制栏板可预留钢筋与阳台板的预留部分浇筑在一起，或预埋铁件焊接。

砖砌栏板的厚度一般为 60mm 或 120mm。当栏板厚度为 120mm 时，应在栏板上部设置加入通长钢筋的现浇混凝土压顶，并设置 120mm×120mm 钢筋混凝土构造柱，留出钢筋与栏板、扶手拉结，如图 4-45b 所示。当栏板厚度为 60mm 时，还要在栏板外侧加设双向钢筋网片，并与压顶、阳台板及外墙连接牢固。

4. 阳台排水

为防止雨水流入室内，设计时应使阳台标高低于室内地面 20~50mm，并在阳台一侧设排水孔，如图 4-46 所示。阳台排水主要有排水管排水和落水管排水两种形式。低层或要求不高的建筑，阳台面向两侧做 5% 坡度，在阳台的外侧栏板设镀锌铁管或硬质塑料管，伸出阳台栏板外面不少于 80mm，以防止落水溅到下面阳台上；落水管排水适用于高层建筑，为保证建筑立面效果，可在阳台内侧设地漏和排水立管。

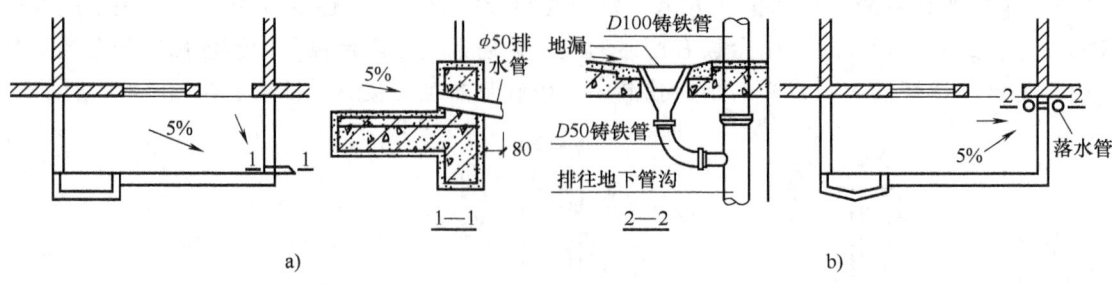

图 4-46 阳台排水构造
a）排水管排水　b）落水管排水

4.5.2 雨篷

雨篷是建筑物出入口处或顶层阳台上部用以遮挡雨水、保护外门免受雨水侵蚀并有一定装饰作用的水平构件。

1. 雨篷的类型

建筑物的雨篷形式多样，按雨篷的结构分为挑板式雨篷、梁板式雨篷、吊挂式雨篷等。

（1）挑板式雨篷。雨篷所受的荷载较小，因此雨篷板的厚度较薄，一般做成变截面形式，根部厚度不小于70mm，端部厚度不小于50mm。挑板式雨篷一般与门洞口上的过梁整体现浇，要求上、下表面相平。雨篷挑出长度较小时，构造处理较简单，可采用无组织排水，在板底周边设滴水，雨篷顶面抹15mm厚1∶2水泥砂浆内掺5%防水剂，如图4-47a所示。

雨篷

钢筋混凝土雨篷

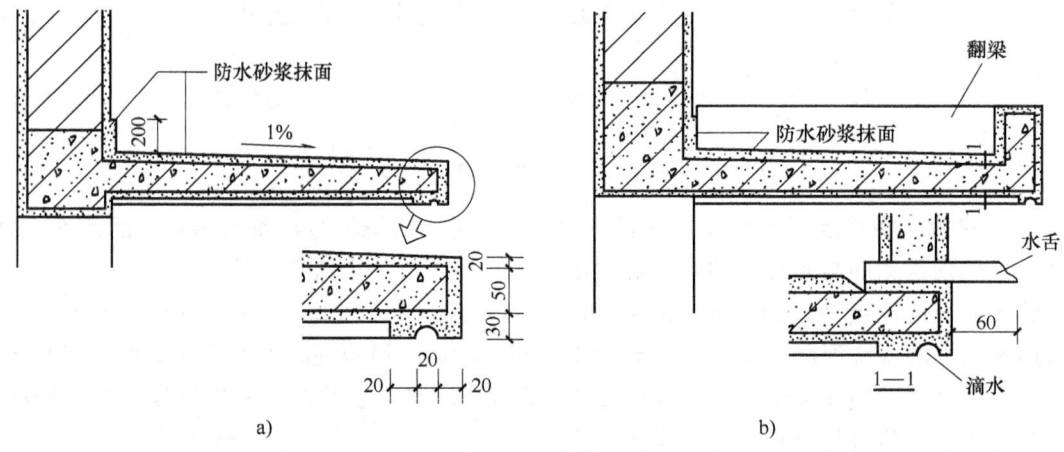

图 4-47 雨篷构造
a）挑板式雨篷　b）梁板式雨篷

（2）梁板式雨篷。当门洞口尺寸较大，雨篷挑出尺寸也较大时，雨篷应采用梁板式结构，即雨篷由梁和板组成。为使雨篷底面平整，通常将周边梁向上翻起成侧梁式（也称为翻梁），如图4-47b所示，一般是在雨篷外沿用钢筋混凝土板制成一定高度的卷檐。当雨篷尺寸更大时，可在雨篷下面设柱支撑。

（3）吊挂式雨篷。对于钢构件金属雨篷和玻璃组合雨篷常用钢斜拉杆，以抵抗雨篷的倾覆。有时，为了建筑立面效果的需要，立面挑出宽度大，也用钢构架带钢斜拉杆组成的雨篷，如图 4-48 所示。

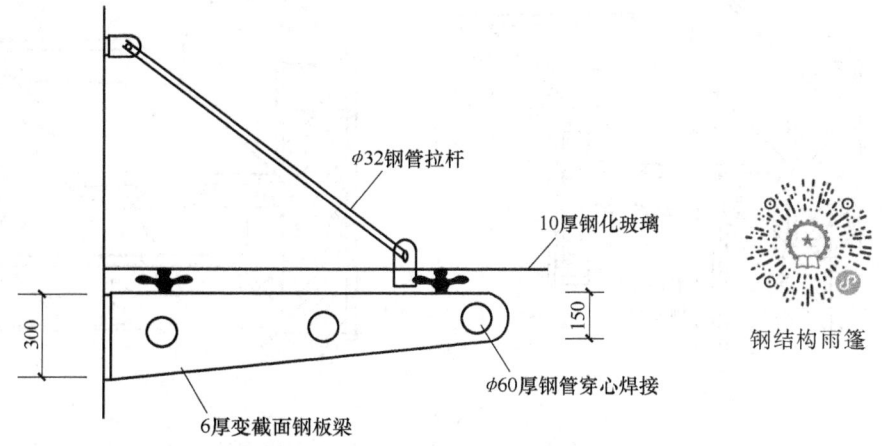

图 4-48 钢构架带钢斜拉杆式玻璃雨篷构造

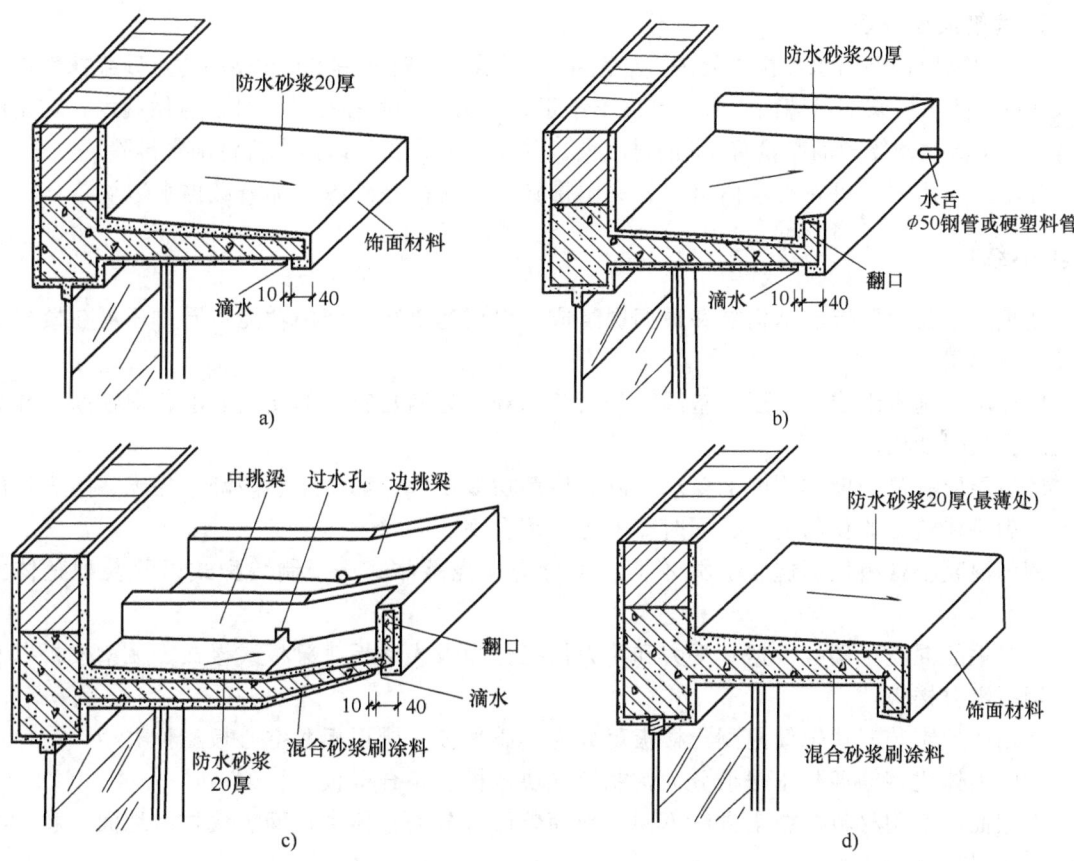

图 4-49 雨篷顶面防水和排水处理
a) 自由落水雨篷 b) 有翻口有组织排水雨篷 c) 折挑倒梁有组织排水雨篷
d) 下翻口自由落水雨篷

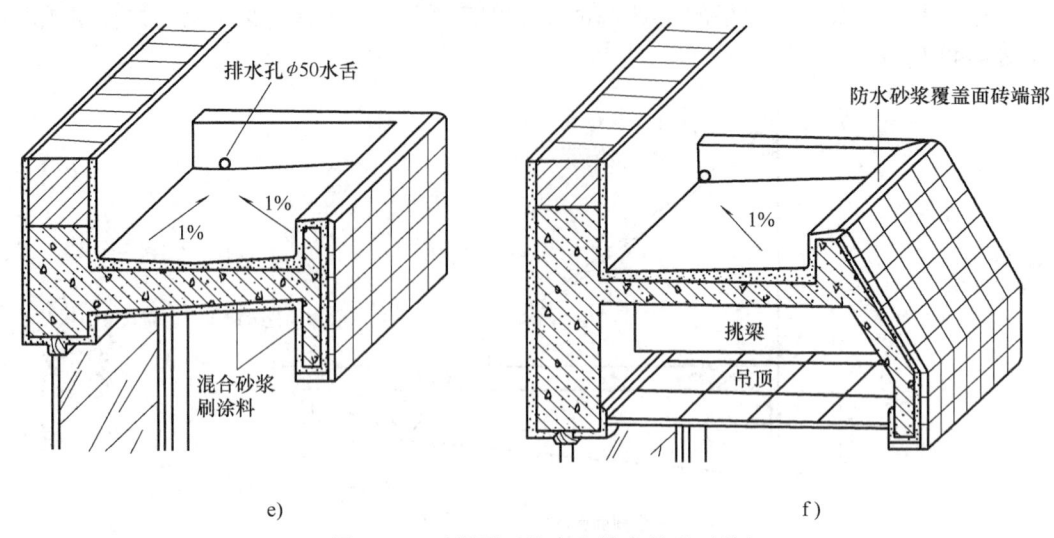

图 4-49 雨篷顶面防水和排水处理（续）
e）上下翻口有组织排水雨篷 f）下挑梁有组织排水带吊顶雨篷

2. 雨篷顶面处理

雨篷顶面应做好防水和排水处理，如图 4-49 所示。一般采用 20mm 厚的防水砂浆抹面进行防水处理，防水砂浆应沿墙面上升，高度不小于 250mm，同时在板的下部边缘做滴水，防止雨水沿板底漫流。雨篷顶面需设置 1% 的排水坡，并在一侧或双侧设排水管将雨水排除。

为了立面需要，可将雨水由落水管集中排除，这时雨篷外缘上部需做挡水边坎。

模块小结

楼板层主要由面层、结构层和顶棚层组成，根据建筑物的使用功能不同，还可在楼板层中设置附加层。

地坪层的基本组成有面层、垫层、基层三部分。为满足特殊的使用要求，常在面层和垫层之间增设附加层。

楼板层应满足强度和刚度的要求，满足使用功能要求，如防水、防潮、热工、防火等的要求，满足建筑工业化的要求，同时要考虑经济合理。

钢筋混凝土楼板根据施工方式不同，可分为现浇整体式、预制装配式以及装配整体式楼板。

现浇钢筋混凝土楼板根据其受力和传力情况分为板式楼板、梁板式楼板、无梁楼板以及压型钢板组合楼板。

常用的预制装配式钢筋混凝土楼板可分为实心平板、槽形板和空心板三种类型。

装配整体式钢筋混凝土楼板分为密肋填充块楼板、叠合楼板。

根据面层所用材料和施工方法不同，地面装修可分为整体类地面、块材类地面、卷材类地面、涂料地面等。

顶棚按构造方式的不同可分为直接式顶棚和悬吊式顶棚两种。

按阳台与外墙的相对位置不同，可分为凸阳台、凹阳台、半凸半凹阳台及转角阳台。

雨篷按结构分为挑板式雨篷、梁板式雨篷、吊挂式雨篷等。

习题

一、选择题

1. 商店、仓库及书库等荷载较大的建筑，一般宜布置成（　　）楼板。
   A. 板式　　　　B. 梁板式　　　　C. 井式　　　　D. 无梁
2. 下列关于楼板层的构造说法正确的是（　　）。
   A. 楼板应有足够的强度，可不考虑变形问题
   B. 槽形板上不可打洞
   C. 空心板保温隔热效果好，且可打洞，故常采用
   D. 采用花篮梁可适当提高室内净空高度
3. 空心板在安装前，孔的两端常用混凝土或碎砖块堵严，其目的是（　　）。
   A. 增加保温性　　　B. 避免板端被压坏　　　C. 避免板端滑移
4. 预制钢筋混凝土梁搁置在墙上时，常需在梁与砌体间设置混凝土或钢筋混凝土垫块，其目的是（　　）。
   A. 扩大传力面积　　　B. 简化施工　　　C. 增大室内净高
5. 以下为整体地面的是（　　）。（比赛试题）
   ①细石混凝土地面　　　　　　　　②花岗岩地面
   ③水泥砂浆地面　　　　　　　　　④地毯地面
   A. ①③　　　　B. ②③　　　　C. ①④　　　　D. ②④
6. 建筑阳台栏杆竖向净高一般不小于（　　）m。
   A. 0.8　　　　B. 0.9　　　　C. 1.05　　　　D. 1.3
7. 设置在建筑物主要出入口处上方，用以遮挡雨水、保护外门免受雨水侵蚀，并有一定装饰作用的水平构件称为（　　）。（考证试题）
   A. 室外阳台　　　B. 水平遮阳板　　　C. 雨篷　　　D. 窗台板

二、填空题

1. 楼板层主要由_____、_____和_____组成，根据建筑物的使用功能不同，还可在楼板层中设置_____。
2. 钢混楼板按施工方法的不同分为_____、_____、_____三种类型。
3. 顶棚的构造方式有_____和_____两种。

三、简答题

1. 楼板层各组成部分有什么作用？
2. 楼板层的设计要求有哪些？
3. 楼板层有哪些类型？它们各自有什么特点？
4. 什么是单向板？什么是双向板？它们在构造上各有什么特点？
5. 梁板式楼板的荷载如何传递？
6. 常见的装配式钢筋混凝土楼板有哪些类型？分别有何特点？各适用于什么情况？
7. 预制板在墙上和梁上的搁置要求如何？预制板和板之间的缝隙如何处理？
8. 装配整体式钢筋混凝土楼板有何特点？

9. 楼地层构造分为哪几类？
10. 阐述悬吊式顶棚的概念。
11. 阳台的结构布置形式有哪些？阳台的承重结构有哪些？
12. 阳台的栏杆（栏板）的高度有什么要求？
13. 雨篷的类型有哪些？

习题答案

实训项目

1. 实训目标

能查阅构造详图图集，正确识读和绘制楼地层、顶棚、阳台、雨篷等构造详图。

2. 实训内容

根据要求绘制地坪层、楼板层、顶棚、阳台、雨篷等构造节点详图。

3. 设计条件

根据下图所示绘制地坪层、楼板层、顶棚、阳台、雨篷等构造节点详图。

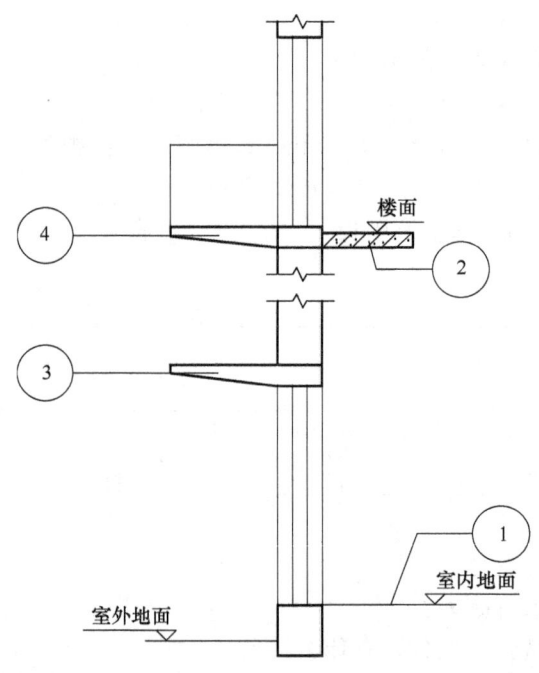

4. 设计要求

（1）用一张 A3 工程图纸绘制，图中线条、材料等按建筑制图标准绘制。

（2）按平面图上详图索引位置画出地坪层、楼板层、顶棚、阳台、雨篷等构造节点详图，比例 1∶20，材料自定。

模块五

楼梯

学习目标

知识目标

1. 掌握楼梯的分类、特点及适用范围。
2. 掌握楼梯的构造形式及组成。
3. 掌握楼梯的尺度。
4. 掌握钢筋混凝土楼梯的构造。
5. 了解楼梯细部构造的知识。
6. 了解建筑其他垂直交通设施。

技能目标

1. 能读懂钢筋混凝土楼梯施工图。
2. 能设计双跑钢筋混凝土楼梯。
3. 能绘制双跑钢筋混凝土楼梯施工图。

素质目标

1. 具备识读、绘制楼梯构造图时精益求精的工作态度。
2. 具备绘制楼梯构造图时保证质量的意识。
3. 具有与他人配合工作的团队意识、协作精神。
4. 具备持续学习的能力。

工作任务

1. 识读钢筋混凝土楼梯施工图。
2. 设计并绘制双跑平行钢筋混凝土楼梯施工图。

案例引入

2007年，原告李某等78人陆续购买了被告赤峰市某房地产开发公司在敖汉旗新惠镇开发的某小区商品楼房。入住后，不少业主发现，这个小区部分楼房1~2层楼梯间高度不符合国家设计规范标准。经交涉未果后，以业主李某为代表的78名原告于2010年8月诉至敖汉旗人民法院，状告开发商所开发楼房楼梯间高度不符合国家设计规范标准，严重影响原告日常生活，造成楼房贬值，要求被告赔偿损失。诉讼中，经委托，某司法鉴定所现场测量鉴定，争议小区共26个单元1~2层楼梯间净高不符合国家标准（《民用建筑设计通则》（GB 50352—2005）中关于民用建筑楼梯间净高要求）。

敖汉旗人民法院经审理认为，由于涉案房屋1~2层楼梯间高度经鉴定机构测量，不符合国家规定的梯段净高，影响正常通行，势必造成使用不便及楼房贬值。故判决被告赤峰市某房地产开发公司赔偿李某等78名原告经济损失共20万元。

思考

1. 楼梯的坡度如何选择？
2. 楼梯的类型有哪些？
3. 楼梯是如何设计的？

楼梯是联系建筑物上下层的主要垂直交通设施，也是人员紧急情况下安全疏散的主要交通设施，其位置、数量、平面形式应符合有关标准与规范的规定。建筑物的垂直交通设施除了楼梯外，还有电梯、自动扶梯、台阶、坡道等。

5.1 楼梯的组成与类型

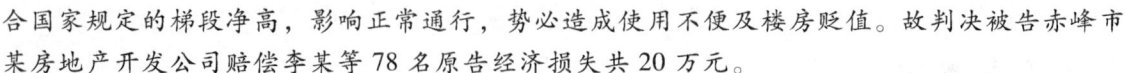

楼梯的组成与类型

5.1.1 楼梯的组成

楼梯一般由楼梯段、平台（楼梯平台和中间休息平台）、栏杆（栏板）扶手三部分组成，如图5-1所示。

1. 楼梯段

楼梯段简称梯段，是联系两个不同标高平台的倾斜构件。通常有板式梯段和梁板式梯段两种。踏步的水平上表面称为踏面，与踏面垂直部分称为踢面。为了减轻人们上下楼梯时的疲劳，梯段的踏步数一般不超过18级，但也不宜少于2级。

2. 平台

平台分为中间休息平台和楼层平台。中间休息平台是指位于两层楼面

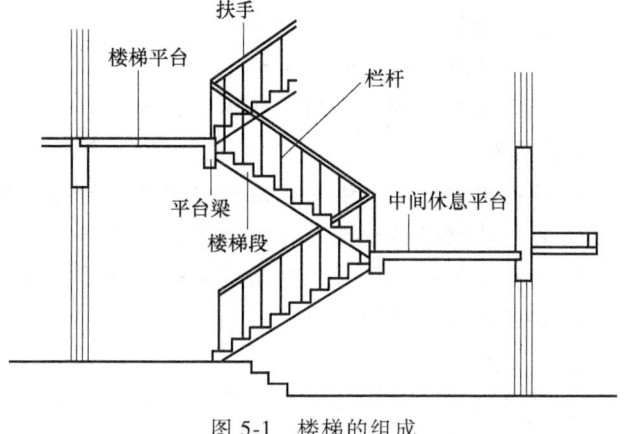

图5-1 楼梯的组成

之间的平台，作用是解决楼梯段的转折和缓解爬梯疲劳。而与楼层地面标高齐平的平台称为楼层平台。

3. 栏杆（栏板）扶手

栏杆（栏板）扶手是设在梯段及平台边缘的安全保护构件。楼梯段和平台的临空边缘应安装栏杆（栏板）扶手。栏杆（栏板）上部供人用手扶持的配件称为扶手。当梯段宽度较大时，非临空面也应加设靠墙扶手。当梯段宽度很大时，则需在梯段中间加设中间扶手。

5.1.2 楼梯的类型

1. 按楼梯材料分

按楼梯材料分，楼梯可分为钢筋混凝土楼梯、钢楼梯、木楼梯及组合楼梯。

2. 按楼梯位置分

按楼梯在建筑物中所处的位置分，有室内楼梯和室外楼梯。

3. 按楼梯使用性质分

按楼梯使用性质分，有主要楼梯、辅助楼梯、疏散楼梯、消防楼梯等。

4. 按楼梯平面形式分

楼梯平面形式有很多，主要有以下几种：

（1）单跑直楼梯。如图 5-2a 所示，此种楼梯无中间休息平台，由于踏步数一般不超过 18 级，故仅用于层高不高的建筑。

（2）多跑直楼梯。如图 5-2b 所示，此种楼梯是在单跑直楼梯的基础上增设了中间休息平台，将单梯段变为多梯段，直跑楼梯的中间休息平台宽度不应小于 0.9m。多跑直楼梯给人以直接、顺畅的感觉，导向性强，在公共建筑中常用于人流较多的大厅。

（3）双跑式楼梯。如图 5-2c 所示，此种楼梯由于爬完一层楼刚好回到原起步方位，比直跑楼梯节约交通面积并缩短行走距离，是最常用的楼梯形式之一。

（4）折行三跑楼梯。如图 5-2d 所示，此种楼梯中部形成较大梯井，在设有电梯的建筑中，可利用梯井作为电梯位置。常用于层高较大的公共建筑中。

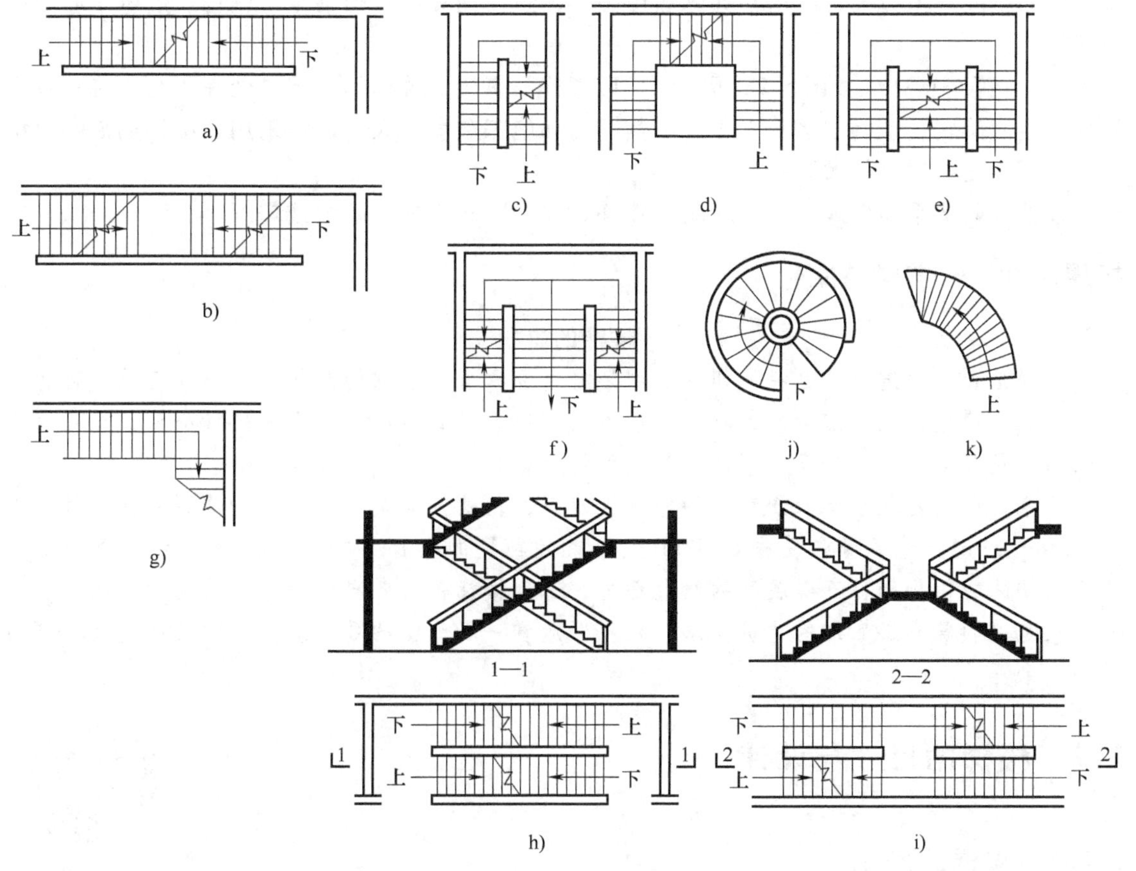

图 5-2 楼梯的平面形式

a) 单跑直楼梯 b) 双跑直楼梯 c) 双跑式楼梯 d) 折行三跑楼梯 e) 双分式楼梯 f) 双合式楼梯 g) 折角式楼梯 h) 交叉式楼梯 i) 剪刀式楼梯 j) 螺旋形楼梯 k) 弧形楼梯

(5) 双分式楼梯。如图 5-2e 所示，此种楼梯形式是在双跑式楼梯基础上演变而来的，第一跑在中部上行，然后在中间休息平台处往两边各上一跑到达上部楼层。通常在人流多、楼段宽度较大时采用，适宜布置在公共建筑的门厅中。

(6) 双合式楼梯。如图 5-2f 所示，此种楼梯与双分式楼梯类似，区别仅在于楼层平台起步第一跑梯段，前者在中间而后者在两边，适宜布置在公共建筑的门厅中。

(7) 折角式楼梯。如图 5-2g 所示，此种楼梯人流导向较自由，且折角可变，可为 90°，也可大于或小于 90°，适宜布置在房间的一角。

(8) 交叉式楼梯。如图 5-2h 所示，可认为是由两个直行单跑楼梯交叉并列布置而成，通行的人流量较大，且为上下楼层的人流提供了两个方向，但仅适合层高小的建筑。

(9) 剪刀式楼梯。当层高较大时，采用如图 5-2i 所示的剪刀式楼梯，可设置中间休息平台，中间休息平台为人流变换方向提供了条件，适用于层高较大且有楼层人流多向性选择要求的建筑，如商场、多层食堂等。

(10) 螺旋形楼梯。如图 5-2j 所示，螺旋形楼梯通常是围绕一根单柱布置，平面投影呈圆形。其平台和踏步均为扇形平面，踏步内侧宽度很小，并形成较陡的坡度，行走时不安全，且构造较复杂，但螺旋楼梯结构轻巧，造型美观，它不仅能满足建筑功能的要求，而且有特殊的空间艺术效果，应用在许多高级公共建筑，如宾馆、图书馆、剧场、展览中心等的门厅。

(11) 弧形楼梯。如图 5-2k 所示，弧形楼梯与螺旋形楼梯的不同之处在于它围绕一较大的轴心空间旋转，未构成水平投影圆。其结构和施工难度较大，通常采用现浇钢筋混凝土结构，多用于公共建筑的大厅中。

按楼梯间的平面形式分，有封闭式楼梯、非封闭式楼梯、防烟楼梯等。

拓展思考——美学与文化

楼梯的美学

楼梯是古老建筑设计之一，即便是到了有电梯和自动扶梯的时代，楼梯依旧是不可替代的，它们或稳重优雅，或古色古香，人们不仅可以欣赏到曲线和光影的碰撞交错，也可以感叹它的变化多端，千奇百怪。下面介绍几处特色楼梯。

国家大剧院是北京十六景之一的地标性建筑，由法国建筑师保罗·安德鲁主持设计，占地 11.89 万 m^2，地下附属设施 6 万 m^2。国家大剧院的楼梯共有三处，分别为三楼的走廊梯、顶楼的右侧折梯、五楼展厅的红色环梯，三处楼梯都有各自的特色，既简约又高雅。人们不仅可以欣赏光影变幻的建筑美感，还可以欣赏一场绝佳的歌剧演出，顺便透过玻璃穹顶看落日余晖。

5.2 楼梯的尺寸与设计

5.2.1 楼梯的尺寸

1. 楼梯的坡度

楼梯的坡度是指楼梯段沿水平面倾斜的角度。坡度有两种表示方法：角度法和比值法。

角度法是用斜面和水平面所夹角度表示；比值法是斜面的垂直投影高度与斜面的水平投影长度之比。

楼梯坡度一般在 20°~45°。合适的坡度一般为 30°左右。坡度小于 20°时，采用坡道形式。坡度大于 45°时，通常称为爬梯。楼梯、坡道、爬梯的坡度范围如图 5-3 所示。

楼梯的坡度应根据使用情况合理选择。楼梯的坡度越小越平缓，行走也越舒适，同时扩大了楼梯间的进深，增加了建筑面积和造价；楼梯坡度越陡，行走越吃力，但却减少了楼梯间的进深，减少了建筑面积和造价。因此，在坡度选择上，要注意协调使用和经济两者之间的关系。一般来讲，公共建筑中楼梯使用人数较多，坡度应平缓；住宅建筑中的楼梯，使用人数较少，坡度可以陡些。

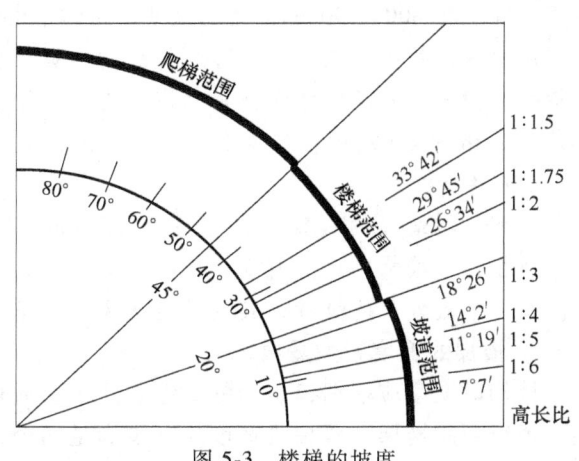

图 5-3 楼梯的坡度

2. 楼梯的踏步尺寸

楼梯踏步由踏面和踢面组成。踏步的尺寸根据人流行走的舒适、安全、楼梯间的进深等因素决定。踏面宽度不应小于成年人的脚长，一般为 260~320mm，踢面的高度以 150mm 左右较适。

踏步尺寸按下列经验公式确定：

$$2h + b = 600 \sim 620 \text{mm}$$

或

$$h + b = 450 \text{mm}$$

式中 h——踏步的高度（mm）；

b——踏步的宽度（mm）。

踏步的尺寸应根据建筑的功能、楼梯的通行量及使用者的情况进行选择，具体规定见表 5-1。梯段内每个踏步高度、宽度应一致，相邻梯段的踏步高度、宽度宜一致。

表 5-1 常用踏步高宽尺寸　　　　　　　　　　　　（单位：mm）

名称	住宅	学校、办公楼	幼儿园	医院	剧院、会堂
踏步高 h	150~175	140~160	120~150	120~150	120~150
踏步宽 b	260~300	280~340	260~280	300~350	300~350

当踏步的宽度受到楼梯间进深的限制时，可以在踏步的细部进行适当变化来增加踏面的有效尺寸，如采取加做踏步宽或使踢面倾斜的措施，如图 5-4 所示。

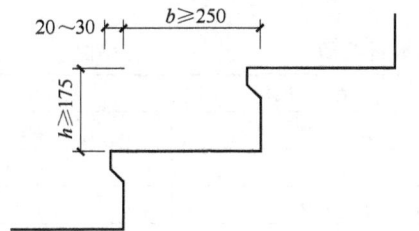 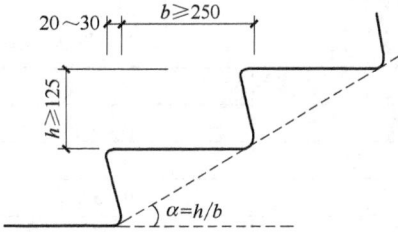

图 5-4 踏步的细部变化

拓展思考——人文关怀

楼梯的每一个人性化细节设计，其实就是防患于未然

楼梯的舒适坡度一般是26°34′，很多公共建筑中的楼梯都是这个坡度。居住建筑的户内楼梯不要超过45°，坡度达到45°以上就属于爬梯的范围。扶手的高度以腰部位置为准，一般国内高度在800~900mm，楼梯扶手需要结合楼梯坡度设计。扶手太高和天花板组合起来，会有压迫感，扶手太低也给人容易摔跤的错觉。我们在上下楼梯时，不会时时刻刻关注楼梯踏板，大部分都是靠潜意识做出回应，有一个微小的变化，就很容易造成重心不稳。比如纽约地铁36th Street站的楼梯，有一个台阶比其他台阶高0.5ft（1ft=0.305m），导致很多人在这里被绊倒。

一般住宅适宜的楼梯台阶宽度为250mm、260mm、280mm，踏步高度是160~180mm。为了防止上下楼梯时产生错觉，楼梯的第一级台阶和最后一级台阶高度要和其他台阶保持一致。每一个人性化的设计，其实就是对风险防患于未然。

3. 楼梯的宽度和数量要求

楼梯段宽度应根据建筑物的类型、层数、通行人数的多少和建筑防火的要求确定。作为主要通行用的楼梯，楼梯段宽度应至少满足两个人相对通行。计算通行量时，每股人流应按0.55m+(0~0.15)m计算，其中，0~0.15m为人在行进中的摆幅。非主要通行的楼梯，应满足单人携带物品通过的需要。此时，梯段的净宽一般不应小于900mm，如图5-5所示。

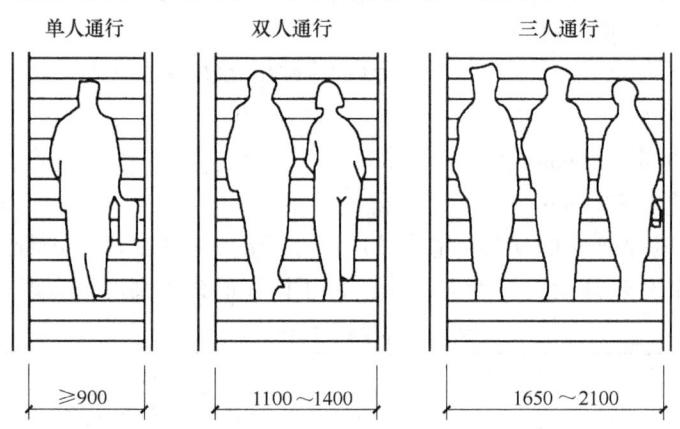

图5-5 楼梯段的宽度

从保证安全疏散的角度出发，相关防火规范规定了疏散楼梯的总宽度。学校、商店、办公楼、候车室等一般民用建筑疏散楼梯的总宽度，应通过计算确定。疏散宽度指标不应小于表5-2的规定。

表5-2 楼梯的疏散宽度指标　　　　　　　　　　　［单位：(m/百人)］

层数	耐火等级		
	一级、二级	三级	四级
一层、二层	0.65	0.75	1.00
三层	0.75	1.00	—
四层	1.00	1.25	—

注：当每层人数不等时，其总宽度可分层计算，下层楼梯的总宽度按其上层人数最多一层计算。

4. 楼梯平台宽度

楼梯平台是楼梯段的连接构件，也供行人稍加休息之用。为了保证通行顺利和搬运家具、设备的方便，楼梯平台的宽度应不小于楼梯段的宽度，一般不得小于1.2m。

5. 楼梯井宽度

楼梯段之间的空隙，称为楼梯井。楼梯井一般是为楼梯施工方便和安置栏杆扶手而设置的，其宽度一般在100mm左右。托儿所、幼儿园、中小学校及其他少年儿童专用活动场所，当楼梯井净宽大于0.2m时，必须采取防止少年儿童坠落的措施。

6. 栏杆（栏板）扶手高度

室内楼梯扶手高度自踏步前缘线量起不宜小于0.9m。平台上水平扶手长度大于0.5m时，其栏杆高度不应小于1.05m。幼儿园建筑的楼梯应增设幼儿扶手，其高度不应大于0.6m，如图5-6所示。室外楼梯等临空处应设置防护栏杆。当临空高度在24.0m以下时，栏杆高度不应低于1.05m；当临空高度在24.0m及以上时，栏杆高度不应低于1.1m。住宅、托儿所、幼儿园、中小学及其他少年儿童专用活动场所的栏杆必须采取防止攀爬的构造。当采用垂直杆件做栏杆时，其杆件净间距不应大于0.11m。

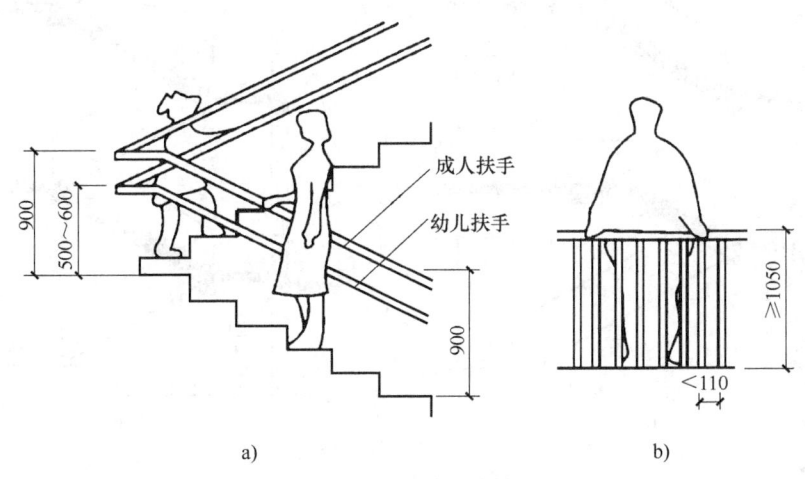

图5-6 扶手高度位置
a）梯段处栏杆扶手　b）顶层平台处安全栏杆扶手

7. 楼梯的净空高度

楼梯的净空高度包括楼梯段的净高和平台过道处的净高。楼梯段净高为自踏步前缘线（包括最低和最高一级踏步前缘线以外300mm范围内）垂直量至上方凸出物下缘间的铅垂高度，不应小于2.2m。楼梯平台上部及下部过道处的净高不应小于2m。楼梯的净空高度如图5-7所示。

为保证平台下净高满足通行要求，可采用以下几种方式来进行处理：

1）在底层做不等跑梯段。起步第一楼梯段比第二楼梯段长，以提高中间休息平台标高，如

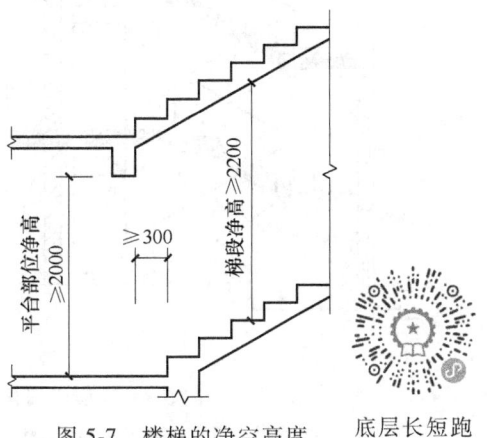

图5-7 楼梯的净空高度　底层长短跑

图 5-8a 所示。这种方式仅在楼梯间进深较大时适用。

2）局部降低底层中间平台下地坪标高，使其低于底层室内地坪标高 ±0.000 而高于室外地坪标高，以满足净空高度要求，如图 5-8b 所示，同时可保持等跑梯段。但这种处理方式常依靠楼梯间地面标高降低来实现，增加了挖土工作量。

3）综合以上两种方式，在采取不等跑梯段的同时，又适当降低底层中间休息平台下地坪标高，如图 5-8c 所示。这种处理方式可兼有前两种方式的优点。

4）底层用直行单跑或直行双跑楼梯直接从室外上二层，如图 5-8d 所示。这种处理方式设计时需注意入口处雨篷底面标高的位置，保证净空高度在 2.2m 以上。

局部降低地坪的做法

底层直跑

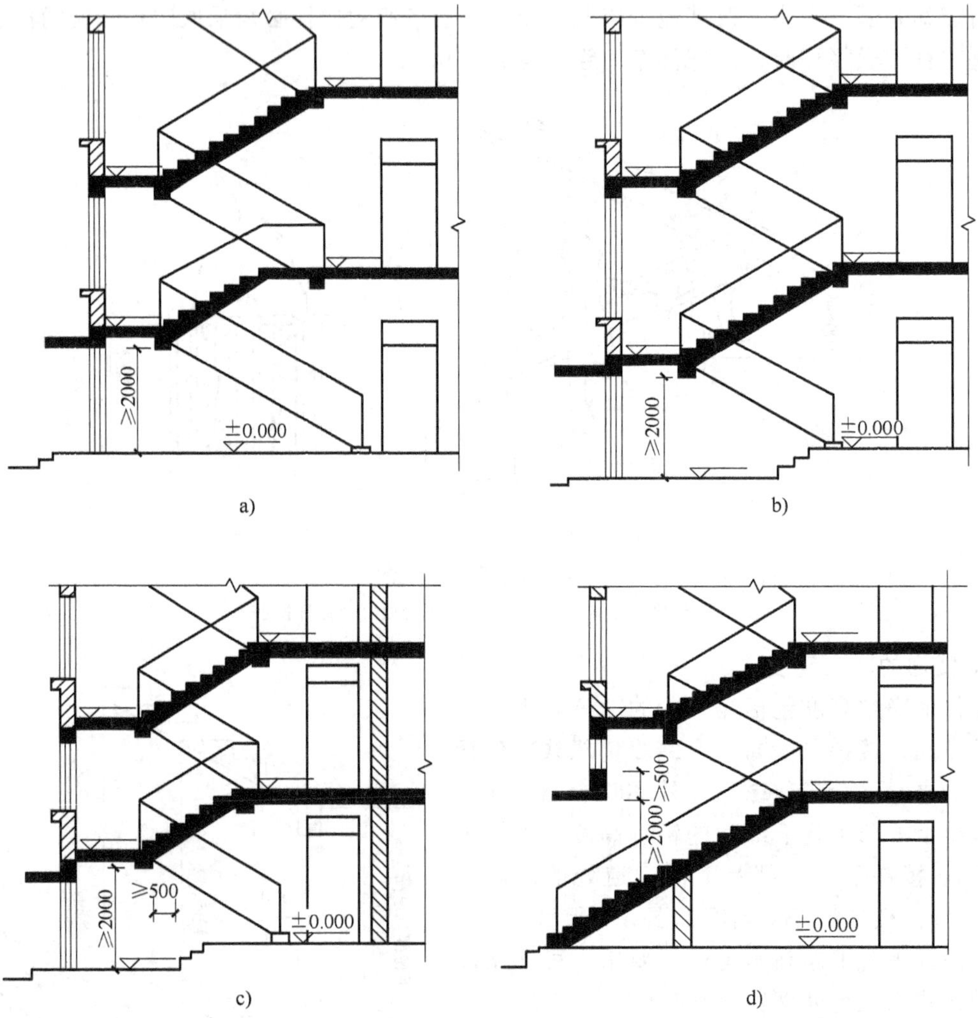

图 5-8 底层中间休息平台下做出入口的处理方式
a）底层长短跑 b）局部降低地坪 c）底层长短跑并局部降低地坪 d）底层直跑

5.2.2 楼梯设计

楼梯设计方法

（1）楼梯尺寸的计算方法。现以常用的平行双跑楼梯为例，说明其尺寸的计算方法，如图 5-9 所示。

楼梯设计

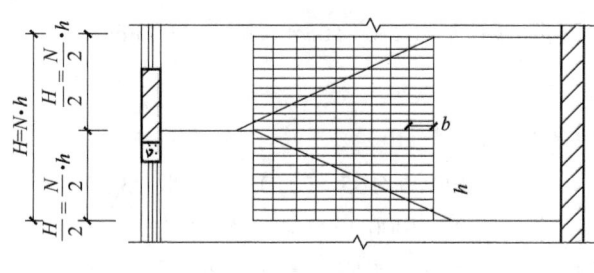

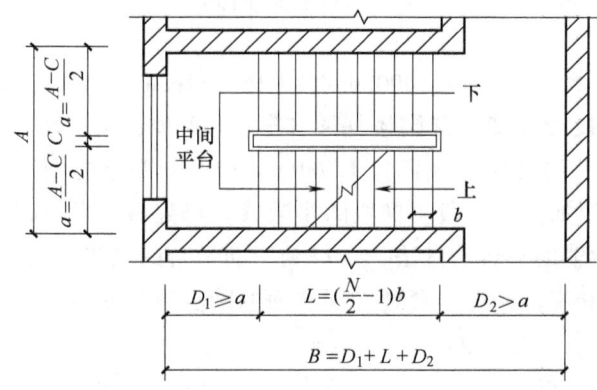

图 5-9 楼梯尺寸计算

1）根据层高 H 和初选步高 h 确定每层步数 N，即 $N=H/h$。为减少构件规格，一般应尽量采用等跑梯段。因此，宜为偶数。如求出 N 为奇数或非整数，可反过来调整步高 h。

2）根据步数 N 和初选踏步宽 b 确定梯段水平投影长度 L，即 $L=(0.5N-1)b$。

3）确定是否设置梯井。托儿所、幼儿园、中小学校及其他少年儿童专用活动场所，当楼梯井净宽大于 0.2m 时，必须采取防止少年儿童坠落的措施，一般取小于 120mm，以利安全。

4）根据楼梯间开间净宽和梯井宽 C 确定梯段宽度 a，即 $a=(A-C)/2$。同时检验是否满足紧急疏散要求，如不能满足，则应对梯井宽 C 或楼梯间开间净宽 A 进行调整。

5）根据初选中间休息平台宽 $D_1(D_1 \geq a)$ 和楼层平台宽 $D_2(D_2 > a)$，以及梯段水平投影长度 L 检验楼梯间进深净长度 B，$B=D_1+L+D_2$。如不能满足，可对 L 值进行调整（即调整 b 值）。必要时，则需调整 B 值。当 B 值一定且尺寸有富余时，一般可加宽 b 值以减缓坡度或

加宽 D_2 值以利于楼层平台分配人流。

(2) 楼梯设计例题。某框架结构住宅楼,封闭式楼梯间,层数 6 层,首层层高 3.8m,其他楼层层高 3m,楼梯间开间轴线尺寸 2.8m,进深轴线尺寸 6.3m,室内外高差 0.15m,楼梯间首层设疏散外门。楼梯间墙厚均为 240mm,试设计此楼梯。

1) 确定楼梯踏步尺寸 b、h。参照表 5-1 中住宅建筑踏步尺寸数据,取踏步宽 $b = 270$mm,梯面高取 $h = 165$mm,此时

$$b + 2h = (270 + 165 \times 2)\text{mm} = 600\text{mm}$$

符合经验值要求。

2) 计算每一个楼层的踏步数。

首层踏步数 $\qquad N = 3800\text{步}/165 = 23.03\text{步}$,取 23 步

2~6 层踏步数 $\qquad N = 3000\text{步}/165 = 18.18\text{步}$

由于楼梯段踏步数必须是整数值,否则会出现每个踏步踢面高 h 不等值的不合理现象,因此取 2~6 层每层踏步数为 18 步,并重新计算踢面高 h。

计算结果如下:

$$h = 3000\text{mm}/18 = 166.67\text{mm}$$

3) 计算梯段水平投影长度。首层楼梯踏步数为 23 步,第一段、第二段楼梯段踏步数分别取 12 步、11 步,首层楼梯段净高为 1.980m。但是首层有楼梯出入口,考虑出入口净高要达到 2m,所以需要加大第一段楼梯段踏步数或入口处做辅助平台。

本工程取入口处做辅助平台的做法,入口到辅助平台的踏步数为 5 步,辅助平台到中间休息平台的踏步数为 10 步,休息平台到二层楼面的踏步数为 8 步。

楼梯段水平投影的长度分别为

入口到辅助平台楼梯段长度

$$L_1 = 4 \times 270\text{mm} = 1080\text{mm}$$

辅助平台到中间休息平台楼梯段长度

$$L_2 = 8 \times 270\text{mm} = 2160\text{mm}$$

休息平台到二层楼面楼梯段长度

$$L_3 = 7 \times 270\text{mm} = 1890\text{mm}$$

2~6 层每层踏步数为 18 步,每一楼梯段为 9 步,楼梯段长度为

$$L_4 = 8 \times 270\text{mm} = 2160\text{mm}$$

4) 楼梯井宽度。楼梯井净宽 C 取 100mm。

5) 计算梯段宽度。楼梯间开间尺寸为 2.8m,墙厚为 240mm,楼梯井净宽取 100mm,所以梯段宽度为:

$$a = (2800 - 120 \times 2 - 100)\text{mm}/2 = 1230\text{mm}$$

6) 检验楼梯间进深净长度。楼梯段的长度为 2160mm,休息平台的长度要求大于梯段宽度 1230mm,取 $D_1 = 1600$mm,满足进深轴线尺寸 6.3m 的要求。楼层平台处 D_2,首层为 2030mm,2~6 层为 2300mm。

7) 绘制楼梯间平面图与剖面图(图 5-10 和图 5-11)。

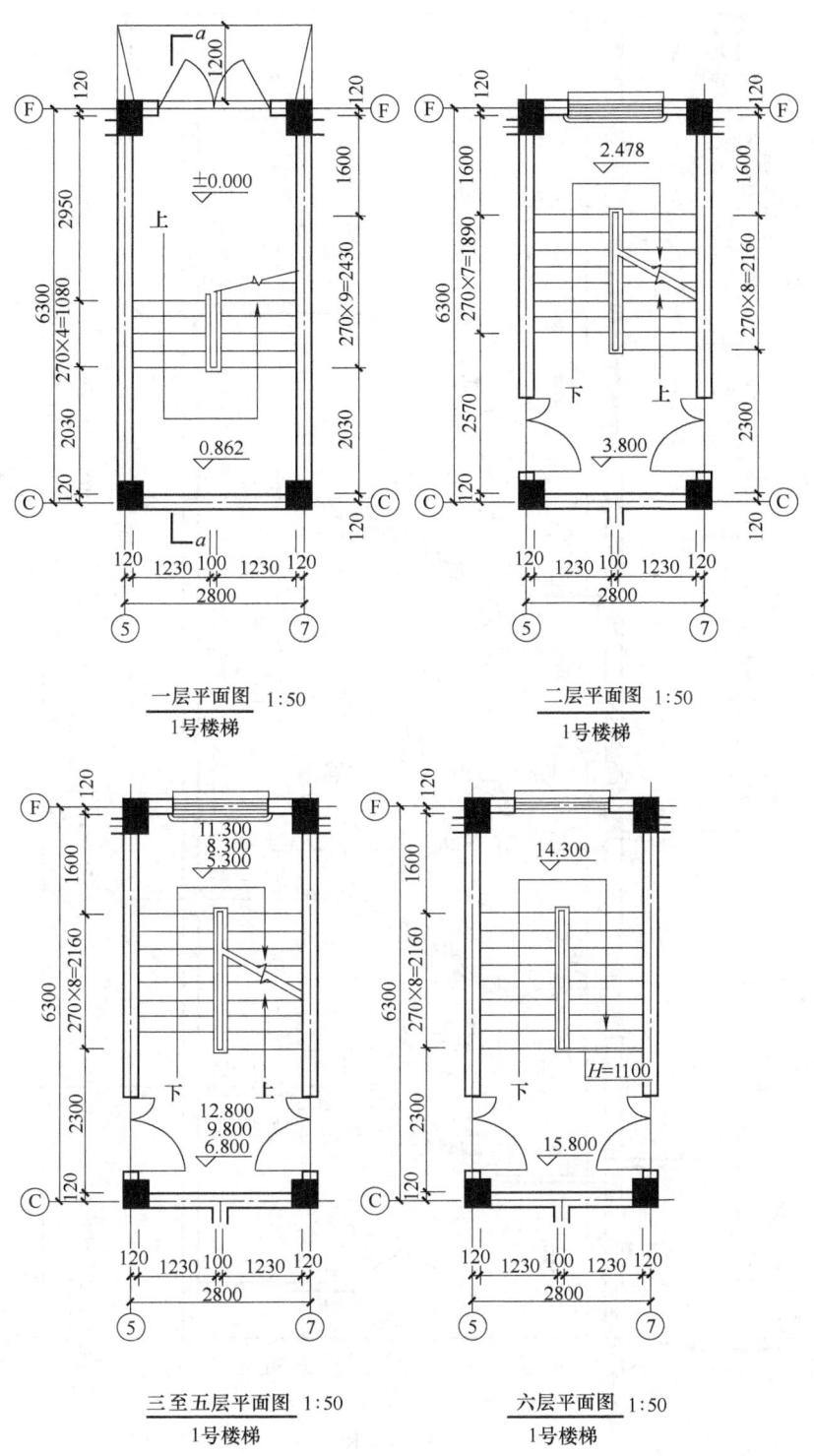

图 5-10 楼梯各层平面图

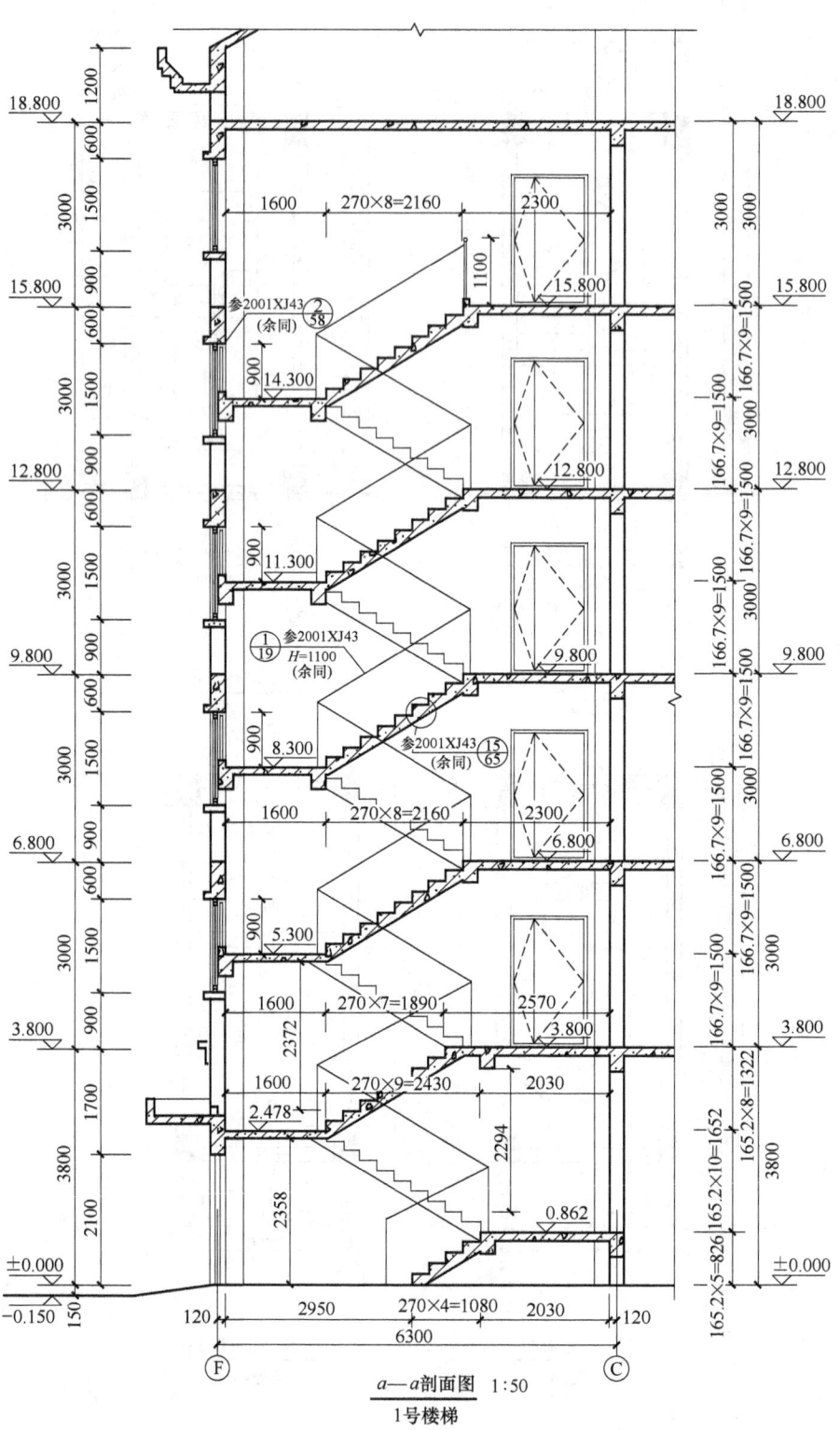

图 5-11 剖面图

5.3 钢筋混凝土楼梯

钢筋混凝土楼梯是最常见的楼梯，按其施工方法不同可分为现浇钢筋混凝土楼梯和预制装配式钢筋混凝土楼梯两大类。现浇钢筋混凝土楼梯结构整体性好，刚度大，能适应各种楼梯间平面和楼梯形式，可以充分发挥钢筋混凝土的可塑性。但由于需要现场支模，模板耗费较大，施工周期较长，不便做成空心构件，所以混凝土用量与自重较大。

5.3.1 现浇钢筋混凝土楼梯

现浇钢筋混凝土楼梯在施工时通过支模、绑扎钢筋、浇筑混凝土，将楼梯段和平台浇筑在一起，整体性好，刚度大，坚固耐久。适用于整体性要求高的楼梯或特殊异型的楼梯，或不具备预制装配条件时采用。

现浇钢筋混凝土楼梯按结构形式不同，分为板式楼梯和梁式楼梯。

1. 板式楼梯

板式楼梯是由楼梯段承受梯段上全部荷载的楼梯。楼梯板分为无平台梁和有平台梁两种。

现浇钢筋混凝土楼梯构造

无平台梁的板式楼梯是将楼梯段和平台板组合成一块折板，取消平台梁，这时板的跨度为楼梯段的水平投影长度与平台宽度之和，如图 5-12a 所示。

有平台梁的板式楼梯，楼梯段搁置在平台梁上，梯段相当于一块斜放的现浇板，平台梁是支座，平台梁之间的距离为楼梯段的跨度，如图 5-12b 所示。

板式楼梯常用于楼梯荷载较小、楼梯段跨度也较小的住宅等建筑。

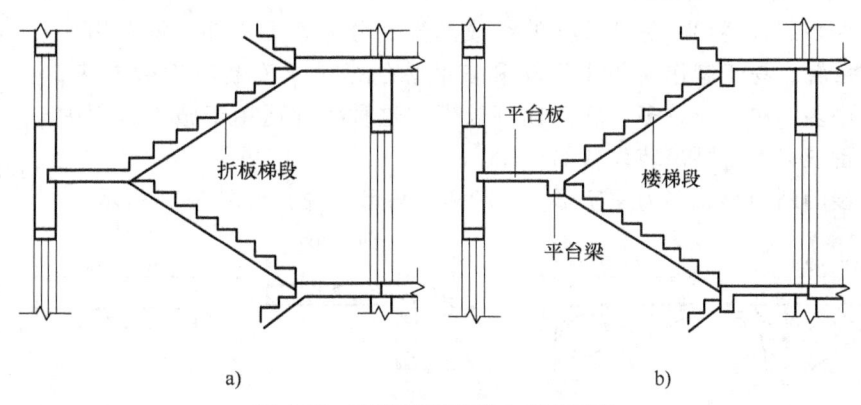

图 5-12 现浇钢筋混凝土板式楼梯
a) 无平台梁的板式楼梯　b) 有平台梁的板式楼梯

2. 梁式楼梯

梁式楼梯是指在板式楼梯的梯段板边缘处设有斜梁，斜梁由上下两端平台梁支承的楼梯。作用在楼梯段上的荷载通过楼梯段斜梁传至平台梁，再传到墙或柱上。这种楼梯的传力线路明确，受力合理，适用于荷载较大、楼梯跨度较大的房屋。梁式楼梯的斜梁一般设置在梯段的两侧，由上下两端平台梁支承，如图 5-13a 所示。有时为了节省材料，在梯段靠承重墙一侧不设斜梁，而由墙体支承踏步板。此时踏步板一端搁置在斜梁上，另一端搁置在墙上，如图 5-13b 所示。个别楼梯的斜梁设置在梯段的中部，形成踏步板向两侧悬挑的受力形式，如图 5-13c 所示。

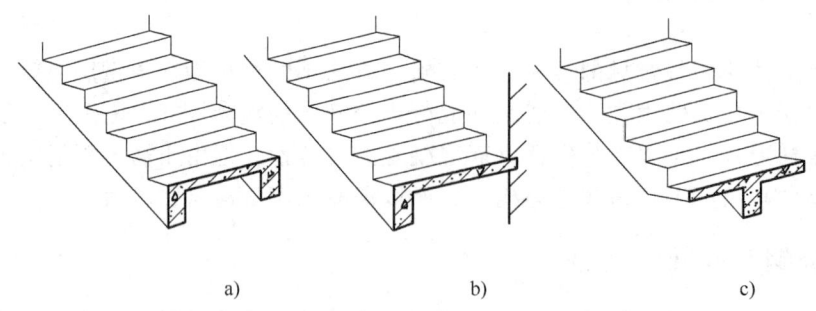

图 5-13 现浇钢筋混凝土梁式楼梯
a）梯段两侧设斜梁 b）梯段一侧设斜梁 c）梯段中部设斜梁

5.3.2 预制装配式钢筋混凝土楼梯

预制装配式钢筋混凝土楼梯是将楼梯的组成构件在工厂或工地现场预制，然后在施工现场拼装而成。

这种楼梯施工进度快，节省模板，现场湿作业少，施工不受季节限制，有利于提高施工质量。但预制装配式钢筋混凝土楼梯的整体性、抗震性能以及设计灵活性差，故应用受到一定限制。

预制装配式钢筋混凝土楼梯构造

预制装配式钢筋混凝土楼梯分为小型构件装配式楼梯、中型构件装配式楼梯和大型构件装配式楼梯。

1. 小型构件装配式楼梯

小型构件装配式楼梯，是把楼梯的组成部分划分为若干构件，每个构件体积小、重量轻、易于制作、便于运输和安装。但是由于安装时件数较多，所以施工工序多，湿作业较多，施工速度较慢。这种楼梯适用于施工过程中没有吊装设备或只有小型吊装设备的房屋。

《预制钢筋混凝土板式楼梯》

预制踏步的断面形式多为一字形、L 形和三角形三种，如图 5-14 所示。

图 5-14 预制踏步的断面形式

根据梯段的构造和预制踏步的支撑方式不同，小型构件装配式楼梯可分为墙承式楼梯、梁承式楼梯、悬挑式楼梯三种。

（1）墙承式楼梯。墙承式楼梯由踏步板、平台板两种预制构件组成。把预制踏步板搁置在两边墙上，构成楼段。从受力特点看，踏步板是简支在墙上的。这种楼梯构造最适用于直跑式楼梯。平行双跑式楼梯采用这种构造时，在楼梯间中央要有一道墙，用以作为踏步板的一个支座。图 5-15 所示为墙承式楼梯。

（2）梁承式楼梯。梁承式楼梯一般由踏步板、斜梁、平台梁和平台板四种预制构件组成。斜梁和踏步板构成楼梯段，平台梁和平台板构成平台。踏步板搁置在斜梁上，斜梁搁置在平台梁上，平台梁搁置在墙上或柱上，平台板搁置在平台梁和楼梯间的墙上。

斜梁的截面可以做成矩形或 L 形，用以支承三角形踏步。斜梁的侧面可以做成锯齿形，用以搁置 L 形及一字形（板式）踏步板，如图 5-16 所示。

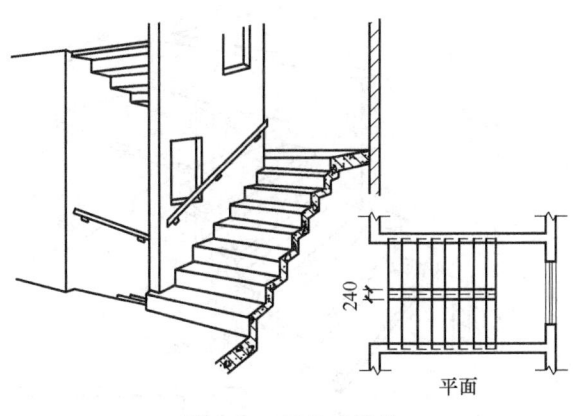

图 5-15 墙承式楼梯

三角形踏步与斜梁之间，一般用水泥砂浆铺垫，由下而上逐个叠砌。L 形及一字形踏步，除用水泥砂浆铺垫外还应在踏步两端留孔，套在锯齿形斜梁的插铁上，用水泥砂浆将孔与插铁缝隙填满。

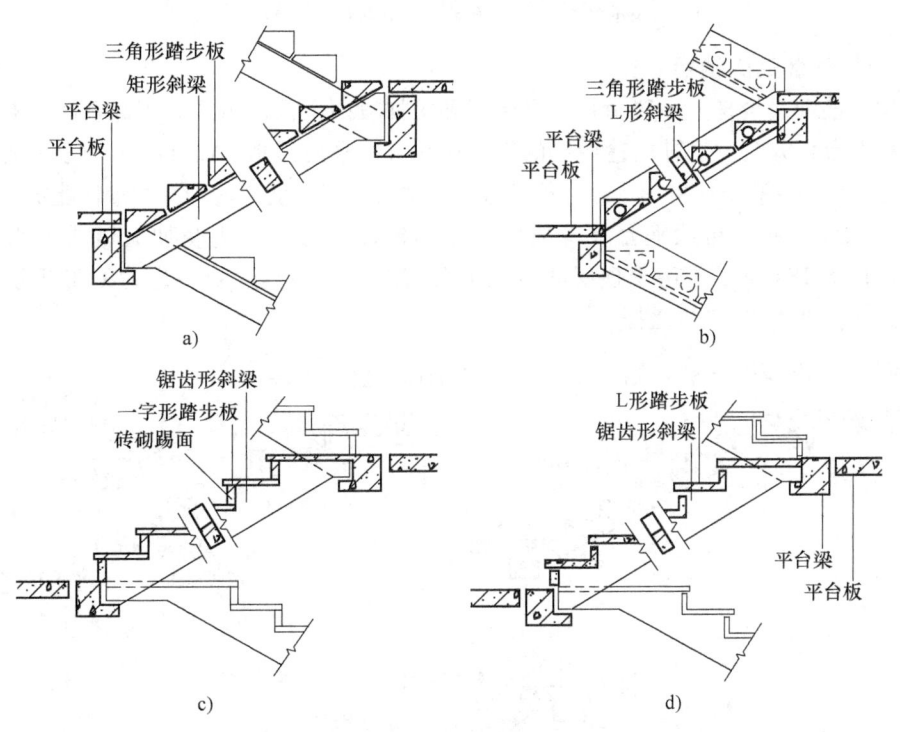

图 5-16 梁承式楼梯
a）三角形踏步板矩形斜梁　b）三角形踏步板 L 形斜梁
c）一字形踏步板锯齿形斜梁　d）L 形踏步板锯齿形斜梁

（3）悬挑式楼梯。图 5-17 为悬挑式楼梯的示意图。它由踏步板、平台板两种预制构件组成。楼梯段由单个的踏步板组成，踏步板砌入楼梯间的墙内，形成悬臂板承受使用荷载。踏步板的悬臂长度可达 1.5m，能满足一般房屋对楼梯宽度的要求。楼梯的平台是用预制实心钢筋混凝土板、槽形板或空心板搁置在楼梯间的墙上形成的。

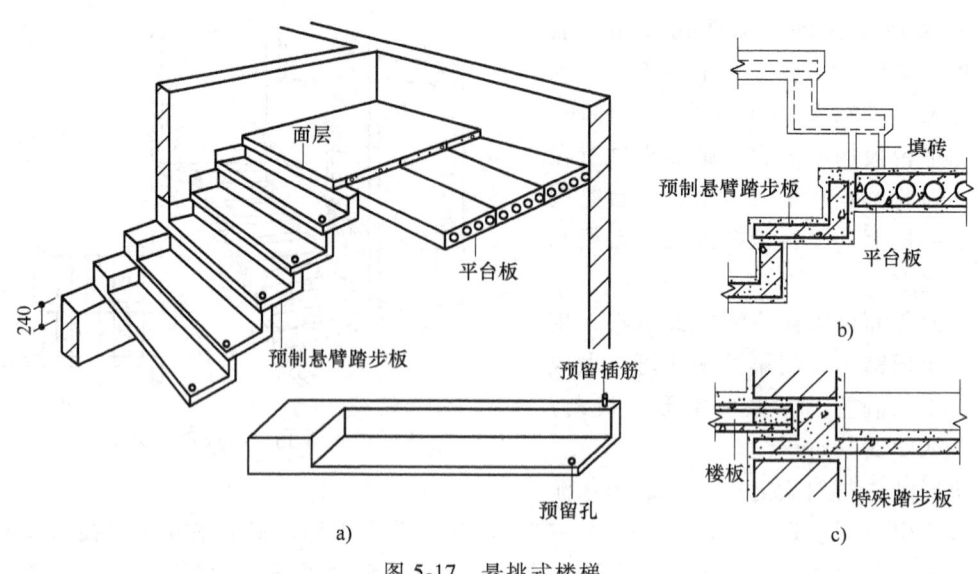

图 5-17 悬挑式楼梯
a) 安装示意图 b) 平台转弯处节点 c) 楼板节点处

2. 中型构件装配式楼梯

中型构件装配式楼梯，一般由带梁平台板和楼梯段两个构件组成。当起重能力有限时，可将平台梁和平台板分开。这种构造做法的平台板，可以采用预制钢筋混凝土槽形板或空心板。

中型与小型构件装配式楼梯，减少构件数量，加快施工速度，适于在大量性建筑中使用。

（1）带梁平台板。带梁平台板一般做成槽形板，它的一条边肋加大做成 L 形，用以支承楼梯段。图 5-18a 所示是用于顶层的带梁平台板的构造。其边肋一边为 L 形用以搁置楼梯段，另一边为矩形用以安装栏杆。

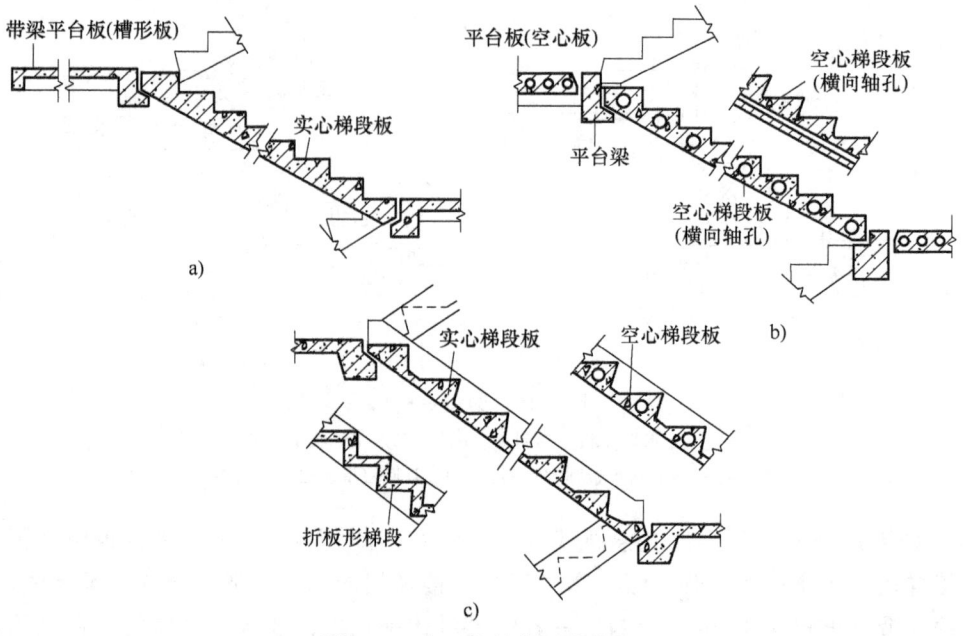

图 5-18 中型构件装配式楼梯
a) 板式楼梯（实心梯段板与带梁平台板） b) 板式楼梯（空心梯段板） c) 梁板式楼梯段

（2）楼梯段。板式楼梯段，相当于斜放在上、下平台梁边肋上的板，底面平齐。为了减轻构件的重量，可以做成空心楼梯段。图 5-18b 为空心板式楼梯段的构造示意图。

梁板式楼梯段，由踏步和梯梁预制成一整体构件安放在平台梁上，它的楼梯段形式除了实心，还有空心和折板式共三种，如图 5-18c 所示。

楼梯段安装前应在平台边肋上用水泥砂浆铺垫，楼梯段与平台板肋或平台梁之间的缝隙用水泥砂浆填实，以确保楼梯段平稳，避免受力后移动。此外，还要用铁件将楼梯段与肋或梁焊接在一起，以加强整体性。

3. 大型构件装配式楼梯

大型构件装配式楼梯是将楼梯段和两个平台连在一起组成一个构件，每层楼梯由两个相同的构件组成。这种楼梯的装配化程度高，施工速度快，但需有大型吊装设备，常用于预制装配式建筑，如图 5-19 所示。

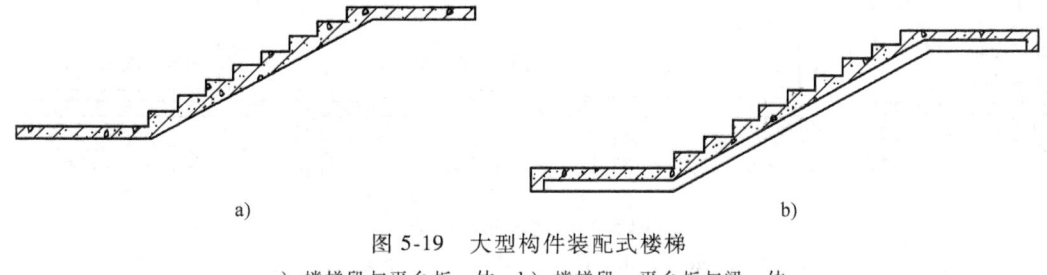

图 5-19 大型构件装配式楼梯
a）楼梯段与平台板一体 b）楼梯段、平台板与梁一体

拓展思考——节能环保

建筑工业化的起点：预制钢筋混凝土楼梯

建筑产业化的核心是由半手工、现场浇筑的建造方式，转变成工业化生产、现场装配的方式。"像造汽车一样造房子"，意味着更高质量的产品、更可控的输出质量以及更加量化的建筑性能参数。

预制楼梯具有先天产业化优势。常规的建筑构件要成为装配式构件，需要具备一些前提，其中决定性的前提是结构安全性。在使用装配式楼梯的建筑中，常见处理方式是楼梯不参与结构计算，由周围的墙体承担荷载和地震力等，楼梯仅作为功能部件存在，通过这种优化方式，既能确保结构安全性，又能降低装配安装节点的处理难度。

另一个重要前提是构件标准化程度。和所有工业化产品一样，越标准的规格就代表更好的成本控制、更严格的质量控制、更优化的生产—运输—安装流程。如住宅楼梯正具备这个条件：最常使用的 2.8m 层高带来了非常标准的楼梯模块，无论梯段板、平台板、防火隔墙等，都能按照这个规格生产并在大量项目中应用。

由此延伸，办公建筑的楼梯如果能按照某个标准层高设计，例如 4.0m 层高，也同样可以固定一个标准模块，批量应用于每个项目。

产业化带来的效率和质量提升的幅度也是判断一类构件是否值得产业化制造的因素。先需要了解现浇楼梯在传统工程中的缺陷，包括楼梯现浇施工速度缓慢、模板搭建复杂、耗费模板量大、现浇后不能立即使用、需另搭建施工垂直通道、现浇楼梯必须做表面装饰处理、楼梯误差大给后续装修施工带来麻烦等。

所谓"有痛点就有机遇",现浇楼梯的缺点就是装配式楼梯的优势。特别值得一提的是,装配式楼梯成品的表面平整度、密实程度和耐磨等强度都达到甚至超过了楼梯地面的要求,因此可以直接作为完成面使用,避免瓷砖饰面日久破损和维护后新旧砖不一致的情况。加上现浇中预留的防滑凹线条,既是功能需要,又有清水混凝土表面的独特装饰效果。

装配式楼梯属于成熟的产业化构件,同时也存在使用中的问题待后续优化,例如缩小与现浇楼梯的造价差距使此项技术可以在更大范围进行推广。

5.3.3 楼梯的细部构造

1. 踏步面层

踏步面层应选用耐磨、防滑、美观、不起尘的材料。常见的有水泥砂浆、水磨石、铺地砖、花岗石、大理石等,如图5-20所示。若楼梯为钢模板制作,表面比较平整光滑,可以直接作为面层使用。

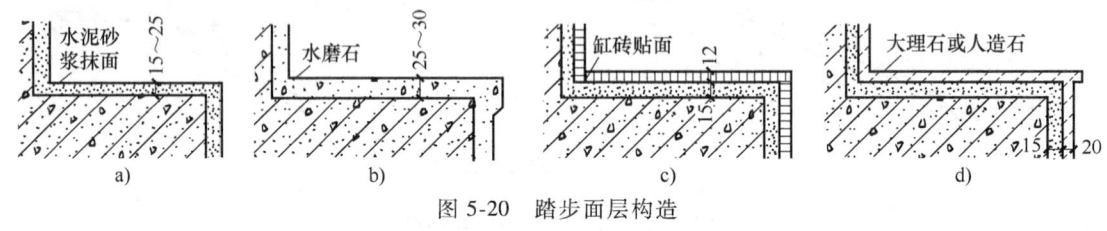

图 5-20 踏步面层构造
a)水泥砂浆 b)水磨石 c)铺地砖 d)大理石或人造石

2. 防滑处理

为防止楼梯上行人的滑跌,在踏步上应设置防滑条。其设置位置靠近踏步阳角处。常用的防滑条材料有水泥铁屑、金刚砂、金属条、陶瓷锦砖及带防滑条缸砖等,如图5-21所示。实际工程中,防滑条应凸出踏面2~3mm,但不可太高。

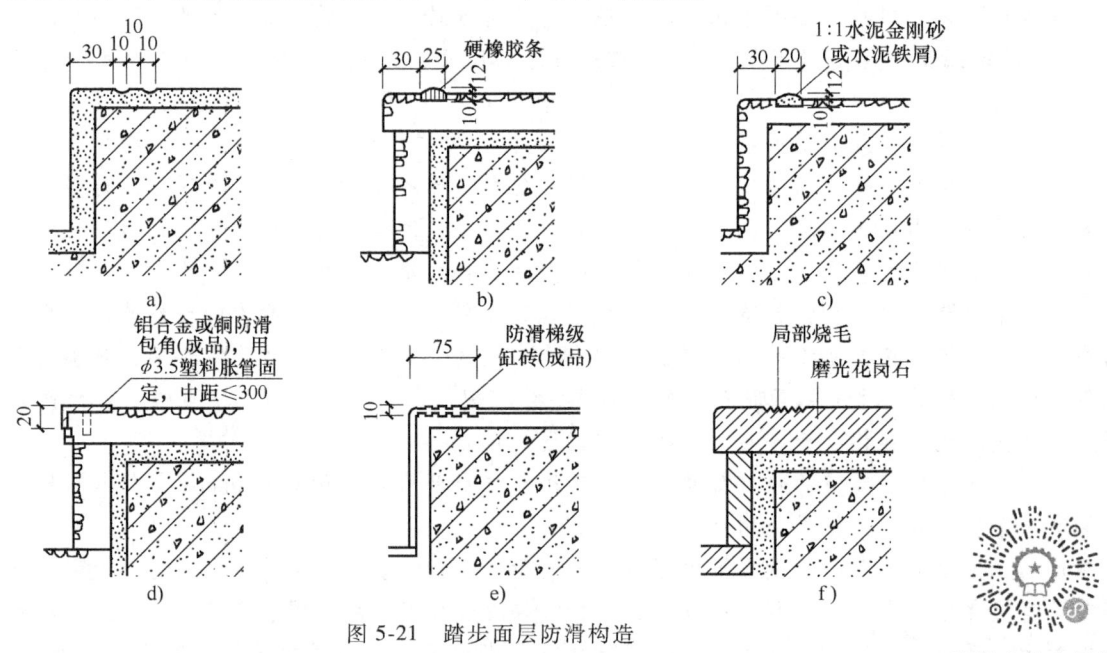

图 5-21 踏步面层防滑构造
a)水泥砂浆踏步留防滑槽 b)硬橡胶防滑条 c)水泥金刚砂防滑条
d)铝合金或铜防滑包角 e)缸砖踏步防滑砖 f)花岗石踏步烧毛防滑条

3. 栏杆（栏板）和扶手

栏杆（栏板）是楼梯的安全设施，设置在楼梯或平台临空的一侧。栏杆（栏板）的上缘为扶手。楼梯应至少于一侧设扶手，梯段净宽达三股人流时应两侧设扶手，达四股人流时宜加设中间扶手。

（1）栏杆（栏板）。栏杆多用方钢、圆钢、扁钢等型材焊接或铆接成各种图案，既起防护作用，又有一定的装饰效果，如图5-22所示。为了确保安全，栏杆与梯段必须有可靠的连接，室内楼梯扶手高度自踏步前缘线量起不宜小于0.9m。楼梯水平栏杆或栏板长度大于0.5m时，其高度不应小于1.05m。栏杆杆件形成的空花尺寸不宜过大，垂直杆件的净空隙不应大于0.11m。靠墙扶手边缘距墙面完成面净距不应小于40mm。

图5-22 空花式栏杆

栏板一般采用钢筋混凝土、有机玻璃或钢化玻璃等材料制作。栏板的表面应平整光滑、便于清洗，如图5-23所示。

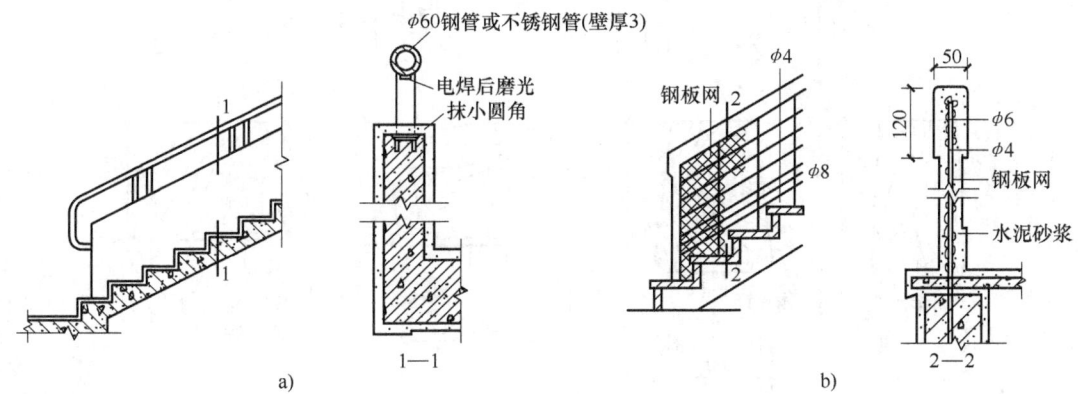

图5-23 栏板式栏杆
a）钢筋混凝土栏板 b）钢板网水泥栏板

混合式栏杆是指空花式和栏板式两种的组合形式,如图 5-24 所示。栏杆为主要抗侧力构件,常采用钢材或不锈钢等材料。栏板则作为防护和美观装饰构件,常采用轻质美观材料制作,如木板、塑料贴面、铝板、有机玻璃(钢化玻璃)等。

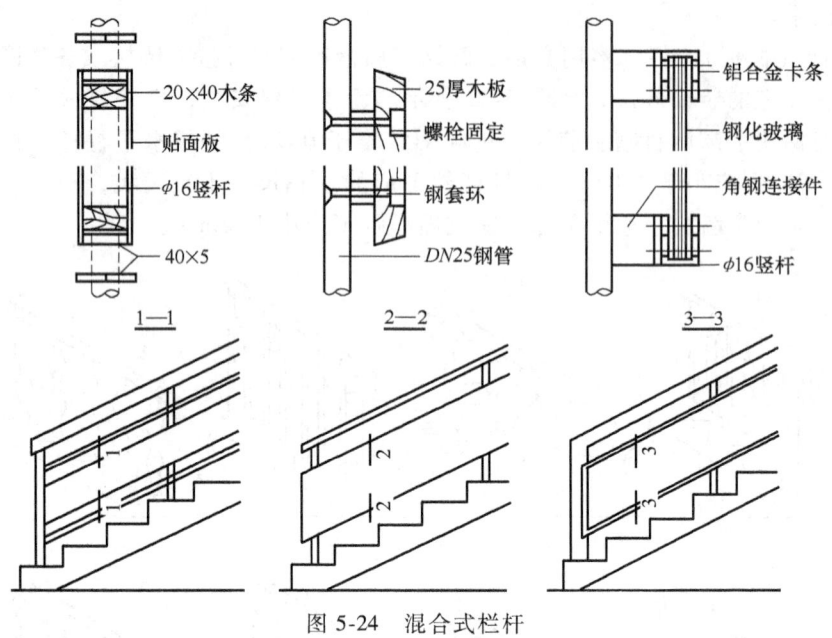

图 5-24 混合式栏杆

(2)扶手。楼梯扶手一般用硬木、钢、塑料制品等制成。钢栏杆常配用木扶手或塑料扶手。金属和塑料是常用的室外楼梯扶手材料。

用木螺钉连接扶手与栏杆。钢栏杆与钢管扶手则焊接在一起。扶手的断面形式如图 5-25 所示。

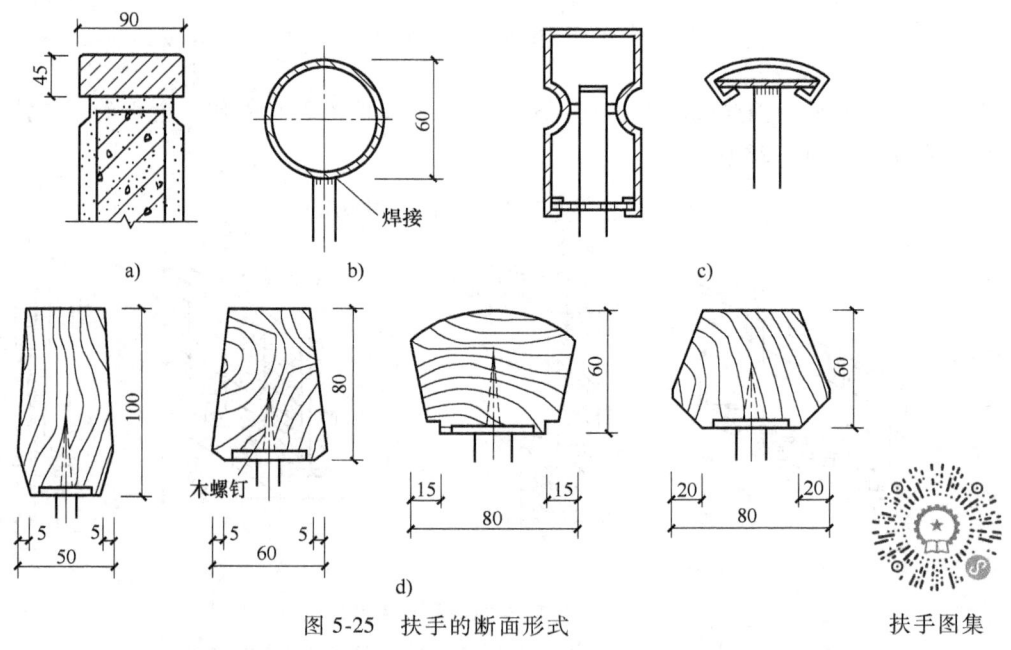

图 5-25 扶手的断面形式
a)石材扶手 b)金属管扶手 c)塑料扶手 d)木扶手

(3) 栏杆与扶手的细部连接。

1) 栏杆与扶手连接。当采用金属栏杆与金属扶手时，一般采用焊接或铆接的方法；当采用金属栏杆，扶手为木材或硬塑料时，一般在栏杆顶部设通长扁铁与扶手底面或侧面槽口榫接，用木螺钉固定，如图 5-26 所示。

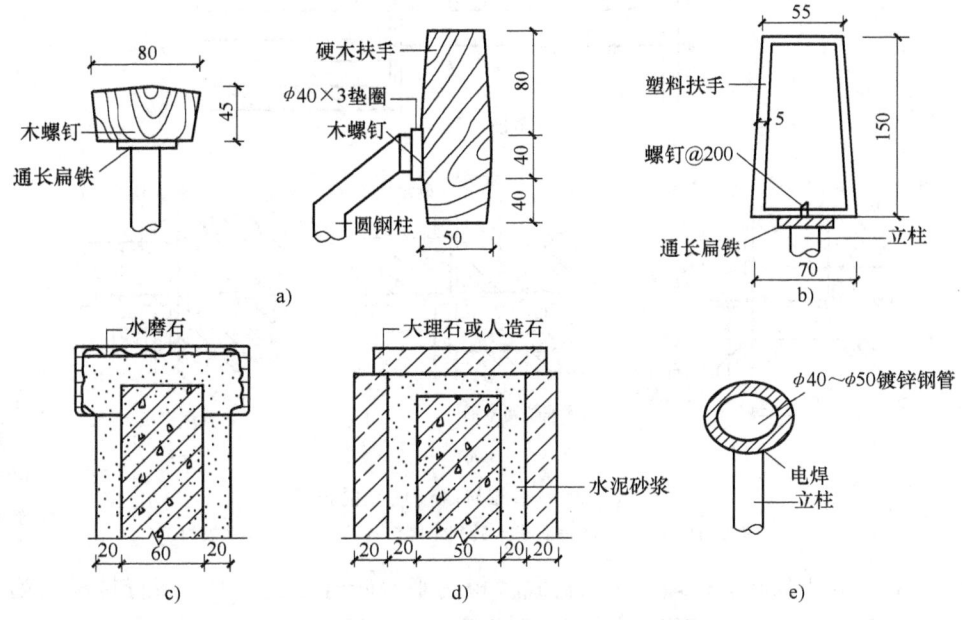

图 5-26　扶手的形式及扶手与栏杆的连接构造

a) 硬木扶手　b) 塑料扶手　c) 水泥砂浆或水磨石扶手　d) 大理石或人造石扶手　e) 钢管扶手

2) 栏杆与梯段、平台的连接。栏杆与梯段、平台的连接一般在梯段和平台上预埋钢板焊接或预留孔插接。为了保护栏杆免受锈蚀和增强美观，常在竖杆下部装设套环，覆盖住栏杆与梯段、平台的接头处，如图 5-27 所示。

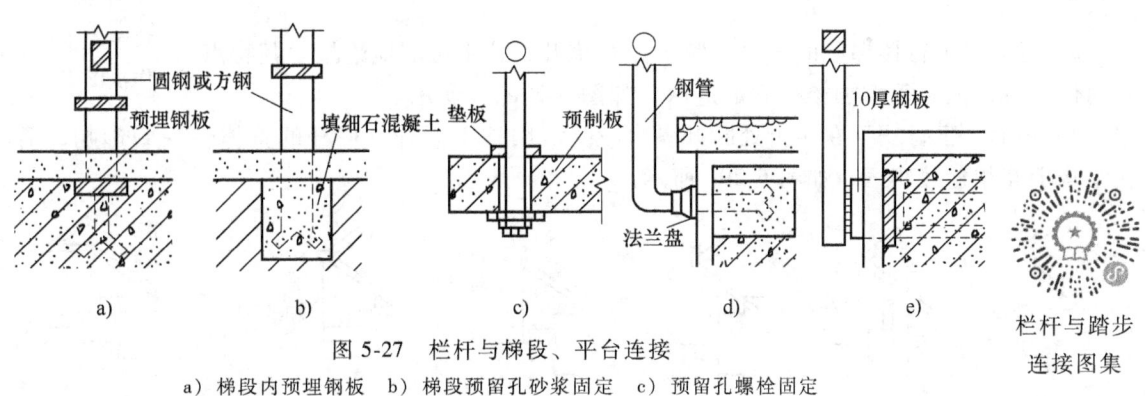

图 5-27　栏杆与梯段、平台连接

a) 梯段内预埋钢板　b) 梯段预留孔砂浆固定　c) 预留孔螺栓固定
d) 踏步两侧预留孔　e) 踏步两侧预埋钢板

栏杆与踏步连接图集

3) 扶手与墙（柱）连接。当直接在墙上安装扶手时，扶手应与墙面保持 100mm 左右的距离。一般在砖墙上留洞，将扶手连接杆件伸入洞内，用细石混凝土嵌固，当扶手与钢筋混凝土墙或柱连接时，一般采取预埋钢板焊接。在扶手结束处与墙、柱面相交的地方也应有可靠连接，如图 5-28 所示。

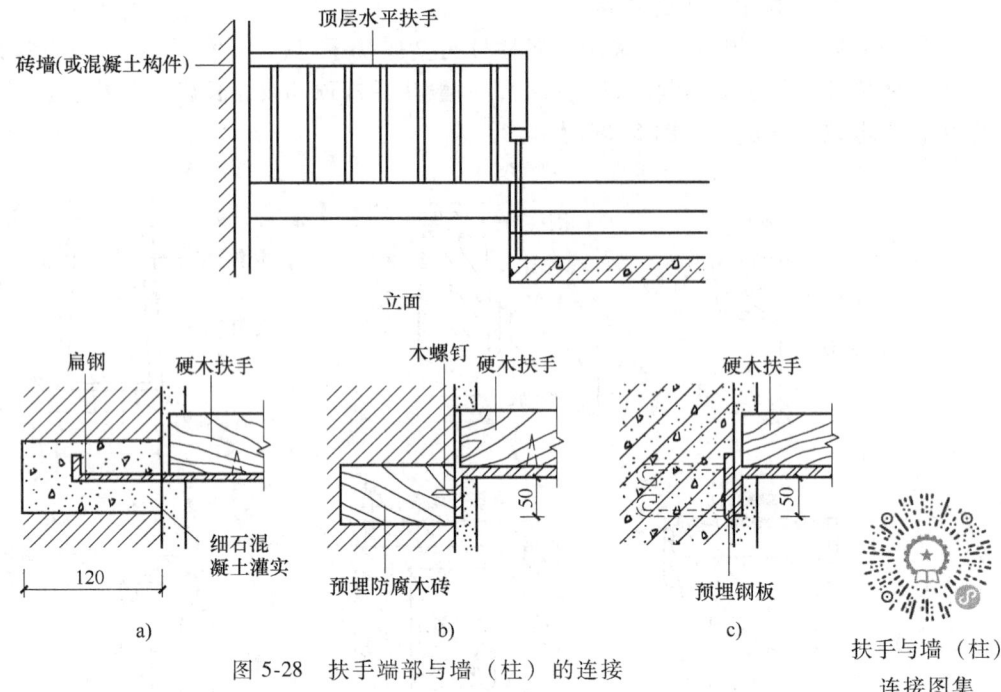

图 5-28 扶手端部与墙（柱）的连接
a) 预留孔洞插接　b) 预埋防腐木砖用木螺钉连接　c) 预埋钢板焊接

（4）栏杆、扶手的转弯处理。在双折式楼梯的平台转弯处，当上、下行楼梯的第一个踏步口平齐时，两段扶手在此不能方便地连接，需延伸一段后再连接，或做成"鹤颈"扶手，如图 5-29a 所示。这种扶手使用不便且制作麻烦，应尽量避免。常用的改进方法有以下几种：

1）将平台处栏杆向里缩进半个踏步距离，可顺应连接。其特点是连接简便，易于制作，省工省料，但是由于栏杆扶手伸入平台，使平台净宽变小，如图 5-29b 所示。或两段扶手中间用一段扶手连接，称为硬接，如图 5-29c 所示。

2）将上、下行楼梯段的第一个踏步相互错开，扶手可顺应连接。其特点是简便易行，但必须增加楼梯间的进深，如图 5-29e、f 所示。

3）将上、下行扶手在转折处断开各自收头。因扶手断开，栏杆的整体性受到影响，需在结构上互相连接牢固，如图 5-29d 所示。

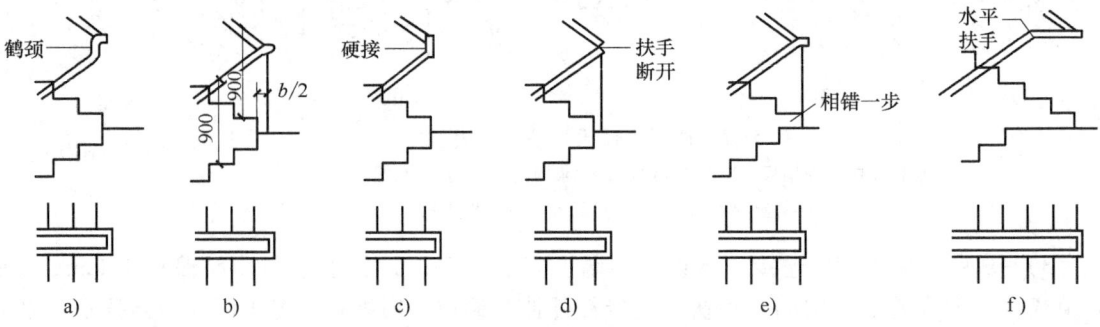

图 5-29 梯段转折处栏杆、扶手处理
a) "鹤颈"扶手　b) 栏杆向里缩进半个踏步　c) 整体硬接　d) 拼接　e)、f) 错开踏步的扶手处理

5.4 室外台阶与坡道

室外台阶与坡道是建筑出入口处室内外高差之间的交通联系部件。大型场地都存在着高差，设置台阶的目的是为人们进出建筑提供方便，坡道是为车辆及残疾人而设置的。

台阶和坡道在入口处对建筑物的立面还具有一定的装饰作用，设计时既要考虑实用，还要注意美观。

5.4.1 台阶与坡道的形式

台阶的平面形式多种多样，常见的台阶形式有单面踏步、三面踏步、单面踏步带垂带石、方形石等。坡道多为单面形式。台阶踏步数不应少于2级，当踏步数不足2级时，应按人行坡道设置。大型公共建筑常将可通行汽车的坡道与踏步结合，如图5-30所示。

台阶与坡道

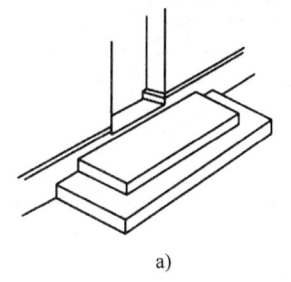 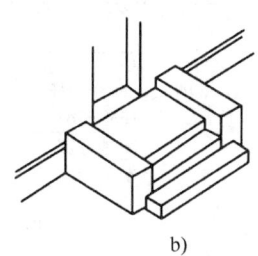 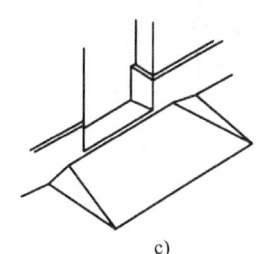 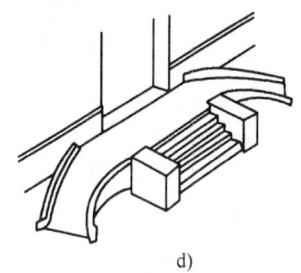

a)　　　　　　　b)　　　　　　　c)　　　　　　　d)

图 5-30　台阶的形式

a）三面踏步式　b）单面踏步式　c）坡道式　d）踏步坡道结合式

室外台阶踏步高度不宜大于0.15m，且不宜小于0.1m，一般取120~150mm，踏步宽不宜小于0.3m，一般取300~400mm，步数根据室内外高差确定。台阶总高度超过0.7m时，应在临空面采取防护设施。在台阶与建筑出入口大门之间，常设一缓冲平台。平台深度一般不应小于1000mm，要比门洞口每边至少宽出500mm，防止雨水灌入室内。平台面比室内地面低20~60mm，需做3%左右的排水坡度，以利雨水排除，如图5-31所示。

5.4.2 台阶的构造形式

室外台阶分实铺和架空两种构造形式。大多数台阶采用实铺，室外台阶应在建筑物主体工程完成后再进行施工，并与主体结构之间留出约10mm的沉降缝。

图 5-31　台阶示意图

1. 实铺台阶

实铺台阶的构造与室内地坪的构造差不多，包括基层、垫层和面层，如图 5-32a 所示。基层是夯实土；垫层多为混凝土、碎砖混凝土或砌砖；面层有整体和铺贴两大类，如水泥砂浆、水磨石、剁斧石、缸砖、天然石材等。在严寒地区，为保证台阶不受土壤冻胀的影响，应把台阶下部一定深度范围内的原土换掉，改设砂垫层，如图 5-32b 所示。

2. 架空台阶

当台阶尺度较大或土壤冻胀严重时，为保证台阶不开裂、不隆起或塌陷，往往选用架空台阶。架空台阶的平台板和踏步板均为预制混凝土板，分别搁置在梁上或砖砌地垄墙上。设有砖砌地垄墙的架空台阶的构造如图 5-32c、d 所示。

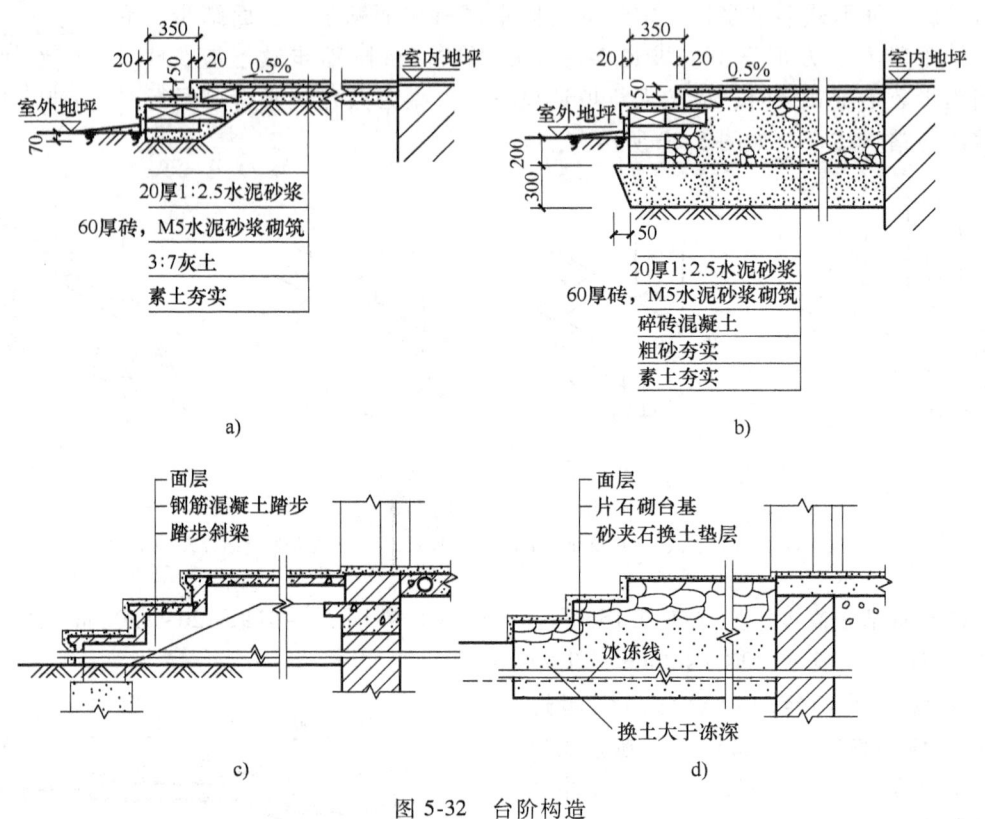

图 5-32 台阶构造

a）砖砌台阶 b）混凝土台阶 c）钢筋混凝土架空台阶 d）换土地基台阶

拓展思考——创新精神

畅行无阻，电梯界的"变形金刚"

英国一位叫查理·里昂的液压工程师将现有的台阶做了一些升级，并设计了一款神器，可以将台阶直接变成电梯。

这个创意是查理·里昂在酒吧与一位朋友聊天时想到的，他朋友的妻子曾抱怨使用轮椅进入建筑物时遇到的麻烦，这让查理决心设计出一个能解决此问题的产品。

在平时，它就是一副普通台阶的样子。但是在它的下面，却藏着一套复杂和精密的液压装置系统。一旦有人需要使用，只需要按下旁边的按钮，楼梯就会往回缩，空出宽约 1m 的升降平台。在按下按钮的同时，台阶上方会有一个栏杆自动升起，防止意外发生。

除了能为行动不便的人服务外，它也给骑车的人带来了方便。最重要的是，它完美融入了建筑本体，保护了不同建筑的完整性。

5.4.3 坡道

1. 坡道尺度

《民用建筑设计统一标准》（GB 50352—2019）规定，室内坡道坡度不宜大于1∶8，室外坡道坡度不宜大于1∶10。当室内坡道水平投影长度超过15m时，宜设休息平台，平台宽度应根据使用功能或设备尺寸所需缓冲空间而定；坡道应采取防滑措施。

《建筑与市政工程无障碍通用规范》（GB 55019—2021）规定，轮椅坡道的横向坡度不应大于1∶50，纵向坡度不应大于1∶12，当条件受限且坡段起止点的高差不大于150mm时，纵向坡度不应大于1∶10；每段坡道的提升高度不应大于750mm。轮椅坡道的通行净宽不应小于1.20m。轮椅坡道的起点终点和休息平台的通行净宽不应小于坡道的通行净宽，水平长度不应小于1.50m，门扇开启和物体不应占用此范围空间。轮椅坡道的高度大于300mm且纵向坡度大于1∶20时，应在两侧设置扶手，坡道与休息平台的扶手应保持连贯。设置扶手的轮椅坡道的临空侧应采取安全阻挡措施。

2. 坡道扶手

当坡道总高度超过0.7m时，应在临空面采取防护设施；单层扶手的高度应为850~900mm；设置双层扶手时，上层扶手高度应为850~900mm，下层扶手高度应为650~700mm。两段坡道之间的扶手应保持连贯性。坡道起点和终点处的扶手，应水平延伸300mm以上。扶手应固定且安装牢固，形状和截面尺寸应易于抓握，截面的内侧边缘与墙面的净距离不应小于40mm。一般在坡道侧面凌空时，在栏杆下端宜设高度不小于50mm的安全挡台（图5-33）。

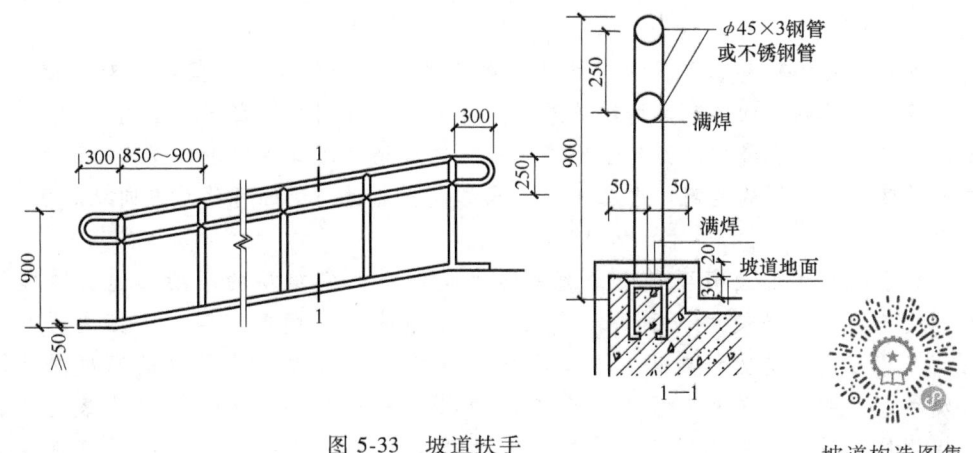

图5-33 坡道扶手

坡道构造图集

3. 坡道的构造

坡道一般均采用实铺，构造要求与台阶基本相同。垫层的强度和厚度应根据坡道长度及上部荷载的大小进行选择，严寒地区的坡道同样需要在垫层下部设置砂垫层。各种坡道的构造如图5-34所示。

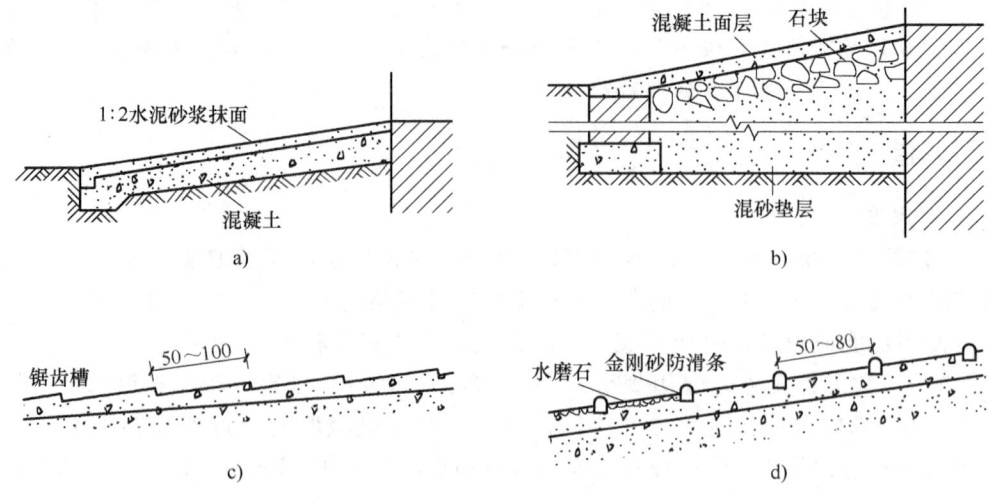

图 5-34 坡道构造
a) 混凝土坡道　b) 石块坡道　c) 防滑锯齿槽坡道　d) 防滑条坡道

拓展思考——尊老助残

赛场里，细致入微的无障碍设施

"雪如意"作为使用功能和竞赛工艺都十分先进的冰雪场馆，是张家口赛区无障碍设计的模范之作。它不仅是本赛区的示范场馆，还为其他场馆的无障碍设施建设提供了参考。

雪如意场馆内的无障碍设施部分，主要由清华大学建筑学院冬奥设计团队设计完成。相比于普通建筑的无障碍设施，奥运会比赛场馆的无障碍设施要求更加全面、更加细致、更加人性化。

冬残奥赛场较冬奥会赛场在设计上更要考虑诸多细节，这些细节对普通人而言作用不大，但确实可以帮助冬残奥运动员解决大问题。比如门和墙之间的距离，对一般人来说，很多设计仅出于美观考虑。而对于残障人士，门和墙的距离决定着残障人士通过这扇门的时间和难易度。门和墙的距离如果足够宽，残障人士通过门时的可移动方向就越多，这样也更容易通过。

除了门和墙的距离要考虑，洗手间也是一个非常重要的场所。怎么才能让运动员自如、便捷、安全地使用洗手间，是无障碍设施的核心问题。例如：坐便器和墙面的距离在什么范围内才能方便残障人士取用配套设施？厕所内的洗手台的高度是多少，才能保障残障人士的安全使用？垂直安全抓杆和水平安全抓杆怎么设计才能最省力，是否需要安装侧位洗手台？出入门是否要采用电动感应开关？这一系列问题都体现了本次赛事赛场设计者的良苦用心。

本次冬残奥会的无障碍设施设计真正体现了"要做通用设计、包容性设计、为所有人的设计"这一理念。无障碍环境直接影响着残奥运动员们的生活起居、参赛出行，顺畅的无障碍流线将给运动员以及其他残障人士带来更加舒适的参赛体验。

5.5 电梯与自动扶梯

电梯与自动扶梯

5.5.1 电梯

电梯是建筑物中的垂直交通设施。住宅楼下列情况应设置电梯：7 层及 7 层以上住宅或住户入口层楼面距室外设计地面的高度超过 16m 时；底层作为商店或其他用房的 6 层及 6 层以下住宅，其住户入口层楼面距该建筑物的室外设计地面高度超过 16m 时；底层做架空层或贮存空间的 6 层及 6 层以下住宅，其住户入口层楼面距该建筑物的室外设计地面高度超过 16m 时；顶层为两层一套的跃层住宅，跃层部分不计层数，其住户入口层楼面距该建筑物的室外设计地面高度超过 16m 时；6 层及以上的办公建筑；4 层及以上的医疗建筑和老年人建筑、图书馆建筑、档案馆建筑；宿舍最高居住层楼面距入口层地面高度超过 20m；一级、二级旅馆 3 层及以上；三级旅馆 4 层及以上；四级旅馆 6 层及以上，五级、六级旅馆 7 层及以上；高层建筑。另外，有些建筑如商店、多层仓库、厂房，经常有较重的货物要运送，也需设置电梯。

1. 电梯的类型

按用途不同，电梯可分为乘客电梯、客货电梯、医用电梯、载货电梯、杂物电梯、消防电梯等，如图 5-35 所示。

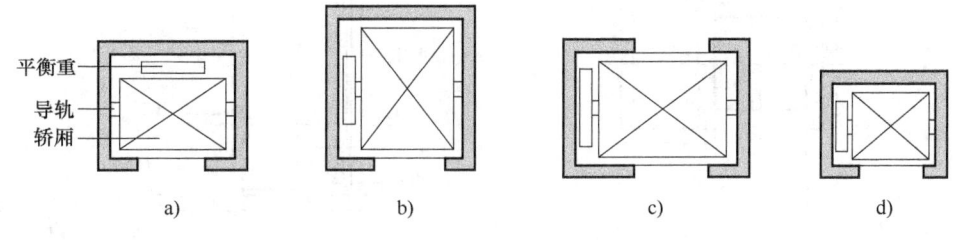

图 5-35 电梯类型与井道平面
a) 乘客电梯 b) 医用电梯 c) 载货电梯 d) 杂物电梯

2. 电梯的组成

电梯通常由电梯井道、电梯厅门和电梯机房三部分组成。不同厂家提供的设备尺寸、运行速度及对土建的要求都不同，在设计时应按厂家提供的产品尺度进行设计。

（1）电梯井道。电梯井道是电梯轿厢运行的通道。井道内部设置电梯导轨、平衡配重等电梯运行配件，并设有电梯出入口，如图 5-36 所示。

井道是高层建筑穿通各层的垂直通道，其围护结构必须具备足够的防火性能，耐火极限应不低于 2.5h。其围护构件应根据有关防火规定设计，较多采用钢筋混凝土墙。而消防电梯井道应设置隔火墙，且耐火极限不低于 2.0h，还应设挡水措施，井底应设置集水坑，容量不应小于 2m³。

由于电梯轿厢在井道内上下运行，高速电梯的井道常设有通风管以减小轿厢运行时的阻力及噪声。此外，为有利于通风和一旦发生火灾时能迅速将烟和热气排出室外，在井道顶部和中部的适当位置（高层时）以及坑底处应设置不小于 300mm×600mm 通风口，其面积不小于井道面积的 3.5%。高层建筑的电梯井道内，超过两部电梯时应用墙隔开。

为便于井道内安装、检修和缓冲，井道的上下均须留有必要的空间。井道底坑壁及坑底均须考虑防水处理。消防电梯的井道底坑还应有排水设施。为便于检修，须考虑坑壁设置爬梯和检修灯槽，坑底位于地下室时，宜从侧面开一检查用小门。电梯井道应只供电梯使用，不允许布置无关的管线。

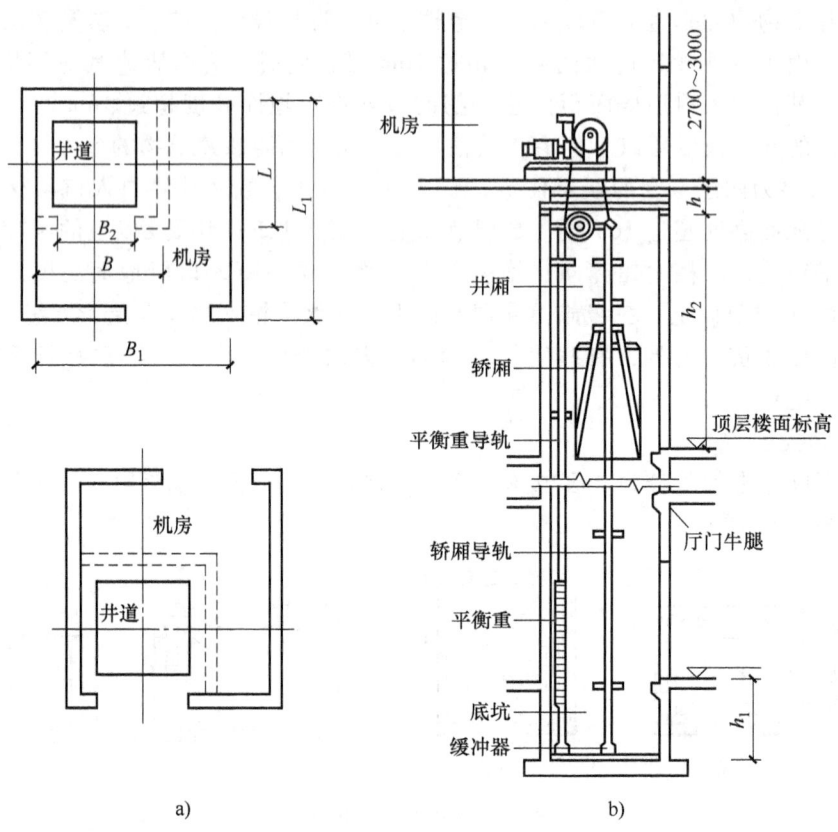

图 5-36 电梯井道
a）平面 b）剖面

（2）电梯厅门。电梯应在厅门的上部和两侧都装上门套，门套可采用水泥砂浆抹灰、水磨石、大理石、金属板、木板装修，如图 5-37 所示。门洞通常比电梯门宽 100mm。电梯门一般为双扇推拉门，宽 900~1300mm。

电梯厅门有中央分开推向两边和双扇推向同一边两种。电梯出入口地面应设置地坎，并向电梯井道内挑出牛腿，用作承厅门框，也是乘客进入轿厢的踏板。推拉门的滑槽通常安置在门套下楼板边梁如牛腿状挑出部分，如图 5-38 所示。

（3）电梯机房。电梯机房一般设置在电梯井道的顶部，少数也有设在底层井道旁边的。机房平面尺寸须根

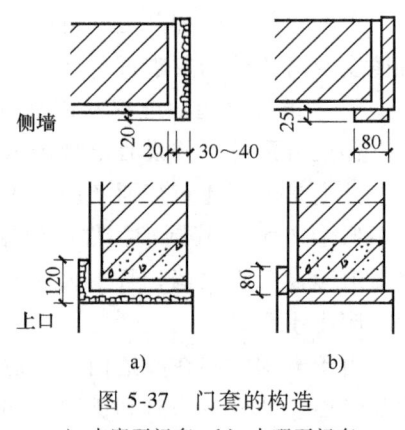

图 5-37 门套的构造
a）水磨石门套 b）大理石门套

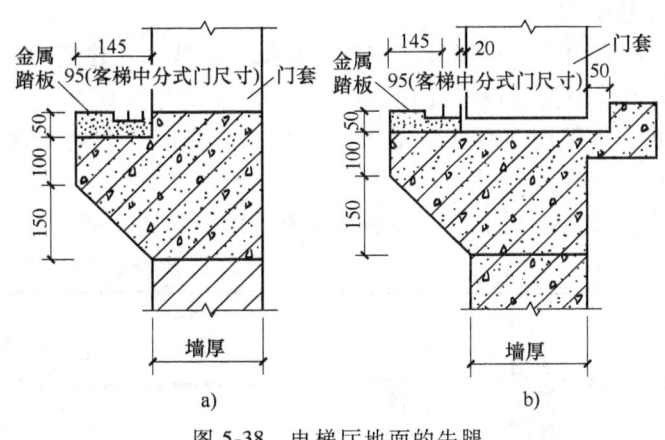

图 5-38 电梯厅地面的牛腿
a) 预制钢筋混凝土　b) 现浇钢筋混凝土

据机械设备尺寸的安排及管理、维修等需要确定，一般至少有两个面，每边扩出 600mm 以上的宽度，高度多为 2.7~3.0m。通往机房的通道、楼梯和门的宽度应不小于 1.20m。当机房高出屋面有困难时，也可将机房设置在底层或中间层。电梯机房屋顶应在电梯吊缆正上方设置受力梁（吊钩），以便起吊轿厢和重物。在机房地板适当位置设一吊孔，其尺寸根据具体生产厂家的不同型号而定。

机房围护构件的防火要求应与井道一样。为了便于安装和修理，机房的楼板应按机器设备要求的部位预留孔洞。电梯机房平面示例如图 5-39 所示。土建工程应按照厂家的要求预留出足够的安装空间和设备的基础设施。

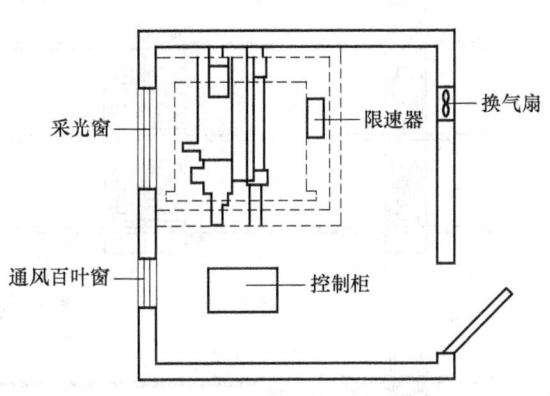

图 5-39 电梯机房（平面示例）

5.5.2 自动扶梯

自动扶梯是人流集中的大型公共建筑常用的建筑设备。在大型商场、展览馆、火车站、航空港等建筑设置自动扶梯，会对方便使用者、疏导人流起到很大的作用。有些占地面积大、交通量大的建筑还要设置自动人行道，以解决建筑内部的长距离水平交通问题。

1. 自动扶梯的组成

自动扶梯包括扶手、栏板、桁架侧面、底面外包层、护栏及中间支承等，按输送能力分为单人及双人两种。自动扶梯的倾角一般为 30°。

（1）扶手。特制连续耐磨胶带。

（2）栏板。一般为透明 10mm 厚安全玻璃，也有非透明的，多为层压板喷涂漆或不锈板。

（3）桁架侧面、底面外包层。多为钢板防锈漆面或不锈钢板。

（4）护栏。多为不锈钢管或透明玻璃护栏。

（5）中间支承。应按厂家要求进行设计。

2. 自动扶梯的布置形式

自动扶梯一般设在室内，也可以设在室外。根据自动扶梯在建筑中的位置及建筑平面布局，自动扶梯的布置方式主要有以下几种：

（1）并联排列式。楼层交通乘客流动可以连续，升降两个方向交通均分离清楚，外观豪华，但安装面积大，如图 5-40a 所示。

（2）平行排列式。安装面积小，但楼层交通不连续，如图 5-40b 所示。

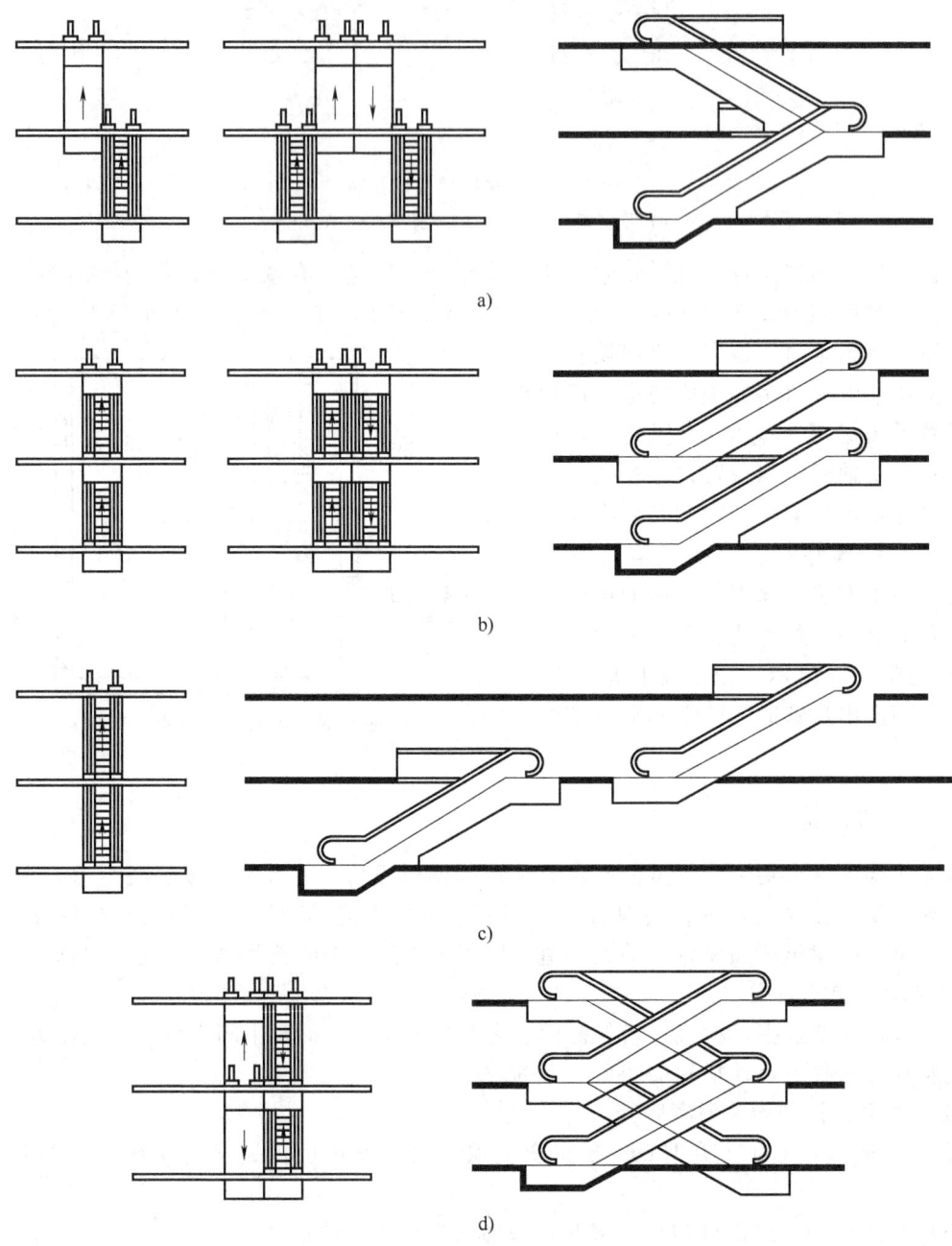

图 5-40 自动扶梯的布置形式
a）并联排列式 b）平行排列式 c）串联排列式 d）交叉排列式

（3）串联排列式。楼层交通乘客流动可以连续，如图 5-40c 所示。

（4）交叉排列式。乘客流动升降两方向均为连续，且搭乘场地相距较远，升降客流不发生混乱，安装面积小，如图 5-40d 所示。

为了保证乘客的安全，自动扶梯和自动人行道与平行墙面间、扶手与楼板开口边缘及相邻平行梯的扶手带的水平距离不应小于 0.4m。若无法满足上述要求，应在外盖板上方设置一个无锐利边缘的垂直防碰挡板作为警告标志，以避免乘客受伤。

3. 自动扶梯的构造

自动扶梯由电动机械牵引，机房悬挂在楼板的下方，踏步与扶手同步，可以正向、逆向运行，在机械停止运转时，自动扶梯可作为普通楼梯使用。自动扶梯的基本构造如图 5-41 所示。

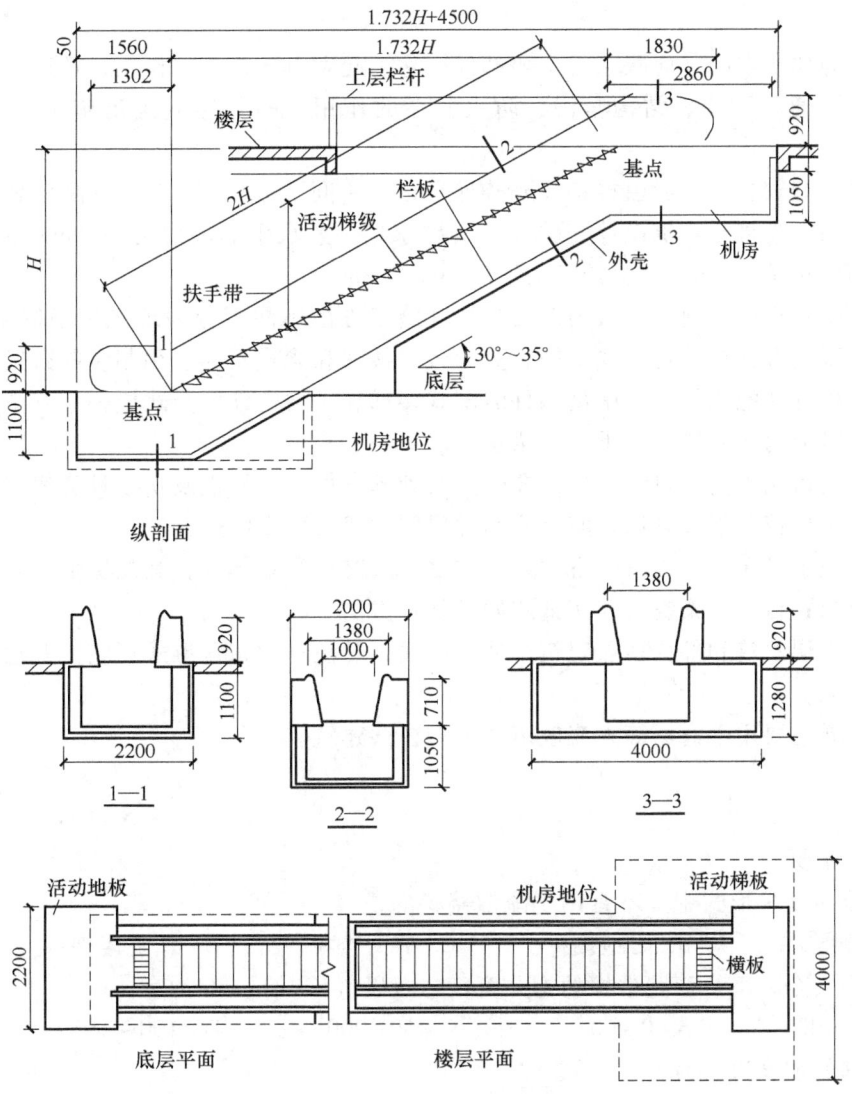

图 5-41 自动扶梯的基本构造

拓展思考——人文关怀

充满人文关怀的盲文自动扶梯设计

夜晚或者灯光昏暗时，正常人都需要小心翼翼地上下楼梯，以防意外发生。而对于盲人来说，上下楼梯更加"危险"。有些楼梯在扶手上安装了金属铭牌，上面印有盲文导引，标明上楼梯的位置和重要信息，如开始上楼梯、处在楼梯中间、再踏一步就到平台等，引导盲人更加安全地上下楼梯，十分人性化。

模块小结

楼梯、电梯和自动扶梯是建筑的垂直交通设施，电梯多用于层数较多或有特种需要的建筑物中，而且即使设有电梯或自动扶梯的建筑物，也必须设置楼梯，以便在紧急情况时使用。

楼梯作为建筑空间竖向联系的主要部件，除了起到引导人流的作用，还应充分考虑其造型美观、上下通行方便、结构坚固、防火安全的作用，同时还应满足施工和经济条件的要求。

楼梯的类型较多，一般由楼梯段、楼梯平台（中间平台）、栏杆（栏板）和扶手三部分组成；踏步高宽应符合建筑设计相关规范的要求；一般扶手的高度为900mm左右，平台处净空高度不应小于2.0m，梯段处净空不应小于2.2m。

钢筋混凝土楼梯目前应用最为广泛，按其施工方法不同可分为现浇和预制装配两大类。现浇钢筋混凝土楼梯按结构形式不同，分为板式楼梯和梁式楼梯。预制装配式钢筋混凝土楼梯分为小型构件装配式楼梯、中型构件装配式楼梯和大型构件装配式楼梯。其中，小型构件装配式楼梯可分为悬挑式、墙承式和梁承式。

楼梯面层可用不同的材料，踏口要作防滑处理；栏杆、栏板及扶手种类繁多且可用不同材料制作。任何情况下，它们之间以及与梯段间均要有可靠的连接。

台阶和坡道是建筑出入口处室内外高差之间的交通联系部件，其高宽值、坡道的坡度都有具体的要求；台阶有架空式和实铺式两种处理方法。

电梯在高层建筑和部分多层建筑中使用频繁，要注意其布置形式；它由井道、机房、厅门三部分组成。

自动扶梯主要用于商场等人流较多的大型公共建筑。

习题

一、选择题

1. 在众多楼梯形式中，不宜用于疏散楼梯的是（　　）。
   A. 直跑楼梯　　　B. 两跑楼梯　　　C. 剪刀楼梯　　　D. 螺旋楼梯
2. 为了安全，平行双跑楼梯的梯井宽度一般以（　　）mm为宜。
   A. 20~100　　　B. 0~60　　　C. 60~200　　　D. 100~260
3. 楼梯的坡度通常为（　　）。
   A. 20°~60°　　　B. 30°~60°　　　C. 20°~50°　　　D. 20°~45°
4. 每一楼梯段的踏步数量不应超过（　　）级。

A. 12　　　　　B. 15　　　　　C. 18　　　　　D. 20

5. 楼梯空花栏杆垂直杆件之间的净距不应大于（　　）mm。（比赛试题）

A. 110　　　　　B. 120　　　　　C. 130　　　　　D. 150

6. 楼梯中间平台宽度应（　　）梯段宽度。

A. 不小于　　　B. 不大于　　　C. 不等于　　　D. 不考虑

7. 室外楼梯扶手高度应不小于（　　）mm。

A. 900　　　　　B. 1000　　　　　C. 1100　　　　　D. 1200

8. 关于楼梯的构造说法正确的是（　　）。（考证试题）

A. 单跑楼梯梯段的踏步数一般不超过15级

B. 踏步宽度不应小于280mm

C. 一个梯段的踏面数与踢面数相等

D. 楼梯段净空高度不应小于2.2m

9. 楼梯平台下要求通行净高不小于（　　）mm。

A. 1700　　　　　B. 2000　　　　　C. 2200　　　　　D. 2400

10. 以下关于楼梯栏杆高度的描述中，正确的是（　　）。（比赛试题）

A. 高度900mm，从踏步表面中心点算起

B. 高度900mm，从踏步前缘线算起

C. 高度950mm，从踏步表面中心点算起

D. 高度950mm，从踏步前缘线算起

二、填空题

1. 在一般情况下，公共建筑的楼梯，一个梯段不应少于＿＿＿＿＿＿＿＿＿＿＿＿＿＿步，也不应大于＿＿＿＿＿＿＿＿步。

2. 楼梯的净空高度在平台处不应小于＿＿＿＿m，在梯段处不应小于＿＿＿＿m。

3. 现浇梁承式楼梯根据梯段结构形式的不同，可分为＿＿＿＿＿＿＿＿和＿＿＿＿＿＿＿＿两种。

4. 楼梯主要由＿＿＿＿＿＿、＿＿＿＿＿＿、＿＿＿＿＿＿三部分组成。

5. 预制装配式钢筋混凝土楼梯按构件尺度不同，一般可分为＿＿＿＿＿＿、＿＿＿＿＿＿和＿＿＿＿＿＿三种。

三、简答题

1. 常见的楼梯有哪些类型？楼梯由哪几部分组成？各部分的作用是什么？
2. 平行双跑楼梯底层中间平台下需设置通道时，为增加净高常有哪些措施？
3. 现浇钢筋混凝土楼梯常见的结构形式有哪几种？各有何特点？
4. 双跑楼梯设计思路是什么？
5. 现浇钢筋混凝土楼梯按结构形式分类有哪些？各有何特点？
6. 预制钢筋混凝土楼梯的分类有哪些？分别适合哪些建筑？
7. 楼梯踏步面层防滑如何处理？
8. 栏杆与扶手的连接构造如何？栏杆扶手与墙的连接构造如何？
9. 台阶的形式有哪几种？台阶和坡道的构造如何？如何看懂构造图？
10. 电梯有哪些种类？电梯主要由哪几部分组成？

11. 识读如下图所示楼梯大样图。

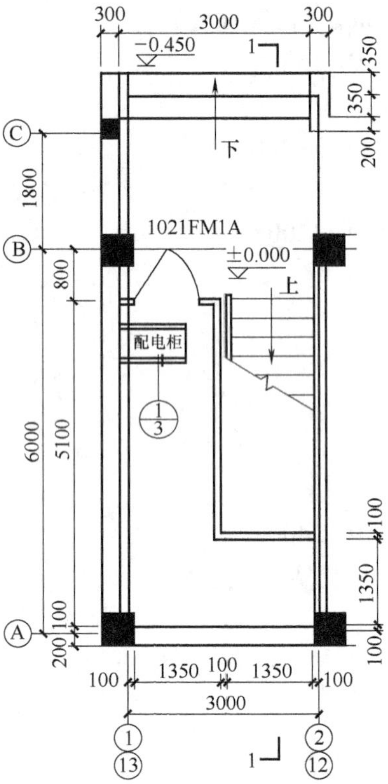

首层平面图

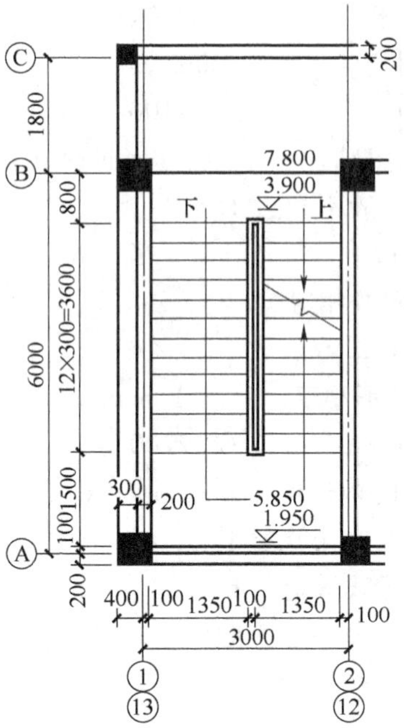

二层、三层平面图

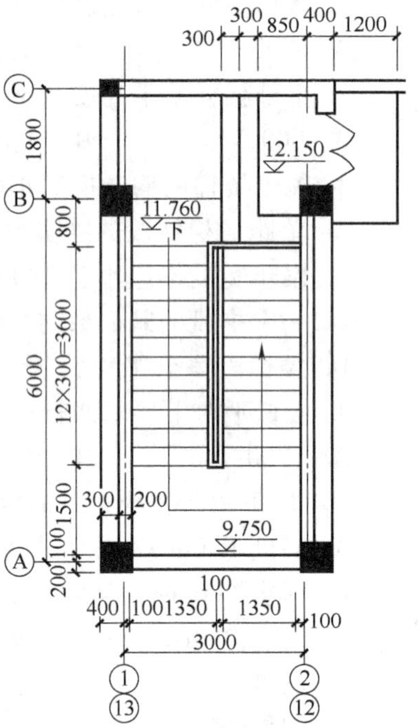

四层平面图

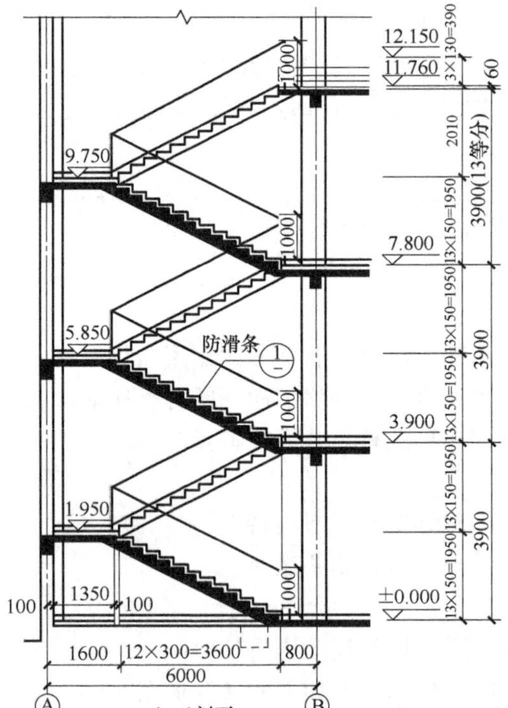

1—1 剖面

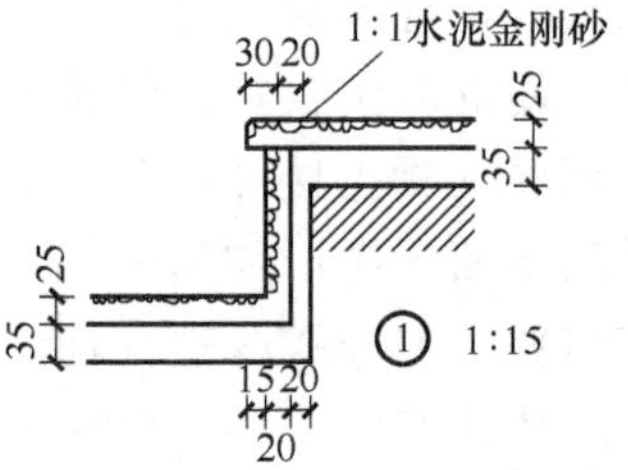

剖面图

习题答案

实训项目

1. 实训目标

了解楼梯构造设计的内容,掌握楼梯设计的方法与步骤,能查阅相关建筑规范、图集等资料,能识图建筑楼梯施工图。

2. 实训内容

根据所给出的条件,设计钢筋混凝土双跑楼梯构造,并绘制平面图、剖面图和节点详图。

3. 设计条件

某 5 层砖混住宅楼,层高 3300mm,楼梯间开间 3300mm,进深 6000mm,内外墙厚均为 240mm,轴线居中,底层设有住宅出入口,室内外高差 450mm。

4. 绘图要求

(1) A2 横式图纸 1 张。

(2) 图纸上画出楼梯平面图,楼梯剖面图,栏杆、扶手及踏步详图。

(3) 平面图和剖面图比例 1∶50,详图 1∶10。

(4) 要求图面布置合理、恰当,图线粗细分明,尺寸标注等符合国家制图标准。

模块六

屋顶

学习目标

知识目标
1. 了解屋顶的基本组成与形式。
2. 掌握平屋顶的防水构造做法。
3. 掌握坡屋顶的防水构造做法。
4. 掌握屋顶的保温与隔热做法。

技能目标
1. 能识读平屋顶的防水构造图。
2. 能识读坡屋顶的防水构造图。
3. 能识读屋顶的保温与隔热构造图。
4. 能进行屋顶排水设计并绘制屋顶平面图。

素质目标
1. 具备识读、绘制屋顶构造图时的专注和热情。
2. 绘制屋顶构造图时保证质量,具备环保节能意识。
3. 具有与他人配合工作的团队意识、协作精神。
4. 具备持续学习的精神。

工作任务
1. 识图屋顶施工图。
2. 设计并绘制平屋顶平面图、构造节点详图。

案例引入

2021年8月8日下午15时10分许,黑龙江省哈尔滨市香坊区和兴路某有限公司在顶层楼面(七楼)防水施工过程中发生顶层楼板塌落,现场7人轻伤,4人死亡。此次坍塌事故只是顶层屋盖坍塌,没有延伸到下面几层楼面。该大楼主体结构是混凝土框架结构,四周一圈的混凝土柱和梁延伸到了屋盖,顶层屋盖的结构形式是大跨度的螺栓球钢网架加分块混凝土预制板。

事故的起因是屋顶长期渗漏导致屋顶结构钢筋锈蚀断裂,从而导致屋顶坍塌。由于屋顶防水层出现破损后,水中溶解氧参与钢筋腐蚀电化学过程的阴极反应,水不仅可加速混凝土的碳化作用,也为钢筋的腐蚀提供了条件,使得预制混凝土板强度大大降低,从而酿成事故。

思考

1. 屋顶的类型有哪些？
2. 屋顶防水的做法是什么？

6.1 屋顶概述

6.1.1 屋顶的作用

屋顶是建筑物围护结构的一部分，是建筑立面的重要组成部分，除应满足自重轻、构造简单、施工方便等要求外，还必须具备坚固耐久、防水排水、保温隔热、抵御侵蚀等功能。

屋顶的认识

6.1.2 屋顶的类型

屋顶的类型与建筑物的屋面材料、屋顶结构类型以及建筑造型要求等因素有关。按照屋顶的排水坡度和构造形式，屋顶分为平屋顶、坡屋顶和曲面屋顶三种类型。

1. 平屋顶

平屋顶是指屋面排水坡度小于或等于10%的屋顶。平屋顶的主要特点是坡度平缓，常用的坡度为2%～3%，上部可做成露台、屋顶花园等供人使用，同时平屋顶的体积小、构造简单、节约材料、造价经济，在建筑工程中应用最为广泛，如图6-1所示。

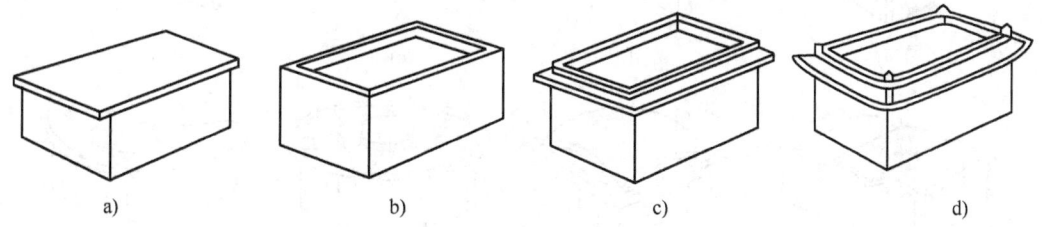

图6-1 平屋顶的形式

a) 挑檐平屋顶 b) 女儿墙平屋顶 c) 挑檐女儿墙平屋顶 d) 盝顶平屋顶

2. 坡屋顶

屋面坡度大于10%的屋顶称为坡屋顶。坡屋顶在我国有着悠久的历史，由于坡屋顶造型丰富多彩，并能就地取材，至今仍被广泛应用。

坡屋顶分为单坡屋顶、双坡屋顶、四坡屋顶及攒尖等，如图6-2所示。当建筑物进深不大时，可选用单坡顶；当建筑物进深较大时，宜采用双坡顶或四坡顶。双坡屋顶有硬山、悬山及出山之分，硬山是指山墙不出檐的双坡屋顶，北方少雨地区采用较广。悬山是指屋顶的两端挑出山墙外面，挑檐可保护墙身，有利于排水，并有一定的遮阳作用，常用于南方多雨地区。出山屋顶即山墙高出屋面的双坡屋顶。对坡屋顶稍加处理，即可形成卷棚顶、庑殿顶、歇山顶、攒尖顶等形式，古建筑中的庑殿顶和歇山顶均属于四坡屋顶曲面屋顶。

3. 曲面屋顶

曲面屋顶是由各种薄壳结构、悬索结构以及网架结构等作为屋顶承重结构的屋顶，如双

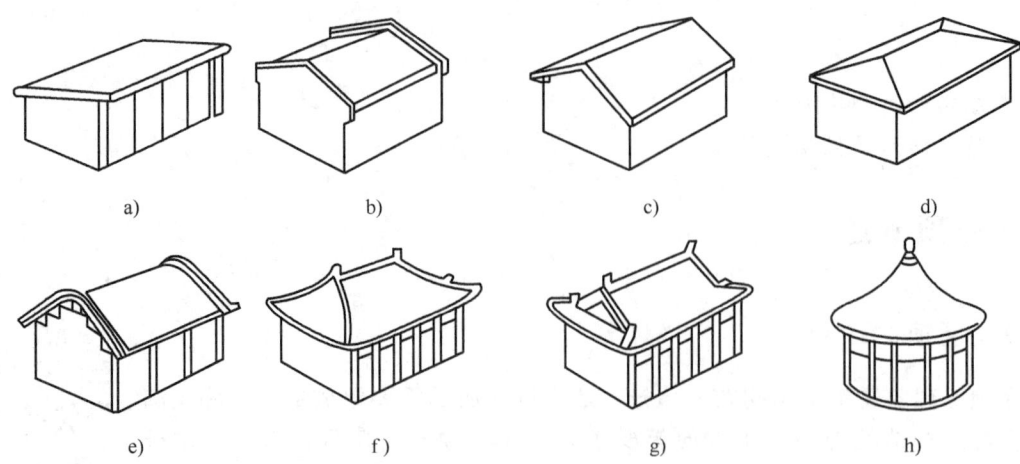

图 6-2 坡屋顶的形式

a) 单坡顶 b) 出山双坡顶 c) 悬山双坡顶 d) 四坡顶 e) 卷棚顶 f) 庑殿顶 g) 歇山顶 h) 攒尖顶

曲拱屋顶、扁壳屋顶、鞍形悬索屋顶等，如图 6-3 所示。这类结构受力合理，能充分发挥材料的力学性能，因而能节约材料。但是，这类屋顶施工复杂、造价高，故常用于大跨度的大型公共建筑中。

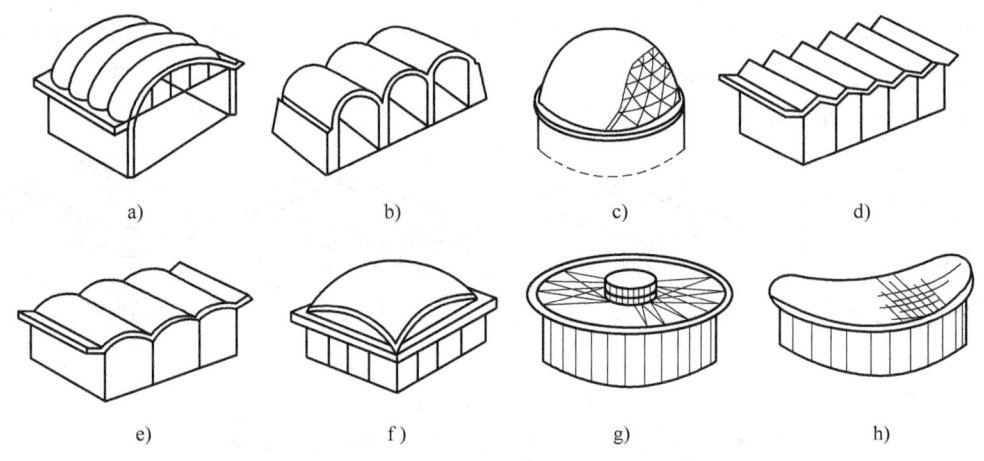

图 6-3 曲面屋顶的形式

a) 双曲拱屋顶 b) 砖石拱屋顶 c) 球形网壳屋顶 d) V 形折板屋顶
e) 筒壳屋顶 f) 扁壳屋顶 g) 车轮形悬索屋顶 h) 鞍形悬索屋顶

拓展思考——文化自信

古建筑的屋顶类型

屋顶在建筑最上面起围护结构的作用，而且屋顶形式、屋脊做法和装饰物，以及采用的屋面材料等，都能反映出建筑的等级，建筑的使用性质、类别，建筑物主人的身份地位等，并在这些方面有着严格的规定，是必须满足的。

各种坡屋顶类型早在秦汉时期就已基本形成，到宋代更为完备。在《营造法式》中就记录了四阿顶、厦两头造（九脊殿）、不厦两头造和斗尖（撮尖）四种主要形式的屋顶。到了明清时期，古建筑屋顶的类型更为多样。

明清时期，习惯将官式建筑分为正式与杂式。硬山、悬山、庑殿、歇山是正式建筑屋顶的四种基本型。庑殿、歇山可以做成重檐建筑，歇山、悬山和硬山建筑可以区分为带有正脊和不带正脊（卷棚）的做法。这样建筑屋顶就形成了重檐庑殿、重檐歇山、单檐庑殿、单檐歇山、卷棚歇山、起脊悬山、卷棚悬山、起脊硬山、卷棚硬山九个依次降低的等级，构成了正式建筑屋顶严格的等级序列。

在古建筑中，凡是平面不是长方形，屋顶为庑殿、歇山、悬山、硬山四种基本型之外的均属于杂式建筑范畴。杂式建筑屋顶的类型有攒尖、盔顶、盝顶、圆顶、平台屋顶、单坡顶、扇面顶等形式。

6.1.3 屋顶的设计要求

屋顶是建筑物的重要组成部分之一，在设计时应满足的要求主要是以下几方面：

1. 强度和刚度要求

屋顶既是建筑物的围护构件，又是建筑物的承重构件，所以首先要求其要有足够的强度，以承受作用在屋顶上的各种荷载的作用；其次要有足够的刚度，防止屋顶受力后产生过大的变形导致屋面防水层开裂造成屋面渗漏。

2. 防水和排水要求

防水和排水是屋顶构造设计应满足的最基本的要求之一。防水是通过选用不透水的屋面材料，以及合理的构造处理来达到防水目的；排水是利用屋面合适的坡度，使屋面的雨水能够迅速排除。

3. 保温隔热要求

屋顶作为建筑物最上层的外围护结构，应具有良好的保温隔热性能，以满足建筑物的使用要求。在北方寒冷地区，屋顶应满足冬季的保温要求，减少室内热量的损失，以节约能源；在南方炎热地区，屋顶应满足夏季隔热的要求，避免室外高温及强烈的太阳辐射对室内产生的不利影响。

4. 建筑艺术要求

屋顶是建筑物外部形体的重要组成部分，屋顶的形式在很大程度上影响着建筑的整体造型。在设计中，应注重屋顶的建筑艺术效果。

6.2 屋顶排水

为了迅速排除屋顶雨水，保证水流畅通，首先要选择合理的屋顶坡度、恰当的排水方式，然后再进行周密的排水设计。

6.2.1 屋顶坡度选择

1. 屋顶坡度的表示方法

常见的屋顶坡度表示方法有斜率比、百分比和角度三种。斜率比法以屋顶高度与坡面的水平投影长度之比表示，即 $h:l$，如 $1:2$、$1:5$ 等，该方法既可用于平屋顶也可用于坡屋顶；百分比法以屋顶高度与坡面的水平投影长度的百分比表示，常用 i 表示，如 $i=1\%$、2%

等，该方法主要用于平屋顶；角度法是以坡面与水平面所构成的夹角表示，常用 θ 表示，如 $\theta=26°$、$30°$ 等，该方法主要用于坡屋顶，但在实际工程中较少采用。如图 6-4 所示。

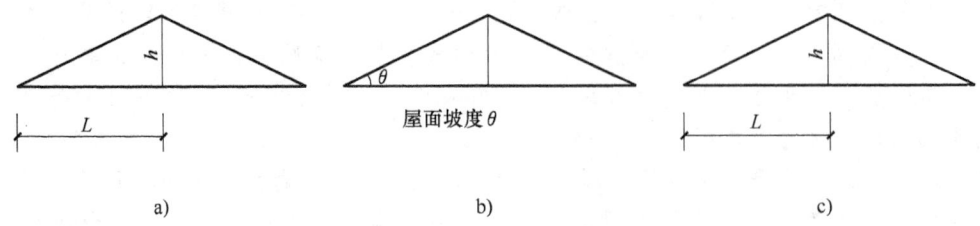

图 6-4 屋顶坡度的表示方法
a) 斜率比法 b) 角度法 c) 百分比法

2. 影响屋顶坡度大小的因素

屋顶坡度的确定与屋顶防水材料、地区降雨量大小、屋顶结构形式、建筑造型要求以及经济条件等因素有关。对于一般民用建筑主要由以下两方面的因素来确定：

（1）防水材料。防水材料的性能及其尺寸大小直接影响屋顶坡度，如图 6-5 所示。防水材料的防水性能越好，屋顶的坡度可越小。对于尺寸小的屋顶防水材料，屋顶接缝越多，漏水的可能性会越大，其坡度应大一些，以便迅速排除雨水，减少漏水的可能。构造处理的方法根据不同情况应有所区别。而卷材屋顶和混凝土防水屋顶，防水性能好，基本上是整体的防水层，因此坡度可以小一些。

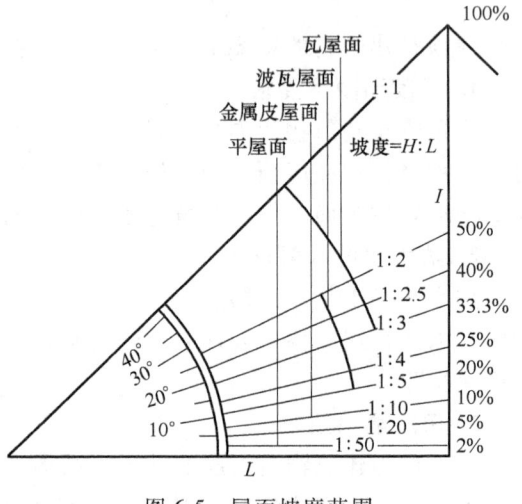

图 6-5 屋面坡度范围

（2）地区降雨量大小。降雨量的大小对屋顶防水有直接影响，降雨量大，漏水的可能性大，屋顶坡度应适当增加。我国南方地区年降雨量和每小时最大降雨量都高于北方地区，因此即使采用同样的屋顶防水材料，一般南方地区的屋顶坡度都要大于北方地区。

3. 形成屋顶排水坡度的方法

形成屋顶排水坡度常用的方法有材料找坡和结构找坡。

（1）材料找坡。材料找坡是指屋顶结构层的屋顶楼板水平搁置，利用轻质材料垫置坡度，因而材料找坡又称为垫置坡度，常用找坡材料有水泥炉渣、石灰炉渣等，找坡材料最薄处以不小于 30mm 厚为宜，如图 6-6a 所示，坡度宜为 2%。这种做法可获得平整的室内顶棚，空间完整，但找坡材料增加了屋顶荷载，且多费材料和人工。当屋顶坡度不大或需设保温层时广泛采用这种做法。

（2）结构找坡。结构找坡是指将屋顶楼板倾斜搁置在下部的墙体或屋顶梁及屋架上的一种做法，因而结构找坡又称为搁置坡度，如图 6-6b 所示，坡度不应小于 3%。这种做法不需在屋顶上另加找坡层，具有构造简单、施工方便、节省人工和材料、减轻屋顶自重的优点，但室内顶棚面是倾斜的，空间不够完整。因此，结构找坡常用于设有吊顶棚或室内美观要求不高的建筑工程中。

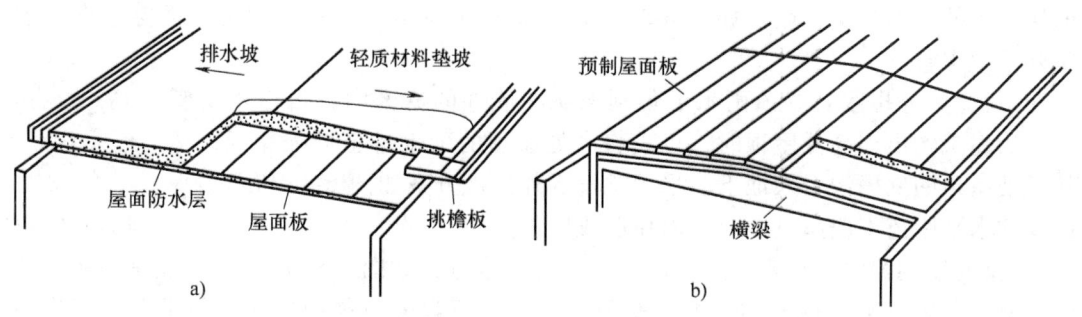

图 6-6 形成屋顶排水坡度常用的方法
a）材料找坡　b）结构找坡

6.2.2 屋顶排水方式

屋顶排水方式分为无组织排水和有组织排水两大类。

1. 无组织排水

无组织排水又称为自由落水，是指屋顶雨水直接从檐口落下到室外地面的一种排水方式，如图 6-7 所示。这种做法具有构造简单、造价低廉的优点，但屋顶雨水自由落下会溅湿墙面，外墙墙脚常被飞溅的雨水侵蚀，影响到外墙的坚固耐久，并可能影响人行道的交通。无组织排水方式主要适用于少雨地区或一般低层建筑及檐高小于 10m 的屋面，不宜用于临街建筑和高度较高的建筑。

屋顶的排水方式

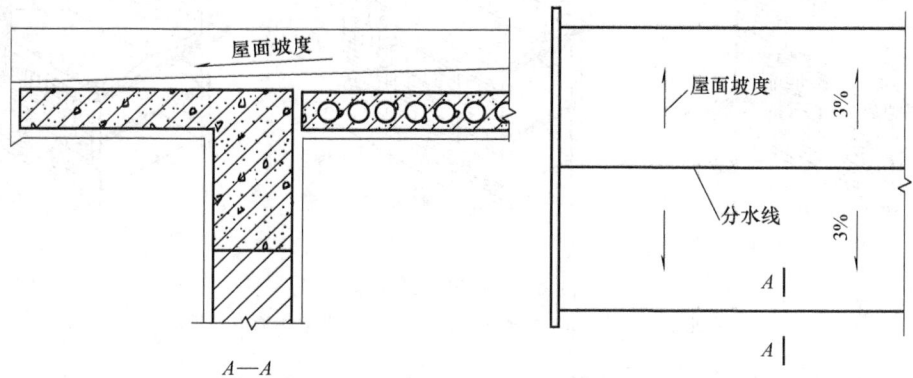

图 6-7 无组织排水

2. 有组织排水

有组织排水是指屋顶雨水通过排水系统的天沟、雨水口、雨水管等有组织地将雨水排至地面或地下管沟的一种排水方式。这种排水方式构造较复杂，造价相对较高，但是减少了雨水对建筑物的不利影响，在多层及高层建筑屋面中采用。

有组织排水方案由于具体条件不同可分为外排水和内排水两种类型。

（1）外排水。如图 6-8 所示，外排水是指雨水管装在建筑外墙外的一种排水方案，构造简单，雨水管不进入室内，有利于室内美观和减少渗漏，使用广泛，南方地区多优先采用。

1）女儿墙外排水。由于建筑造型所需，将外墙升起封住屋顶，高于屋

女儿墙外排水

顶的这部分外墙称为女儿墙。如图6-8a所示，特点是屋顶雨水在屋顶汇集需穿过女儿墙流入室外的雨水管。

2）挑檐沟外排水。屋顶雨水汇集到悬挑在墙外的檐沟内，再由水落管排下。当建筑物出现高低屋顶时，可先将高处屋顶的雨水排至低处屋顶，然后从低处屋顶的挑檐沟引入地下。采用挑檐沟外排水方案如图6-8b所示，水流路线的水平距离不应超过24m，以免造成屋顶渗漏。

挑檐沟外排水

3）女儿墙挑檐沟外排水。女儿墙挑檐沟外排水方案如图6-8c所示，特点是在屋顶檐口部位既有女儿墙，又有挑檐沟。上人屋顶、蓄水屋顶常采用这种形式，利用女儿墙作为围护，利用挑檐沟汇集雨水。

4）暗管外排水。明装雨水管对建筑立面的美观有所影响，故在一些重要的公共建筑中，常采用暗装雨水管的方式，将雨水管隐藏在装饰柱或空心墙中，装饰柱可成为建筑立面构图中的竖向线条。

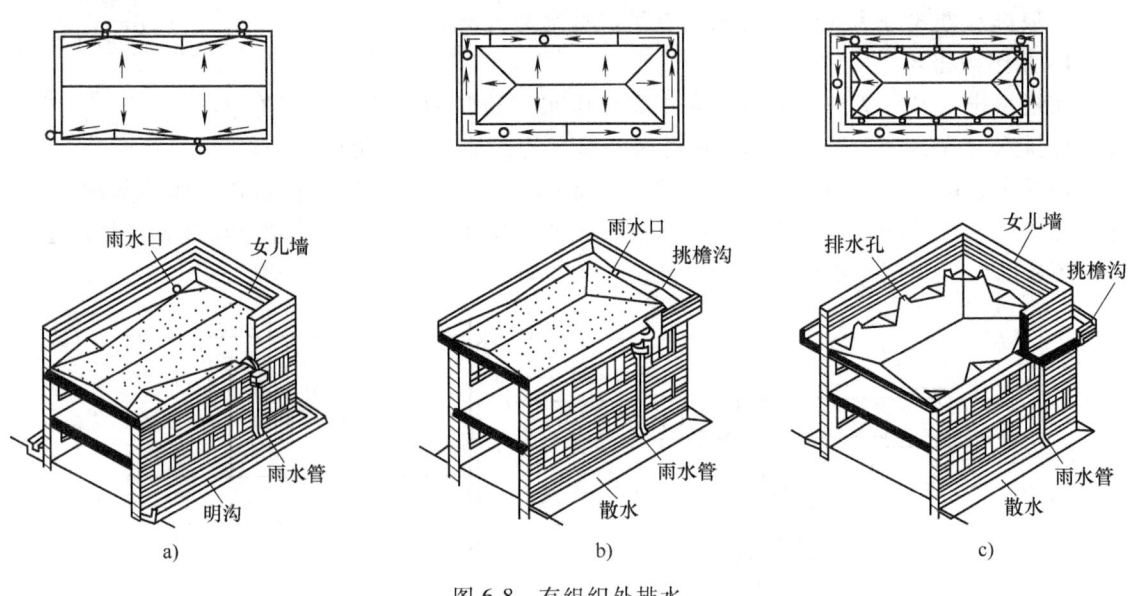

图6-8 有组织外排水
a）女儿墙外排水 b）挑檐沟外排水 c）女儿墙挑檐沟外排水

（2）内排水。在有些情况下采用外排水不一定恰当，如高层建筑不宜采用外排水，因为维修室外雨水管既不方便也不安全；又如严寒地区的建筑不宜采用外排水，因为低温会使室外雨水管中的雨水冻结；再如某些屋顶宽度较大的建筑，无法完全依靠外排水排除屋顶雨水，就要采用内排水方案，如图6-9所示。

6.2.3 屋顶排水组织设计

屋顶排水组织设计就是把屋顶划分成若干个排水区，将各区的雨水分别引向各雨水管，使排水线路短捷，雨水管负荷均匀，排水顺畅。因此，屋顶须有适当的排水坡度，设置必要的天沟、雨水管和雨水口，并合理地确定这些排水装置的规格、数量和位置，最后将它们绘制成屋顶平面图，这一系列的工作就是屋顶排水组织设计。

屋顶排水组织设计

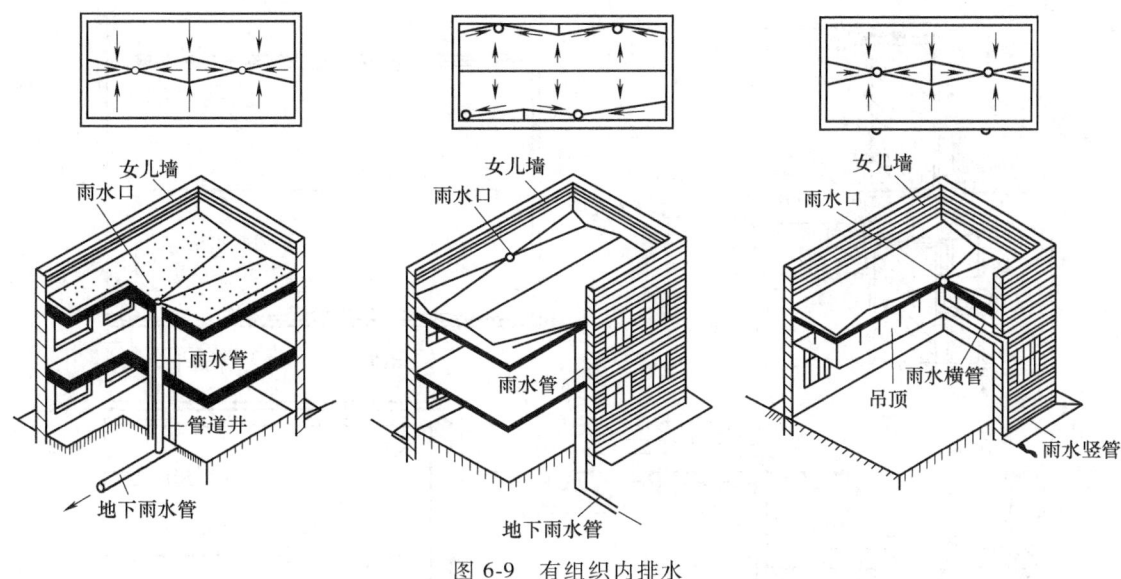

图 6-9 有组织内排水

1. 划分排水区域

划分排水区域的目的是便于均匀地布置雨水管。排水区域的大小一般按一个雨水口负担 $200m^2$ 屋顶面积的雨水计算,屋顶面积按水平投影面积计算。

2. 确定排水坡面的数目

一般情况下,平屋顶宽度小于12m时,可采用单坡排水,或临街建筑常采用单坡排水;宽度较大时,为了不使水流的路线过长,宜采用双坡排水。坡屋顶则应结合造型要求选择单坡、双坡或四坡排水。

3. 确定天沟断面大小和天沟纵坡的坡度值

天沟即屋顶上的排水沟,位于外檐边的天沟又称为檐沟。天沟的功能是汇集和迅速排除屋顶雨水,故其断面大小应恰当,沟底沿长度方向应设纵向排水坡,简称天沟纵坡。天沟纵坡的坡度通常为 0.5%~1%,钢筋混凝土檐沟、天沟沟内纵向坡度不应小于1%,金属檐沟、天沟的纵向坡度宜为0.5%。无论在平屋顶还是坡屋顶中大多采用钢筋混凝土天沟。天沟的净断面尺寸应根据降雨量和汇水面积的大小来确定。一般建筑的天沟净宽不应小于300mm,分水线处最小深度不应小于100mm,沟底水落差不得超过200mm。如图6-10b所示为挑檐沟外排水的平面和剖面图中天沟断面尺寸和天沟纵坡坡度。

4. 确定雨水管的材料、规格及间距

雨水管根据材料分为铸铁、塑料、镀锌钢板等多种材料。目前最常采用的是PVC塑料管,其管径有50mm、75mm、100mm、125mm、150mm、200mm等规格。一般民用建筑常采用 75~100mm 的雨水管。面积小于 $25m^2$ 的露台和阳台可选用直径50~75mm的雨水管。雨水管的数量与雨水口相等,雨水管的最大间距应同时予以控制。雨水管的间距过大,会导致天沟纵坡过长,沟内垫坡材料加厚,使天沟的容积减少,大雨时雨水易溢向屋顶引起渗漏或从檐沟外侧涌出,一般情况下雨水口间距为18m,最大间距不宜超过24m。雨水管的位置应放在墙面处,考虑建筑的美观性,尽可能将其布置在边角处或凹角处。

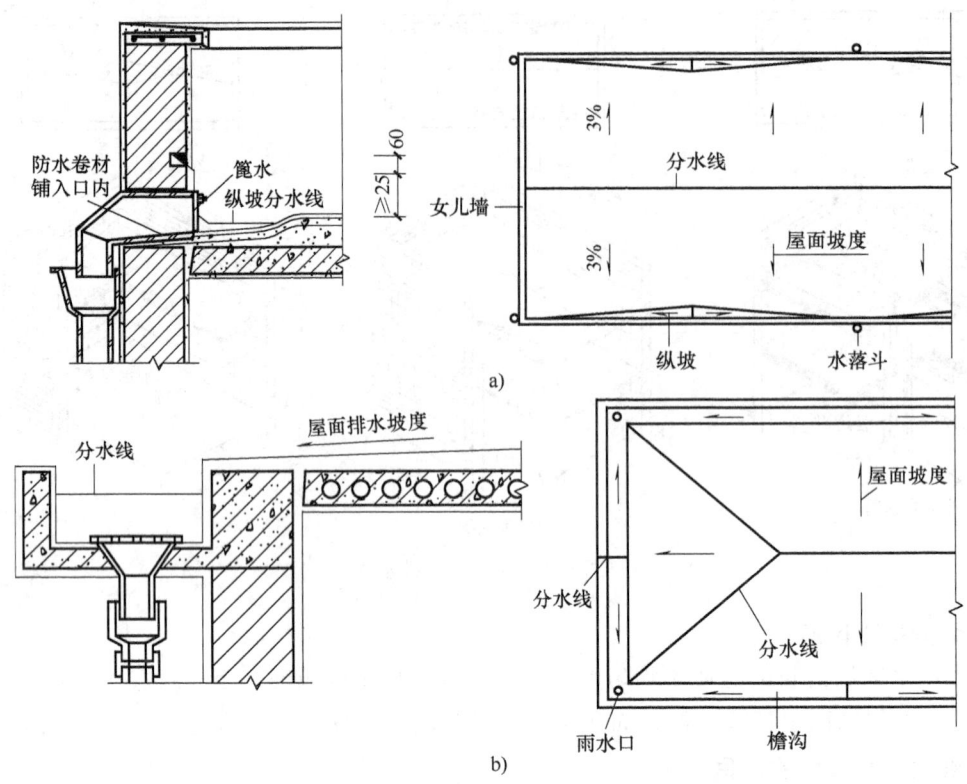

图 6-10 屋顶排水组织设计
a）女儿墙外排水　b）挑檐沟外排水

6.3 平屋顶屋面

平屋顶是我国建筑工程中较常见的屋顶形式，屋面比较平坦，常用坡度为 2%~5%，由结构层、防水层等组成，可根据地理环境和设计需要加设保温层和隔热层等。平屋顶的特点是构造简单、节约材料，呈平面状的屋面有利于利用，如做成露台、屋顶花园等。

6.3.1 平屋顶的防水

1. 柔性防水屋面

柔性防水屋面是将柔性防水卷材用胶结材料粘贴在屋面上，形成一个大面积的封闭防水覆盖层，又称为卷材防水屋面。这种防水屋面具有良好的延伸性，能较好地适应结构变形和温度变化。

平屋顶柔性
防水构造

（1）柔性防水卷材的种类。

1）沥青类防水卷材。沥青类防水卷材是指用原纸、纤维织物、纤维毡等胎体材料浸涂沥青，表面撒布粉状、粒状或片状材料后制成的可卷曲片状材料。沥青油毡防水屋顶的防水层容易产生起鼓、沥青流淌、油毡开裂等问题，从而导致防水质量下降和使用寿命缩短，近年来在实际工程中已较少采用。

2）合成高分子防水卷材。合成高分子防水卷材是指以合成橡胶、合成树脂或两者的混合体为基料，加入适量的化学助剂和填充料等，采用橡胶或塑料的加工工艺所制成的可卷曲片状防水材料，如三元乙丙橡胶、氯化聚乙烯-橡胶共混防水卷材、聚氯乙烯防水卷材等。

3）改性沥青防水卷材。改性沥青防水卷材是指以聚乙烯膜为胎体，以氧化改性沥青、丁苯橡胶改性沥青或高聚物改性沥青为涂盖层，表面覆盖聚乙烯薄膜，经滚压成型水冷新工艺加工制成的可卷曲片状防水材料，如 SBS 改性沥青防水卷材、APP 改性沥青防水卷材、SBR 改性沥青防水卷材等。

（2）柔性防水屋面的构造做法。

1）找坡层。当屋顶采用构造找坡来形成坡度时，找坡层一般位于结构层之上，采用轻质、经济的材料，如 1：7~1：6 的水泥焦渣或水泥膨胀蛭石垫置形成坡度，最薄处的厚度不宜小于 30mm。当屋顶采用结构找坡时，则不需设置找坡层，如图 6-11 所示。

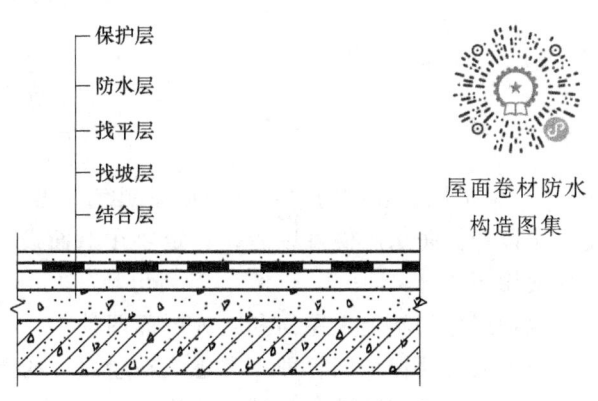

图 6-11　卷材防水屋面构造层次

2）找平层。卷材防水层要求铺贴在坚固、平整的基层上，以避免卷材凹陷或被刺穿，因此，必须在找坡层或结构层上设置找平层。找平层一般采用 1：2.5 的水泥砂浆或细石混凝土、沥青砂浆，厚度为 20~30mm，作为卷材表面基层。

3）结合层。为了保证防水层与找平层能很好地粘结，铺贴卷材防水层前，必须在找平层上涂刷基层处理剂作为结合层。结合层材料应与卷材的材质相适应，采用高聚物改性沥青防水卷材时，一般采用煤油或汽油作为溶剂所配成的沥青溶液即冷底子油作为结合层。采用合成高分子防水卷材时，则使用专用的基层处理剂作为结合层。

4）防水层。防水层由防水卷材和胶结材料分层粘贴而成，层数或厚度根据防水等级确定，可查阅《屋面工程技术规范》（GB 50345—2012）相关内容。

卷材铺设前基层必须干净、干燥，并涂刷与卷材配套使用的基层处理剂，以保证防水层与基层粘结牢固。卷材一般分层铺设，当屋面坡度小于 3% 时，卷材宜平行于屋脊铺贴；屋面坡度在 3%~15% 时，卷材可平行或垂直于屋脊铺贴；屋面坡度大于 15% 或屋面受振动时，沥青防水卷材应垂直于屋脊铺贴，高聚物改性沥青防水卷材和合成高分子防水卷材可平行或垂直于屋脊铺贴；上、下层卷材不得相互垂直铺贴，如图 6-12 所示。

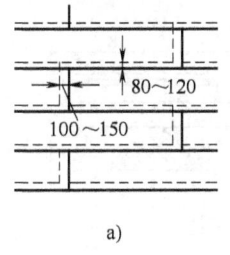 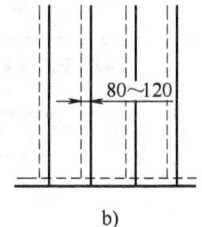 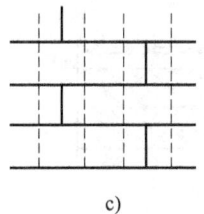 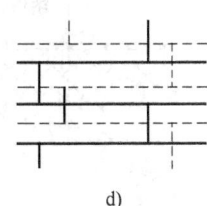

a)　　　　　　　　b)　　　　　　　　c)　　　　　　　　d)

图 6-12　卷材的铺设方向和搭接要求

a）平行于屋脊铺贴　b）平行或垂直于屋脊铺贴　c）双层垂直、平行于屋脊铺贴　d）双层平行于屋脊铺贴卷材的铺贴方法有冷粘法、热熔法、热风焊接法、自粘法等。沥青胶的厚度一般要控制在 1~1.5mm，防止厚度过大发生龟裂。粘贴时涂刷成点状或条状，点、条之间的空隙即作为水气的扩散空间，如图 6-13 所示。

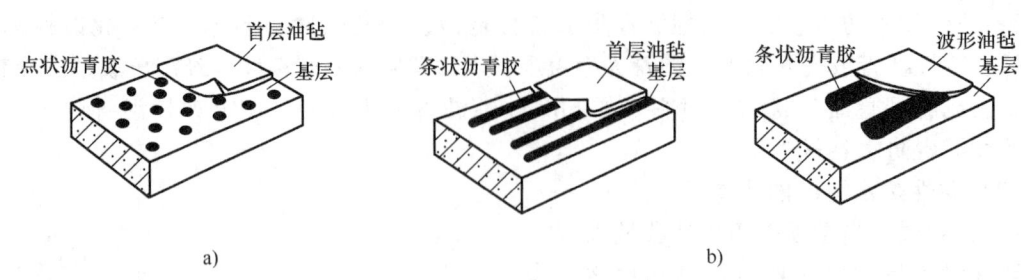

图 6-13 沥青胶的粘贴方法
a) 点状粘贴 b) 条状粘贴

5) 保护层。卷材防水层的材质呈黑色，极易吸热，易受温度、阳光及氧气作用，易老化，所以卷材防水层做好以后，一定要在上面设置保护层，以保护防水层，延缓沥青老化，增加使用年限。

保护层分为不上人屋面和上人屋面两种。

不上人屋面保护层，即不考虑人在屋顶上的活动情况。石油沥青油毡防水层的不上人屋面保护层做法是用玛蹄脂粘结粒径为 3~5mm 的浅色绿豆砂。

上人屋面保护层，即屋面上要承受人的活动荷载。保护层应有一定的强度和耐磨度，一般做法是在防水层上用水泥砂浆或沥青砂浆铺贴缸砖、大阶砖、预制混凝土板等，或在防水层上浇筑 40mm 厚 C20 细石混凝土，每 2m 左右设一道分仓缝，如图 6-14 所示。

2. 涂膜防水屋面

涂膜防水屋面是采用可塑性和粘结力较强的分子防水涂料，直接涂刷在屋顶上，形成一层满铺的不透水薄膜层，以达到屋顶防水目的。涂膜防水材料具有粘结力强、耐腐蚀、耐老化、延伸率大、弹性好、不延燃、无毒、施工方便等优点，已广泛应用于建筑各部位的防水工程中。

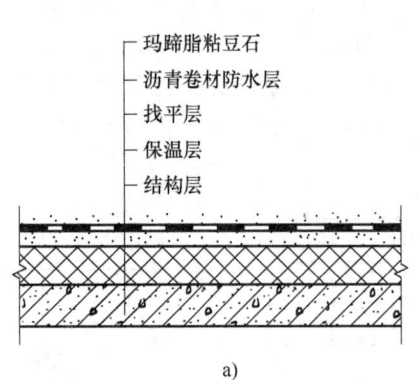
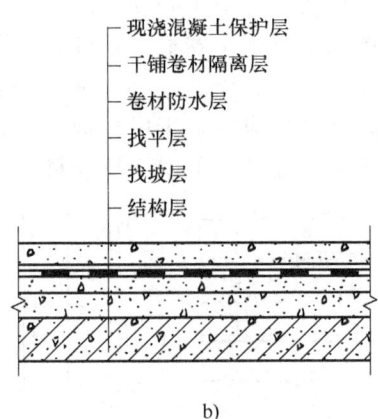

图 6-14 卷材防水屋面保护层
a) 豆石保护层 b) 现浇混凝土

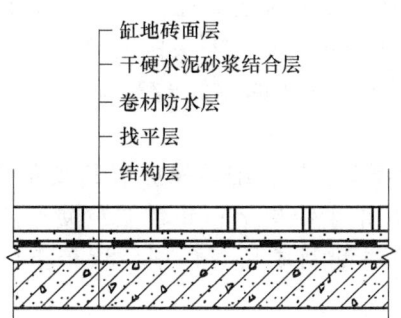
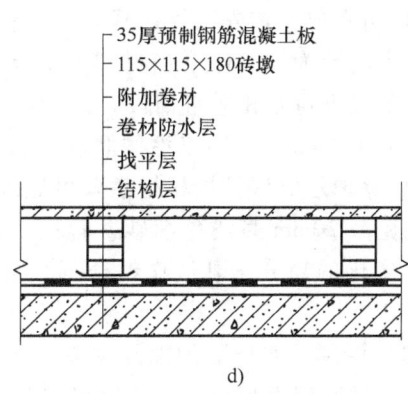

图 6-14　卷材防水屋面保护层（续）
c）铺地砖　d）预制混凝土板

（1）涂膜防水屋面的材料。应用于涂膜防水屋面的材料主要有各种涂料和胎体增强材料两大类。

1）涂料。防水涂料的种类很多，根据其溶剂或稀释剂的类型可分为溶剂型、水溶型、乳液型等。根据施工时涂料液化方法的不同则可分为热熔型、常温型等。根据涂料硬化机理的不同分为以下两类：一类是用水或溶剂溶解后在基层上涂刷，通过水或溶剂蒸发而干燥硬化；另一类是通过材料的化学反应而硬化。一般有乳化沥青类、氯丁橡胶类、丙烯酸树脂类、聚氨酯类和焦油酸性类等，种类繁多。

2）胎体增强材料。某些防水涂料（如氯丁胶乳沥青涂料）需要与胎体增强材料（即所谓的布）配合，以增强涂层的贴附覆盖能力和抗变形能力。目前，使用较多的胎体增强材料为 0.1mm×6mm×4mm 或 0.1mm×7mm×7mm 的中性玻璃纤维网格布或中碱玻璃布、聚酯无纺布等。

（2）涂膜防水屋面的构造。涂膜防水屋面的构造如图 6-15 所示。

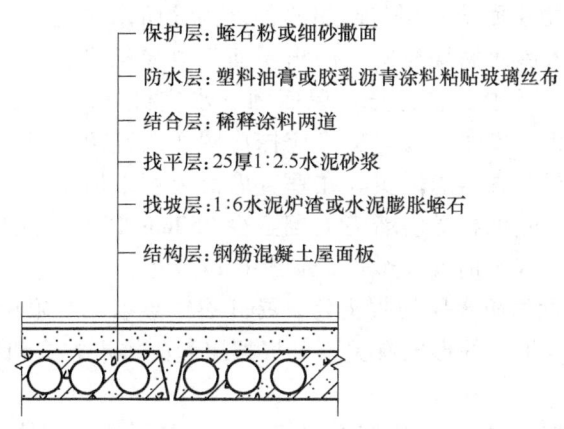

涂膜防水屋面构造

图 6-15　涂膜防水屋面的构造

1）结构层。结构层为整体性较强的钢筋混凝土屋面板。

2）找平层。在屋顶板上用水泥砂浆做找平层并设分格缝，分格缝宽 20mm，其间距不大于 6m，缝内嵌填密封材料。

3）防水层。首先，将稀释防水涂料均匀涂布于找平层上作为底涂层，干后再刷2~3遍涂料。中间层为加胎体增强材料的涂层，要铺贴玻璃纤维网格布，若采取两层胎体增强材料，上下层不得互相垂直铺设，搭接缝应错开，其间距不应小于幅宽的1/3。一布二涂的厚度通常大于2mm，二布三涂的厚度通常大于3mm。

4）保护层。保护层根据需要可做细砂保护层或涂覆着色层。细砂保护层是在未干的中涂层上抛撒20mm厚浅色细砂并辊压，使砂浆牢固地粘结于涂层上；着色层可使用防水涂料或耐老化的高分子乳液作粘合剂，加上各种矿物养料配制成品着色剂，涂布于中涂层表面。

（3）涂膜防水屋面的细部构造。涂膜防水屋面的细部构造要求及做法与卷材防水屋面类似。在预制屋面板或大面积钢筋混凝土现浇屋面基层中，仍须设分格缝，如图6-16所示。

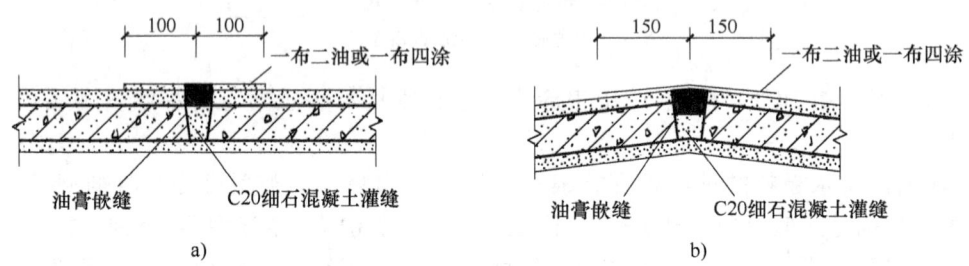

图6-16 涂膜防水分格缝

6.3.2 平屋顶的细部构造

1. 柔性防水屋面

柔性防水屋面在泛水、檐口、落水口、出屋面的管道、烟囱、屋面检查孔等与屋面出入口处的构造等特别容易产生渗漏，是屋面防水的薄弱环节，应加强这些部位的防水构造处理。

（1）泛水。泛水是指屋面防水层与凸出构件之间的防水构造。一般在屋面防水层与女儿墙、上人屋面的楼梯间、凸出屋面的电梯机房、水箱间、高低屋面交接处等，都需做泛水。卷材防水屋面的泛水应做好防水层的转折、垂直墙面上的固定及收头。屋面与墙的交界应抹成圆弧或钝角，以防止在粘贴卷材时因直角转弯而折断或不能铺实。在垂直墙面上可采用水泥砂浆抹光加冷底子油的铺贴方法，防水卷材沿墙需上翻至少250mm以上，应根据墙体材料确定收头及密封形式，如采用盖镀锌薄钢板等形式，如图6-17所示。

泛水做法图集

（2）檐口。檐口是屋面防水层的收头处，易开裂、渗水，必须做好檐口处的收头处理。檐口的构造及处理方法与檐口的形式有关，可根据屋面的排水方式和建筑物的立面造型要求来确定。

1）无组织排水的檐口构造。无组织排水檐口一般与屋顶梁整体浇筑。屋面防水层的收头压入距挑檐板前端40mm处的预留凹槽内，先用钢压条固定，然后用密封材料进行密封，如图6-18所示。

2）有组织排水的檐口构造。当檐口处采用挑檐沟檐口时，卷材防水层应在檐沟处加铺一层附加卷材，并注意做好卷材的收头，其构造如图6-19所示。

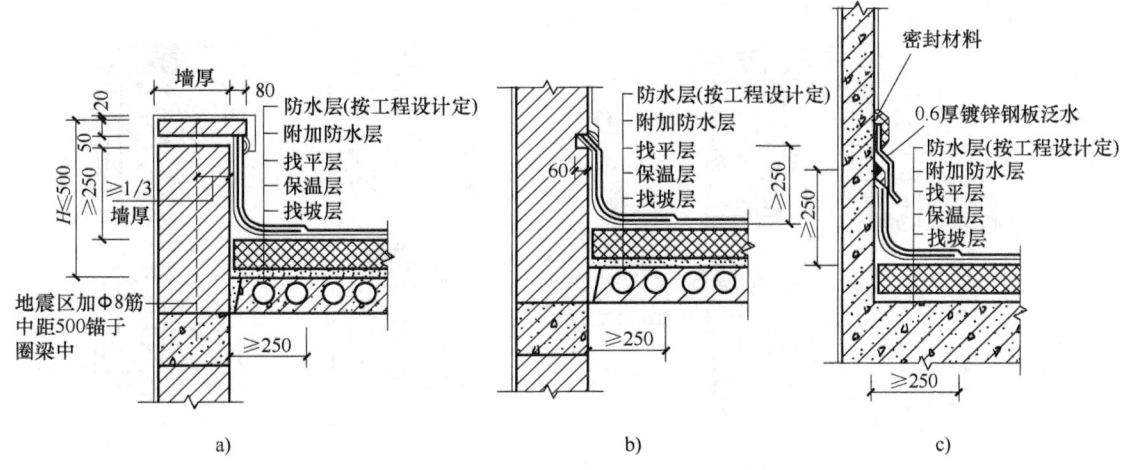

图 6-17 油毡防水屋面泛水构造

a）砖墙（高度≤500mm）泛水处理　b）砖墙（高度>500mm）泛水处理　c）混凝土墙泛水处理

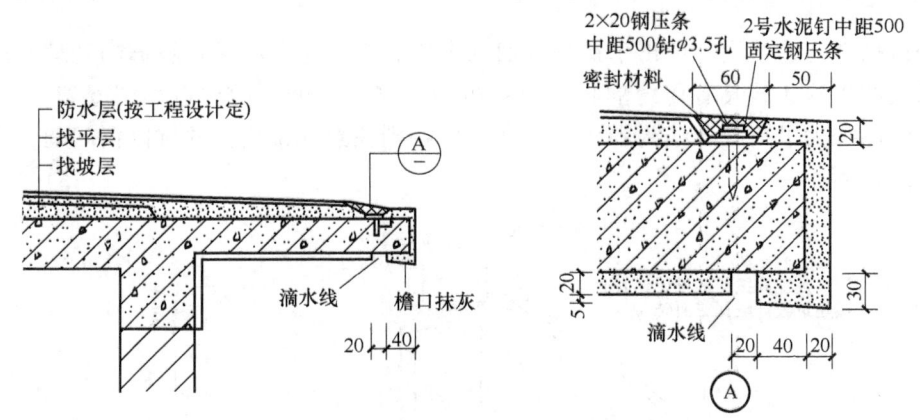

图 6-18 无组织排水檐口构造

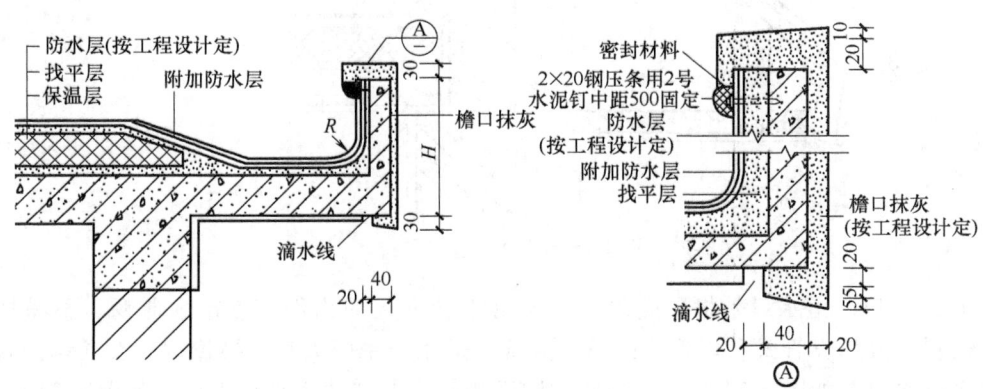

图 6-19 有组织排水檐口构造

女儿墙檐口的构造要点同泛水，油毡防水屋面女儿墙檐口有外挑檐口、女儿墙带檐沟檐口等多种形式，在檐沟内要加铺一层油毡，檐口油毡收头处可用砂浆压实、嵌油膏和插铁卡等方法处理，如图 6-20 所示。

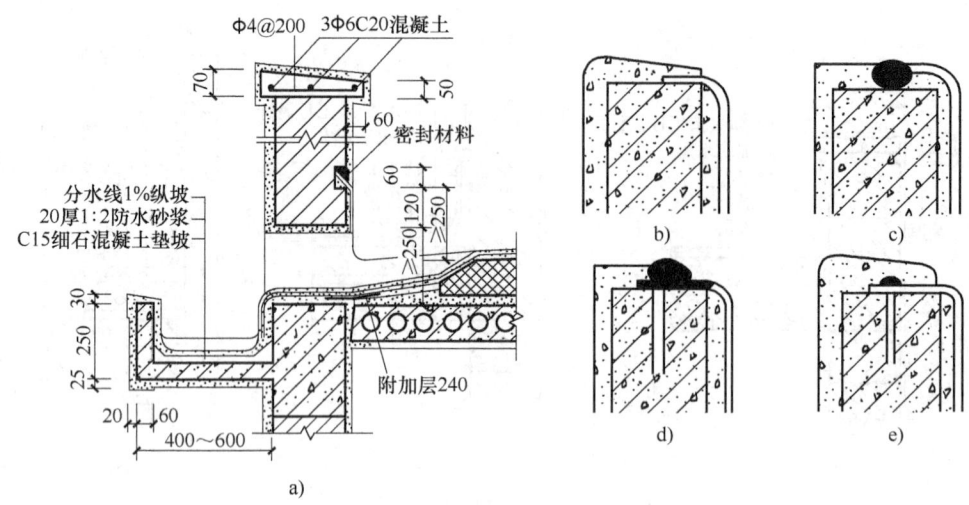

图 6-20 女儿墙檐口构造

a）檐口构造　b）砂浆压毡收头　c）油膏压毡收头　d）插铁卡油膏压毡收头　e）插铁卡砂浆压毡收头

坡檐口构造，建筑设计中出于造型方面的考虑，常采用一种平顶坡檐的处理形式，意在使较为呆板的平顶建筑具有传统韵味，形象更为丰富。坡檐口的构造如图 6-21 所示。由于在挑檐的端部加大了荷载，结构和构造设计都应特别注意悬挑构件的抗倾覆问题，要处理好构件的拉结锚固。

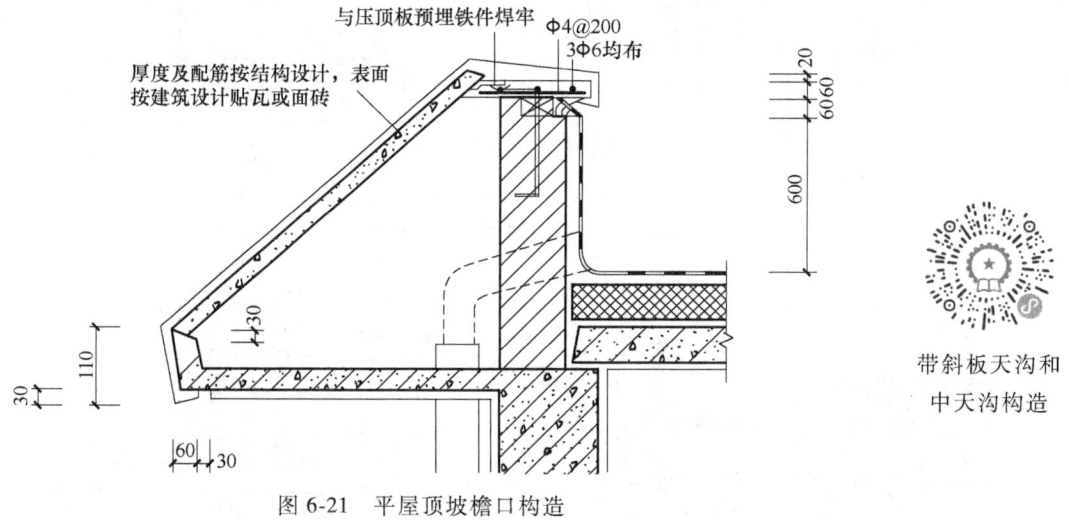

带斜板天沟和中天沟构造

图 6-21 平屋顶坡檐口构造

（3）落水口。落水口是将屋面雨水排至落水管的连通构件，应排水通畅，不易堵塞和渗漏。落水口分为直管式和弯管式两类。直管式适用于中间天沟、挑檐沟和女儿墙内排水天沟的水平落水口，如图 6-22 所示。弯管式则适用于女儿墙的垂直落水口，如图 6-23 所示。

（4）屋面检查孔。为方便对屋面进行维修和安装设备，需要在屋面上设置检查孔。检查孔应位于靠墙处，以方便设置爬梯。检查孔的平面尺寸应不小于 600mm×700mm，检查孔的孔壁一般高出屋面至少 250mm，与屋面板整体浇筑。孔壁与屋面之间应做成泛水，孔口用木板上加钉 0.6mm 厚的镀锌薄钢板进行盖孔。其构造如图 6-24 所示。

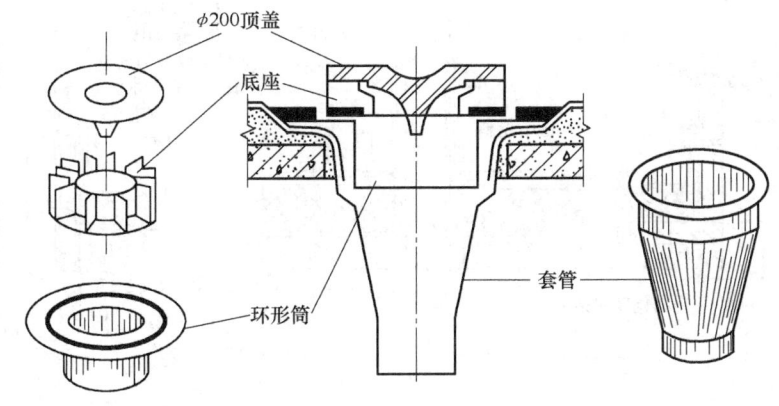

图 6-22 直管式落水口

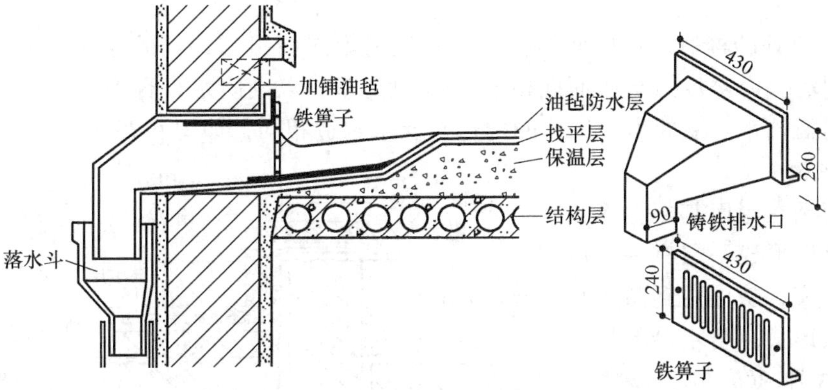

图 6-23 弯管式落水口

弯管式落水口构造

屋面检查孔构造

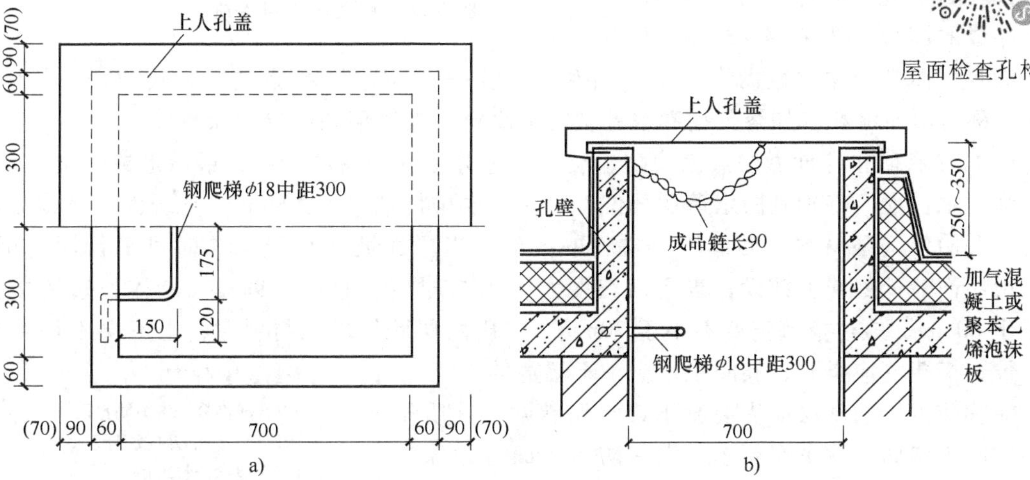

图 6-24 屋面检查孔构造

（5）出屋面管道。出屋面管道包括烟囱、通风管道及透气管。砖砌或混凝土预制烟囱和通风道构造如图 6-25a 所示，透气管做法如图 6-25b 所示。当用铁制烟囱时要处理好烟囱的变形和绝热，其构造如图 6-25c 所示。

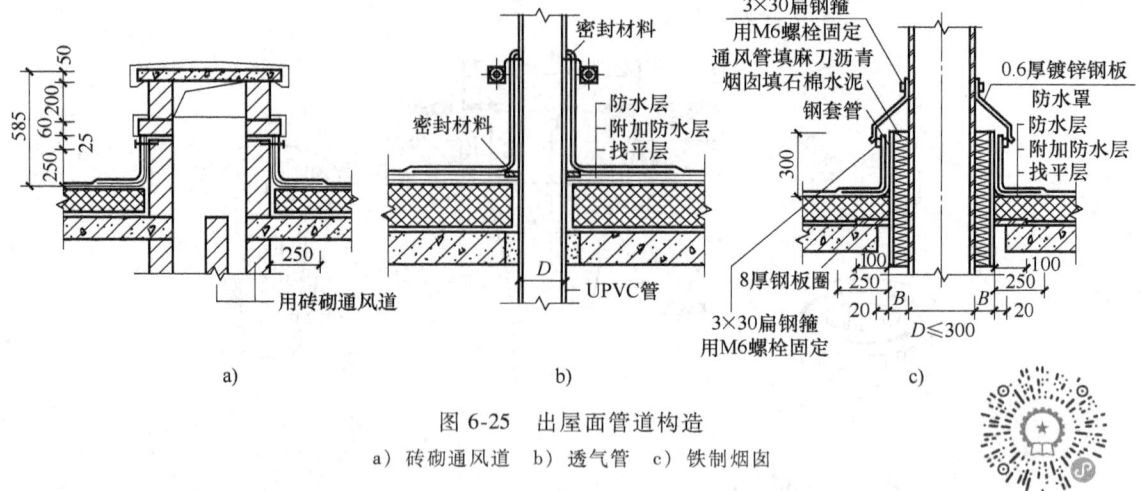

图 6-25 出屋面管道构造
a) 砖砌通风道 b) 透气管 c) 铁制烟囱

（6）屋面出入口处的构造。出屋面的楼梯间一般需设屋面出入口，最好在设计中让楼梯间的室内楼板面与屋面间留有足够的高差，以利防水，否则需在出入口处设门槛挡水。屋面出入口处的构造与泛水构造相同，如图 6-26 所示。

2. 涂膜防水屋面

涂膜防水屋面是在屋面基层上涂刷防水涂料，经固化后形成一层有一定厚度和弹性的整体涂膜，从而达到防水目的的一种防水屋面形式。防水涂料按其成膜厚度，可分成厚质涂料和薄质涂料。水性石棉沥青防水涂料、膨润土沥青乳液和石灰乳化沥青等沥青基防水涂料，涂成的膜厚一般在 4~8mm，称为

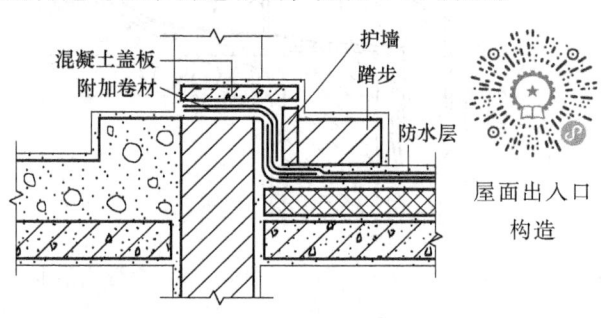

图 6-26 屋面出入口构造

厚质涂料。而高聚物改性沥青防水涂料和合成高分子防水涂料涂成的膜较薄，一般为 2~3mm，称为薄质涂料，如溶剂型和水乳型防水涂料、聚氨酯和丙烯酸涂料等。

（1）涂膜防水屋面做法。涂膜防水层是通过分层、分遍的涂布，最后形成一道防水层。为加强防水性能，特别是防水薄弱部位，可在涂层中加铺聚酯无纺布、化纤无纺布或玻璃纤维网布等胎体增强材料。胎体增强材料的铺设，当屋面坡度小于 15% 时可平行屋脊铺设，并应由屋面最低处向上铺设；当屋面坡度大于 15% 时应垂直屋脊铺设。胎体长边搭接宽度不小于 50mm，短边搭接宽度不小于 70mm。采用两层胎体增强材料时，上下层不得互相垂直铺设，搭接缝应错开，其间距不应小于幅宽的 1/3。

涂膜防水层的基层应为混凝土或水泥砂浆，其质量同卷材防水屋面中找平层要求。涂膜防水屋面应设保护层，保护层材料可采用细砂、云母、蛭石、浅色涂料、水泥砂浆或块材等。采用水泥砂浆或块材时，应在涂膜和保护层之间设置隔离层。水泥砂浆保护层厚度不应小于 20mm。涂膜防水层构造层次如图 6-27 所示。

（2）涂膜防水屋面细部构造。涂膜防水屋面的细部

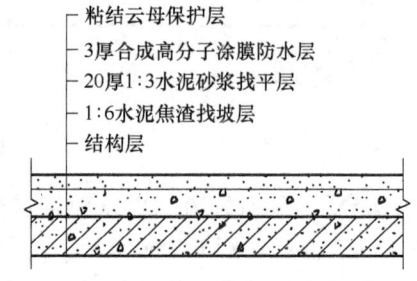

图 6-27 涂膜防水层构造层次

构造与卷材防水构造基本相同。

1）檐口。在自由落水挑檐中，涂膜防水层的收头应用防水涂料多遍涂刷或用密封材料封严。在天沟、檐沟与屋面交接处应加铺胎体增强材料附加层，附加层宜空铺，空铺宽度宜为 200~300mm。

2）泛水。涂膜防水层宜直接涂刷至女儿墙的压顶下，转角处做成圆弧或斜面，收头处应用防水涂料多遍涂刷封严，如图 6-28 所示。

3）涂膜防水变形缝。缝内应填充泡沫塑料或沥青麻丝，其上放衬垫材料，并用卷材封盖，顶部加扣混凝土或金属盖板。

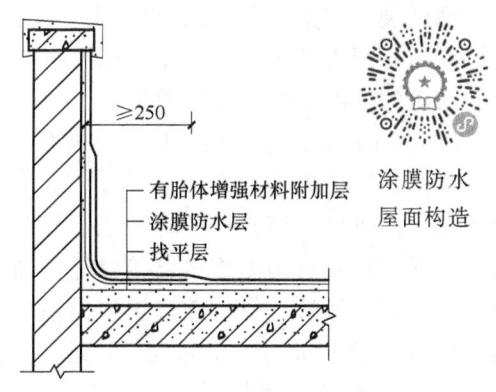

图 6-28 涂膜防水屋面泛水构造

6.3.3 平屋顶的保温与隔热

屋顶作为建筑物外围护构件，设计时应根据各地的气候条件和使用功能等方面的要求，妥善处理好屋顶的保温和隔热问题，满足顶层房屋室内环境生活与工作基本要求。

1. 平屋顶的保温

我国北方地区冬季气候寒冷，室内必须采暖，为了使室内热量散失过快，保证房屋的正常使用并尽量减少能源损耗，在屋顶构造中设置保温层，满足基本的保温要求。

（1）保温材料。保温层的构造方案和材料做法是根据使用要求、气候条件、屋顶的结构形式、防水处理方法、施工条件等综合因素考虑确定的。屋面保温材料一般选用轻质、疏松、表观密度小、导热系数小的材料，按形状分为松散保温材料、整体保温材料、板状保温材料三大类。

1）松散保温材料。常用的松散保温材料有膨胀蛭石、膨胀珍珠岩、矿棉、岩棉、炉渣等。由于散料在施工时容易受到刮风及其他因素的影响，不易就位成形，施工难度较大，在实际工程中采用较少。

2）整体保温材料。通常用水泥或沥青等胶结材料与松散保温材料拌合，整体浇筑在需保温的部位，如现浇泡沫混凝土、喷涂硬泡聚氨酯等。这种保温层的加工性较好，但保温层就位之后仍处于潮湿的状态，对保温不利，往往需要在保温层中设置通气口来散发潮气，在构造上比较麻烦。

3）板状保温材料。板状保温材料主要有聚苯板、加气混凝土板、泡沫塑料板、膨胀珍珠岩板、膨胀蛭石板等，这种材料由工厂预先制成。这种材料具有施工速度快、保温效果好、避免湿作业的优点，在工程中应用得比较广泛。

（2）保温层的设置。根据屋顶结构层、防水层和保温层的相对位置不同，保温层的构造做法可归纳为以下两种情况：

1）正铺法。保温层设置在结构层之上、防水层之下，如图 6-29 所示，称为正铺式保温屋面。但采用时，正铺法时要设置隔汽层，它的作用是防止室内水蒸气透过结构层渗入保温层内，使保温材料受潮，影响保温效果。隔汽层的做法通常是在结构层上做找平层，再在其上涂或贴防水材料。

由于在保温层与找平层的施工中会残留一些水分，而隔汽层及其上的防水层处于封闭状态，在太阳的辐射下，水分子受热、体积膨胀无法散发出去，会造成防水层鼓泡破裂；另外，隔汽层也会导致室内湿气排不出去，使结构层产生凝结现象。为避免这些情况的发生，通常采用的排汽措施有以下两种：

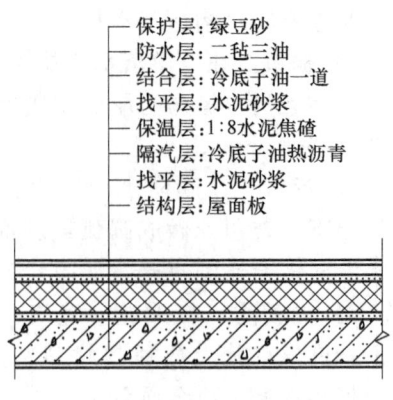

图 6-29 正铺法

① 隔汽层下设透气层。即在结构层和隔汽层之间设一透气层，使室内透过结构层的蒸汽得以流通扩散，并设置相应出风口，把余压排泄出去。透气层的构造处理可用前面所述卷材与基层的结合构造，如花油法等，也可在找平层中做透气道，透气层的出风口一般设在檐口或靠女儿墙根部，如图 6-30a 所示。房屋进深大于 10m 时，中间也应设透气口。注意透气口不宜太大，避免冷风或雨水渗入。

② 保温层中设透气层。具体做法是在保温层上加砾石或陶粒透气层或在保温层中做排气道，排气道内用大粒径炉渣或粗质纤维填塞，既可保温又可透气，如图 6-30b 所示。找平层在相应位置应留槽作排气道，并在整个屋面纵横贯通。排气道间距宜为 6m，屋面面积每 36m² 宜设一个排气孔。排气道上口干铺油毡一层，用玛蹄脂单边点贴覆盖。

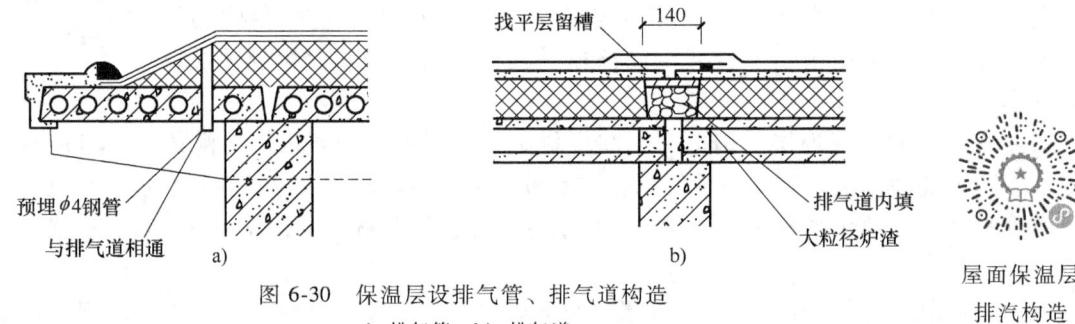

图 6-30 保温层设排气管、排气道构造
a）排气管 b）排气道

2）反铺法。保温层设置在防水层之上，又称为倒铺保温层。倒铺保温层时，保温材料须选择不吸水、耐候性强的材料，如聚氨酯或聚苯乙烯泡沫塑料保温板等有机保温材料。其构造层次如图 6-31 所示。其优点是防水层被覆盖在保温层之下，不受光照及气候变化的影

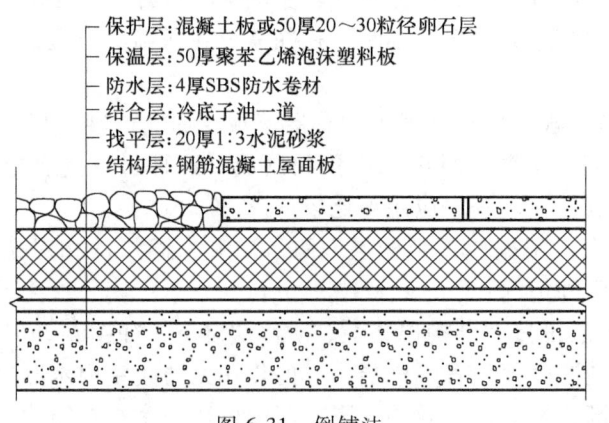

倒铺保温层构造

图 6-31 倒铺法

响,热温差较小,同时防水层不易受到来自外界的机械损伤,延长了使用寿命,但容易受到保温材料的限制。有机保温材料上部应用混凝土、卵石、砖等较重的覆盖层压住。

2. 平屋顶的隔热

夏季太阳辐射作用下,屋顶温度剧烈升高,直接影响室内人员的正常生活、学习与工作。特别是我国南方地区,对屋顶的隔热降温需求更为突出。因此必须从构造上采取措施,以减少屋顶的热量对室内的影响。

平屋顶隔热

隔热降温的原理是尽量减少直接作用于屋顶表面的太阳辐射能,以及减少屋面热量向室内散发。平屋顶屋面的隔热降温的构造做法主要有通风隔热、蓄水隔热、植被隔热、反射降温隔热等。

(1) 通风隔热屋面。通风隔热屋面就是在屋顶中设置通风的空气间层,其上层表面可遮挡太阳辐射热,由于风压和热压作用把间层中的热空气不断带走,使下层板面传至室内的热量大为减少,以达到隔热降温的目的。通风间层通常有两种设置方式:一种是架空通风隔热,另一种是顶棚通风隔热。

1) 架空通风隔热屋面。在屋面防水层上用适当的材料或构件制品作架空隔热层既能达到通风降温、隔热防晒的目的,又可以保护屋面防水层,如图 6-32、图 6-33 所示。

架空通风隔热屋面的设计要点有以下几点:

① 架空层应有适当的净高,一般以 180~240mm 为宜。

② 架空层周边应设一定数量的通风孔,以保证空气流通。

③ 当女儿墙上不宜开设通风孔时,距女儿墙 250mm 范围内不铺架空板。

④ 架空板的支架可用砖砌,其间距视隔热板尺寸而定。

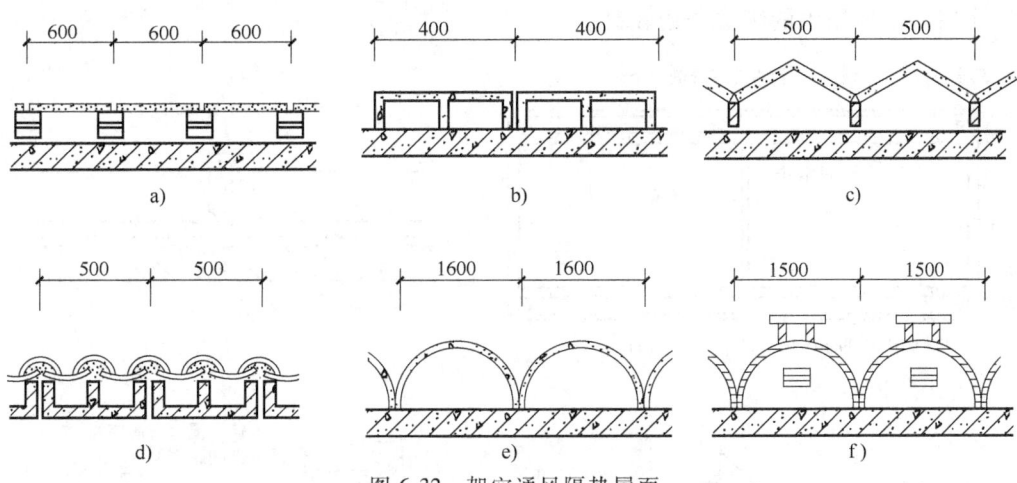

图 6-32 架空通风隔热屋面

a) 架空预制板(或大阶砖) b) 架空混凝土山形板 c) 架空钢丝网水泥折板

d) 倒槽板上铺小青瓦 e) 钢筋混凝土半圆拱 f) $\frac{1}{4}$ 厚砖拱

2) 顶棚通风隔热屋面。在屋面板下吊顶棚,利用顶棚与屋顶之间的空间作通风隔热层,檐墙上开设通风口,如图 6-34 所示。

顶棚通风隔热屋面的设计要点有以下几点:

① 顶棚通风层应有足够的净空高度,一般为 500mm 左右。

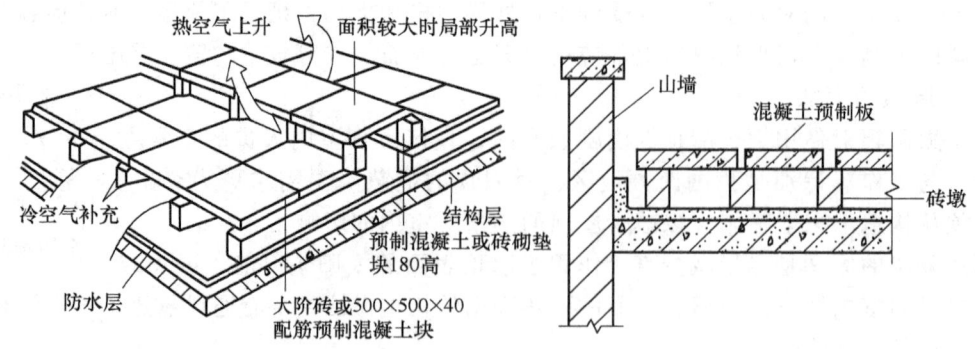

图 6-33 设女儿墙的架空通风隔热屋面

② 需设置一定数量的通风孔，以利空气对流。

③ 通风孔应考虑防飘雨措施。

④ 注意解决好屋面防水层的保护问题，避免防水层开裂而引起渗漏。

（2）蓄水隔热屋面。蓄水隔热屋面利用平屋盖所蓄积的水层来达到隔热的目的，其原理是在太阳辐射和室外气温的综合作用下，水能吸收大量的热，由液体蒸发为气体，热量散发到空气中，减少屋盖吸收的热量，起到隔热的作用。蓄水隔热屋面增设了分仓壁、泄水孔、过水孔和溢水孔，如图 6-35 所示。水层对屋面还可以起到保护作用，但使用中的维护费用较高。

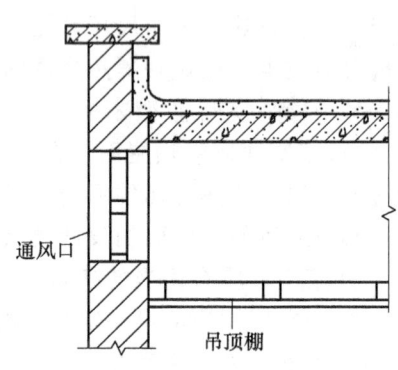

图 6-34 顶棚通风隔热屋面

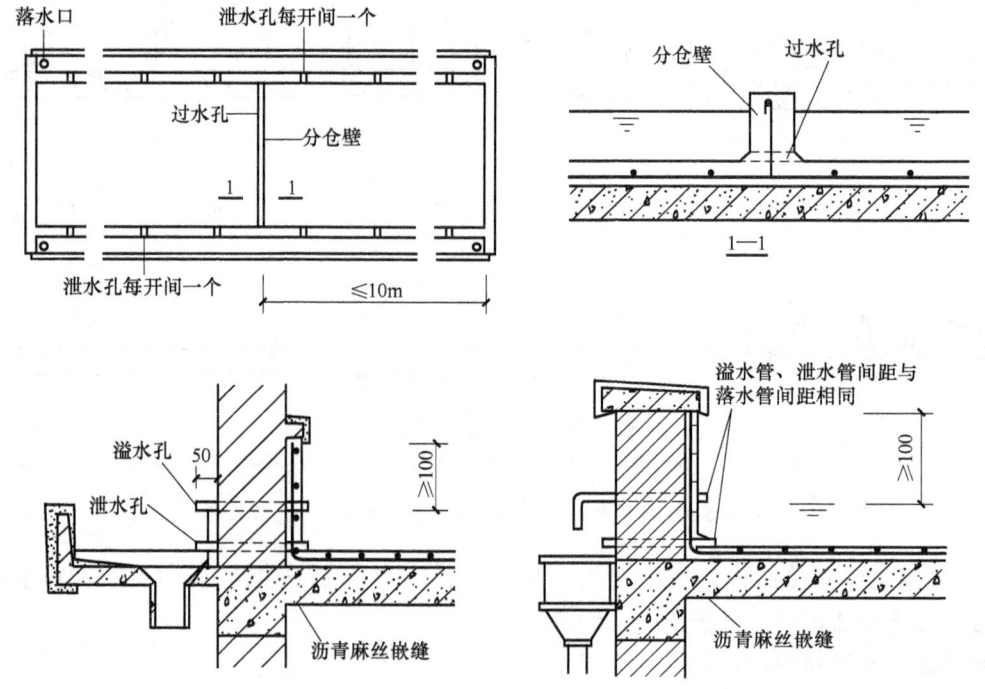

图 6-35 蓄水隔热屋面

蓄水隔热屋面的设计要点有以下几点：

1) 首先应有合适的蓄水深度，一般为 150~200mm。

2) 根据屋面面积的大小，用分仓壁将屋面划分为若干个蓄水区，每区的最大边长一般不大于 10m，在分仓壁底部应设过水孔，使整个屋面上水能相互贯通。

3) 合理设置溢水孔和泄水孔，保证适宜的蓄水深度以及便于在不需隔热降温时将积水排除。

4) 应有足够的泛水高度，至少应高出溢水孔的上口 100mm 左右。

5) 应注意做好管道的防水处理，避免渗漏。

（3）植被隔热屋面。在平屋顶上种植植物，利用植物光合作用时吸收热量和植物对阳光的遮挡功能来达到隔热的目的。这种屋面在满足隔热要求时，还能够提高绿化面积，有利于美化环境、净化空气，但增加了屋顶荷载，结构处理较复杂。植被隔热屋面构造如图 6-36 所示。

植被隔热屋面的设计要点有以下几个：

1) 种植介质应尽量选用谷壳、膨胀蛭石等轻质材料，以减轻屋顶自重。

2) 屋顶四周须设栏杆或女儿墙作为安全防护措施，保证屋顶上人员的安全。

3) 挡墙下部设排水孔和过水网，过水网可采用堆积的砾石，它能保证水通过而种植介质不流失。

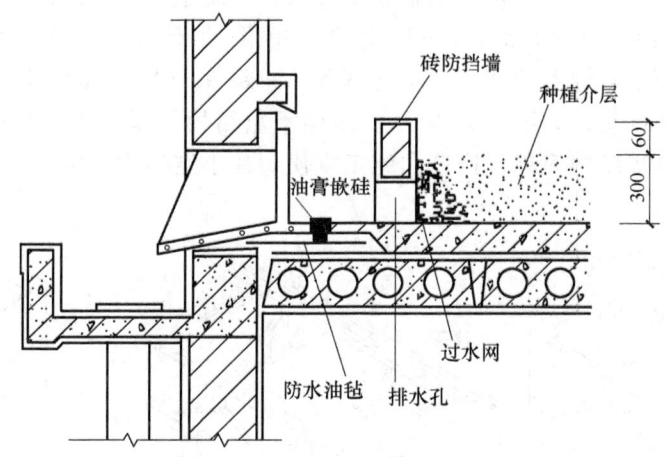

图 6-36 植被隔热屋面构造

（4）反射降温隔热屋面。反射降温隔热屋面就是在屋面铺浅色的砾石或刷浅色涂料等，利用浅色材料的颜色和光滑度对热辐射的反射作用隔热。现在，卷材防水屋面采用的新型防水卷材，如高聚物改性沥青防水卷材和合成高分子防水卷材正面覆盖的铝箔，就是利用反射隔热的原理，来保护防水卷材的。

6.4 坡屋顶屋面

6.4.1 坡屋顶屋面的组成

坡屋顶由承重结构、屋面和顶棚等部分组成，它是由一个倾斜面或几个倾斜面相互交接形成的屋顶，又称为斜屋顶。根据斜面数量可分为单坡屋顶、双坡屋顶、四坡屋顶或其他屋顶形式。一般屋面坡度大于10%。必要时，坡屋顶还需增设保温层或隔热层等。

坡屋顶屋面的组成

（1）承重结构。承受屋顶荷载并将荷载传递给墙或柱，一般有椽子、檩条、屋架或大梁等。

（2）屋面层。直接承受风雨、冰冻和太阳辐射等大自然气候的作用，包括屋面盖料和基层，如挂瓦条、顺水条、屋面板等。

（3）顶棚层。是屋顶下面的遮盖部分，使室内上部平整、美观，起保温隔热和装饰作用。

（4）附加层。根据不同情况而设置的保温层、隔热层、隔汽层、找平层、结合层等。

6.4.2 坡屋顶的承重结构体系

坡屋顶承重结构类型

坡屋顶的承重结构主要有椽子、檩条、屋面梁、屋架等，承重方式主要有以下三种（图6-37）：

（1）山墙承重。山墙承重即在山墙上搁檩条，檩条上设椽子后再铺屋面板，也可以在山墙上直接搁置挂瓦板、屋面板等形成屋面承重体系，如图6-37a所示。布置檩条时，山墙端部檩条可出挑形成悬山屋顶。常用檩条有木檩条、混凝土檩条、钢檩条等。木檩条有矩形和圆形，跨度一般在4m以内。钢筋混凝土檩条有矩形、L形和T形等，跨度可达6m。钢檩条有型钢或轻型钢檩条。檩条的断面大小与檩条的间距L、屋面板的薄厚以及椽子的截面密切相关，由结构计算确定，如图6-38所示。山墙承重结构体系适用于小空间建筑中，如宿舍、住宅等。山墙承重结构简单，构造和施工方便，在小空间建筑中是一种合理和经济的承重方案。

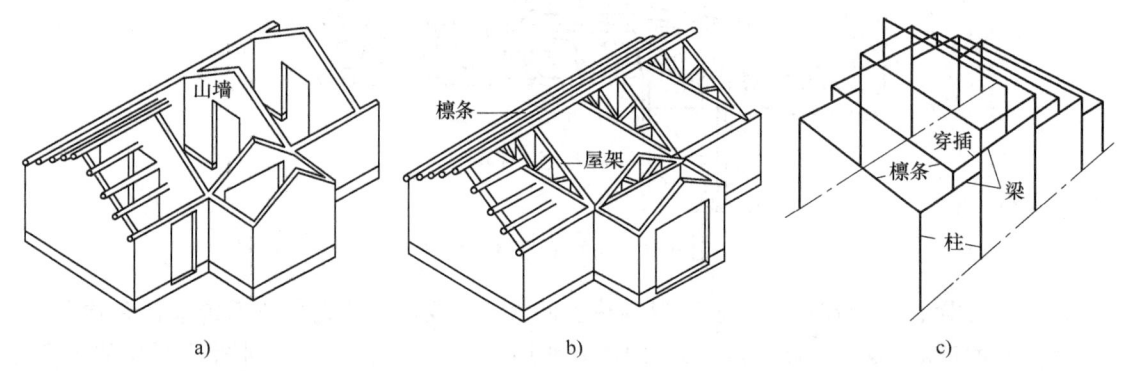

图6-37 承重结构类型
a）山墙承重 b）屋架承重 c）梁架承重

（2）屋架承重。屋架承重即在柱或墙上设屋架，再在屋架上放置檩条及椽子而形成的屋顶结构形式，如图6-37b所示。屋架由上弦杆、下弦杆、腹杆组成，如图6-39所示。由于屋顶坡度较大，故一般采用三角形屋架。屋架有木屋架、钢屋架、混凝土屋架等类型。屋架应根据屋面坡度进行布置，在四坡顶屋面及屋面相互交接处需增加斜梁或半屋架等构件。为保证屋架承重结构坡屋顶的空间刚度和整体稳定性，屋架间需设支撑。屋架承重结构适用于有较大空间的建筑中，如食堂、教学楼等。

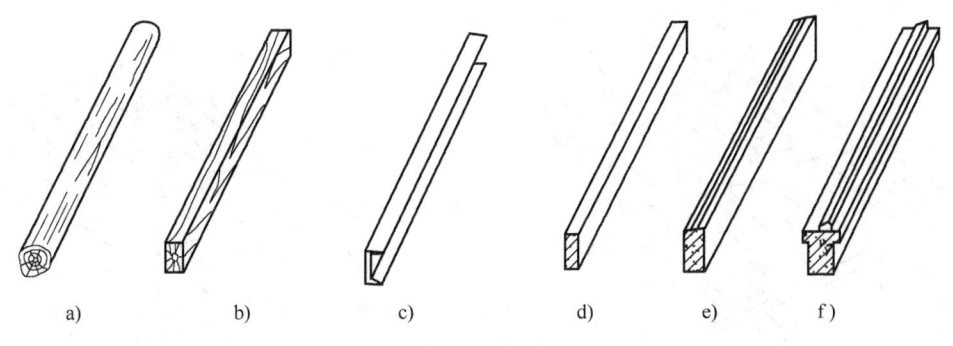

图 6-38 檩条

a) 圆木檩条 b) 矩木檩条 c) 槽钢檩条 d)、e)、f) 混凝土檩条

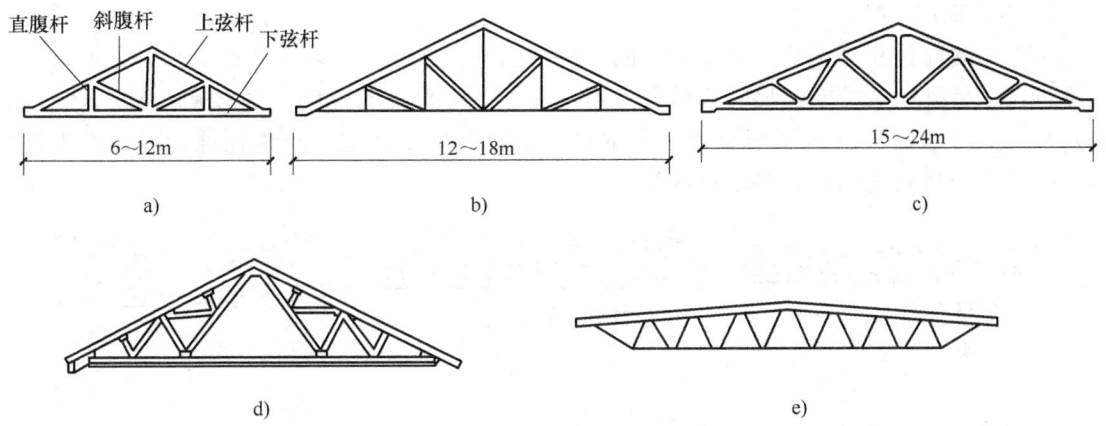

图 6-39 屋架形式

a) 木屋架 b) 钢木屋架 c) 预应力钢筋混凝土屋架 d) 芬式屋架 e) 梭形轻钢屋架

（3）梁架承重。梁架承重是我国传统结构形式，是用木材做主要材料的柱与梁形成的梁架承重体系，如图 6-37c 所示，墙体只起围护和分隔的作用。

6.4.3 坡屋顶屋面做法

1. 平瓦屋面

平瓦又称为机制平瓦，有黏土瓦、水泥瓦、琉璃瓦等，适宜于排水坡度为 20%~50% 的坡屋顶。根据基层的不同做法，平瓦屋面的构造有冷摊瓦屋面、木望板瓦屋面和钢筋混凝土板瓦屋面等。

坡屋顶构造　平瓦屋面构造

（1）空铺平瓦屋面。又称为冷摊瓦屋面，是一种构造简单的瓦屋面，在檩条上钉椽条，在椽条上钉挂瓦条，在挂瓦条上直接铺瓦。由于其构造简单，雨雪易从瓦缝中飘进室内，一般用于简易或临时建筑，如图 6-40 所示。

（2）实铺平瓦屋面。又称为木望板瓦屋面，具体做法是在檩条上铺一层厚 15~20mm 的木望板，然后在木望板上满铺一层油毡，作为辅助防水层。油毡可平行屋脊方向铺设，从檐口铺到屋脊，搭接不小于 80mm，并用板条（称顺水条）钉牢，板条方向与檐口垂直，上面再钉挂瓦条，如图 6-41 所示。这种屋面构造层次多，屋顶的防水、保温效果好，应用最为广泛。

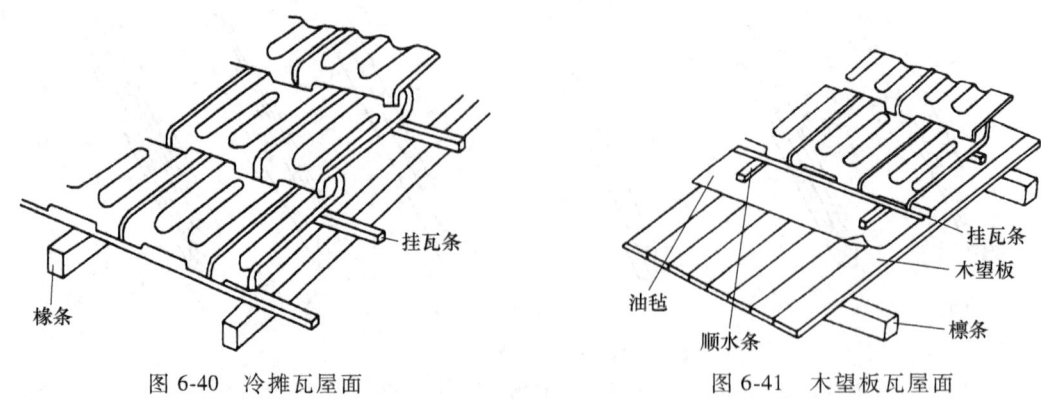

图 6-40 冷摊瓦屋面　　　　　图 6-41 木望板瓦屋面

2. 小青瓦屋面

小青瓦屋面是我国传统民居中常用的一种屋面形式，小青瓦断面呈圆弧形，平面形状为一头较宽，另外一头较窄，尺寸规格各地不一样，一般采用木望板、苇箔等作基层，上铺灰泥，灰泥上再铺瓦。图 6-42 所示为几种常见的小青瓦屋面构造。小青瓦铺设时，在少雨地区搭接长度为搭六露四，在多雨地区为搭七露三。

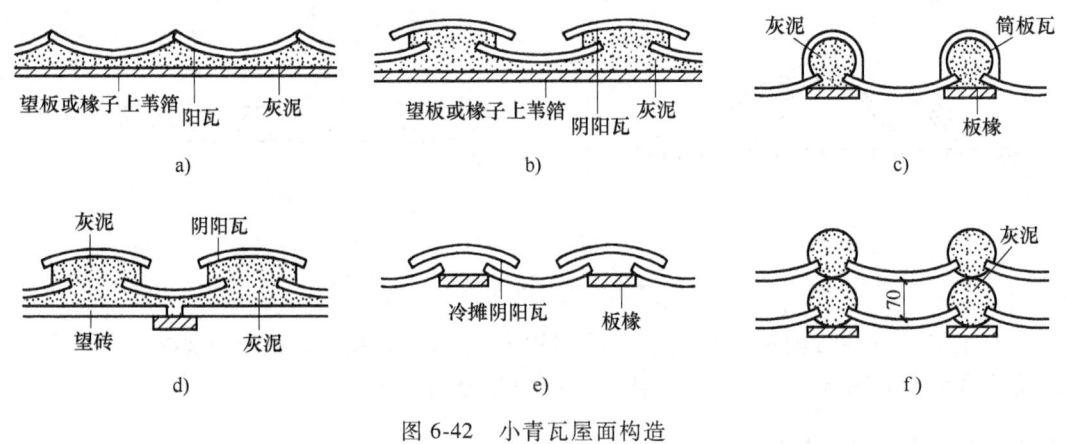

图 6-42 小青瓦屋面构造
a) 单层瓦　b)、d) 阴阳瓦　c) 筒板瓦　e) 冷摊瓦　f) 通风屋面

3. 波形瓦屋面

波形瓦可用石棉水泥、塑料、玻璃钢和金属等材料制成。其中，以石棉水泥波形瓦应用最多。石棉水泥波形瓦屋面具有重量轻、构造简单、施工方便、造价低廉等优点，但易脆裂，保温隔热性能较差，多用于室内要求不高的建筑。石棉水泥瓦屋面构造如图 6-43 所示。

4. 油毡瓦屋面

油毡瓦是以玻璃纤维为胎基，经浸涂石油沥青后，面层热压各色彩砂，背面撒以隔离材料而制成的瓦状材料。油毡瓦具有柔性好、耐酸碱、不褪色、重量轻的优点，适用于坡屋面的防水层或多层防水层的面层。其屋面防水层构造如图 6-44 所示。

5. 钢筋混凝土板瓦屋面

由于建筑技术的进步，传统坡屋顶已很少在城市建筑物中采用。但因坡屋顶具有其特有的造型特征，近年来民用建筑物中多采用钢筋混凝土板瓦屋顶。

钢筋混凝土板瓦屋面构造

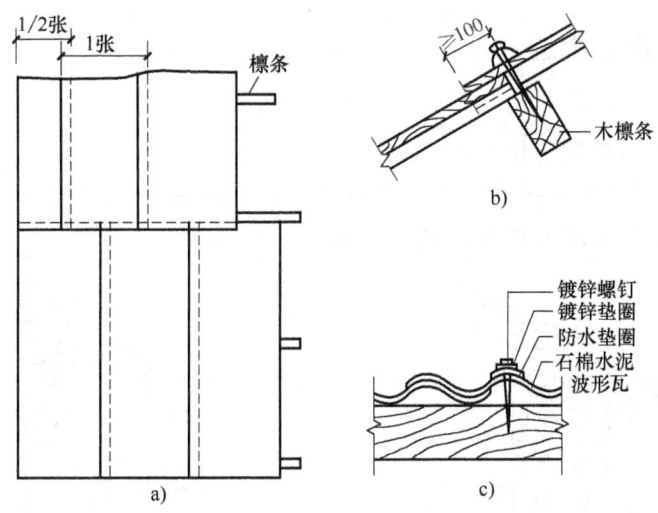

图 6-43 石棉水泥瓦屋面
a) 石棉水泥波形瓦铺法 b) 上下两瓦搭接 c) 相邻两瓦搭接

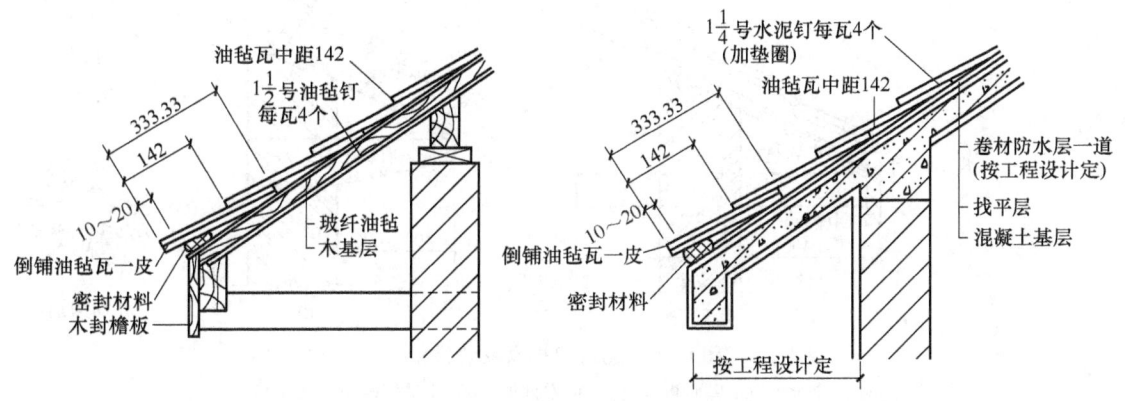

图 6-44 油毡瓦屋面

为了满足防火或造型等需要，在预制钢筋混凝土空心板或现浇平板上面盖瓦。一是在找平层上铺油毡一层，用压毡条钉在嵌在板缝内的木楔上，再钉挂瓦条挂瓦；二是在屋顶板上直接粉刷防水水泥砂浆并贴瓦，如图 6-45 所示。在仿古建筑中也常采用钢筋混凝土板瓦屋面。

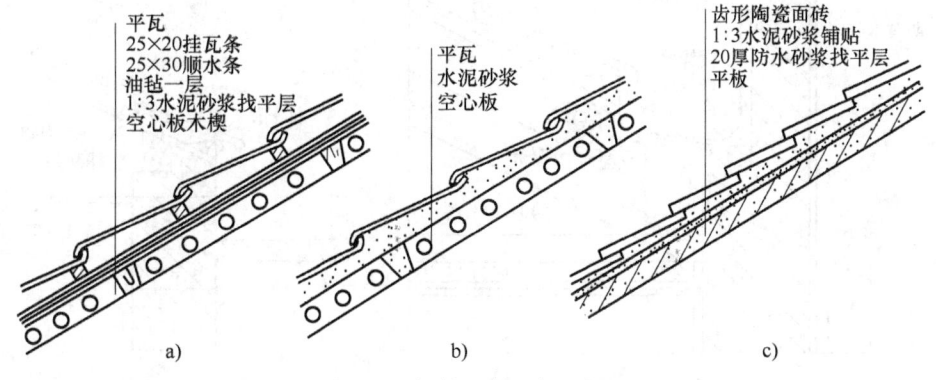

图 6-45 钢筋混凝土板瓦屋面
a) 木条挂瓦 b) 砂浆贴瓦 c) 砂浆贴面砖

6.4.4 坡屋顶的细部构造

1. 檐口构造

坡屋顶屋面的檐口构造与排水方式有关。

1）当坡屋顶采用无组织排水时，应将屋面伸出外纵墙形成挑檐，挑檐有砖挑檐、屋面板挑檐、木挑檐、钢筋混凝土挑板挑檐等，如图 6-46 所示。

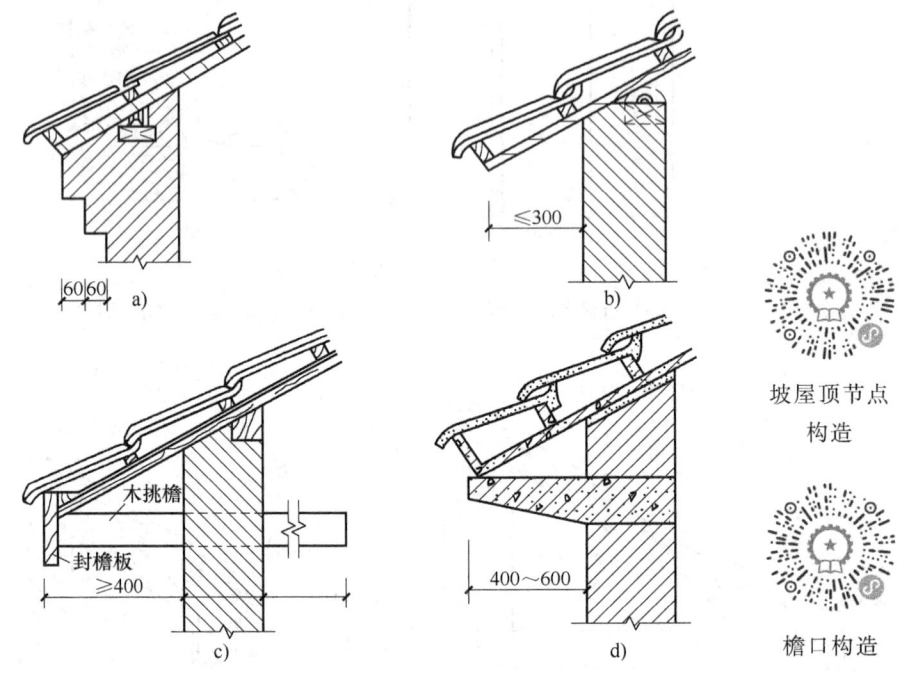

图 6-46 无组织排水纵墙挑檐
a）砖挑檐 b）屋面板挑檐 c）木挑檐 d）钢筋混凝土挑板挑檐

2）当坡屋顶采用有组织排水时，一般多采用外排水，应将檐墙砌出屋面，形成挑檐，如图 6-47 所示。

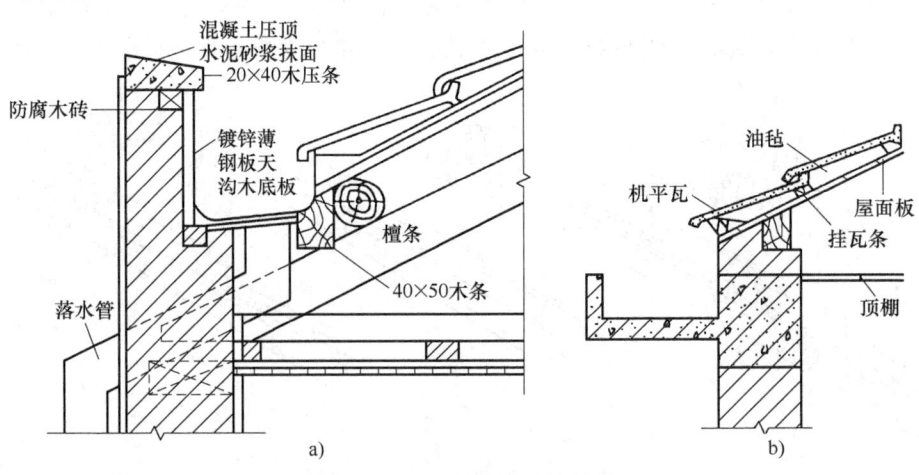

图 6-47 有组织排水纵墙挑檐
a）包檐檐口构造 b）钢筋混凝土外挑檐

2. 山墙泛水构造

坡屋顶山墙按屋顶形式分为出山、硬山与悬山。出山构造如图 6-48a 所示，将山墙升起与屋顶交接处作泛水处理，采用砂浆粘贴小青瓦做成泛水。如图 6-48b 所示，则是用水泥石灰麻刀砂浆抹成的泛水。女儿墙顶应作压顶处理。硬山一般采用 1∶2 的水泥砂浆卧瓦，如图 6-49 所示。悬山泛水构造如图 6-50 所示，先将檩条外挑形成悬山，檩条端部钉木封檐板，用水泥砂浆做出披水线，将瓦封固。

山墙挑檐、泛水构造

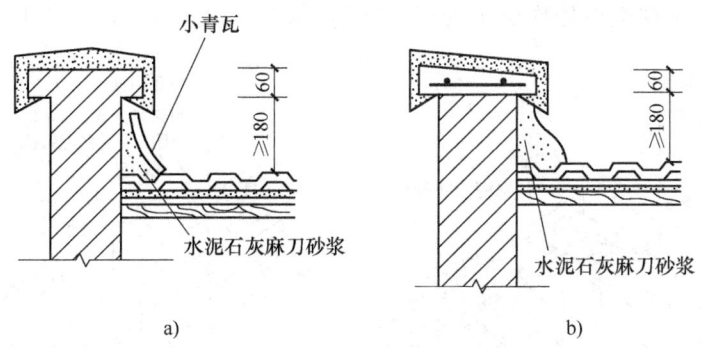

图 6-48 坡屋顶山墙泛水构造
a) 小青瓦泛水　b) 水泥石灰麻刀砂浆泛水

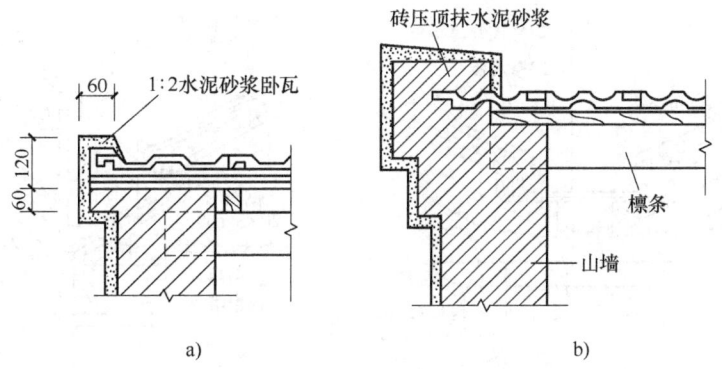

图 6-49 坡屋顶硬山泛水构造
a) 抹瓦出线封檐　b) 挑砖压顶封檐

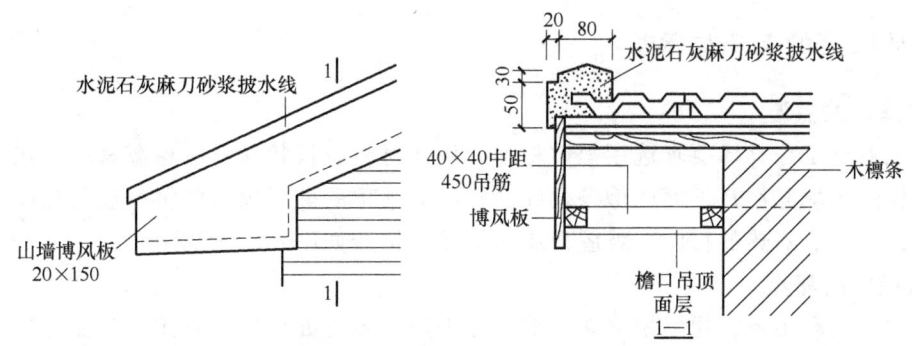

图 6-50 坡屋顶悬山泛水构造

3. 屋脊、天沟构造

互为相反的坡面在高处相交形成屋脊，屋脊处应用V形脊瓦盖缝，如图6-51a所示。天沟则是在建筑物屋顶上，一边或多边或整个一周做成有一定宽度的凹陷形式，将屋顶上的雨水沿一定坡度滑落至天沟，再由排水管排出，其构造如图6-51b、c所示。

屋脊、天沟构造

烟囱穿过屋面，其构造问题是防水和防火。因屋面木基层与烟囱接触易引起火灾，故建筑防水规范要求，木基层距烟囱内壁应保持一定距离，一般不小于370mm。为了不使屋面雨水从四周渗漏，应在交界处作泛水处理，其构造如图6-51d所示。

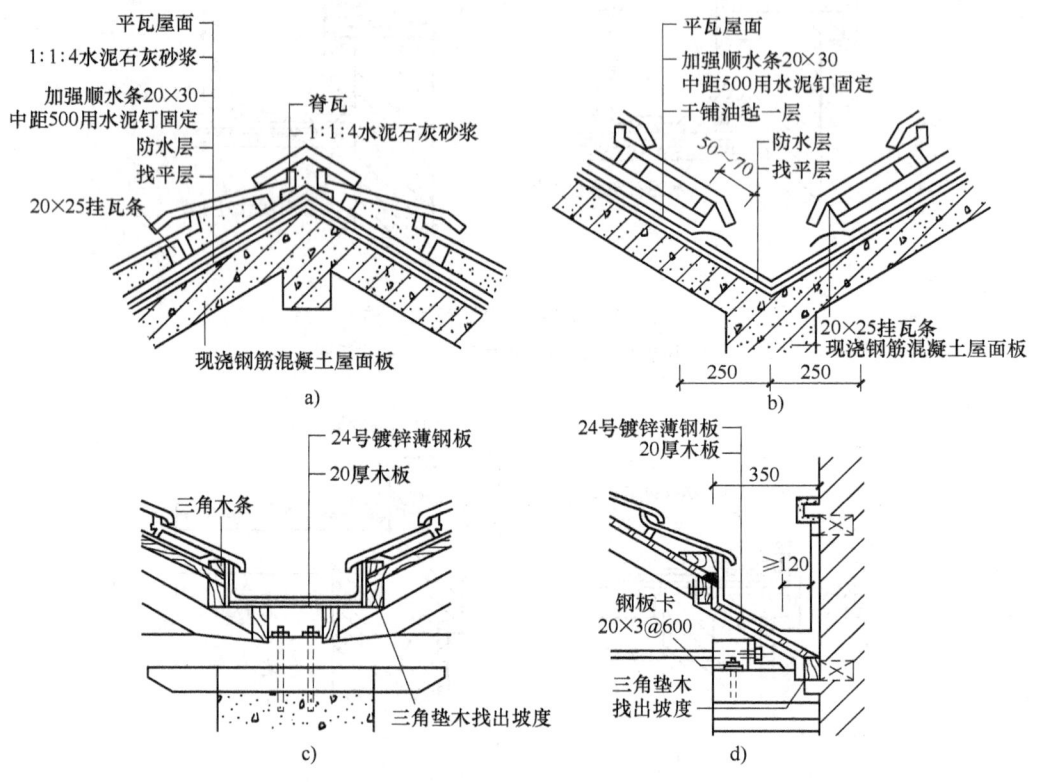

图6-51 屋脊、天沟和斜沟的构造
a) 屋脊 b)、c) 天沟 d) 斜沟

6.4.5 坡屋顶的保温与隔热

1. 坡屋顶的保温

坡屋顶根据工程具体要求选用松散材料、块体材料或板状材料等保温材料。在平瓦屋面中，可将保温层填充在瓦下面或檩条之间，在设有吊顶的坡屋顶中常将保温层铺设在顶棚上面，以起到保温、隔热的目的。坡屋顶屋面的保温构造如图6-52所示。

2. 坡屋顶的隔热

坡屋顶一般利用屋顶通风来隔热，檐口处进风，屋脊处排风，利用空气流动带走一部分热量，以降低瓦底面的温度，也可利用檩条的间距通风；坡屋顶设吊顶时，可在山墙上、屋顶的坡面、檐口以及屋脊等处设通风口，由于吊顶空间较大，所以可利用穿堂风达到隔热降温的效果。坡屋顶屋面的隔热构造如图 6-53 所示。

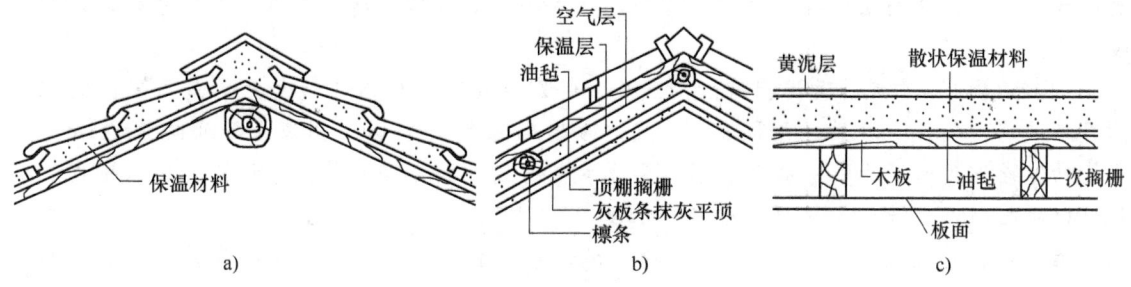

图 6-52　坡屋顶保温构造

a) 瓦材下面设保温层　b) 檩条间设保温层　c) 顶棚上设保温层

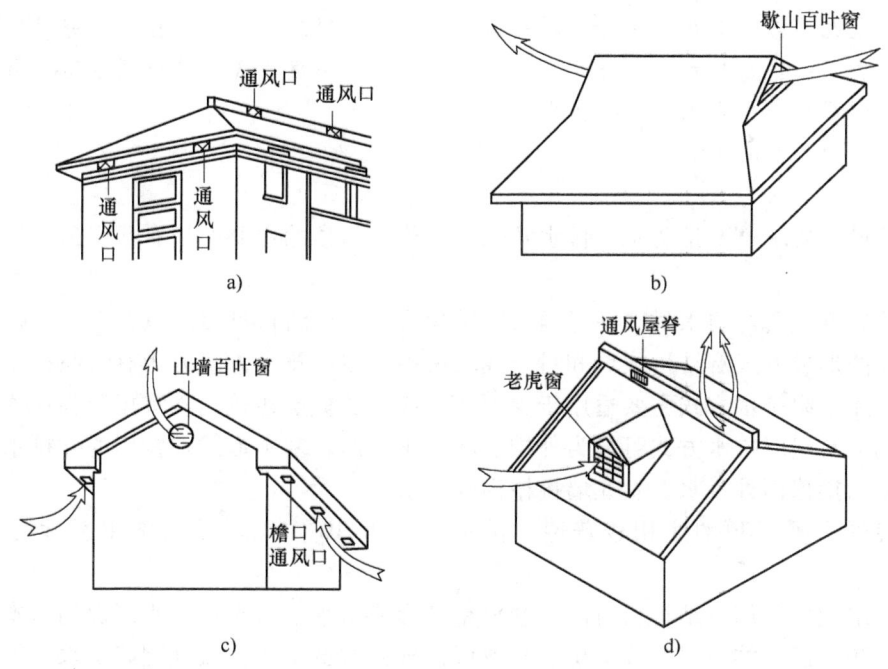

图 6-53　坡屋顶隔热与通风

a) 檐口和屋脊通风　b) 歇山百叶窗　c) 山墙百叶窗和檐口通风口　d) 老虎窗与通风屋脊

拓展思考——民族自豪感

古建筑屋顶上的"绿色秘密"

近年来，绿色建筑越来越受到人们的关注。绿色建筑技术注重低耗、高效、经济、环保、集成与优化，能够最大限度地节约资源。近 600 年历史的紫禁城古建筑不仅雄伟壮观，也兼具保温、隔热、排水等功能，彰显着古人对绿色建筑的精益求精。

紫禁城古建筑屋顶的木板基层之上，会分层铺墁各种泥背，如护板灰、青灰、麻刀泥等。泥背的导热系数和导温系数都比较小，厚度达 30cm 的泥背层犹如给古建筑穿上了保暖服，使外界的温度变化很难影响到建筑内部。

坡屋顶的形式则使得古建筑的屋面板与天花板之间形成了一个架空层。夏季，架空层可以拦截直接照射到屋顶的太阳辐射热，使屋顶变成两次传热，避免太阳辐射热直接作用在建筑内部。冬季，架空层的存在也使得室外的寒冷不能直接传入建筑内部，保证了古建筑的冬暖夏凉。

"反宇向阳"的屋檐营造出恢宏的气势，特别是在建筑屋顶的转角处，四角翘伸的挑檐如凤鸟展翅，既显雍容又轻盈飘逸。唐代的古建筑出檐可达3m，明清古建筑也有近1m。出檐的功能性作用有两个：一是可以阻挡夏季太阳直射，而冬季可将足够的阳光引入室内。二是可以阻挡雨水，防止木柱根部遭到雨水侵蚀而糟朽。

紫禁城古建筑屋顶之"绿"，还表现为优秀的排水性能。紫禁城古建筑屋面采用曲面的形式，对应屋面的坡度是屋顶部位陡峭、屋檐部分平缓。这种曲面形式极其有利于屋顶排水。从瓦面层来看，其由底瓦与盖瓦组成，形成一道道瓦垄。底瓦又称为板瓦，形状上凹，铺墁时上层瓦压下层瓦，使得雨水由上往下排出时，不会渗入到下面的泥背层；底瓦的两端由竹筒状的盖瓦连接，盖瓦内有着厚厚的铺瓦泥，对接缝起到了密封作用，并且使得底瓦层由上而下形成了一道道排水线。与此同时，曲面屋顶的坡度设置，使得雨水落入屋顶上部迅速下排，而到屋檐部位则水平向外排出。

模块小结

屋顶的设计要求主要是防水、排水及保温隔热。屋顶的主要类型有平屋顶、坡屋顶、曲面屋顶等。

屋顶的坡度主要与防水材料、降雨量、结构形式、建筑造型要求以及经济条件有关。屋顶排水坡度的形成方式有结构找坡和材料找坡两种。屋面排水方式分为有组织排水和无组织排水两种。无组织排水方式主要适用于少雨地区或一般低层建筑，不宜用于临街建筑和高度较高的建筑。有组织排水方式可分为外排水和内排水两种基本形式。常用的外排水方式有女儿墙外排水、挑檐沟外排水、女儿墙挑檐沟外排水。

钢筋混凝土平屋顶的应用较普遍，排水坡度为3%左右。屋面常用柔性防水、涂膜防水。

柔性防水屋面是用胶结材料将防水卷材粘结形成防水层，柔性防水屋面的基本构造层次为保护层、防水层、结合层、找平层、找坡层；细部构造中应重点处理好泛水、檐口、落水口、屋面变形缝、屋面检查孔、出入口等处。

涂膜防水屋面是用防水材料涂刷在屋面基层上，利用涂料干燥或固化以后的不透水性来达到防水的目的。要注意氯丁胶乳沥青防水涂料屋面、焦油聚氨酯防水涂料屋面、塑料油膏防水屋面的做法。

坡屋顶由承重结构、屋面和顶棚等部分组成，一般屋面坡度大于10%。坡屋顶屋面做法有平瓦屋面、小青瓦屋面、波形瓦屋面、油毡瓦屋面、钢筋混凝土板瓦屋面。

在寒冷地区或有空调要求的建筑中，屋顶应作保温处理。保温材料多为轻质多孔材料，一般有松散材料、整体材料、板状材料三种类型；平屋顶根据保温层在屋顶中的具体位置有正铺法和反铺法两种处理方式，坡屋顶的保温有屋面层保温和顶棚层保温两种做法。

在气候炎热地区，屋顶应采取隔热降温措施。平屋顶隔热措施通常有通风隔热屋面、蓄水隔热屋面、植被隔热屋面和反射降温隔热屋面；坡屋顶的隔热主要采用通风屋顶。

习题

一、选择题

1. （　　）不属于柔性防水屋面的基本构造层次之一。
   A. 防水层　　　　B. 隔离层　　　　C. 结构层　　　　D. 找平层
2. 钢筋混凝土平屋顶的排水坡度用得最多的是（　　）。
   A. 5%~10%　　　B. 1%~5%　　　　C. 2%~3%　　　　D. 7%~8%
3. 在坡屋顶的构造层次中，下列构件属于承重结构层的是（　　）。
   A. 三角形钢屋架　B. 钢板彩瓦　　　C. 油毡　　　　　D. 吊顶龙骨
4. 屋面泛水高度应自保护层算起，高度不应小于（　　）mm。（比赛试题）
   A. 100　　　　　B. 150　　　　　C. 200　　　　　D. 250
5. 保温屋顶为了防止保温材料受潮，应采取的措施是（　　）。
   A. 加大屋面斜度　　　　　　　　　B. 用钢筋混凝土基层
   C. 加做水泥砂浆粉刷层　　　　　　D. 设隔汽层
6. 屋顶的坡度形成中材料找坡是指（　　）。（考证试题）
   A. 利用预制板的搁置找坡　　　　　B. 选用轻质材料找坡
   C. 利用油毡的厚度找坡　　　　　　D. 利用结构层找坡
7. 下列建筑的屋面应采用有组织排水方式的是（　　）。
   A. 高度较低的简单建筑屋面　　　　B. 积灰多的屋面
   C. 有腐蚀介质的屋面　　　　　　　D. 降雨量较大地区的屋面
8. 屋面采用建筑找坡，若采用结构找坡，按规范坡度应不小于（　　）。（比赛试题）
   A. 2%　　　　　B. 3%　　　　　C. 4%　　　　　D. 5%

二、填空题

1. 平屋顶的排水方式分为_____和_____两种。
2. 屋顶排水坡度的形成方式有_____和_____两种。
3. 平屋顶常用的外排水方式有_____、_____和_____等种类。

三、简答题

1. 屋顶的作用是什么？对屋顶有何要求？
2. 平屋顶由哪几部分组成？它们的主要功能是什么？
3. 平屋顶的排水坡度如何形成？简述各种方法的优缺点。
4. 屋面的排水方式有几类？简述各自的优缺点和适用范围。
5. 何谓柔性防水屋面？其基本构造层次有哪些？如何看懂相应的构造图？
6. 平屋顶的保温材料有哪几类？其保温隔热措施有哪些？如何看懂构造图？
7. 坡屋顶的承重结构有哪几种？其保温隔热措施有哪些？如何看懂构造图？

习题答案

实训项目

1. 实训目标

掌握平屋顶屋面排水系统的组织和排水做法，屋面防水的构造层次及做法，屋面保温、隔热的做法，能识读、绘制屋面构造节点详图。

2. 设计条件

屋顶是平屋顶框架结构，屋面有保温或隔热要求。

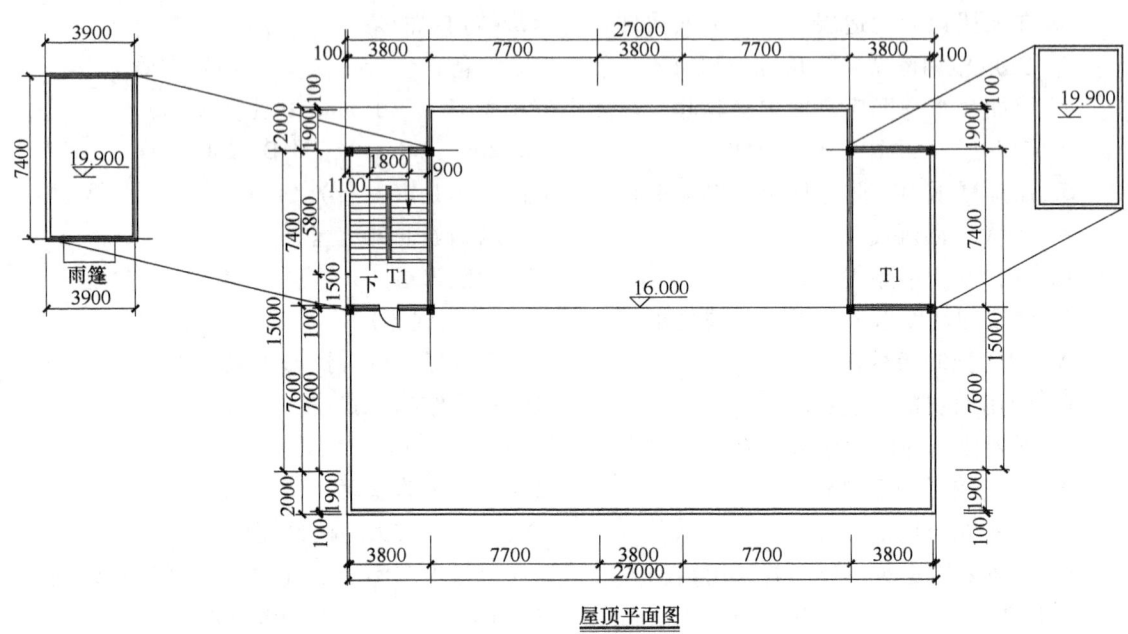

屋顶平面图

3. 实训内容

按建筑制图标准的规定，绘制屋顶平面图和屋顶节点详图。

（1）屋顶平面图。

1）屋面排水系统，标出排水分区、排水坡度、檐沟或女儿墙和天沟、雨水口等。

2）标注屋面和檐沟或天沟内的排水方向和坡度方向，标注凸出屋面部分的有关尺寸，标注屋面标高。

3）标注定位轴线与编号。

4）屋顶各部位的尺寸、做法，引出屋面详图的出处。

（2）屋顶节点详图。要求设计 2~3 个，详图内容可选择女儿墙压顶构造、泛水构造、檐口构造、屋面出入口构造、变形缝构造等。

4. 绘图要求

（1）A3 横式图纸一张。

（2）屋顶平面图比例 1∶100，屋面的构造详图比例 1∶10 或 1∶20。

（3）要求把屋面的构造层次表达清楚。

（4）图面准确，图线粗细分明，尺寸标注正确。

模块七

门窗

学习目标

知识目标
1. 了解门、窗的作用及材料类型。
2. 掌握门、窗洞口大小的确定方法。
3. 了解门、窗的构造。

技能目标
1. 能根据需要选择合适的门、窗类型。
2. 能确定合适的门、窗洞口尺寸。
3. 能读懂门、窗构造图。

素质目标
1. 具备识读绘制门、窗构造图时精益求精的工作态度。
2. 具备绘制门、窗构造图时对工程质量的安全意识和环保节能意识。
3. 具有与他人配合工作的团队意识、协作精神。
4. 具备持续学习的精神。

工作任务
1. 识读门窗构造图。
2. 绘制门窗构造图。

案例引入

2020年8月，因第4号台风"黑格比"在浙江登陆，浙江台州某小区一女业主在台风天试图关窗时外窗被台风吹走，坠落身亡。同小区还有几十户门窗被损坏，十多户户主阳台被吹毁。

事故原因是该住户自行将开放式阳台改造成封闭式阳台。在本次台风"黑格比"正面袭击过程中，由于台风持续时间久、风力强，最大瞬时风力达十六级，改造的窗户牢固度不够，造成门窗损坏。

思考

1. 窗户类型有哪些？
2. 窗户的材质有哪些？

7.1 门窗的形式与尺寸

7.1.1 门的形式与尺寸

1. 门的形式

（1）按位置分类。按在建筑物中所处的位置，门有内门和外门之分。内门位于内墙上，应满足分隔要求，如隔声、隔视线等；外门位于外墙上，应满足围护要求，如保温、隔热、防风沙、耐腐蚀等。

门

（2）按材料分类。按所用材料的不同，门可分为木门、钢门、铝合金门、塑料门及塑钢门等。木门制作加工方便，价格低廉，应用广泛，但防火能力较差。钢门强度高，防火性能好，透光率高，在建筑上应用很广，但保温较差，易锈蚀。铝合金门美观，有良好的装饰性和密闭性，但成本高，保温差。塑料门同时具有木材的保温性和铝材的装饰性，但其刚度和耐久性有待于进一步完善。

（3）按功能分类。按使用功能，门可以分为一般门和特殊门两种。特殊门具有特殊的功能，构造复杂，一般用于对门有特别的使用要求时，如保温门、防盗门、防火门、防射线门等。

（4）按开启方式分类。按门扇的开启方式，门可以分为平开门、弹簧门、推拉门、折叠门、旋转门、卷帘门等类型。

1）平开门。平开门是水平方向开启的门，门扇与门框用铰链连接并绕侧边安装的铰链转动，分单扇和双扇、内开和外开等形式，具有构造简单、开启灵活、制作安装和维修方便等特点，所以在建筑物中使用最为广泛。

2）弹簧门。弹簧门的门扇与门框用弹簧铰链连接。门扇水平开启，分为单向弹簧门和双向弹簧门，其最大优点是门扇能够自动关闭。单向弹簧门常用于有自闭要求的房间，一般为单扇，如卫生间的门、纱门等。双向弹簧门多用于人流出入频繁或有自动关闭要求的公共场所，多为双扇门，如建筑物出入口的门、商场商店的门等。双向弹簧门扇上一般要安装玻璃，避免出入人流相互碰撞。

3）推拉门。推拉门的门扇开启时沿左右设置的轨道滑行，有单扇和双扇之分。开启后，门扇可隐藏在墙体的夹层中或贴在墙面上。推拉门占用面积小，受力合理，不易变形，多作为分隔室内空间的轻便门和仓库、车间的大门。

4）折叠门。折叠门的门扇由一组宽度约为 600mm 的窄门扇组成，窄门扇之间用铰链连接。开启后，门扇可折叠在一起推移到洞口的一侧或两侧，占用空间少。简单的折叠门，可以只在侧边安装铰链，复杂的还要在门的上边或下边装导轨及转动五金配件。其构造较复杂，适用于宽度较大的门。

5）旋转门。旋转门由固定弧形门套和垂直旋转的门扇构成，其特点是保温、隔声效果好，构造复杂，造价高，不适用于人流出入较多的公共建筑，适用于宾馆、饭店。

6）卷帘门。卷帘门的门扇由塑料、金属等叶片相互连接而成，在门洞的上方设转轴，通过转轴的转动来控制叶片的启闭。其特点是开启时不占使用空间，但加工制作复杂，造价较高，常用于不经常启闭的商业建筑大门。

2. 门的尺寸

门的尺寸通常是指门洞的高、宽尺寸。门作为交通疏散通道,其洞口尺寸根据通行、搬运及与建筑物的比例关系确定,并要符合《建筑模数协调标准》(GB/T 50002—2013)的规定。

《建筑门窗洞口尺寸系列》(GB/T 5824—2008)

一般民用建筑门洞的高度不宜小于 2100mm。如门设有亮子时,亮子高度一般为 300~600mm,门洞高度则为门扇高加亮子高,再加门框及门框与墙间的构造缝隙尺寸,即门洞高度一般为 2400~3000mm。公共建筑大门高度可根据美观需求适当提高。门的宽度:单扇门为 700~1000mm,双扇门为 1200~1800mm。宽度在 2100mm 以上时,可设成三扇、四扇门或双扇带固定扇的门,因为门扇过宽易产生翘曲变形,同时也不利于开启。次要空间,如浴厕、储藏室等,门的宽度可窄些,一般为 700~800mm。

一般民用建筑门洞的宽度是门扇的宽度和两侧门框的构造宽度以及构造缝隙尺寸之和。现在一般民用建筑门,如木门、铝合金门、钢门等均编制成标准图,在图上注明类型和相关尺寸,设计时可按需直接选用。

7.1.2 窗的形式与尺寸

1. 窗的形式

(1) 按框料材质分类。按框料材质,窗分为铝合金窗、塑钢窗、钢窗、木窗和断桥铝合金窗。

窗的构造

1) 铝合金窗。采用铝合金型材制成,其断面为空腹。铝合金窗外观精美、重量轻、密闭性能好,可消除碱对门、窗框的腐蚀,但其强度低,易变形。

2) 塑钢窗。采用硬质塑料制成窗框和窗扇,并用型钢加强制成。其优点是密封和热工性能好、耐腐蚀。

3) 钢窗。用特殊断面的型钢制成,有实腹和空腹两类。钢窗强度高、断面小、坚固耐久,但易生锈,较少采用。

4) 木窗。其优点是适合手工制作、构造简单,缺点是不耐久、容易变形、防火性能差。

5) 断桥铝合金窗。是在铝合金窗基础上,为了提高门窗保温性能而推出的改进型窗。断桥铝合金窗的原理是利用尼龙将室内外两层铝合金既隔开又紧密连接成一个整体,构成一种新的隔热型铝型材。其具有节能、隔声、防噪、防尘、防水等功能,水密性、气密性良好。

(2) 按开启方式分类。按开启方式,窗分为固定窗、平开窗、推拉窗、悬窗和百叶窗,如图 7-1 所示。

1) 固定窗。固定窗无开启窗扇。它只可供采光和眺望之用,不能通风,构造简单,密封性能好,多与窗亮子或开启窗配合使用。

2) 平开窗。平开窗是指窗扇沿水平方向开启的窗。平开窗分外开窗和内开窗两种。外开窗在开启时不占室内使用空间,且排水问题容易解决,但易损坏。内开窗开启时占用室内空间,但不易损坏。平开窗构造简单,开启灵活,维修方便,广泛应用于民用建筑中。

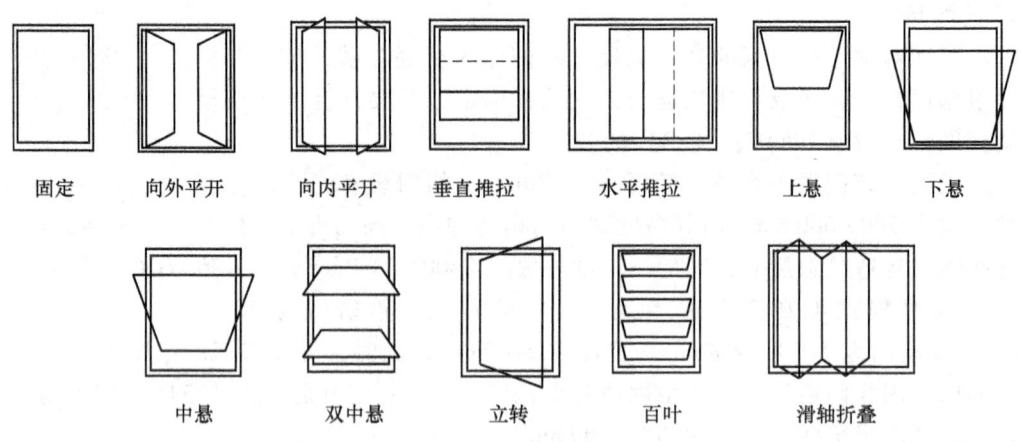

图 7-1 窗的开启方式

3）推拉窗。推拉窗是指窗扇沿导轨或滑槽滑动的窗。它可分为垂直推拉与水平推拉两种形式。推拉窗开启时不占室内空间，外形美观，采光面积大，防水、隔声及气密性能好，广泛应用于住宅、办公、医疗建筑等。

4）悬窗。悬窗分为上悬、中悬、下悬三种。上悬窗铰链安装在窗扇上部，一般向外开，具有良好的防雨性能，通风效果较差，多用作门和窗上的亮子。中悬窗是在窗扇中部装水平转轴，开启时窗扇上部向内，下部向外，有利于挡雨、通风，常用于高侧窗。下悬窗铰链安装在窗扇下部，一般向内开，通风性能好，但占用室内空间，不防雨。

5）百叶窗。利用百叶片遮挡阳光和视线，并保持自然通风，多用于卫生间等部位。

（3）按窗的层数分类。按层数，窗分为单层窗、双层窗及双层中空玻璃窗等形式。

1）单层窗构造简单，造价低，多用于一般建筑。

2）双层窗保温、隔声、防尘效果好，用于对窗有较高功能要求的建筑中，有单框双窗扇和双框扇两种形式。

3）双层中空玻璃窗由双层玻璃中空 4~12mm 装在一个窗扇上制成，具有保温、隔声、节能的特点。

2. 窗的尺寸

窗的大小主要取决于室内采光的要求。民用建筑中房间的照度要求是由室内使用需要的光亮明暗程度来确定的。在实际应用中，如住宅、学校、办公楼等可以采用窗地面积比的办法，估算出大概开窗面积。窗地面积比，即窗的透光面积与房间地板面积之比。不同使用性质房间的窗地面积比在现行的建筑设计规范中已有规定。如手术室、绘画室、制图室、展览室：1/5~1/3；教室、诊疗室、办公室：1/6~1/4；餐厅、居室、客房、营业厅：1/8~1/6。运用上述参数时，还要考虑地区特点、窗的位置和朝向以及室外遮挡情况，对数据进行适当的修正。近几年，我国越来越重视建筑的节能要求，因此在确定窗的面积时，不要忽略节能的要求。

窗的尺寸一般应符合 3M 的扩大模数要求。如 600mm 的单扇；900mm、1200mm 的双扇；1500mm、1800mm 的三扇等。窗基本高度有 900mm、1200mm、1500mm、1800mm、2100mm 等。

拓展思考——文化自信

古建筑细节之美——门窗

门窗在中国建筑装饰文化史上蕴含着博大精深的文化意味。在古人眼里，门窗有如天人之际的一道帷幕。中国古代尤其是明清时期的花窗花板，集富贵之相、儒雅之风于一身，既具有丰富的文化内涵，又雕工精美，给人以很高的视觉享受。

如果说中国古窗是古建筑的一双眼睛，那么窗格则格出了古人生活的浪漫。中国的古代工匠，运用最简单的线条和几何图形，使简单呆板的窗充满流动的气息。

中国古代门窗的文化内涵是由门窗纹饰与图案表现的，门窗的装饰也体现了房屋主人迥异的审美情趣、身份地位和财富象征。

7.2 木门窗

7.2.1 木门的构造

1. 平开木门的组成

门由门框、门扇、亮子、玻璃及五金零件等部分组成，如图 7-2 所示。亮子又称为腰头窗，简称腰头、腰窗。门框由边框、上框、中横框和中竖框等组成。门扇由上冒头、中冒头、下冒头、边梃、门芯板等组成。五金零件包括铰链、插销、门锁、风钩等。

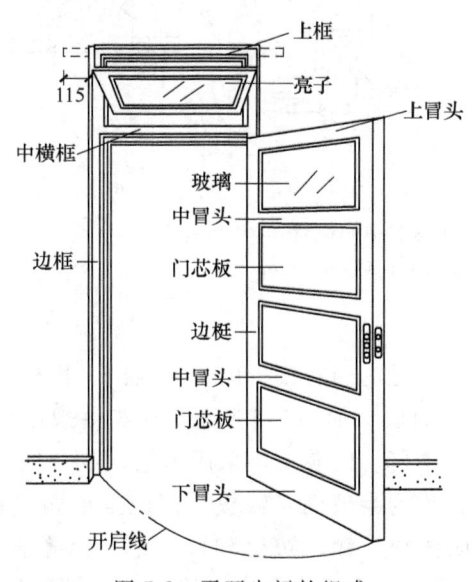

图 7-2 平开木门的组成

木门安装

2. 门框

门框的断面形状与尺寸取决于门扇的开启方式和门扇的层数，由于门框要承受各种撞击荷载和门扇的重量作用，应有足够的强度和刚度，故其断面尺寸较大，如图 7-3 所示。

门框在墙洞中的位置有门框内平、门框居中、门框外平和门框内外平几种情况。一般情况下，多做在开门方向一边，与抹灰面齐平，尽可能使门扇开启后能贴近墙面。对较大尺寸的门，为能牢固地安装，多居中设置，如图 7-4 所示。

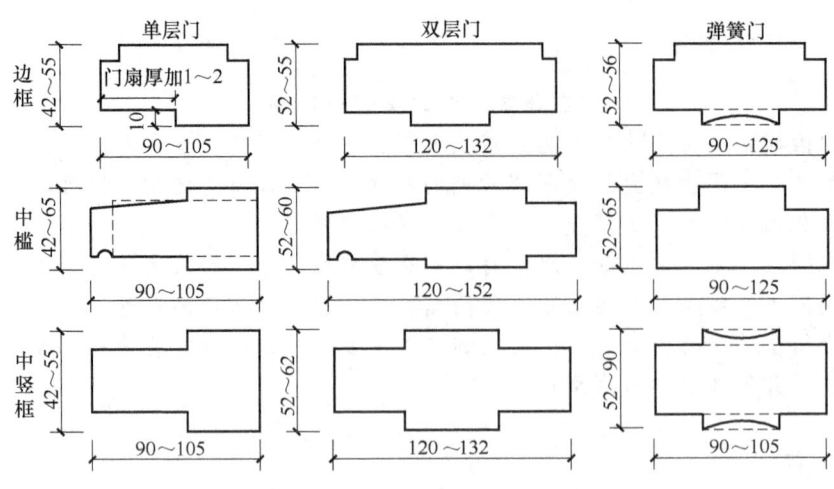

图 7-3 平开门门框的断面形状及尺寸

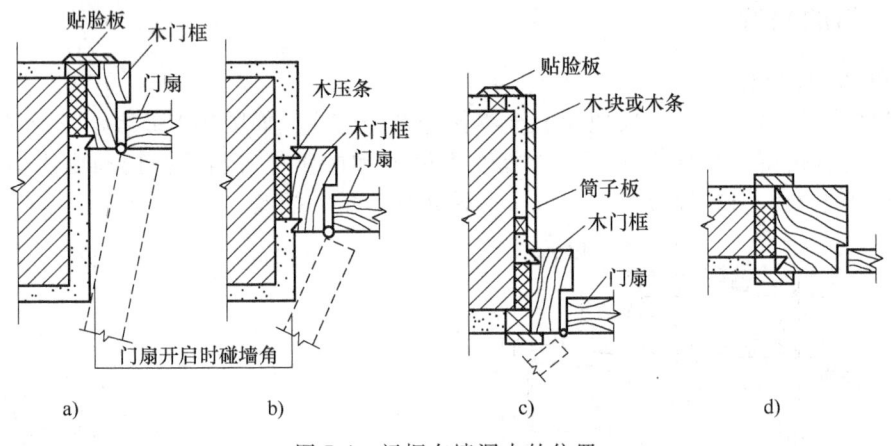

图 7-4 门框在墙洞中的位置
a) 外平 b) 居中 c) 内平 d) 内外

3. 门扇

根据门扇的不同构造形式，在民用建筑中常见的门有镶板门、夹板门、拼板门等。

（1）镶板门。镶板门门扇由骨架和门芯板组成，如图 7-5 所示。骨架一般由上冒头、下冒头及边梃组成，有时中间还有中冒头或竖向中梃。门芯板可采用木板、胶合板、硬质纤维板及塑料板，有时也可部分或全部采用玻璃，称为半玻璃（镶板）门或全玻璃（镶板）门。木制门芯板一般用 10~15mm 厚的木板拼装成整块，镶入边梃和冒头中，板缝应结合紧密。镶板门门扇骨架的厚度一般为 40~45mm。上冒头、中冒头和边梃的宽度一般为 75~120mm，下冒头的宽度选择同中冒头。为了便于开槽装锁，其宽度可适当增加，以弥补开槽对中冒头材料的削弱。

（2）夹板门。夹板门门扇由骨架和面板组成，如图 7-6 所示。骨架通常采用（32~35）mm×（34~36）mm 的木料制作，内部用小木料做成格形纵横肋条，肋距一般为 300mm 左右。在骨架的两面可铺钉胶合板、硬质纤维板或塑料板等，门的四周可用 15~20mm 厚的木条镶边，以取得整齐美观的效果。

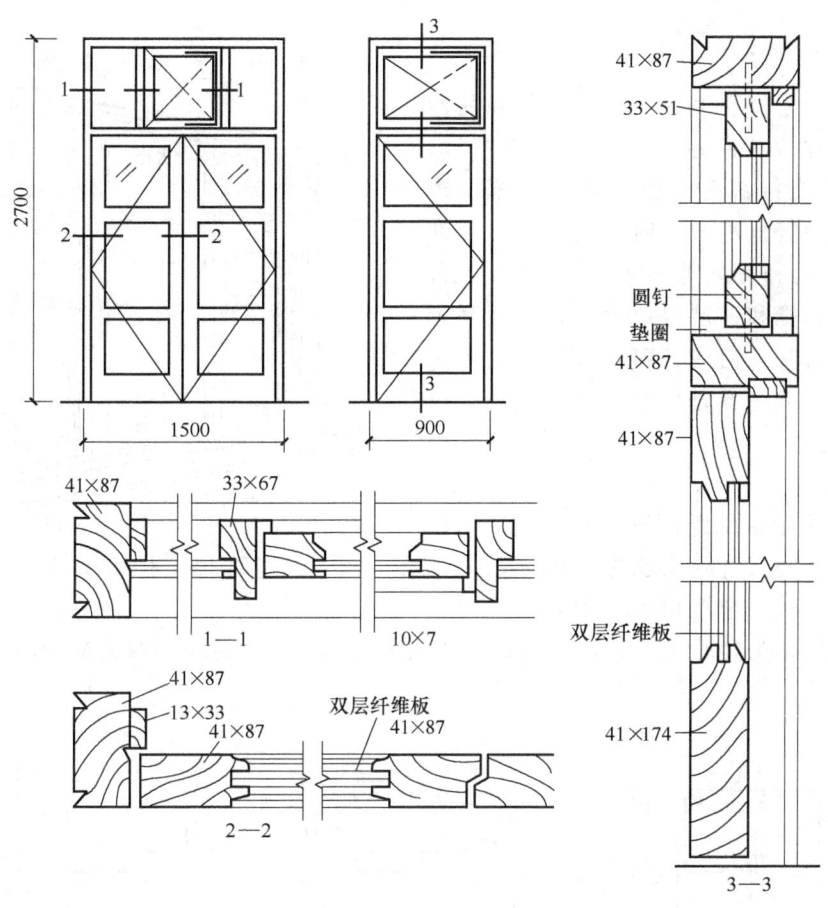

图 7-5 镶板门的构造

（3）拼板门。拼板门由骨架和拼板组成，如图 7-7 所示。拼板门的拼板用 35~45mm 厚的木板拼接而成，因而自重较大，但坚固耐久，多用于库房、车间的外门。

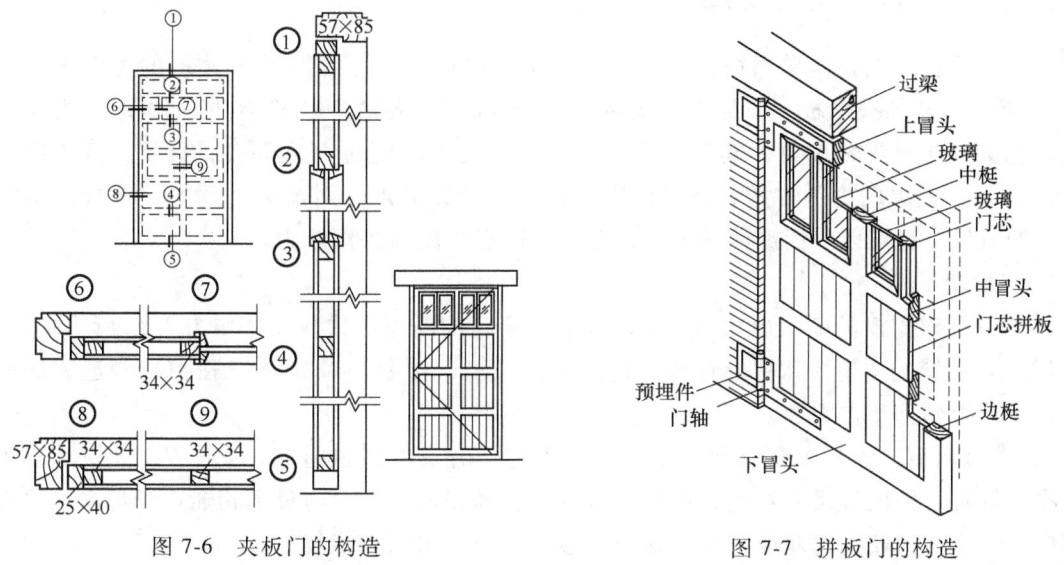

图 7-6 夹板门的构造　　　　　图 7-7 拼板门的构造

7.2.2 木窗的构造

木窗一般由窗框、窗扇、五金零件和其他附件组成，如图 7-8 所示。窗框又称为窗樘，是窗与墙体的连接部分，由上框、下框、边框、中横框和中竖框组成。窗扇是窗的主体部分，分为活动扇和固定扇两种，一般由上冒头、下冒头、边梃和窗芯组成骨架，中间固定玻璃、窗纱或百叶。窗扇与窗框多用五金零件相连接，常用的五金零件包括铰链、插销、风钩等。

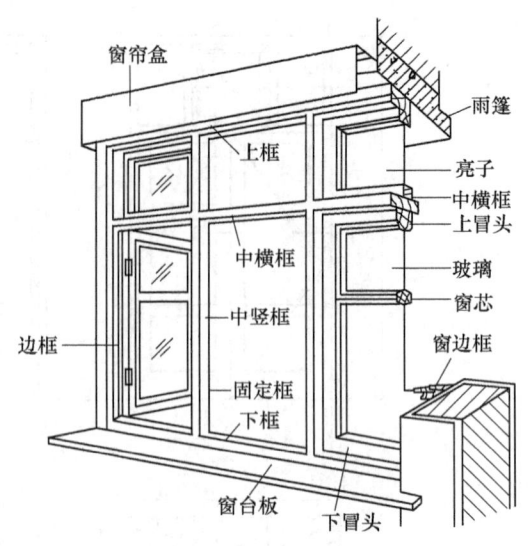

图 7-8 木窗的组成

1. 单层窗

（1）单层窗窗框的断面形状与尺寸。木窗窗框的断面形状与尺寸主要由窗扇的层数、窗扇厚度、开启方式、窗洞口尺寸及当地风力大小来确定，一般多为经验尺寸，可根据具体情况进行确定。常见单层窗窗框的断面形状及尺寸如图 7-9 所示。

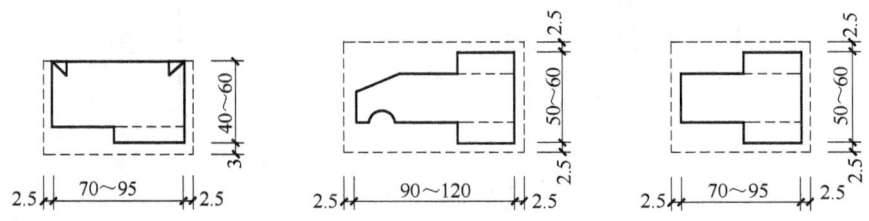

图 7-9 单层窗窗框的断面形状与尺寸

注：图中虚线为毛料尺寸，粗实线为刨光后的设计尺寸（净尺寸），中横框若加披水或滴水槽，其宽度还需增加 20～30mm。

（2）单层窗的构造。单层窗窗扇的厚度为 35～42mm，上、下冒头和边梃的宽度为 50～60mm，下冒头若加披水板，应比上冒头宽 10～25mm。窗芯宽度一般为 27～40mm。为镶嵌玻璃，在窗扇外侧要做裁口，其深度为 7～12mm，但不应超过窗扇厚度的 1/3。其构造如图 7-10 所示。窗料的内侧常做装饰线性脚，既少挡光又美观。两窗扇之间的接缝处，常做高低缝的盖口，也可以一面或两面加钉盖缝条，以提高防风挡雨能力。

2. 双层窗

（1）双层窗窗框的断面形状与尺寸。双层窗窗框的断面形式与尺寸如图 7-11 所示。

（2）双层窗的构造。双层窗窗扇的构造方法较多，如图 7-12 所示。按窗扇构造方法的不同，可分为如下几种类型：

1）子母扇窗。由一个窗框和两个大小稍有差异的子母窗扇组成，如图 7-12a 所示。子扇略小于母扇，但玻璃尺寸相同，窗扇以铰链与窗框相连，子扇与母扇相连，子母扇一般都采用内开。这种窗较其他双层窗节省材料，透光率高，密闭性能较好。

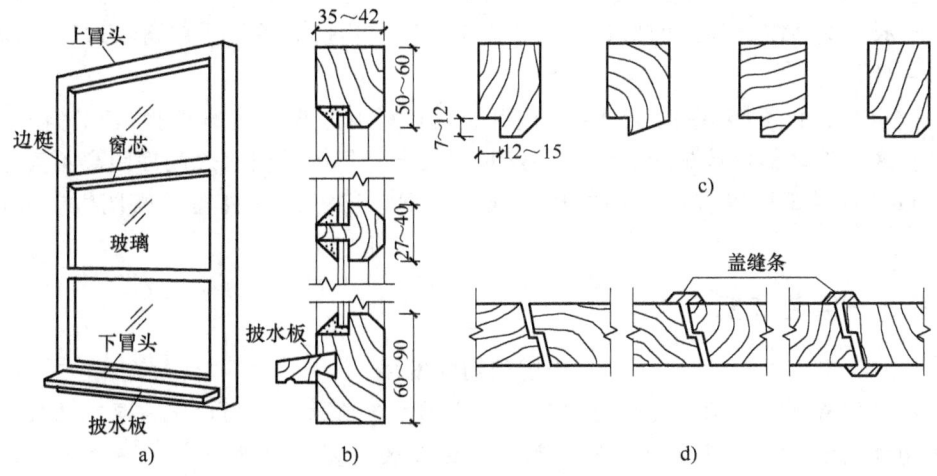

图 7-10 单层窗的构造
a) 窗扇立面 b) 窗扇剖面 c) 线脚示例 d) 盖缝处

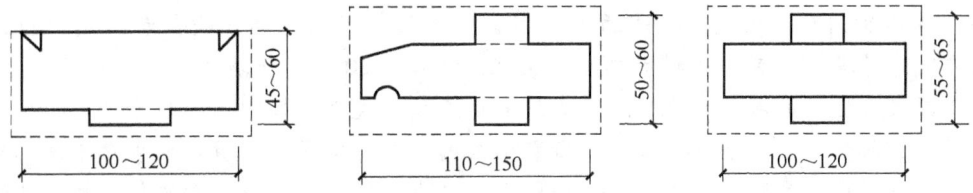

图 7-11 双层窗窗框的断面形式与尺寸

注：图中虚线为毛料尺寸，粗实线为刨光后的设计尺寸（净尺寸），中横框若加披水或滴水槽，其宽度还需增加 20~30mm。

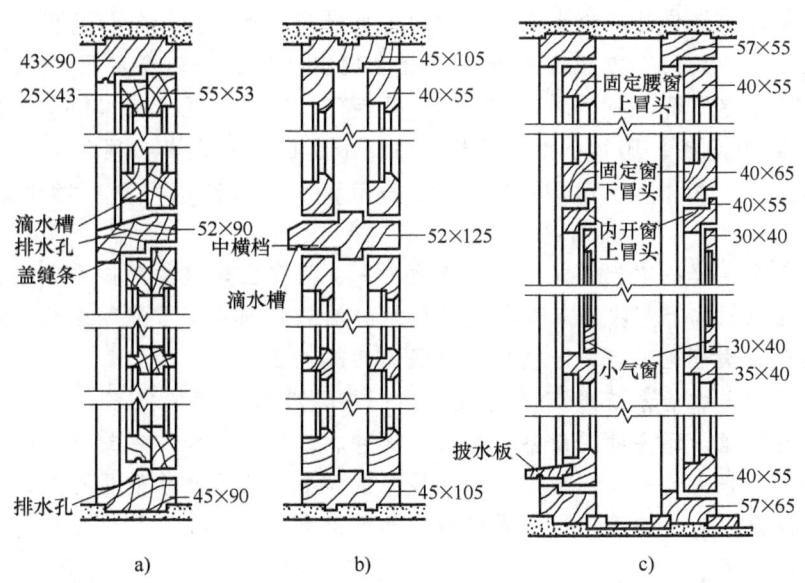

图 7-12 双层窗的构造
a) 子母窗扇 b) 内外开窗 c) 分框双层窗

2）内外开窗。在一个窗框上设内外双裁口，安装两个窗扇，一扇外开，一扇内开，如图 7-12b 所示。这种窗内外扇的形状、尺寸完全相同，构造简单，内扇可以取下，窗料也可以适当小一些。

3）分框双层窗。这种窗的窗扇可以内开也可以外开，但为了方便擦玻璃，内外窗扇常采用内开。寒冷地区的墙体较厚，宜采用这种双层窗，但内外窗扇之间净距离不宜过大，一般为 100mm，这样既可以省去一些中横框或中竖框，还可以提高窗的密闭性，如图 7-12c 所示。

拓展思考——绿色节能

中国门窗的发展

门窗在我国有着悠久的历史，可以追溯到三千多年前的商、周时代，早期的门窗采用的是木制结构加糊纸，后来发展到木窗、钢窗、铝合金门窗、塑钢门窗，再到现在的断桥铝门窗。

在古代，门窗主要靠手工制作，数千年以来都是以一种"卖手艺"的状态存在着。因此，门窗虽然作为一种必需的家居用品延续了数千年，但门窗产业化发展的历史并不长。

1911 年，钢门窗传入我国。1925 年，我国上海民族工业开始小批量生产钢门窗，但受当时国内国际环境的限制，直到新中国成立前，也只有 20 多间作坊式手工业小厂。

新中国成立后，上海、北京、西安等地先后建起了较大规模的门窗生产基地，标志着我国门窗正式进入了工业化生产阶段。随着整个国民经济的发展，门窗行业也在不断向前，特别是改革开放之后，我国经济进入了一个腾飞的时代，房地产行业蓬勃发展，直接催动了相关产业的同步发展，大大小小的门窗企业，宛若雨后春笋般涌现出来。

从 1979 年开始，国家强调了全面节约木材的政策，禁止在城镇房屋建筑中使用木制门窗，以钢门窗代替传统木门窗得到迅速推广。

钢门窗性能虽然好但是造价太高，比钢门窗更时尚、更具使用价值的产品——铝合金门窗兴起并延续至今，我国南方现还在使用铝合金门窗。铝合金门窗经历了 30 多年的发展，现今还是我国的主导门窗产品。到了 20 世纪 90 年代，逐渐出现了塑钢门窗，塑钢门窗的辉煌历程是大约至 2010 年，现如今塑钢门窗还在使用，但是占比率在逐年下降。替代塑钢门窗的是断桥铝门窗，其兴起于 2005 年，断桥铝门窗目前在建筑门窗市场上的占比率逐年增加。

推行节能门窗是解决建筑耗能的优选方案之一，门窗在建筑的节能系统中占重要的位置，节能门窗能从根本上解决建筑高能耗的问题。随着我国建筑节能和绿色建筑的发展，许多先进的节能产品及节能工艺逐渐被应用于我国的建筑业。

系统门窗是一个性能系统的完美有机组合，其要考虑门窗的气密、水密、抗风压、保温、隔声等各种性能，还要考虑设备、型材、配件、玻璃、粘胶、密封件等各环节性能，通过基础技术研发、材料选用、构造设计、上墙安装等全过程的严格质量控制，实现较为优异的隔热性能、隔声性能、抗风压性、水密性、气密性等多项性能，最终形成高性能，并实现绿色节能降耗的作用。

随着智能终端、互联网技术以及物联网的发展，智能家居已经开始从概念设想转向实际应用。可通过手机 APP 和电子遥控灯或根据事先设计的程序执行开窗或关窗操作，对门窗进行远程操控。例如安装智能风雨传感器，遇到刮风下雨天气门窗会自动关闭；当遇到火灾事故时，智能门窗的传感器检测到烟雾后可自动报警并且会自动打开门窗；若甲醛超标，能自动开窗通风……智能门窗追随智能家居生活的发展而发展。

7.3 金属门窗

7.3.1 铝合金门窗

1. 铝合金门的构造

铝合金门由门框、门扇及五金零件组成。门框、门扇均用铝合金型材制作，为改善铝合金门冷桥散热，可在其内部夹泡沫塑料新型型材。由于生产厂家不同，门框型材种类繁多。铝合金门常采用推拉门、平开门和地弹簧门。其构造如图7-13所示。

《铝合金门窗》
（GB/T 8478—2020）

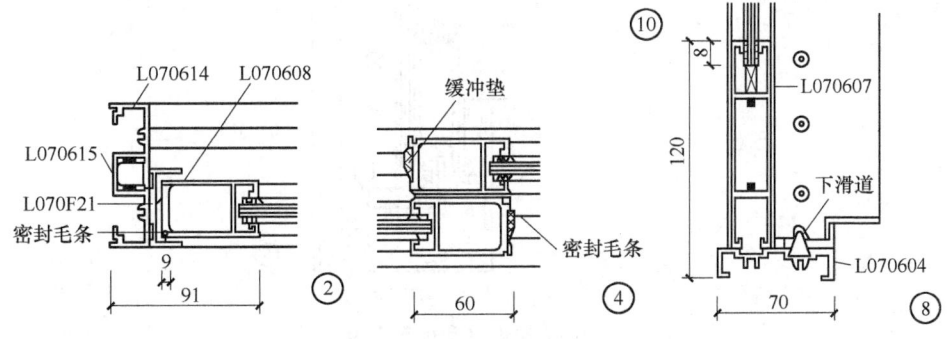

图7-13 铝合金门的构造

2. 铝合金窗的构造

铝合金窗多采用水平推拉式的开启方式，窗扇在窗框的轨道上滑动开启。窗扇与窗框之间用尼龙密封条进行密封，并可以避免金属材料之间相互摩擦。玻璃卡在铝合金窗框料的凹槽内，并用橡胶压条固定，如图7-14所示。

铝合金窗一般采用塞口的方式安装，固定时，窗框与墙体之间采用预埋铁件、燕尾铁脚、金属膨胀螺栓、射钉固定等方式连接，如图7-15所示。为了便于铝合金窗的安装，一般先在窗框外侧用螺钉固定钢质锚固件，安装时与洞口四周墙中的预埋铁件焊接或锚固在一起，玻璃应嵌固在铝合金窗料中的凹槽内，并加密封条。

7.3.2 钢门窗

1. 钢防火门的构造

钢防火门为用钢质材料制作门框、门扇骨架和门扇面板（门扇内若填充材料，则填充需是对人体无毒无害的防火隔热材料），并配以防火五金配件所组成的具有一定耐火性能的门。钢防火门的构造详图示例如图7-16所示。

《建筑外门窗气密、水密、抗风压性能检测方法》
（GB/T 7106—2019）

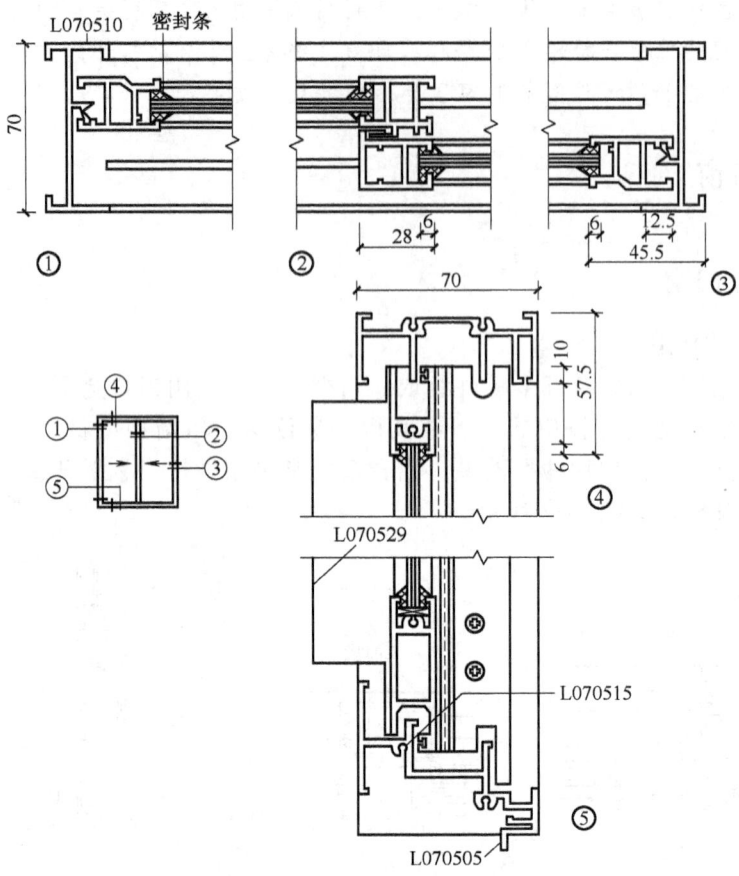

图 7-14 70 系列铝合金推拉窗节点举例

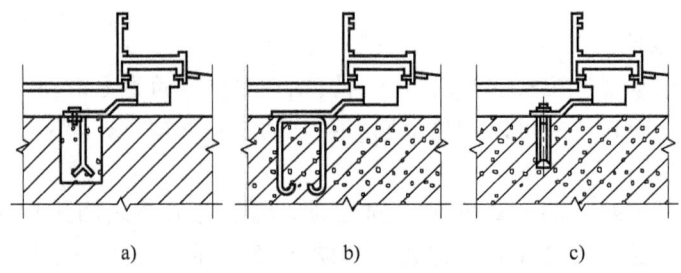

图 7-15 铝合金窗框与墙体的固定方式
a) 燕尾铁脚 b) 预埋铁件 c) 金属膨胀螺栓

2. 钢窗的构造

(1) 钢窗的类型。根据钢窗使用材料形式的不同,钢窗可以分为实腹式和空腹式两种类型。实腹式钢窗的材料形式与规格如图 7-17 所示,空腹式钢窗的材料形式与规格如图 7-18 所示。

(2) 钢窗的组合与连接。钢窗的组合方式有三种,即竖向组合、横向组合和横竖向组合,如图 7-19 所示。基本钢窗与拼料间用螺栓牢固连接,并用油灰嵌缝,如图 7-20 所示。

模块七 门窗

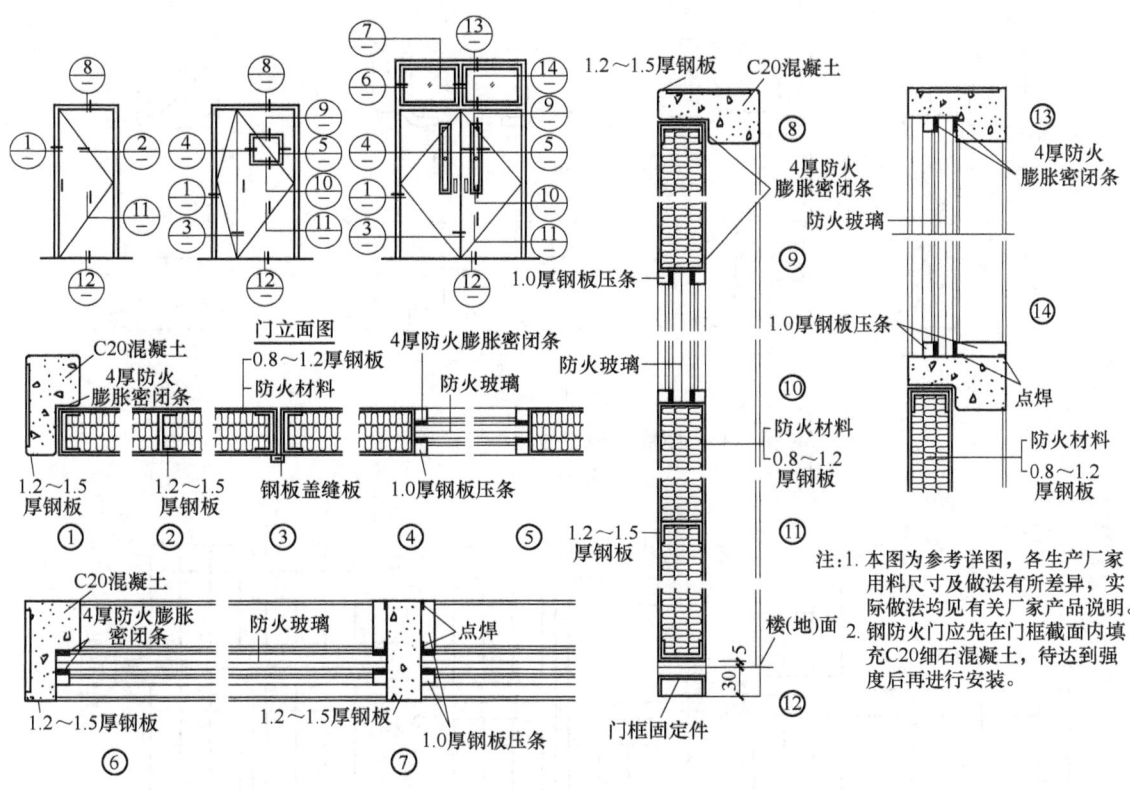

图 7-16 钢防火门的构造详图示例

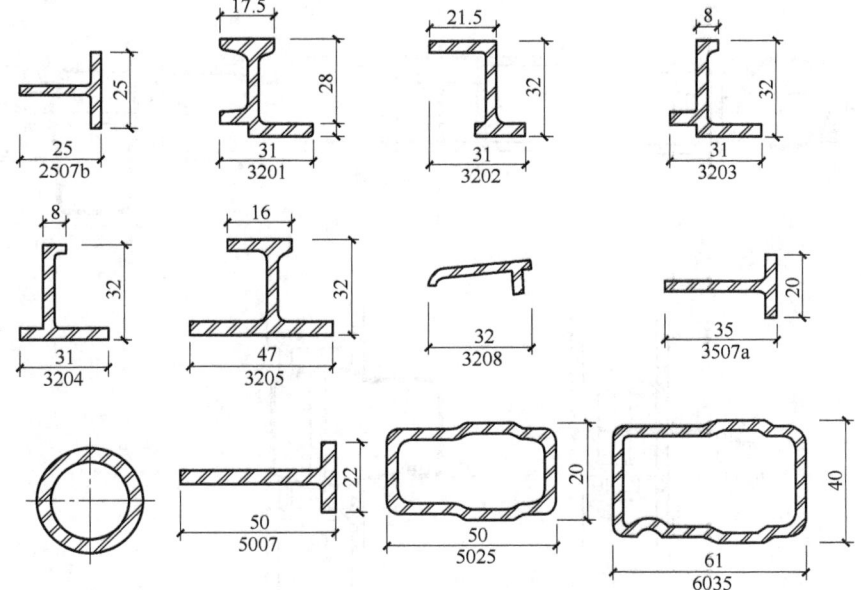

图 7-17 实腹式钢窗的材料形式与规格

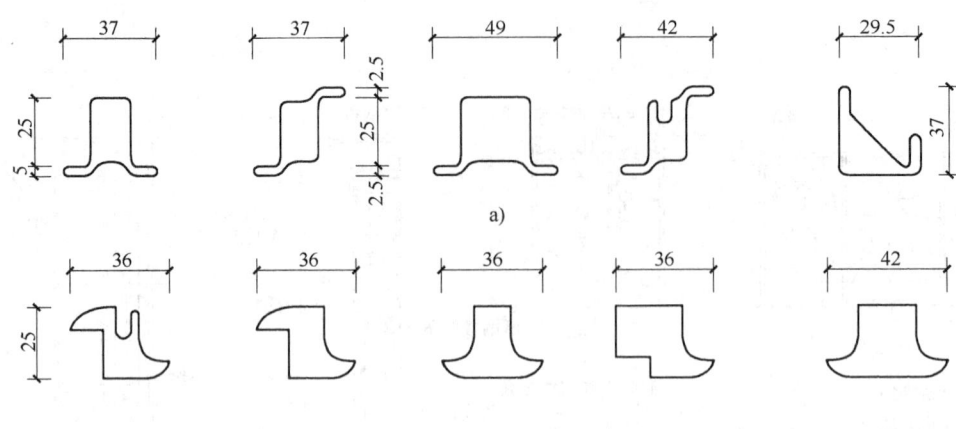

图 7-18 空腹式钢窗的材料形式与规格
a）沪式　b）京式

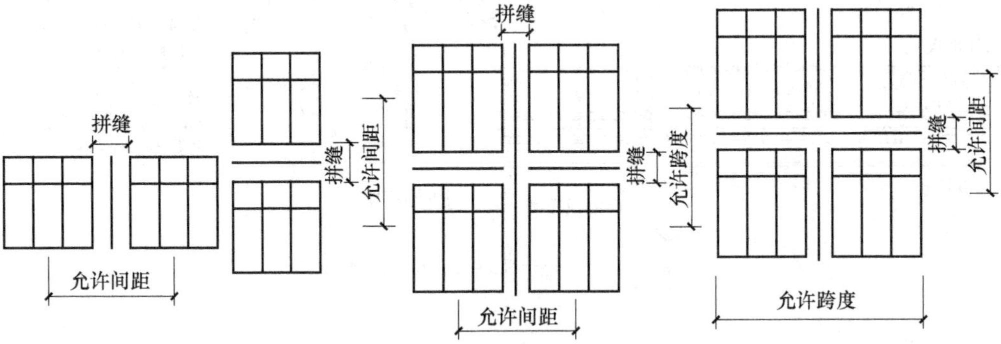

图 7-19 钢窗的组合方式

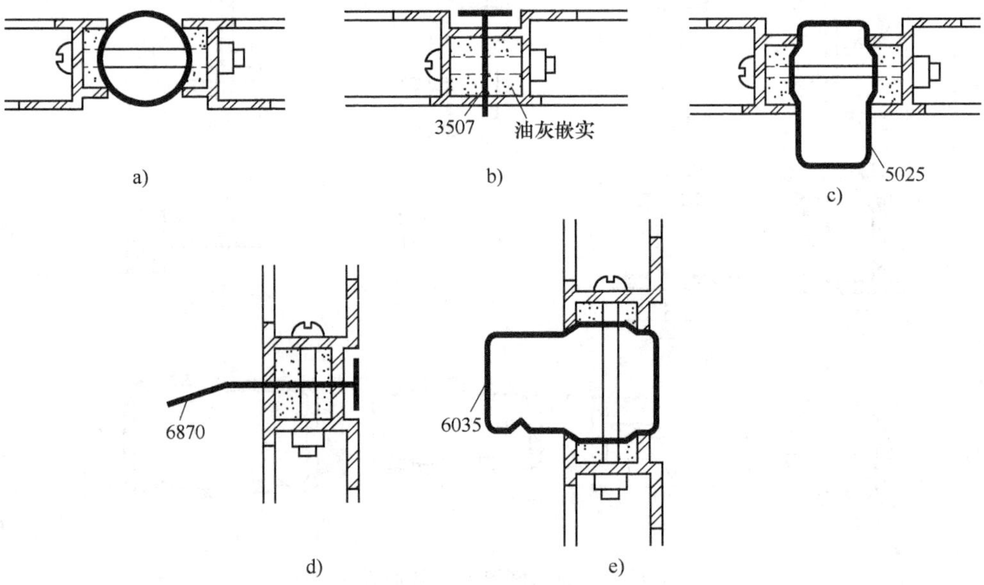

图 7-20 基本钢窗与拼料的连接

7.4 塑钢门窗

塑钢门窗是以 PVC 为主要原料制成空腹多腔异型材，中间设置薄壁加强型钢（简称加强筋），经加热焊接而成。它具有导热系数低、耐弱酸碱、无须油漆，并有良好的气密性、水密性、隔声性等优点。

1. 塑钢门窗的分类

（1）按开启方式分。按开启方式可分为固定窗、上悬窗、中悬窗、下悬窗、立转窗、平开门窗、滑轮平开窗、滑轮窗、平开下悬门窗、推拉门窗、推拉平开窗、折叠门、地弹簧门、提升推拉门、推拉折叠门、内滑门。

（2）按性能分。按性能可分为普通型门窗、隔声型门窗、保温型门窗。

（3）按应用部位分。按应用部位可分为内门窗、外门窗。

2. 塑钢窗的构造

塑钢窗多采用塞口法进行安装，安装前用塑料保护膜包裹窗框，以防止施工中损害成品。塑钢窗的构造如图 7-21 所示。

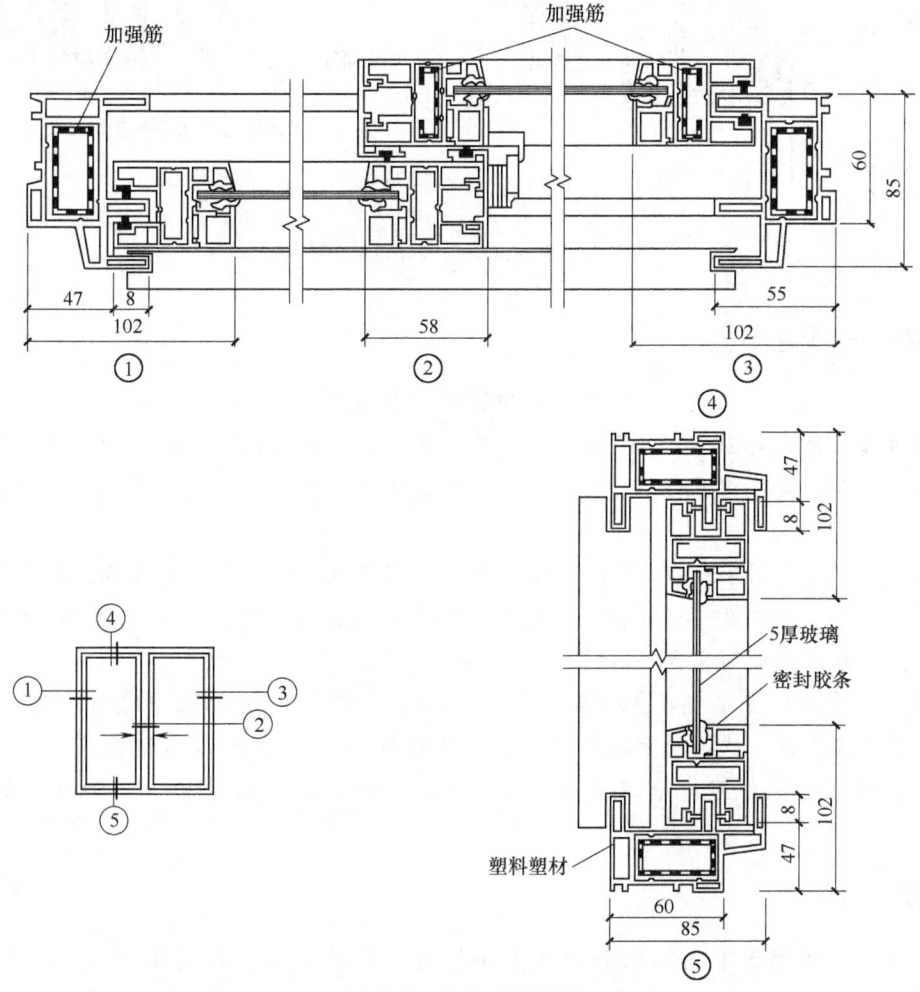

图 7-21　塑钢窗的构造

塑钢窗框与墙体的连接构造，如图7-22所示。

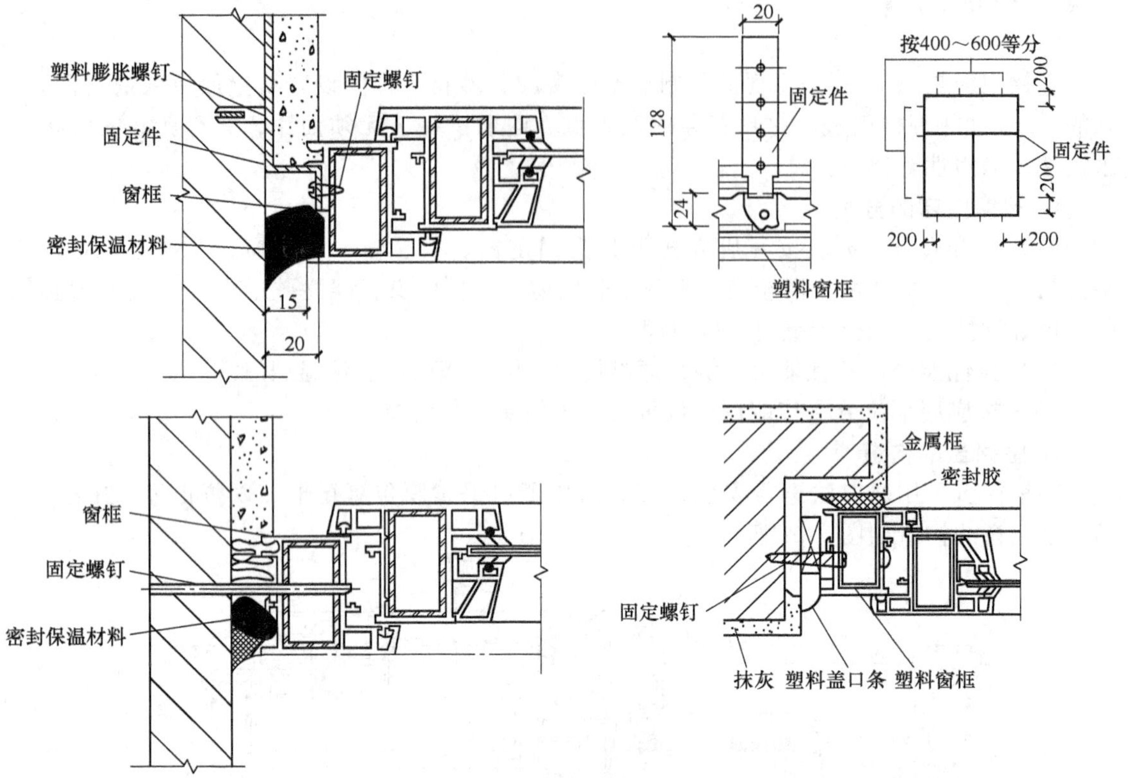

图 7-22　塑钢窗框与墙体的连接构造

拓展思考——绿色节能

节能门窗系统的发展史

现代建筑门窗业从20世纪80年代初起步，传入我国已经到了20世纪90年代末期。加上门窗技术的升级换代相对较为缓慢，建筑门窗成为中国建筑的耗能大户，将来使然也是节能大户。

而反观欧洲发达国家，在20世纪80年代中期就已经研发出了具有高性能的节能门窗系统。其在安全性、舒适性、节能性上相较于传统门窗都有长足的提升。同样，我国的行业节能标准也整整落后欧洲国家30多年。

2015年，我国门窗平均K值约为3.2（保温）。而欧洲早在1984年就达到门窗K值2.8的标准。据相关统计，我国现有城镇建筑面积约430亿m^2。如果实行欧洲现行门窗标准K值（1.4），那么每年将可节省煤炭4.3亿t，约为我国全年煤炭产量的20%，数量相当惊人。

模块小结

门、窗是房屋建筑中的两个非承重围护构件。门的主要功能是交通出入、分隔和联系内部和外部空间，有的兼有通风和采光的作用；窗的主要功能是采光和通风，并起到空间之间视觉联系的作用。同时两者还应具有保温、隔热、隔声、防水、防火、节能、装饰等功能。

门的宽度、数量、位置及开启方式一般由使用人数和使用要求，交通疏散及防火规范的要求确定的。窗的大小、位置主要取决于室内采光要求、房间照度、通风要求、结构受力是否合理及建筑立面美观等。

平开木门一般由门框、门扇、亮子和五金零件及附件组成。平开木窗由窗框、窗扇和五金零件及附件组成。门、窗框与墙体的位置关系有内平、居中和外平三种。

木门的名称通常是由门扇的名称决定的。通常有镶板门、夹板门、纱门、百叶门及玻璃门等。

铝合金门框、门扇均用铝合金型材制作，为改善铝合金门冷桥散热，可在其内部夹泡沫塑料新型型材。铝合金门窗的形式有平开门窗、推拉门窗等。

塑钢门窗是以PVC为主要原料制成空腹多腔异型材，中间设置薄壁加强型钢（简称加强筋），经加热焊接而成。它具有良好的气密性、水密性、隔声性等优点。塑钢门窗有固定窗、上悬窗、中悬窗、下悬窗、立转窗、平开门窗等。

习题

一、选择题

1. 门的开启方式有很多种，其中（　　）应用最为广泛。
   A. 弹簧门　　　　　B. 推拉门　　　　　C. 转门　　　　　D. 平开门
2. 下列开启方式的门不可用于疏散的是（　　）。
   A. 折叠门　　　　　B. 弹簧门　　　　　C. 转门　　　　　D. 平开门
3. 下列开启方式的窗仅起采光作用的是（　　）。（考证试题）
   A. 固定窗　　　　　B. 平开窗　　　　　C. 推拉窗　　　　D. 上悬窗
4. 辅助房间，如浴厕、储藏室的门扇宽度一般为（　　）mm。
   A. 600～800　　　　B. 500～700　　　　C. 700～600　　　D. 800～900
5. C2032指的是（　　）。（比赛试题）
   A. 框料外廓宽度为2100mm，高度为3200mm的窗
   B. 框料外廓高度为2000mm，宽度为3200mm的窗
   C. 洞口宽度为2000mm，高度为3200mm的窗
   D. 洞口高度为2030mm，宽度为3200mm的窗

二、填空题

1. 门按开启方式可分为_____、_____、_____、_____等。
2. 窗的分类为_____、_____、_____、_____等。
3. 使用人数多的房间，如会议室、餐厅等，考虑安全疏散要求，门应向_____开。
4. 门的高度一般以_____为模数，特殊情况可以_____为模数。
5. 门窗框的安装方式分为_____和_____两种。

三、简答题

1. 门窗按开启方式分哪几种？各适用何种情况？
2. 平开木门窗主要由哪几部分组成？

3. 窗的大小、位置及宽度由何种因素决定？
4. 门窗安装方法根据施工方式的不同分为哪几种？各有何特点？
5. 门窗框与墙间的缝隙如何处理？
6. 铝合金窗和塑钢窗的特点和构造要点是什么？

习题答案

实训项目

参观所在学校的教学楼、公寓楼、餐厅等的门窗，说明其种类、材质及其安装方式等。

模块八

变形缝

学习目标

知识目标
1. 掌握变形缝的种类及作用。
2. 掌握变形缝设置原则。
3. 掌握变形缝的构造。

技能目标
1. 能选择合理的变形缝类型。
2. 能确定变形缝的设置尺寸及位置。
3. 能识读、绘制变形缝构造图。

素质目标
1. 具备识读、绘制变形缝构造图时一丝不苟的态度。
2. 具备绘制高质量变形缝构造图的责任心。
3. 具有与他人配合工作的团队意识、协作精神。
4. 具备持续学习的精神。

工作任务
1. 识读变形缝节点构造图。
2. 绘制变形缝节点构造图。

案例引入

虎丘塔,又称为云岩寺塔,位于苏州城西北郊,距市中心5km。相传春秋时吴王夫差就葬其父(阖闾)于此,葬后3日,便有白虎踞于其上,故名虎丘山,简称虎丘。虎丘塔由于塔基土厚薄不均,塔墩基础设计构造不完善等原因,从明代起就开始向西北倾斜,虎丘斜塔也被称为中国的比萨斜塔。

虎丘塔是驰名中外的宋代古塔,始建于公元601年(隋文帝仁寿元年),初建成木塔,后毁。现仍存的虎丘塔建于公元959年(后周显德六年),落成于公元961年(北宋建隆二年),比意大利比萨斜塔早建200多年。

虎丘塔为仿楼阁式砖木套筒式结构。塔高47.7m,塔身全砖砌,重6000多t。塔系平面八角形,每个面上都有一扇门,七级。由8个外墩和4个内墩支承。屋檐为仿木斗拱,飞檐起翘。塔内有两层塔壁,仿佛是一座小塔外面又套了一座大塔,其层间的连接以叠涩的砖砌体连接上下和左右。

虎丘塔塔身平面呈八角形，由外墩、回廊、内墩和塔心室组合而成，内墩之间有十字通道与回廊连通，外墩间有8个壶门与平座（即外回廊）连通，设计完全体现了唐宋时代的建筑风格。

思考

如何防止建筑物倾斜？

建筑物由于受温度变化、地基不均匀沉降以及地震的影响，结构内将产生附加的变形和应力，如果不采取措施或措施不当，会使建筑物产生裂缝，甚至倒塌，影响使用与安全。为了避免这种情况的发生，可以采取"阻"或"让"两种不同的措施。前者是加强建筑物的整体性，使其具有足够的承载力和刚度来抵抗破坏应力。后者是在建筑物变形敏感的部位，沿建筑物竖向预先设置适当宽度的缝隙，令其断开后建筑物的各部分成为独立的单元。后一种措施比较经济，常被采用。建筑物中这种预留缝隙称为变形缝，变形缝不应穿过厕所、卫生间、盥洗室和浴室等用水的房间，也不应穿过配电间等严禁有漏水的房间。变形缝按其功能分为三种类型，即伸缩缝、沉降缝、防震缝。如图8-1所示。

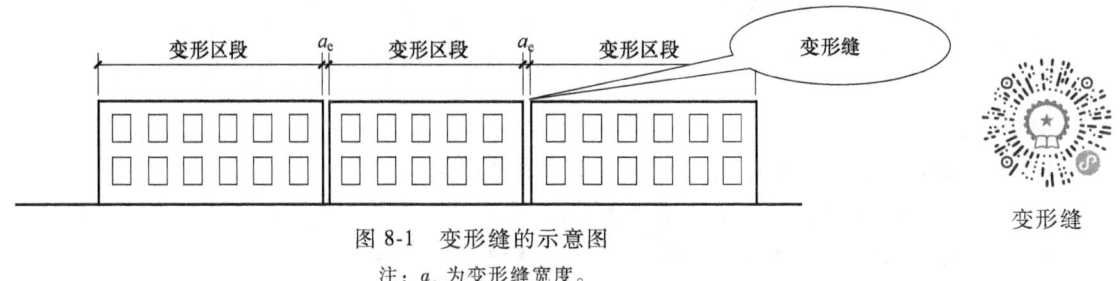

图 8-1　变形缝的示意图

注：a_e 为变形缝宽度。

8.1　伸缩缝

8.1.1　伸缩缝的概念

当建筑物长度超过一定限度时，建筑平面变化较多或结构类型变化较大时，建筑物会因热胀冷缩变形较大而产生开裂。为预防这种情况的发生，常常沿建筑物长度方向每隔一定距离或结构变化较大处预留缝隙，将建筑物断开。

因为建筑物受昼夜温差引起的温度应力影响最大的部分是建筑物的屋面，越向地面影响越小，而建筑物的基础部分埋在土里，温度比较稳定，不容易受到昼夜温差的影响，所以在设置伸缩缝时，建筑物的基础不必要断开，除此之外伸缩缝要求把建筑物的墙体、楼板层、屋顶等基础以上的部分全部断开。

8.1.2　伸缩缝的设置

伸缩缝的间距主要与结构类型、材料和当地温度变化情况有关，根据屋盖刚度以及屋面是否设保温层或隔热层来考虑。其中，建筑物长度主要关系到温度应力累积的大小；结构类型和屋顶刚度主要关系到温度应力是否容易传递并对结构的其他部分造成影响；是否设置保温层或隔热层，则关系到结构直接受温度应力影响的程度。

伸缩缝的位置和间距与建筑物的结构类型、材料、施工条件及当地温度变化情况有关。设计时，应根据相关规范的规定设置，如表 8-1、《砌体结构通用规范》(GB 55007—2021) 表 8-2 所示。

表 8-1 砌体建筑伸缩缝的最大间距 （单位：m）

砌体类型	屋顶或楼层结构类别		间距
各种砌体	整体式或装配整体式钢筋混凝土结构	有保温层或隔热层的屋顶、楼层	50
		无保温层或隔热层的屋顶	40
	装配式无檩体系钢筋混凝土结构	有保温层或隔热层的屋顶、楼层	60
		无保温层或隔热层的屋顶	50
	装配式有檩体系钢筋混凝土结构	有保温层或隔热层的屋顶、楼层	75
		无保温层或隔热层的屋顶	60
黏土砖、空心砖砌体	黏土瓦或石棉瓦屋顶		100
石砌体	木屋顶或楼层		80
硅酸盐砌块和混凝土砌块砌体	砖石屋顶或楼层		75

注：1. 对烧结普通砖、烧结多孔砖、配筋砌块砌体房屋，取表中数值；对石砌体、蒸压灰砂普通砖、蒸压粉煤灰普通砖、混凝土砌块、混凝土普通砖和混凝土多孔砖房屋，取表中数值乘以 0.8 的系数，当墙体有可靠外保温措施时，其间距可取表中数值。
2. 在钢筋混凝土屋面上挂瓦的屋盖应按钢筋混凝土屋盖采用。
3. 层高大于 5m 的混合结构单层房屋，其伸缩缝间距可以按表中数值乘以 1.3 采用，但当墙体采用硅酸盐砖、硅酸盐砌块和混凝土砌块砌筑时，不得大于 75m。
4. 温差较大且温度变化频繁地区和严寒地区不采暖的房屋及构筑物墙体的伸缩缝最大间距，应按表中数值予以适当减少后使用。

表 8-2 钢筋混凝土结构伸缩缝的最大间距 （单位：m）

结构类型		室内或土中	露天
排架结构	装配式	100	70
框架结构	装配式	75	50
	现浇式	55	35
剪力墙结构	装配式	65	40
	现浇式	45	30
挡土墙、地下室墙等类结构	装配式	40	30
	现浇式	30	20

注：1. 若有充分依据或可靠措施，表中数值可以增减。
2. 当屋面板上部无保温措施或隔热措施时，框架、剪力墙结构的伸缩缝间距，可以按表中露天栏数值选用，排架结构可以按适当低于室内栏的数值选用。
3. 排架结构的柱顶面（从基础顶面算起）低于 8m 时，宜适当减少伸缩缝间距。
4. 外墙装配、内墙现浇的剪力墙结构，其伸缩缝最大间距按现浇式一栏数值选用。滑模施工的剪力墙结构，宜适当减小伸缩缝间距。现浇墙体在施工中应采取措施减小混凝土收缩应力。

8.1.3 伸缩缝的构造

伸缩缝的宽度一般为 20~40mm，以保证缝两侧的建筑构件能在水平方向自由伸缩。

1. 墙体伸缩缝构造

墙体伸缩缝的构造处理既要保证伸缩缝两侧的墙体自由伸缩，又要密封较严，以满足防风、防雨、保温、隔热和外形美观的要求。因此，在构造上对伸缩缝必须给予覆盖和装修。

外墙变形缝

墙体伸缩缝视墙体厚度、材料及施工条件的不同，可以做成平缝、错口缝、企口缝等截面形式，如图 8-2 所示。

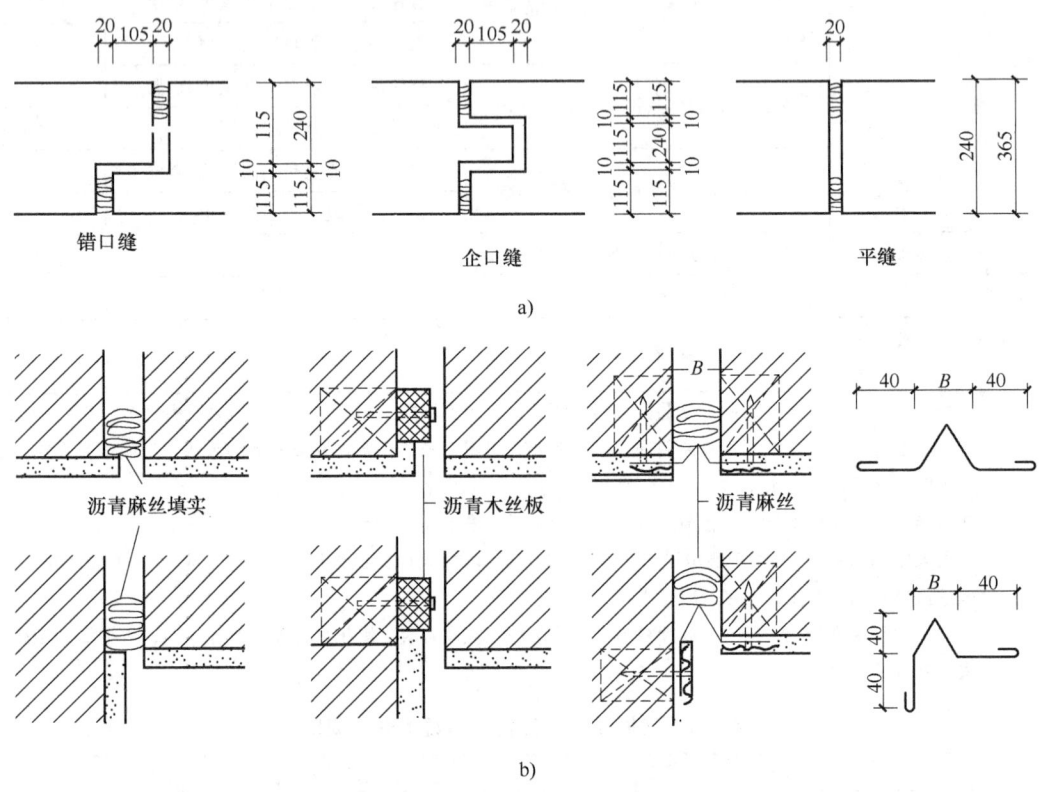

图 8-2 外墙伸缩缝构造

为了防止外界条件对墙体及室内环境的侵袭，伸缩缝外墙一侧，缝口处应填充防水、防腐的弹性材料，如沥青麻丝、木丝板、橡胶条、苯板、塑料条和油膏等。若缝隙较宽，缝口可以用镀锌薄钢板、彩色薄钢板、铝皮等金属调节片作盖缝处理。

内墙常用具有一定装饰效果的金属调节盖板或木盖缝条单边固定覆盖，所有填缝及盖缝材料的安装构造均应保证结构在水平方向伸缩自由，如图 8-3 所示。

2. 楼地层伸缩缝构造

楼地层伸缩缝的位置和缝宽应与墙体屋顶变形缝一致，缝内也要用弹性材料作封缝处理，上面再铺活动盖板或橡胶、塑料地板等地面材料，以满足地面平整、防水和防尘等功能。顶棚的盖缝条也只能单边固定，以保证构件两端能够自由伸缩变形，如图 8-4 所示。

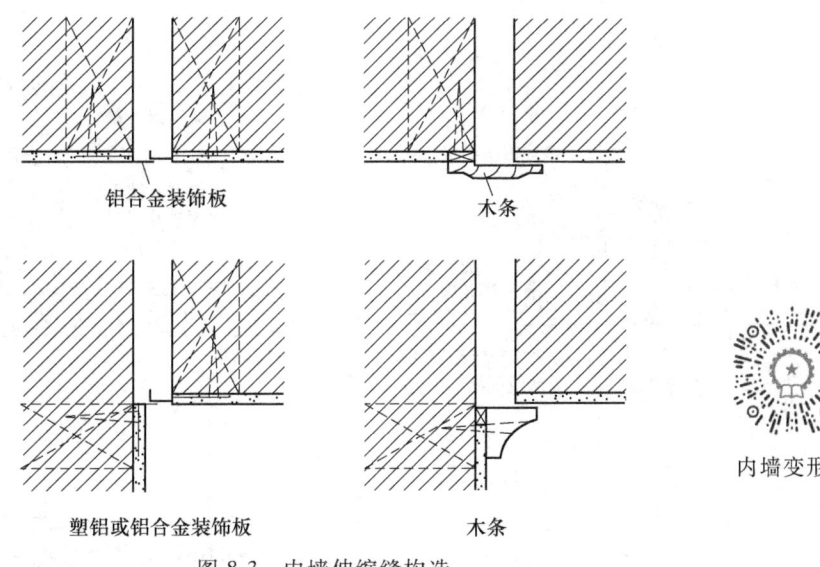

图 8-3 内墙伸缩缝构造

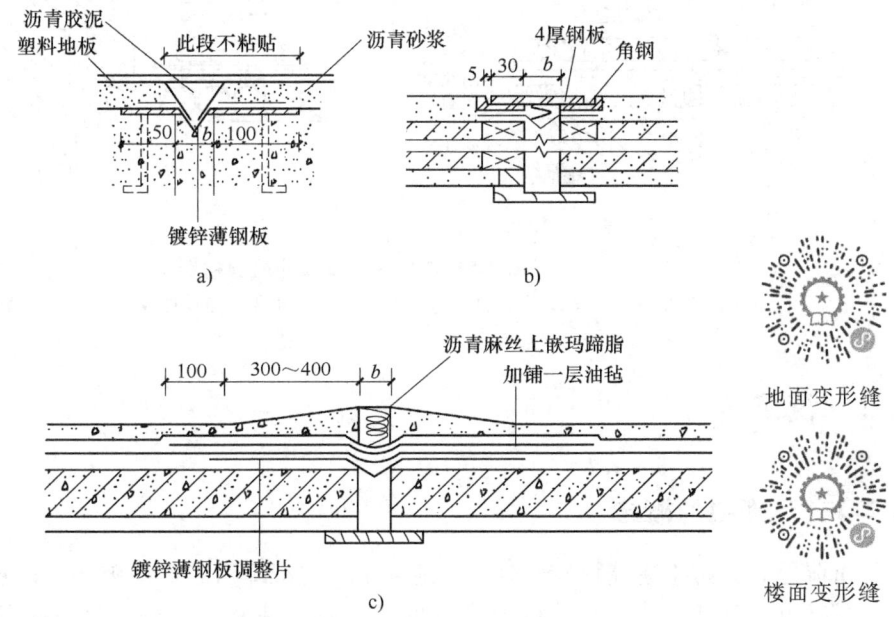

图 8-4 楼板层伸缩缝构造
a)、b) 一般构造做法 c) 防水层楼面做法

3. 屋面伸缩缝构造

屋面伸缩缝的位置、缝宽与墙体、楼地面的伸缩缝一致,一般设在同一高程屋顶或建筑物的高低错落处。屋面伸缩缝应注意做好防水和泛水处理,其基本要求同屋顶泛水构造相似,不同之处在于盖缝处应能允许自由伸缩而不造成渗漏。常见的平屋顶伸缩缝构造,如图 8-5 所示。

屋面变形缝

屋面变形缝构造

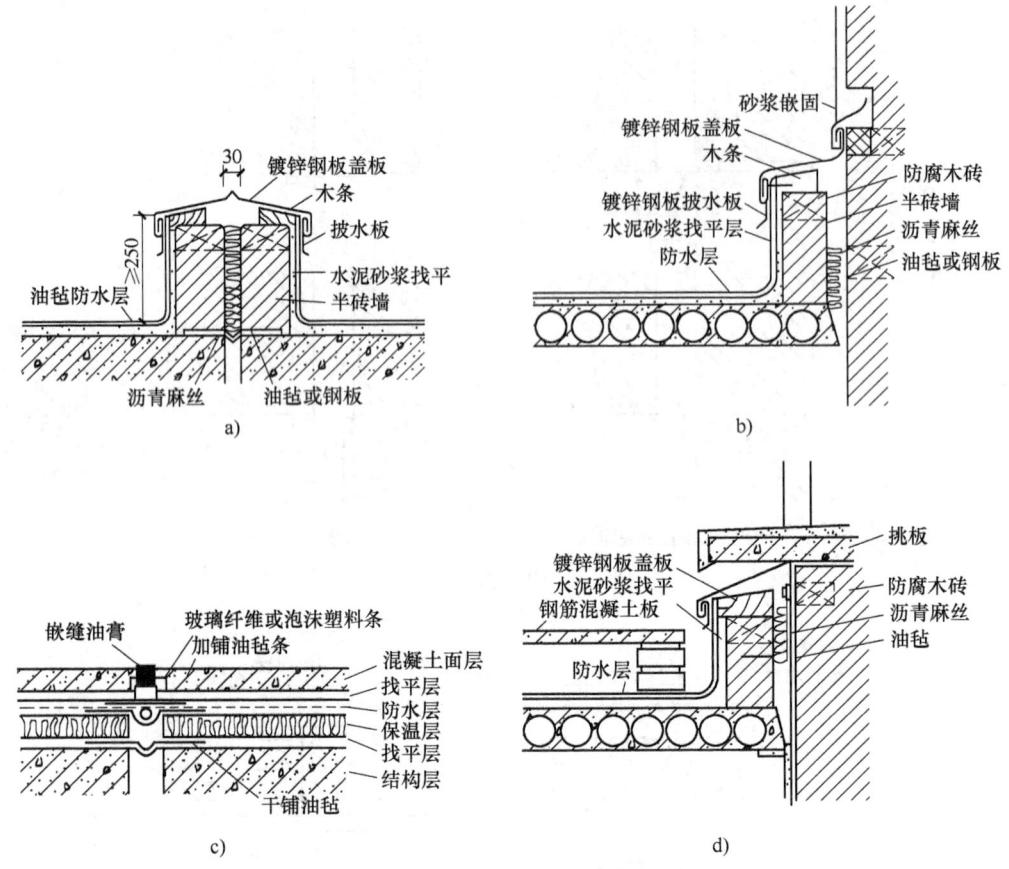

图 8-5 常见的平屋顶伸缩缝构造
a) 一般平接屋面变形缝 b) 高低缝处变形缝 c) 上人屋面变形缝 d) 进出口处变形缝

8.2 沉降缝

8.2.1 沉降缝的概念

沉降缝是为防止建筑物各部分由于地基不均匀沉降引起房屋破坏所设置的垂直缝。当房屋相邻部分的高度、荷载和结构形式差别很大而地基又较弱时，房屋有可能产生不均匀沉降，致使某些薄弱部位开裂。为此，应在适当位置，如复杂的平面或体形转折处，高度变化处，荷载、地基的压缩性和地基处理的方法明显不同处设置沉降缝。

8.2.2 沉降缝的设置要求

符合下列条件之一应设置沉降缝：
1) 建筑物相邻两部分有较大高差，或相邻两部分荷载相差较大。
2) 建筑物体型复杂，连接部位较为薄弱。
3) 同一建筑物相邻部位的结构形式不同。
4) 基础埋置深度相差悬殊，地基土的地耐力相差较大。

5）原有建筑物和新建、扩建的建筑物之间。

6）建筑物体型比较复杂，连接部位又比较薄弱。

沉降缝的宽度与地基的性质和建筑物的高度有关，地基越软弱，建筑物的高度越大，沉降缝的宽度也越大，如表8-3所示。

除了设置沉降缝以外，不属于扩建的工程还可以用加强建筑物的整体性等方法来避免建筑物的不均匀沉降；或者在施工时采用后浇板带法，即先将建筑物分段施工，中间留出2m左右的后浇板带位置及连接钢筋，待各分段结构封顶并达到基本沉降量后，再浇筑中间的后浇板带部分，以此来避免不均匀沉降有可能造成的影响。但是，这样做必须对沉降量把握准确，或者在建筑物的某些部位会因特殊处理而需要较大的投资，因此，大量的建筑物必要时，还是选择设置沉降缝的方法来将建筑物断开。《建筑地基基础设计规范》（GB 50007—2011）对沉降缝的宽度进行了规定，如表8-3所示。

表8-3 沉降缝的宽度

房屋层数	沉降缝的宽度/mm
2~3层	50~80
4~5层	80~120
5层以上	不小于120

8.2.3 沉降缝的构造

由于沉降缝应同时满足伸缩缝的要求，其构造与伸缩缝构造基本相同，只是调节片或盖缝板在构造上应保证两侧墙体在水平方向和垂直方向均能自由变形，所以墙体的沉降缝盖缝条应满足水平伸缩和垂直沉降变形的要求，采用金属调节盖缝板调整，如图8-6所示。

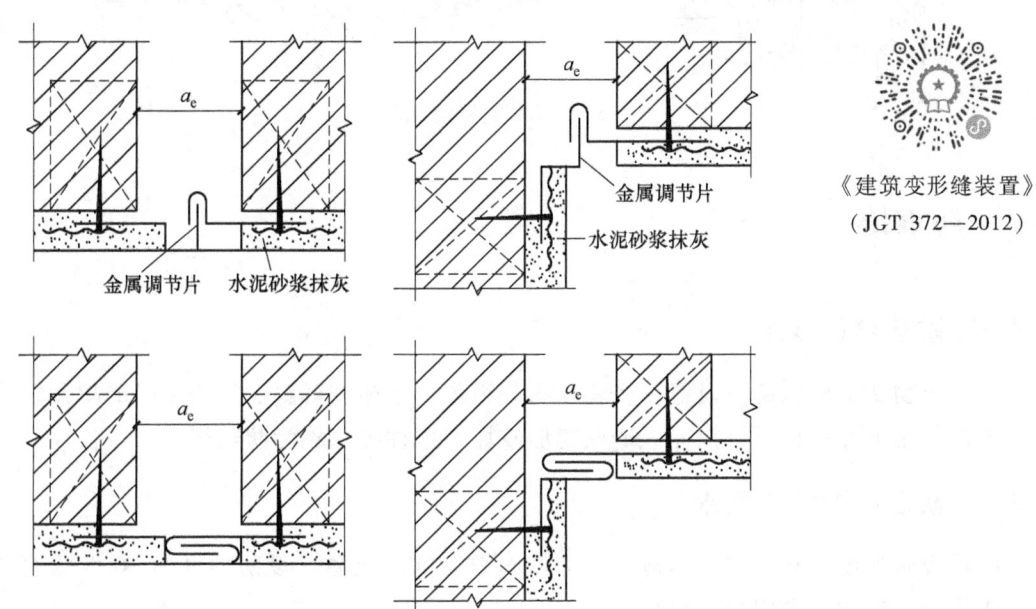

《建筑变形缝装置》
（JGT 372—2012）

图8-6 墙体沉降缝构造

注：a_e 为沉降缝的宽度。

在屋顶设置变形缝会破坏屋面防水层的整体性，留下雨水渗漏的隐患，因此应尽量减少在屋顶上设置变形缝，如必须设置，则应加强对屋顶变形缝的处理。屋顶在变形缝处的构造分为等高屋面沉降缝和不等高屋面沉降缝两种，如图 8-7、图 8-8 所示。

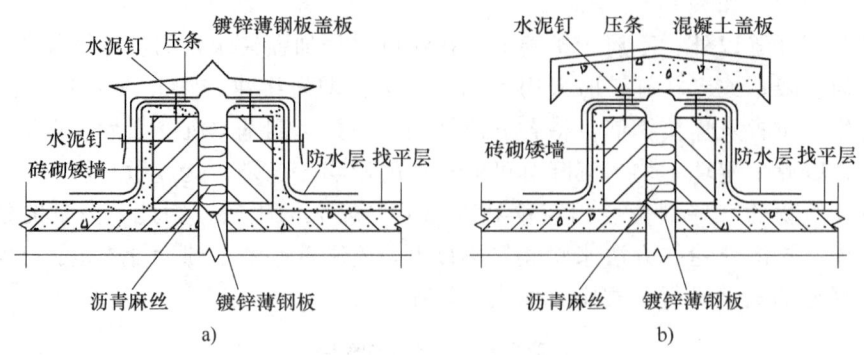

图 8-7 等高屋面沉降缝构造

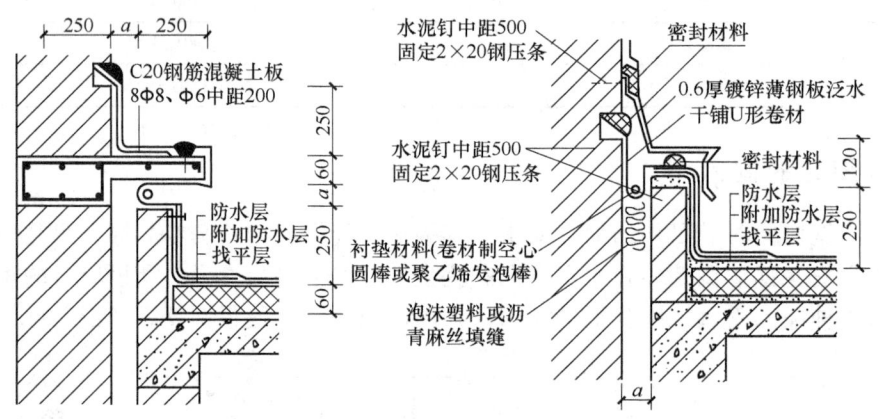

图 8-8 不等高屋面沉降缝

8.3 防震缝

8.3.1 防震缝的概念

在建筑物变形敏感部位设缝，将建筑物分为若干个体型规整、结构单一的单元，防止在地震波的作用下互相挤压、拉伸，造成变形破坏，这种缝隙称为防震缝。

8.3.2 防震缝的设置要求

抗震设防烈度为 6 度以下的地区，可以不进行抗震设防。设防烈度为 10 度的地区，建筑抗震设计应按相关专门规定执行。

对设防烈度为 7~9 度的地区，除了设计应尽量使建筑物平面和体型符合抗震要求外，在建筑物有可能因地震作用而引起结构断裂的部位，应按一般规定设防震缝，将房屋划分成若干形体简单，质量、刚度均匀的独立单元，以防震。

地震设防烈度为 7~9 度地区的建筑物，有下列情况之一时应设防震缝：
1）建筑物立面高差在 6m 以上。
2）建筑物有错层，且楼板错层高差较大。
3）建筑物各部分结构刚度、质量截然不同。

防震缝的宽度，在多层砖混结构中按设防烈度的不同取 50~100mm；在多层钢筋混凝土框架结构建筑物中，建筑物的高度不超过 15m 时为 70mm；当建筑物高度超过 15m 时，缝宽如表 8-4 所示。

表 8-4 防震缝的宽度

设防烈度	建筑物高度	缝宽
7 度	每增加 4m	在 70mm 基础上增加 20mm
8 度	每增加 3m	
9 度	每增加 2m	

8.3.3 防震缝的构造

1. 墙体防震缝的构造

建筑物墙体防震缝处应用双墙使缝两侧的结构封闭，其构造要求与伸缩缝相同，但不应做错口缝和企口缝，缝内不填任何材料。由于防震缝的宽度较大，因此在构造上应充分考虑盖缝条的牢固性和适应变形的能力，做好防水、防风措施，如图 8-9 所示。

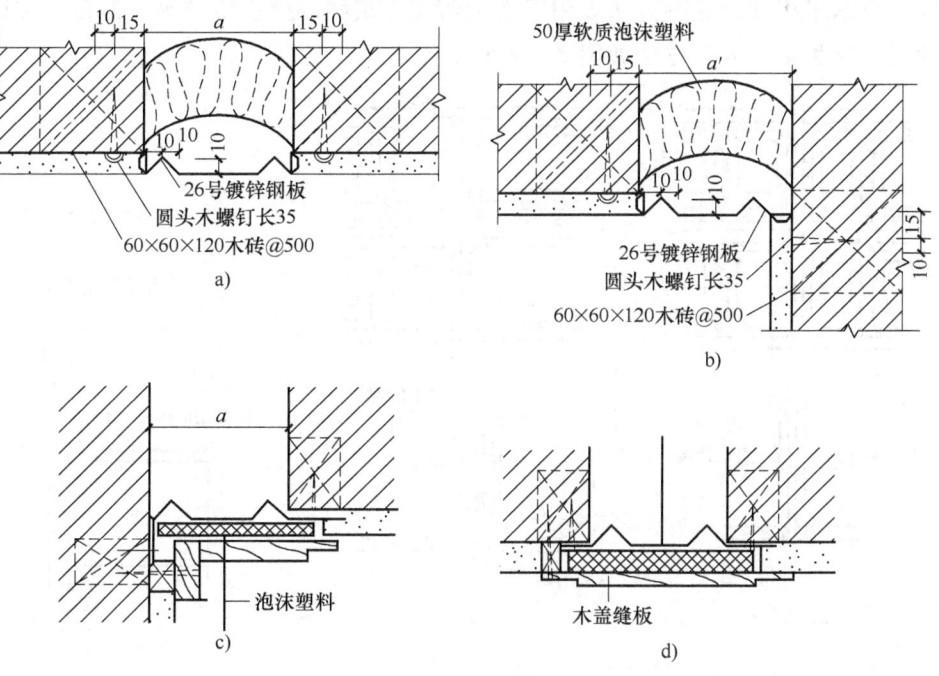

图 8-9 防震缝在墙体中设置
a）外墙平缝处 b）外墙转角处 c）内墙转角处 d）内墙平缝处

2. 屋顶防震缝的构造

屋顶防震缝应沿房屋全高设置，在防震缝处应加强上部结构和基础的连接，与伸缩缝、沉降缝统一布置，满足防震缝设计要求。

8.4 变形缝处建筑物的结构布置

在建筑物设变形缝的部位，应使两边的结构满足断开的要求，又自成系统，其布置方法主要有以下几种：

1. 双墙或双柱

按照建筑物承重系统的类型，在变形缝的两侧设双墙或双柱。这种做法较为简单，但容易使缝两边的结构基础产生偏心。用于伸缩缝时则因为基础可以不断开，所以可以避免产生此问题。图 8-10a 所示是双墙承重方案基础部分示意图。

2. 悬臂

变形缝两侧的垂直承重构件分别退开变形缝一定距离，或单边退开，再像做阳台那样用水平构件悬臂向变形缝的方向挑出。这种方法基础部分容易脱开距离，设缝较方便，特别适用于沉降缝。此外，建筑物的扩建部分也常常采用单边悬臂的方法，以避免影响原有建筑物的基础。图 8-10b 所示是悬臂方案结构处理方法。

3. 简支

用一段简支的水平构件进行过渡处理，即在两个独立单元相对的两侧各伸出悬臂构件来支承中间一段水平构件。这种方法多用于连接两幢建筑物的架空走道等，但在抗震设防地区需谨慎使用。这种结构处理方法如图 8-10c 所示。

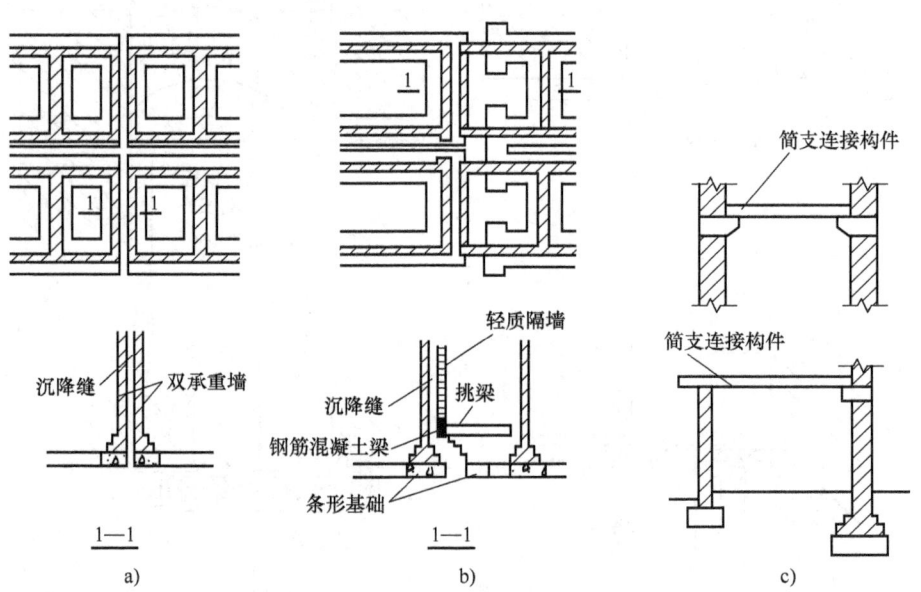

图 8-10 变形缝处建筑物的结构布置
a) 双墙承重方案基础部分 b) 悬臂方案结构处理 c) 简支连接式

拓展思考——大国工匠精神

王铁梦：工程裂缝控制探索之路——路是人走出来的

2014 年，他已年逾八十高龄，却依然奔波在混凝土裂缝"防治第一线"，而他"手到病除"的高超"医术"来自年轻时的一时好奇。一路走了将近 60 年，当时一个小小的想法改变他一生的追求和生活轨迹，这一探索之路竟成了终生事业和追求。他就是原冶金工业部建筑研究总院副院长和副总工程师，上海宝山钢铁总厂和宝钢工程建设指挥部副总工程师王铁梦先生。

王铁梦生于辽宁铁岭，教授级高级工程师，博士生导师，建筑工程专家。他是著名裂缝控制专家、国家结构工程大师、超长大体积混凝土无缝跳仓法创始人、原冶金工业部建筑研究总院副院长（中冶建筑研究总院有限公司前身）、宝钢工程指挥部副总工程师。

王铁梦进入哈工大后，刻苦学习，练就扎实的基本功，并在学习过程中，确定了科研方向，走上了混凝土工程无裂缝项目的研究之路。他在工作过程中提出的"跳仓法"技术，虽然与苏联专家意见相悖，被身边同学嘲讽为"玩数学游戏"，但他仍坚持自己的研究方向，不断深入探索，收集一线实际测量数据，与国际同一领域不断交锋，最终使土木工程建设从"有缝时代"迈入"无缝时代"。王铁梦经常实地考察，以用数据说话的科研方法，"崇尚真理、客观惟实、开拓创新、乐于奉献、坚持不懈"的科研精神，号召大学生不断挑战自我，不畏权威，不受诱惑，坚守初衷，投身祖国建设的伟大事业。

模块小结

变形缝是伸缩缝、沉降缝和防震缝的总称。建筑物在外界因素作用下常会产生变形，导致开裂甚至破坏。变形缝是针对上述情况而预留的构造缝。

伸缩缝：建筑构件因温度等因素的变化会产生胀缩变形。为此，通常在建筑物适当的部位设置垂直缝隙，自基础以上将房屋的墙体、楼板层、屋顶等构件断开，将建筑物分离成几个独立的部分，基础可不断开。

防震缝：有利于结构抗震而设置的缝，基础可不断开。它是将大型建筑物分隔为较小的部分，形成相对独立的防震单元，避免因地震造成建筑物整体震动不协调，而产生破坏。在抗震设防区，沉降缝和伸缩缝须满足防震缝要求。

沉降缝：是指同一建筑物高低相差悬殊，上部荷载分布不均匀，或建在不同地基土壤上时，为避免不均匀沉降，使墙体或其他结构部位开裂而设置的建筑构造缝。沉降缝从基础、墙体、楼板到房顶全部断开。通常设置在建筑高低、荷载或地基承载力差别很大的各部分之间，以及在新旧建筑的连接处。

设变形缝处建筑物的结构布置：按照建筑物承重系统的类型，在变形缝的两侧设双墙或双柱。

习题

一、选择题

1. 下列属于建筑物变形缝的（　　）。

Ⅰ.防震缝　　　　　Ⅱ.伸缩缝　　　　　Ⅲ.施工缝　　　　　Ⅳ.沉降缝

A. Ⅰ、Ⅱ、Ⅲ　　　B. Ⅰ、Ⅱ、Ⅳ　　　C. Ⅰ、Ⅲ、Ⅳ　　　D. Ⅱ、Ⅲ、Ⅳ

2. 伸缩缝在建筑物设置中可以不必断开的是（　　）。（考证试题）

A. 内、外墙体　　　B. 地面、楼面　　　C. 地下基础　　　D. 屋顶、吊顶

3. 关于建筑物沉降缝的叙述，下列错误的是（　　）。

A. 房屋从基础到屋顶的全部构件都应断开

B. 一般沉降缝宽度最小值为 30mm

C. 地基越弱、房屋越高则沉降缝宽度越大

D. 沉降缝对水平方向有影响

4. 建筑物抗震缝的宽度与下列因素无关的是（　　）。

A. 建筑高度　　　B. 建筑形状　　　C. 设防烈度　　　D. 结构类型

5. 伸缩缝和沉降缝在构造上的根本区别是（　　）。（比赛试题）

A. 伸缩缝两侧在基础处不必断开，但沉降缝则需要断开

B. 伸缩缝两侧在基础处应该断开，但沉降缝不必断开

C. 伸缩缝两侧在墙体处不必断开，但在基础处应该断开

D. 沉降缝两侧在墙体处应该断开，但在基础处不必断开

二、简答题

1. 什么是建筑物的变形缝？变形缝的类型有哪些？
2. 什么是伸缩缝？伸缩缝的间距是如何规定的？
3. 什么是沉降缝？建筑物中哪些情况应设置沉降缝？
4. 什么是防震缝？建筑物中哪些情况应设置防震缝？
5. 设变形缝处建筑物的结构布置方法主要有哪几种？
6. 试用图形表示各种变形缝的盖缝构造。

习题答案

实训项目

1. 实训目标

能查阅构造详图图集，正确绘制变形缝构造节点详图，能识读建筑施工图中的变形缝详图。

2. 实训内容

根据要求绘制楼板、墙、屋面等变形缝构造节点详图。

3. 设计条件

根据下图所示绘制楼板、墙、屋面等变形缝构造节点详图。

4. 绘图要求

（1）用一张 A3 工程图纸绘制，图中线条、材料等按建筑制图标准绘制。

（2）绘制楼板、墙、屋面等变形缝构造节点详图，比例 1∶20，材料自定。

模块八 变形缝

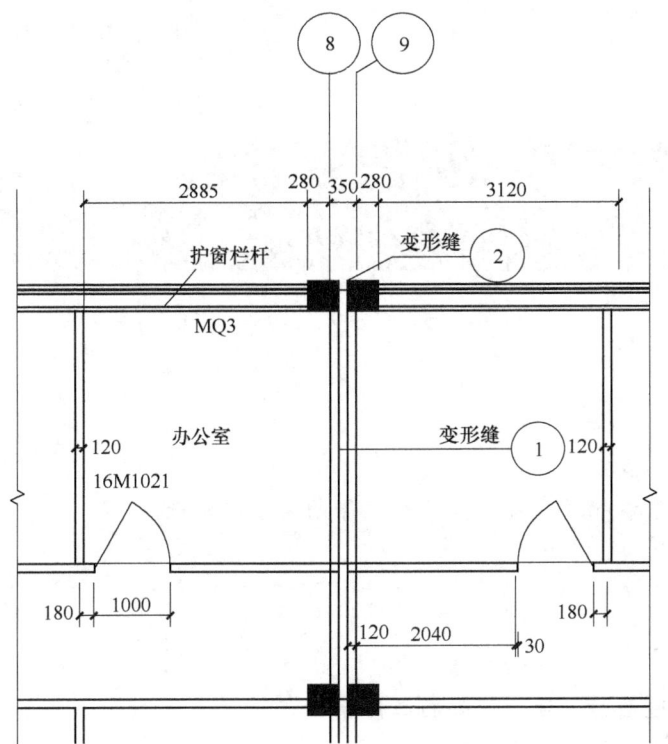

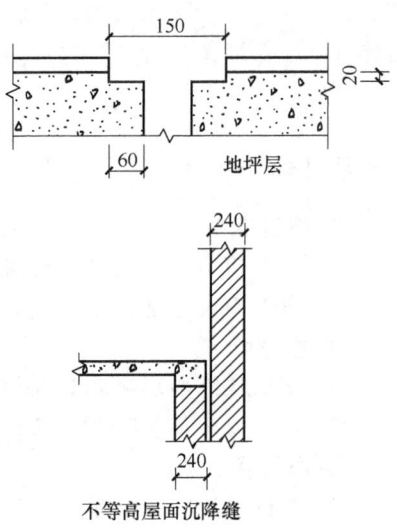

地坪层

不等高屋面沉降缝

模块九
预制装配式建筑

学习目标

知识目标
1. 掌握预制装配式建筑的概念及特点。
2. 掌握砌块建筑、板材建筑、骨架装配式建筑、盒子建筑等的类型、构造。

技能目标
1. 能识读简单装配式节点构造。
2. 能绘制简单装配式节点构造。

素质目标
1. 具备识读、绘制预制装配式构造图时专注、细心的工匠精神。
2. 具备绘制预制装配式构造图时保证高质量出图的态度。
3. 具有与他人配合工作的团队意识、协作精神。
4. 具备持续学习新技术的精神。

工作任务
1. 识读简单装配式节点构造图。
2. 绘制简单装配式节点构造图。

案例引入

中国南极长城站建成于1985年,是较早的装配式钢结构,采用聚氨酯复合板、快凝混凝土等新材料和新工艺,由赛博思总设计师卞宗舒指导完成建筑、结构设计,施工组织设计等,把预先制作的装配部件组装而成。长城站建成以后,经过多次扩建,现有建筑25栋,包含办公楼、宿舍、科研楼等7座主体建筑,总面积达4000多 m^2,是中国预制装配式建筑的地标。

思考

1. 装配式建筑是如何拼装而成的?
2. 装配式构造节点是怎样设计的?

9.1 预制装配式建筑的概念和特点

9.1.1 预制装配式建筑的概念

预制装配式建筑是指建筑物所需的构件或部分构件在工厂加工制作,预制装配式建筑

然后用特殊的运输车辆运达施工现场，利用施工机械进行安装的建筑形式。所以，它的施工速度快，建设周期短，并能大大节约劳动力，预制装配式施工方法现已普及。装配式建筑的建造工序为设计、制造、运输、安装、装饰等。装配式构件可以浇注成各种形状，几何形状复杂的模板，尤其是建筑装饰混凝土构件，现场制作和支撑难度都很大，采用预制构件，其制作与安装就比现浇的方便得多。

9.1.2 预制装配式建筑的特点

从预制装配式建筑在国内外推广使用以来，预制混凝土的建筑产品和结构产品由于其较高的质量而受到建筑师和工程师的赞赏和重视。预制装配式建筑之所以受到如此重视，主要是因为其有着普通混凝土建筑所不具备的优点。

《装配式混凝土建筑技术标准》（GB/T 51231—2016）

预制装配式建筑主要有以下几个优点：

1）便于工业化生产，劳动生产效率高、生产环境稳定，构件的定型和标准化有利于机械化生产，而且按标准严格检验出厂产品，因而质量保证率高。

2）施工方便，模板和现浇混凝土作业很少，预制楼板无须支撑，叠合楼板模板使用很少。采用预制或半预制形式，现场湿作业大大减少，有利于环境保护和减少施工扰民。

3）建造速度快，对周围生活及工作环境影响小。尤其是在闹市区施工，如百货公司、闹市区停车场、过街天桥等，这种工程工期紧，施工文明要求高，采用预制混凝土结构往往能得到令人满意的结果。

4）预制构件表面平整、外观好、尺寸准确，并且能将保温、隔热、水电管线布置等多方面功能要求结合起来，有良好的技术经济效益。这种特点可适用于制作外墙墙板，也适用于制作便于安装的结构构件。

5）预制结构工期短，投资回收快。由于减少了现浇结构的支模、拆模和混凝土养护等时间，施工速度大大加快，从而缩短了贷款建设的还贷时间，缩短了投资回收周期，减少了整体成本投入，具有明显的经济效益。

9.2 砌块建筑

砌块建筑是指用预制块材作为砌墙材料的一种建筑。砌块的原材料来源广、品种多，可就地取材、价格便宜，一般有水泥、砂石、天然浮石、凝灰熔岩、人工陶粒，以及工业废料（如粉煤灰、煤矸石、高炉炉渣等）。砌块的生产工艺简单易行，现场施工方便，因此，近年来砌块建筑发展迅速，应用广泛。

9.2.1 砌块的类型

砌块按用途分为承重砌块与非承重砌块；按有无孔洞分为实心砌块与空心砌块；按生产工艺分为烧结砌块与蒸压蒸养砌块；按大小分为中型砌块（高度为 400mm、800mm）和小型砌块（高度为 200mm），前者用于小型起重机械施工，后者可用手工直接砌筑；按原

《蒸压加气混凝土砌块》（GB/T 11968—2020）

材料不同分为加气混凝土、粉煤灰硅酸盐、煤矸石、人工陶粒、矿渣废料等砌块。常用砌块类型见表9-1。

表9-1 砌块的类型 （单位：mm）

分类	小型砌块	中型砌块		大型砌块
规格 厚×高×长	90×190×190 190×190×190 190×190×390	180×845×630 180×845×830 180×845×1030 180×845×1280	190×380×280 190×380×430 190×380×580 190×380×880	厚：200 高：600、700、800、900 2700、3000、3300、3600

9.2.2 砌块墙的排列与组合

砌块的尺寸较大，砌筑不够灵活。因此，在设计时，应做出砌块的排列，并给出砌块排列组合图，施工时按图进料和安装。砌块排列组合图一般有各层平面、内外墙立面分块图，如图9-1和图9-2所示。在进行砌块的排列组合时，应按墙面尺寸和门窗布置，对墙面进行合理的分块，正确选择砌块的规格尺寸，尽量减少砌块的规格类型，优先采用大规格的砌块做主要砌块，并且尽量提高主要砌块的使用率，减少局部补填砖的数量。

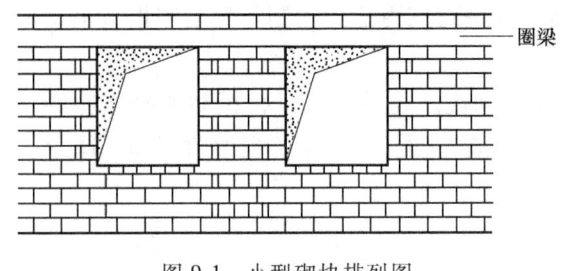

图9-1 小型砌块排列图

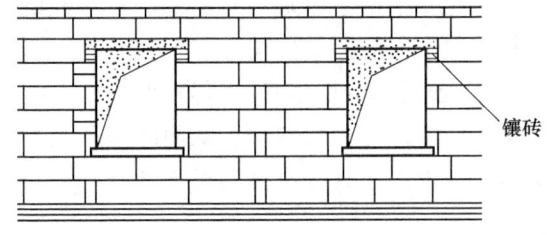

图9-2 中型砌块排列图

9.2.3 砌块砌筑的原则

砌块砌筑的原则有上、下错缝，内外搭接，灰浆饱满，横平竖直。具体如下：
1) 砌块排列整齐有规律，便于施工。
2) 上、下皮错缝搭接、避免通缝，保证墙体强度和刚度。
3) 墙体交接处和转角处砌块应搭接砌筑，以提高墙体整体性。
4) 当砌块组砌时出现小缝隙，而又没有合适砌块来填补时，可用少量普通砖来填补缝隙，且填补位置应分散对称，保证受力均匀。
5) 充分利用吊装机械的设备能力，尽可能采用最大规格的砌块，当前以中型砌块为主。

9.2.4 砌块墙构造

1. 砌块墙的接缝处理

砌块的体积远大于砖块，因此更要处理好接缝。砌块的排列应使上、下皮错缝，中型砌块上、下皮搭接长度不小于砌块高度的1/3，且不小于150mm。小型空心砌块上、下皮搭砌长度不小于90mm。当无法满足搭接长度要求时，应在水平灰缝内设不小于φ4的钢筋网片连接，网片两端超过该垂直缝不小于300mm，如图9-3所示。

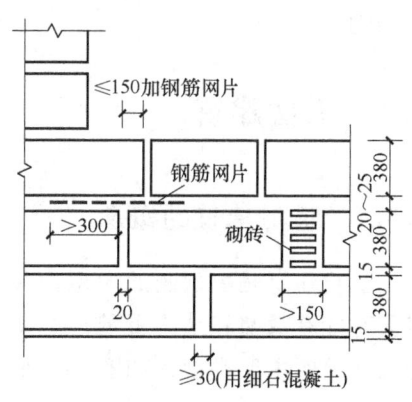

图9-3 砌块的排列

砌筑砌块一般采用强度不少于M5的水泥砂浆砌筑。灰缝宽度主要根据砌块材料和规格大小确定。一般情况下，小型砌块为10~15mm，中型砌块为15~20mm，当缝宽大于30mm时，则需用C20细石混凝土灌实。由于砌块尺寸较大，一般不存在内外皮间的搭接问题，在纵横交接处和外墙转角处均应咬接，如图9-4所示。

2. 圈梁

多层砌块建筑应设置圈梁以加强砌块建筑的整体性。当圈梁与过梁位置接近时，用圈梁取代过梁。圈梁有现浇、预制两种。现浇圈梁整体性强，有利于加固墙身，但施工复杂。实际工程中采用U形预制砌块来代替模板，然后在凹槽内配置钢筋，浇筑混凝土，如图9-5所示。

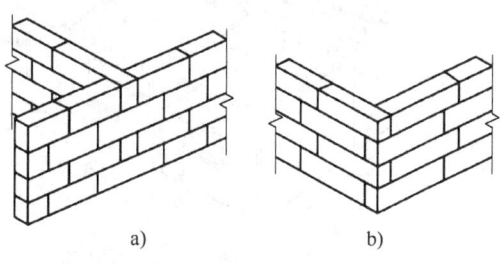

图9-4 砌块的咬接
a) 纵横交接 b) 外墙转角交接

3. 构造柱

为了保证砌块墙的整体刚度和稳定性，应在外墙转角处和必要的内外墙交接处，利用空心砌块上、下孔对齐，在孔内配置直径为10~12mm的钢筋，然后用C20细石混凝土分层灌实，形成构造柱。构造柱与砌块墙连接处的拉结钢筋网片，每边深入墙内不少于1m。混凝土小型砌块建筑可采用直径为4mm的电焊钢筋网片，沿墙高每隔600mm设置，中型砌块可采用直径为6mm的钢筋网片，并隔皮设置，如图9-6所示。

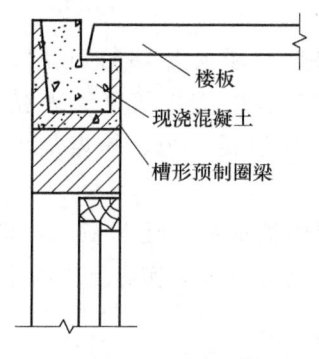

图9-5 槽形预制圈梁

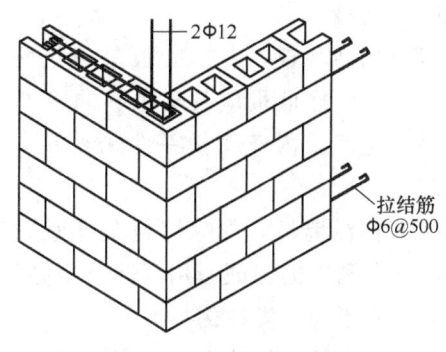

图9-6 砌块墙的构造柱

4. 勒脚构造

砌块建筑的勒脚，根据具体情况确定，硅酸盐、加气混凝土等吸水性较大的砌块，不宜做勒脚。

9.3 板材建筑

9.3.1 板材建筑的概念

板材建筑是由预制的大型内外墙板、楼板和屋面板等板材装配而成的，又称为大板建筑。它能有效减轻结构重量，提高劳动生产率，扩大建筑的使用面积，提高防震功能，是装配式建筑的主要类型，如图9-7所示。

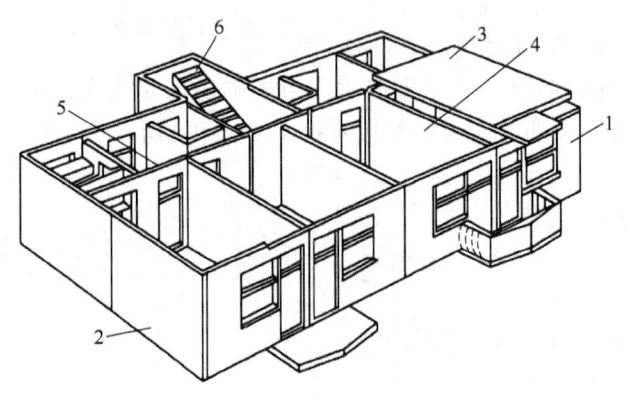

图 9-7 大板建筑

1—外纵墙板　2—外横墙板　3—楼板　4—内横墙板　5—内纵墙板　6—楼梯

《轻板结构技术标准》
（JGJ/T 486—2020）

墙板分为承重式墙板和装饰性墙板。承重式墙板多为钢筋混凝土板，装饰性墙板（如外墙板）多为带有保温层的钢筋混凝土复合板，以及特制的钢木保温复合板等带有外饰面的墙板。各种板材吊装组配完成就能承重，施工速度快，建造价格低。

9.3.2 板材建筑主要构件

板材建筑的主要构件有内墙板、外墙板、楼板和屋面板、楼梯等。

1. 内墙板

（1）内横墙板。内横墙板是建筑物的主要承重构件，要求有足够的强度，以满足承重的要求。内横墙板应具有足够的厚度，以保证楼板有足够的搭接长度和现浇加筋板缝所需要的宽度。内横墙板一般采用单一材料的实心板，如混凝土板、粉煤灰矿渣混凝土板等。

（2）内纵墙板。内纵墙板是非承重构件，它不承担楼板荷载，还与横向内墙相连接，主要起纵向刚度的保证作用，因此也必须保证有一定的强度和刚度。实际上内纵墙板与内横墙板需要采用同一类型的板。

常见的内墙板构造形式有实心墙板、空心墙板，如图9-8所示。

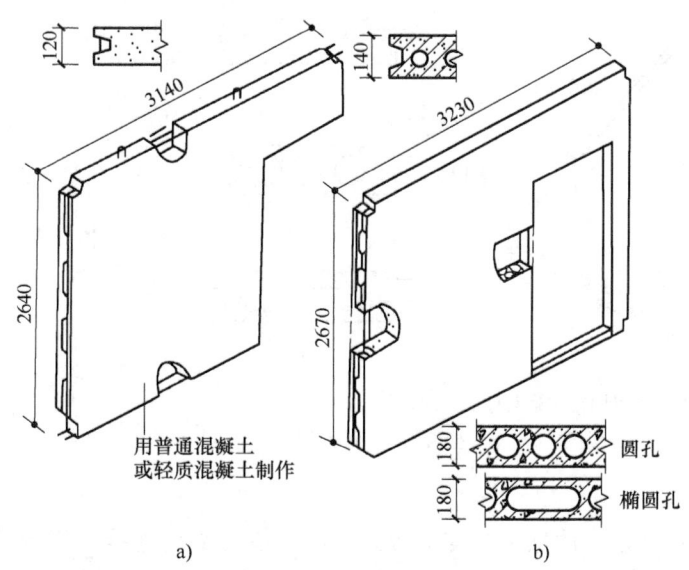

《装配式建筑用墙板技术要求》
（JG/T 578—2021）

图 9-8 常见的内墙板构造形式
a）实心墙板 b）空心墙板

2. 外墙板

外墙板是房屋的外围护构件，有承重和非承重两种。其功能要求是能抵抗风雨、保温隔热、美化外立面等。纵向承重的外墙以及横向承重的山墙是承重构件，还应考虑楼板、屋顶板的支承问题，如图 9-9 所示。

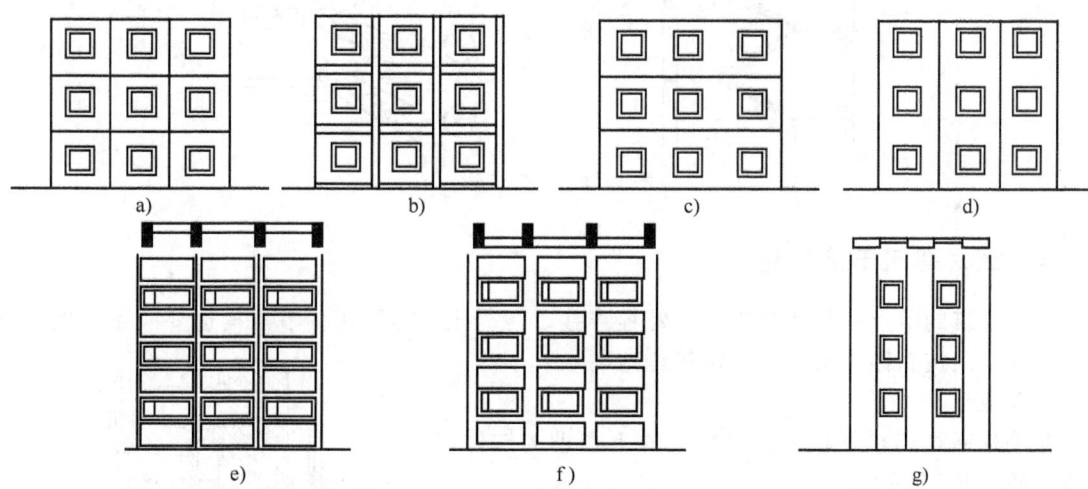

图 9-9 外墙板的类型
a）一间一块 b）一间一块（填充墙） c）横向大块墙板 d）竖向大块墙板
e）板柱结合外墙板 f）横向窗台板 g）竖向窗间墙板

3. 楼板和屋面板

为了加强房屋的整体刚度，宜用整间的预应力混凝土楼板和屋面板。钢筋混凝土楼板的构造形式通常可用空心楼板、实心楼板、肋形楼板，如图 9-10 所示。

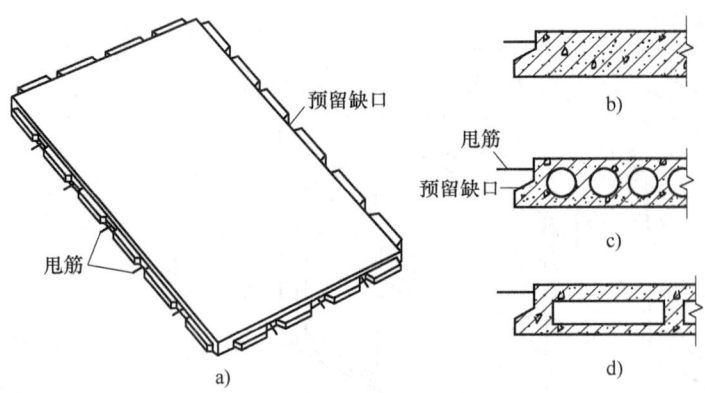

图 9-10 钢筋混凝土楼板的形式
a）楼板外观 b）实心楼板 c）空心楼板 d）肋形楼板

4. 楼梯

楼梯分成楼梯段和休息平台两大部分。休息平台与墙板之间必须有可靠的连接，平台的横梁预留搁置长度不宜小于 100mm。常用的做法是可以在墙上预留洞槽或挑出牛腿，以支撑楼梯平台。楼梯构造如图 9-11 所示。

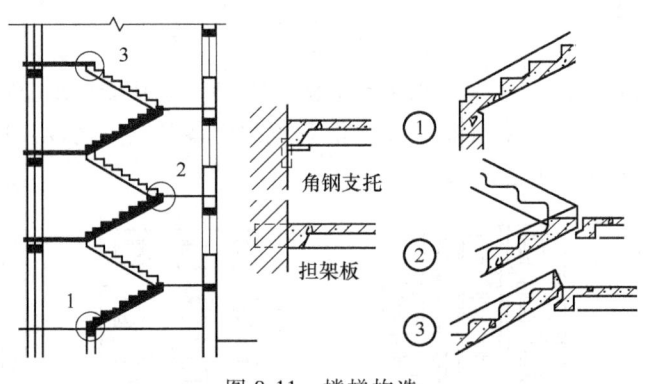

图 9-11 楼梯构造

9.3.3 板材建筑节点构造

板材建筑的节点一般通过焊接、螺栓连接、混凝土整体连接。节点构造要满足强度、刚度、延性以及抗腐蚀、防水、保温等构造要求。

1. 焊接

焊接是通过连接钢板或钢筋将构件上预埋的铁件连接起来，如图 9-12 所示。

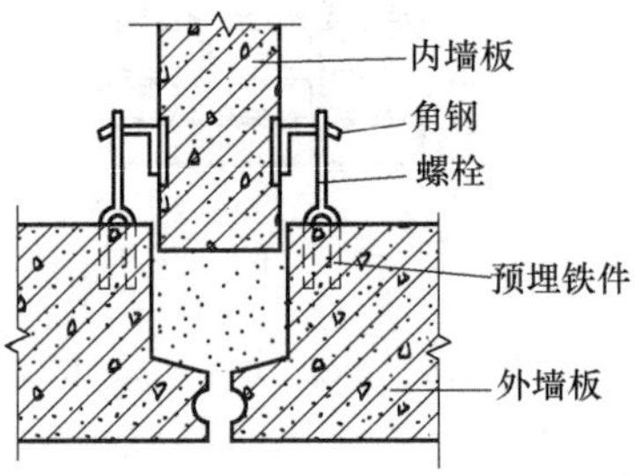

2. 螺栓连接

螺栓连接是通过制作时预埋的铁件，用螺栓将两部分结构连接，如图 9-13 所示。这种接头对于变形不太适应，常用于围护结构的墙板与承重墙板的连接。

图 9-12 装配式板材的焊接节点

3. 混凝土整体连接

混凝土整体连接又称为装配整体式连接，是将构件与附加钢筋互相连接在一起，然后浇筑高强度混凝土，是湿接头，如图 9-14 所示。

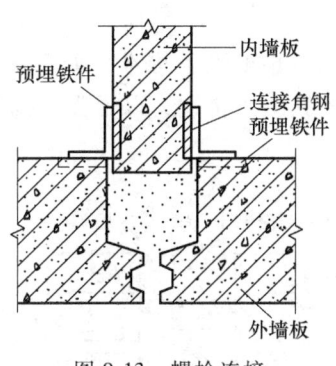

图 9-13 螺栓连接

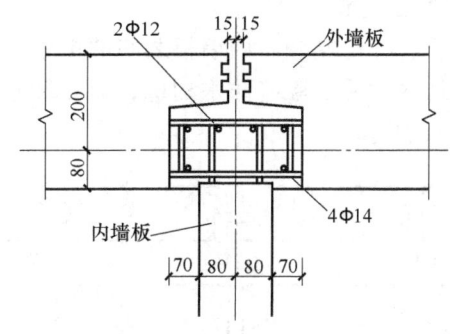

图 9-14 装配整体式连接

9.3.4 板材建筑的板缝防水构造

板材建筑外墙壁板的接缝有水平缝和垂直缝两个部位。接缝要求密闭，以防止雨水渗透。

1. 水平缝

为有效地防止雨水渗透，水平缝通常做成带有空腔的企口缝或高低缝，雨水在重力作用下不易越过空腔，从而达到防水的目的，如图 9-15、图 9-16 所示。

1) 企口缝防水是指上下墙板做成企口形状，形成企口缝，企口中间为空腔，前端用水泥砂浆勾抹，并留排水孔。

2) 高低缝防水是指上下墙板互相咬口，构成高低缝，水平缝外部的填充料可采用水泥砂浆，但不能填得过深。

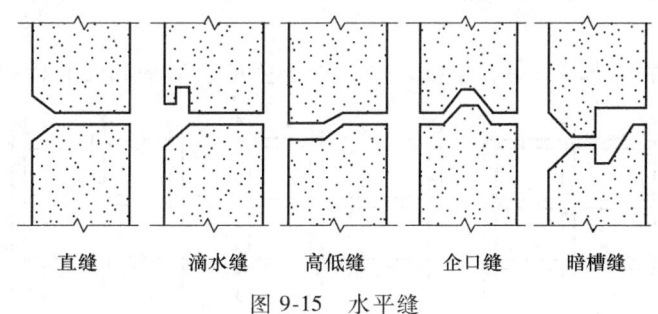

图 9-15 水平缝

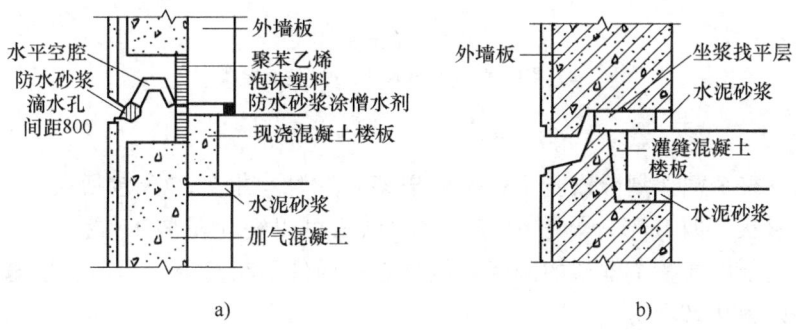

图 9-16 水平缝构造
a) 企口缝 b) 高低缝

2. 垂直缝

垂直缝是左、右两墙板之间的接缝,缝内设置空腔来阻止毛细管渗水,如图 9-17 所示。寒冷地区常用单腔缝防水构造,而在严寒地区则采用双腔缝防水构造,以增强抗渗能力,如图 9-18 所示。

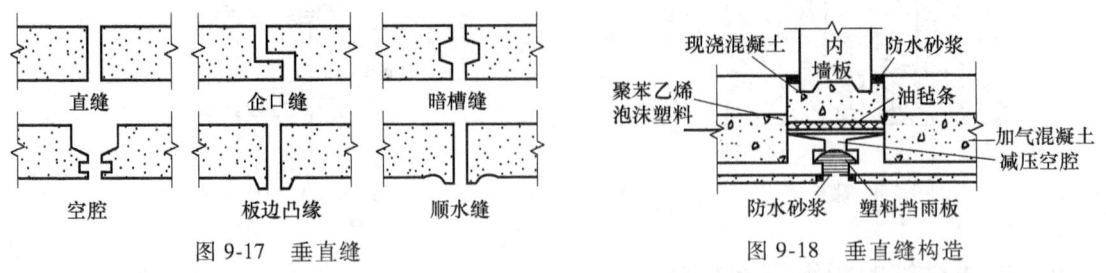

图 9-17 垂直缝　　　　　　图 9-18 垂直缝构造

9.4 骨架装配式建筑

骨架装配式建筑是以钢筋混凝土浇捣为承重梁柱,再用预制的加气混凝土、膨胀珍珠岩、浮石、蛭石、陶粒等轻质板材隔墙分户装配而成。骨架装配式建筑适用于设计要求不规范的建筑。

9.4.1 骨架装配式建筑的构件类型

1. 单梁单柱式

单梁单柱式是把框架结构中的梁、柱按每个开间、进深、层高划分成直线形的单个构件。

这种划分使构件的外形简单,重量较轻,便于生产、运输和安装,如图 9-19 所示。

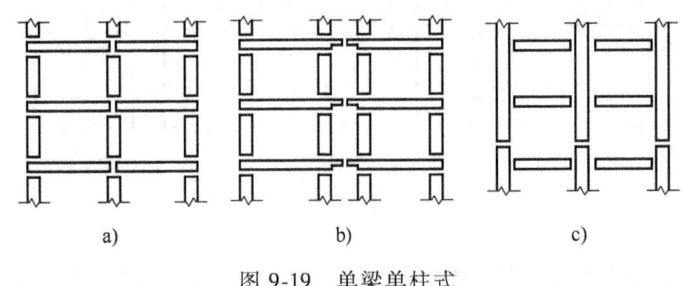

图 9-19 单梁单柱式
a) 直线式　b) 悬臂式　c) 柱两层高

2. 框架式

框架式是将整个框架划分成若干个小的框架。这种小框架本身包括梁、柱,甚至楼板,可以做成多种形状,如 H 形、十字形等。这种做法可以简化吊装工作,加快施工进度,接头数量少,有利于提高整个框架的刚度。但是它的构件形状复杂,生产、运输、安装构件时都比较困难,如图 9-20 所示。

3. 混合式

混合式是同时采用单梁单柱与框架两种形式,可以根据建筑结构布置的具体情况选用,如图 9-21 所示。

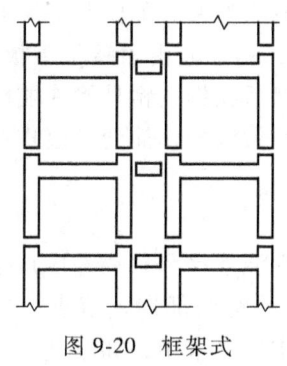

图 9-20　框架式

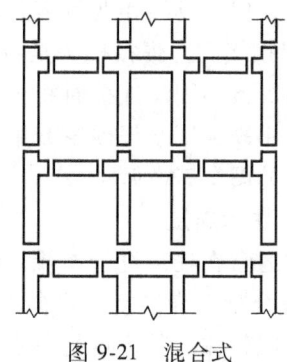

图 9-21　混合式

9.4.2　骨架装配式建筑的构件连接

骨架装配式建筑的构件连接包括柱与柱、梁与柱、梁与梁、梁与楼板、墙板与框架的连接。

1. 柱与柱的连接

柱与柱的常用连接方法有浆锚接、榫接和焊接等。

（1）浆锚接头。浆锚接头是将上柱底端钢筋插入下柱孔洞，且在侧面留有灌浆孔。安装时，将上柱底端钢筋插入下柱孔洞内，用高强度快速膨胀砂浆通过灌浆孔压入插孔内。这种做法构造简单、耗钢量少、节点刚度较大，但湿作业量较大，且需要一定的养护时间，制作要求精度高，如图 9-22a 所示。

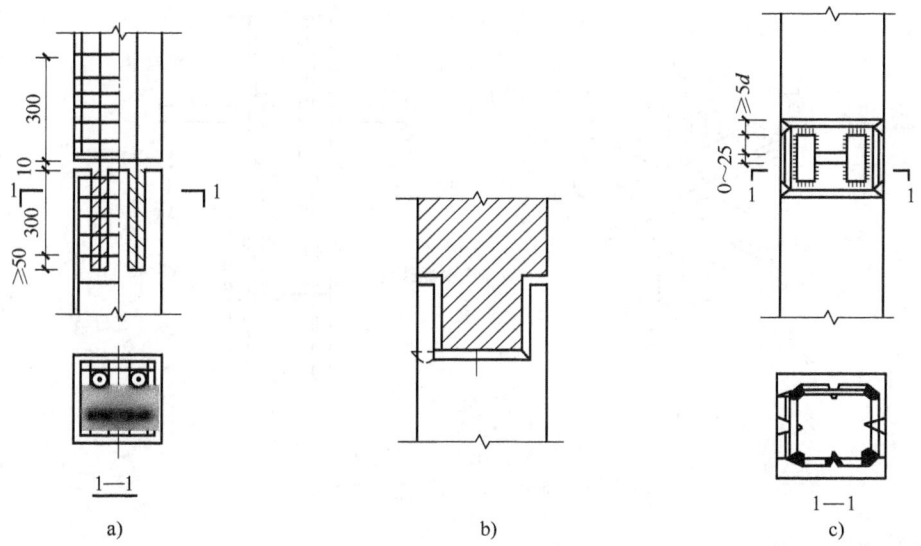

图 9-22　柱与柱的连接
a）浆锚接头　b）榫接接头　c）焊接接头

（2）榫接接头。榫接接头是在上柱下端制作榫头且甩出主筋，在下柱顶端预埋钢板底座且甩出主筋。安装时，将上柱榫头落在下柱底座上，且将上、下柱甩出的主筋用剖口焊方法连接，然后用箍筋固定，周围填塞高强度的细石混凝土。这种做法焊接量小，耗钢量少，节点刚度大，但现场湿作业量多且需养护时间，目前采用较为普遍，如图 9-22b 所示。

（3）焊接接头。焊接接头是将柱的接头处预留钢柱帽，钢柱帽由角钢与钢板焊接而成，且与柱主筋焊接牢固。连接时将上、下钢柱帽满焊相连，然后在钢柱帽外侧涂刷防锈漆且包裹钢丝网，用高强度水泥砂浆或细石混凝土砂浆保护。这种做法操作简便，湿作业少，但耗钢量较多，如图 9-22c 所示。

2. 梁与柱的连接

梁与柱通常在柱顶进行连接，最常用的方法有叠合梁现浇连接和浆锚叠压连接两种。

（1）叠合梁现浇连接。叠合方法是把上下柱、纵横梁的钢筋都伸入节点，加配箍筋后灌混凝土浇成整体。其优点是节点刚度大，故在实际工程中经常采用，如图 9-23a 所示。

（2）浆锚叠压连接。这种方法是将纵横梁置于柱顶，上下柱的竖向钢筋插入梁上的预留孔中后，再用高强砂浆将柱筋锚固，使梁柱连接成整体，如图 9-23b 所示。

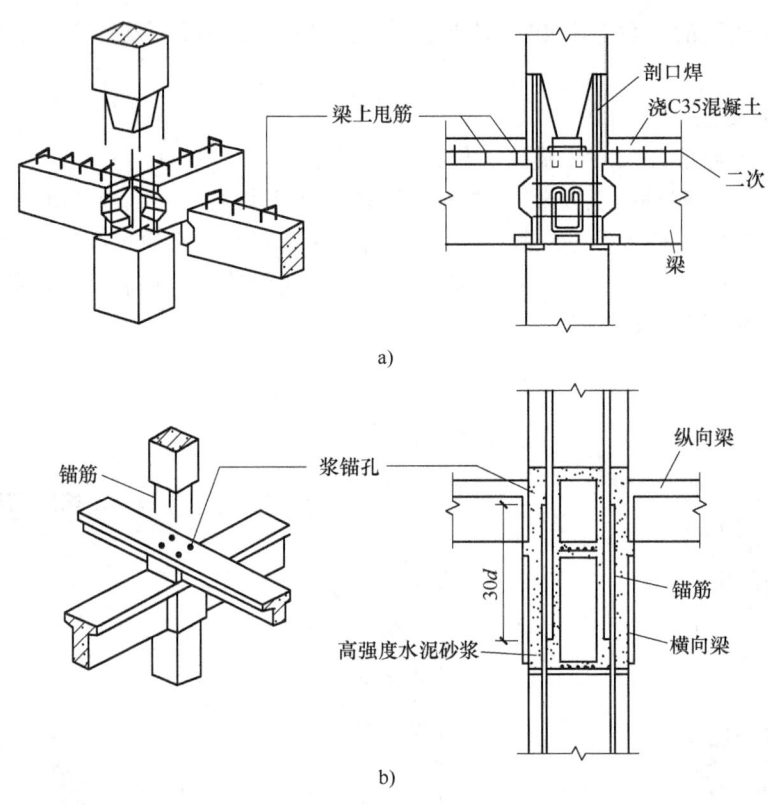

图 9-23 梁与柱的连接
a）叠合梁现浇连接 b）浆锚叠压连接

3. 梁与梁的连接

梁与梁的连接有主梁与主梁的连接和主梁与次梁的连接两种情况。

（1）主梁与主梁的连接。一般应在反弯点处接头，连接的基本方法是把梁内的预埋钢筋或预埋铁件互相焊接，然后浇筑混凝土。其做法有搭接与对接两种方式，如图 9-24a 所示。

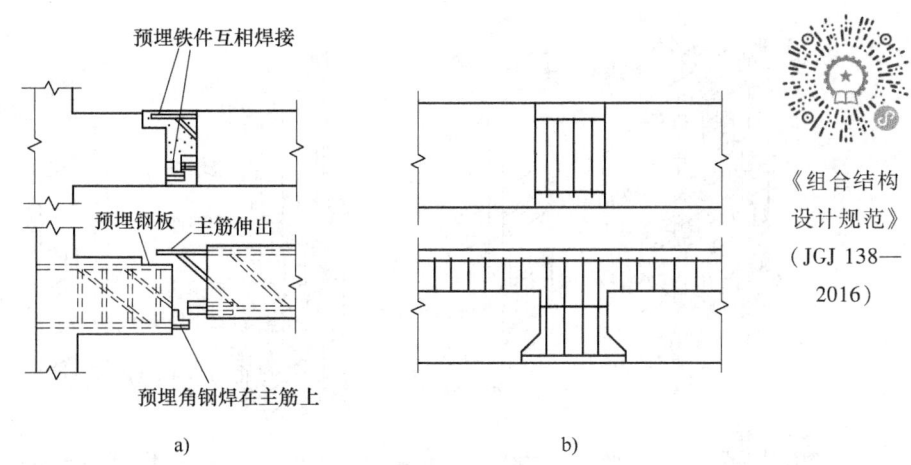

图 9-24 主梁与主梁的连接
a) 搭接 b) 对接

《组合结构设计规范》（JGJ 138—2016）

（2）主梁与次梁的连接。在某些情况下，主梁与次梁须成 90°搭接，其做法是把主梁的断面做成花篮形、十字形、T 形或倒 T 形。在主梁接头面上坐浆，直接搁置次梁，如图 9-25 所示。这种做法简单，一般只在荷载较小、无振动的情况下采用。

4. 梁与楼板的连接

梁与楼板整体连接常采用叠合梁与楼板现浇连接方法。叠合梁由预制和现浇两部分组成。在预制梁上部留出箍筋，预制楼板安放在梁侧，沿梁纵向放入钢筋后浇筑混凝土，将梁和楼板连成整体，如图 9-26 所示。

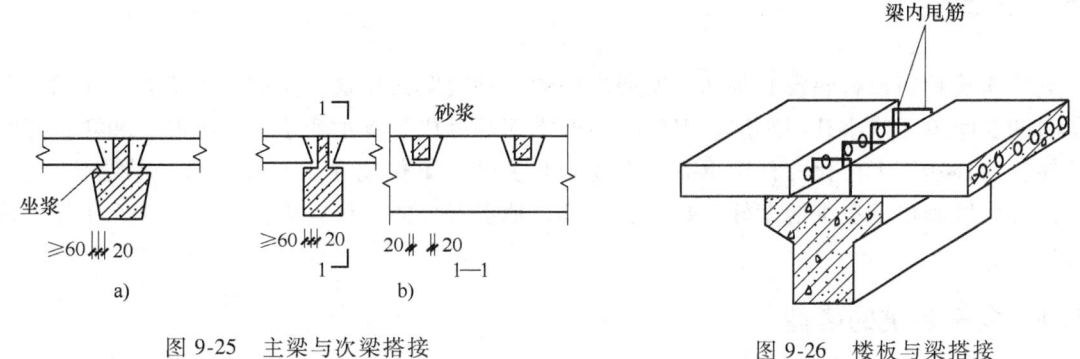

图 9-25 主梁与次梁搭接

图 9-26 楼板与梁搭接

5. 墙板与框架的连接

骨架装配式建筑的内、外墙板均为非承重构件，宜使用轻质材料制成。墙板与框架的连接如图 9-27 所示。

1）框架轻板建筑的内墙板，一般采用空心石膏板、加气混凝土条板和纸面石膏板，其构造同隔墙。

2）外墙板为围护结构，应具有保温、隔热、隔声、防水、防风和美观等功能。外墙板与框架的连接方式有悬挂于框架外侧、嵌入框架之间、嵌入楼板之间和悬挂在附加墙梁上等。

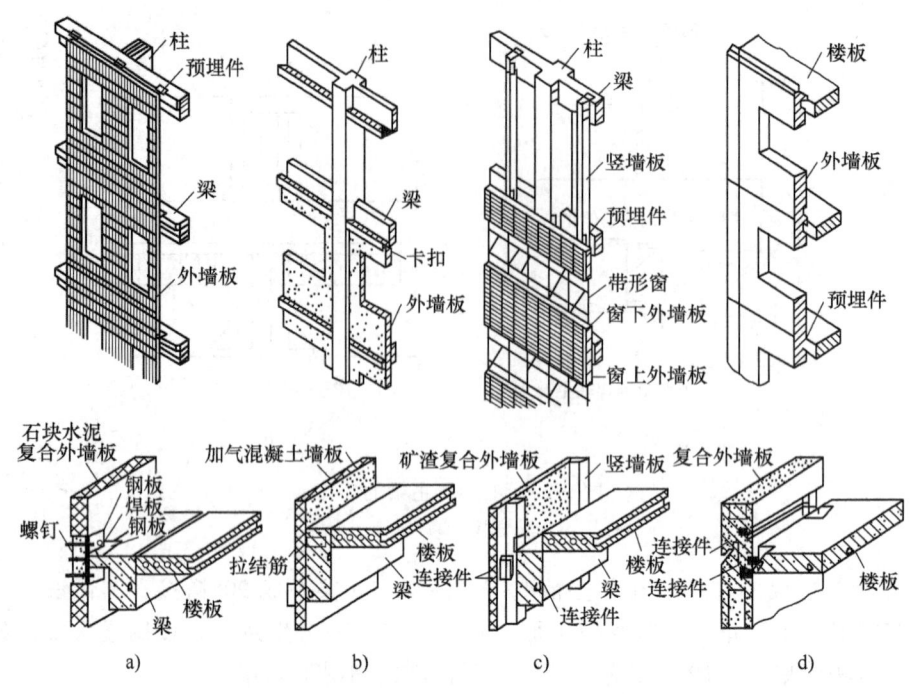

图 9-27 墙板与框架的连接
a) 石块水泥复合外墙板 b) 加气混凝土墙板 c) 矿渣复合外墙板 d) 复合外墙板

9.5 盒子建筑

盒子建筑是在板材建筑的基础上发展起来的一种装配式建筑。其最大的特点是在构造上将所有的房间单元或小开间厨房、卫生间、楼梯间等做成了承重盒子,再与墙板和楼板等组成整体。这种建筑工厂化的程度更高,现场安装更快,不但能在工厂完成盒子的结构部分,而且内部装修和设备也都能做好,甚至连家具、地毯等也能一概完成,现场吊装、接好管线即可使用。

9.5.1 盒子建筑的类型

盒子建筑可分为有骨架的盒子构件和无骨架的盒子构件两种。

有骨架的盒子构件通常用钢、铝、木材、钢筋混凝土作为骨架,以轻型板材围合形成盒子。

无骨架的盒子构件一般用钢筋混凝土制作,每个盒子可以分别由六块平板拼成,不过目前最常采用的是整浇成型的办法,因为它的刚度特别大。

9.5.2 盒子建筑的组成方式与构造

单个盒子的结构组成有整浇式、骨架条板组装式和预制板组装式等几种方式。盒子与盒子、盒子与板、盒子与框架之间进行组合等,如图 9-28 所示。

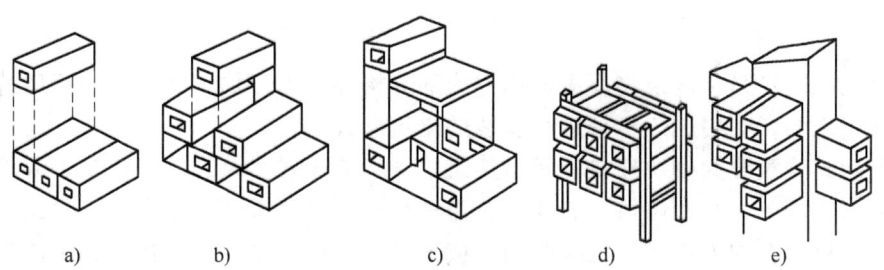

图 9-28 盒子建筑
a）叠合式组合　b）错位式组合　c）盒子板材组合　d）盒子框架组合　e）盒子筒体组合

9.6 升板建筑

升板建筑的结构体系是由板与柱联合承重，它是在底层混凝土地面上重复浇筑各层楼板和屋面板，竖立预制钢筋混凝土柱子，以柱为导杆，提升楼板和屋面板至设计高度，然后加以固定。至于内外墙体，可现浇钢筋混凝土，也可砌筑砖墙，还能安装其他轻质幕墙等。它将大量现浇过程挪到地面进行，减少了高空作业和垂直运输，节约了模板和脚手架工程，并减少了施工现场面积，非常适合施工现场受限的建筑，多用作商场、仓库、工场和多层车库等，如图 9-29 所示。

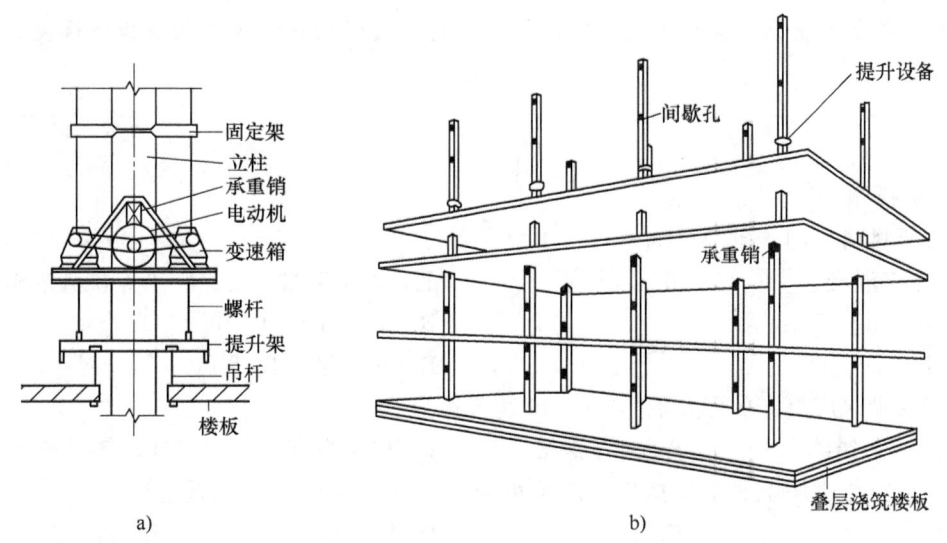

图 9-29 升板建筑
a）楼板提升　b）提升设备的悬挂

升板建筑的优点是无须底模，模板用量少；混凝土浇筑高空作业少，施工安全；无须大型起重设备，工序简单，施工速度快。它主要适用于隔墙少、楼面荷载大的多层建筑，如商场、书库、车库和其他仓储建筑。

模块小结

预制装配式建筑是指建筑物所需的构件或部分构件在工厂加工制作，然后用特殊的运输车辆运达施工现场，利用施工机械进行安装的建筑形式。

预制装配式建筑分为砌块建筑、板材建筑、骨架装配式建筑、盒子建筑、升板建筑。

砌块分为大、中、小型砌块。砌筑前，需进行砌块墙的排列与组合，砌块砌筑应遵守的原则是上、下错缝，内外搭接，灰浆饱满，横平竖直。砌块要处理好接缝，多层砌块建筑应设置圈梁、构造柱以加强砌块建筑的整体性。空心砌块建筑利用空心砌块上、下孔对齐，在孔内配置钢筋，然后浇筑细石混凝土分层灌实，形成构造柱。

板材建筑由预制的大型内外墙板、楼板和屋面板等板材装配而成，又称为大板建筑。板材建筑的主要构件有内墙板、外墙板、楼板和屋面板、楼梯等。板材建筑的节点一般通过焊接、螺栓连接、混凝土整体连接。

骨架装配式建筑是以钢筋混凝土浇捣为承重梁柱，再用预制的加气混凝土、膨胀珍珠岩、浮石、蛭石、陶粒等轻质板材隔墙分户装配而成。骨架装配式建筑的构件类型有单梁单柱式、框架式、混合式。骨架装配式建筑的构件连接包括柱与柱、梁与柱、梁与梁、梁与楼板、墙板与框架的连接。

盒子建筑是在构造上将所有的房间单元或小开间厨房、卫生间或楼梯间等做成了承重盒子，再与墙板和楼板等组成整体。盒子建筑可分为有骨架的盒子构件和无骨架的盒子构件两种。单个盒子的结构组成有整浇式、骨架条板组装式和预制板组装式等几种方式。

升板建筑的结构体系是由板与柱联合承重，它是在底层混凝土地面上重复浇筑各层楼板和屋面板，竖立预制钢筋混凝土柱子，以柱为导杆，提升楼板和屋面板至设计高度，然后加以固定。

习题

一、选择题

1. 按原材料不同，砌块分为（　　）等。
  Ⅰ. 加气混凝土　　　Ⅱ. 煤矸石　　　Ⅲ. 人工陶粒　　　Ⅳ. 矿渣废料
  A. Ⅰ、Ⅱ、Ⅲ　　　　　　　　　　　　B. Ⅰ、Ⅱ、Ⅲ、Ⅳ
  C. Ⅰ、Ⅲ、Ⅳ　　　　　　　　　　　　D. Ⅱ、Ⅲ、Ⅳ

2. 砌块砌筑应遵守的原则有（　　）。（多选）
  A. 上、下错缝　　B. 内外搭接　　C. 灰浆饱满　　D. 横平竖直

3. 小型空心砌块上、下皮搭砌长度不小于（　　）mm。（考证试题）
  A. 90　　　　　B. 100　　　　　C. 80　　　　　D. 70

4. 板材建筑的主要构件有（　　）。（多选）
  A. 内墙板　　　B. 外墙板　　　C. 楼板　　　D. 楼梯

5. 下图是骨架装配式建筑构件类型的（　　）。
  A. 单梁单柱式　　B. 框架式　　C. 混合式　　D. 复合式

6. 以下关于装配式建筑部品部件的描述中，正确的是（　　）。（比赛试题）
  A. 具有使用功能，在工厂生产、在现场安装，由一个建筑构件组成

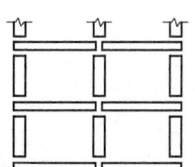

B. 具有使用功能，在工厂生产、在现场安装，由一个建筑构件、产品组成

C. 具有使用功能，在工厂生产、在现场安装，由一个或多个建筑构件组成

D. 具有使用功能，在工厂生产、在现场安装，由一个或多个建筑构件、产品组合而成

二、简答题

1. 阐述预制装配式建筑的概念。
2. 砌块墙的接缝如何处理？
3. 增强砌块墙建筑的整体刚度、强度的措施有哪些？
4. 板材建筑节点如何连接？
5. 骨架装配式建筑的构件类型有哪些？
6. 骨架装配式建筑的构件连接方式有哪些？
7. 盒子建筑的组成方式有哪些？

习题答案

实训项目

1. 实训目标

了解装配式建筑的概念、构件、节点构造等。

2. 实训内容

识读装配式建筑构造节点详图。

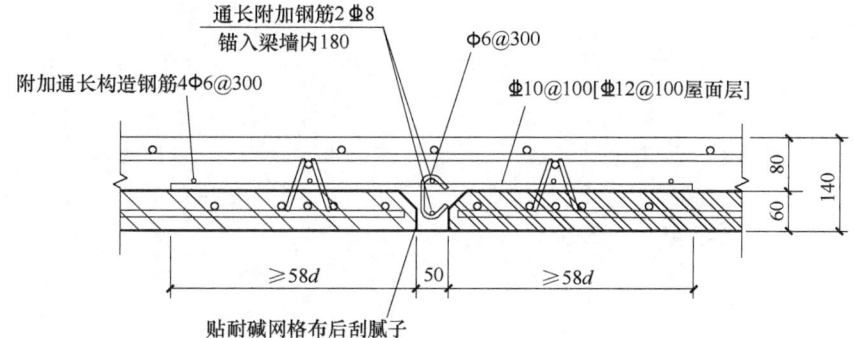

第二篇

民用建筑设计

模块十

民用建筑设计

学习目标

知识目标

1. 掌握建筑平面、剖面、立面设计的内容、要求和方法。
2. 掌握建筑主要房间的平面设计和平面组合设计。
3. 掌握房间的剖面设计和空间组合设计。
4. 掌握建筑体型组合和建筑立面设计的处理手法。

技能目标

1. 能识读建筑施工图。
2. 能根据设计内容、要求和方法设计民用建筑。
3. 能使用软件绘制建筑施工图。

素质目标

1. 具备识读、绘制及设计民用建筑时专注和细致的态度。
2. 具备绘制与设计民用建筑时保证质量、安全及环保节能的意识。
3. 具有与他人配合工作的团队意识、协作精神。
4. 具备持续学习的精神。

工作任务

设计一栋简单建筑物。

案例引入

中国第一高塔——广州塔,腰身最细的建筑"小蛮腰",由荷兰建筑师马克·海默尔设计,这是他在中国最具代表性的作品之一。

2004年该项目竞标时吸引了14家事务所参加,其中有以设计高楼著称的美国KPF、设计过法兰克福邮政大厦的美国SBA,还有法国鼎鼎大名的AS事务所。马克所在的建筑事务所是唯一提出女性化建筑风格的机构,他们也因此脱颖而出。

提及"小蛮腰"的设计,马克告诉记者:"广州塔的结构比较复杂,在建造的过程中碰到诸多难题。为了达到设计目的,他带领团队进行了多个方面的试验。"马克说,整个项目,并不知道最终效果会怎样,所以要进行一系列的试验。为此,他与技术团队运用GPS定位进行模拟,将构造问题提前预演,以达到最好的效果。电视塔的中部,也就是小蛮腰部分无疑是施工中最难实现的部分。"因为做了一些变形,所以每一层楼都不一样,每层楼对于设计、施工的要求也不一样。"马克认为,虽然这样的设计增加了施工的难度,但这也是设计中最有趣的地方。

在马克看来,设计的重点在于创意。他说,一些设计师的工作室往往堆放着厚厚的书本,进行方案设计时便从中找来现成的图纸复制或参考。对此,他并不认同:"在设计时应离开书本,坚持原创,从本土文化与历史当中找寻可以借鉴的灵感。"马克坦言,如果中国国内的设计师将方案的重点放在自我思考与灵感的体悟当中,便一定可以创作出优秀的作品。因此,马克并不是把方案竞标作为主要目的,而是更多地挖掘设计本身的内涵与文化价值,将本土文化与现代技术相结合,坚持自我的独立思考。

思考

一栋建筑整个的设计流程是怎样的?

10.1 建筑平面设计

10.1.1 建筑平面的组成及设计概论

建筑施工图所表达的基本内容是对建筑物立体空间的反映。一幢建筑物的平面图、立面图、剖面图是建筑物在不同方向的外形及剖切面的投影,平面图、立面图、剖面图综合在一起,表达出建筑物的三维空间布局。在进行方案设计时,总是先从建筑平面设计入手。

建筑平面图是用一个假想的水平切面在一定的高度位置(通常是窗台高度以上、门洞高度以下)将房屋剖切后,作切面以下部分的水平面投影图,其中剖切到房屋轮廓实体以及房屋内部的墙、柱等实体截面,以及其余可见的实体,如窗台、窗玻璃、门扇、墙体、栏杆以及地面上的台阶踏步、水池及花池的边缘甚至室内家具等实体。

平面设计

各种类型的民用建筑,从组成平面各部分的使用性质来分析,建筑平面设计包括使用部分和交通联系部分两类。

使用部分包括主要房间和辅助房间的设计两个部分。主要房间是人们的生活、工作学习和公共活动用房。主要房间的设计包括房间的面积,房间的形状,房间的尺寸(开间和进深),房间门、窗的宽度及数量的设计五个方面。辅助房间即为保证基本的使用目的而需要的用房,如厨房和厕所。

交通联系部分一般是指建筑物中各房间之间、楼层之间和室内外之间的联系空间,包括水平交通空间(走道)和垂直交通空间(楼梯、电梯、扶梯等)。

建筑物的平面组成,除了以上两部分外,还有建筑构件所占的面积,如墙体、隔断等,图10-1所示是住宅单元平面面积的各组成部分示意。

建筑平面设计包括单个房间平面设计及平面组合设计,单个房间平面设计是在整体建筑合理、适用的基础上,确定房间的面积、形状、尺寸以及门窗的大小和位置。平面组合设计是根据各类建筑功能要求,抓住主要房间、辅助房间、交通联系部分的关系,结合建筑环境及其他条件,采用不同的组合方式将各单个房间合理地组合起来。

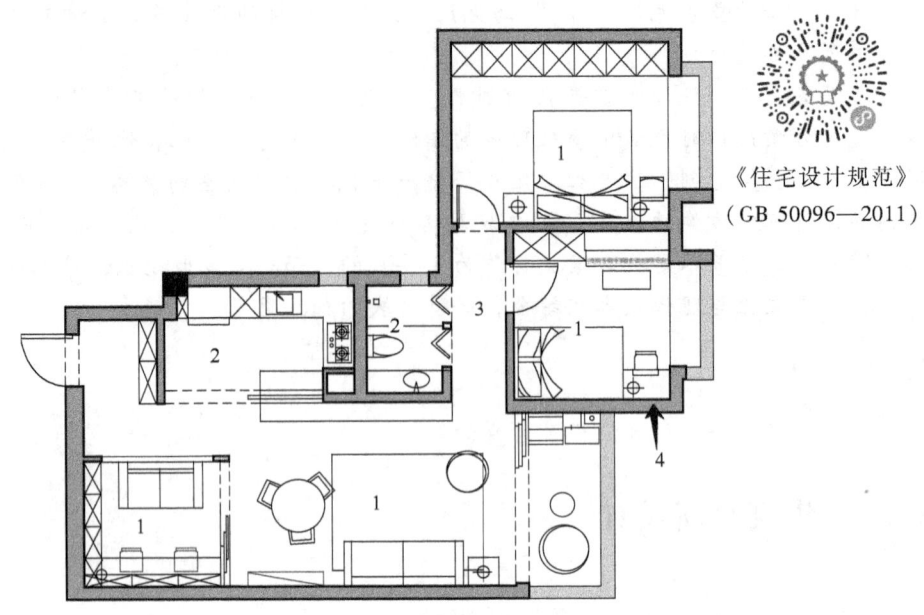

图 10-1　住宅单元平面面积的各组成部分示意
1—使用部分（主要房间）　2—使用部分（辅助房间）　3—交通联系部分　4—结构部分

10.1.2　主要房间的平面设计

主要房间是建筑物的核心，由于它们的使用性质要求不同，对房间的大小、形状、位置、朝向、采光通风等要求也有很大差别，主要房间按功能可分为以下几种：

1）生活用的房间：如住宅的起居室、卧室和宿舍等。
2）工作、学习用的房间：如办公室、教室、实验室等。
3）公共活动房间：如商场的营业厅，剧院、电影院的观众厅、休息厅等。

因此，在平面设计时，首先要根据设计任务书和调研资料，整理分析各类房间的使用要求，然后再从以下几方面进行研究：

1. 面积

主要房间面积的大小，是由房间内部活动特点、使用人数和家具设备的多少，考虑国家规定的面积定额和各项技术经济指标等因素来决定的。房间的面积主要由以下三部分组成：房间人活动所需面积；家具和设备所占用的面积；房间内部的交通面积，示例如图 10-2 所示。

（1）影响房间面积大小的因素，首先是由使用活动特点决定的。在使用特点相同的房间中，面积取决于使用人数的多少。从图 10-2 可以看出，无论是家具设备所需面积，还是人们活动及交通面积都与容纳人数有关。

确定房间面积，首先应确定房间的使用人数，它决定着室内家具与设备的多少，决定着交通面积的大小，确定使用人数的依据是房间的使用功能和建筑标准，在实际工作中，房间的面积主要是依据国家有关规范规定的定额指标，结合工程实际情况确定，表 10-1 列出了部分民用建筑房间面积定额的参考指标。

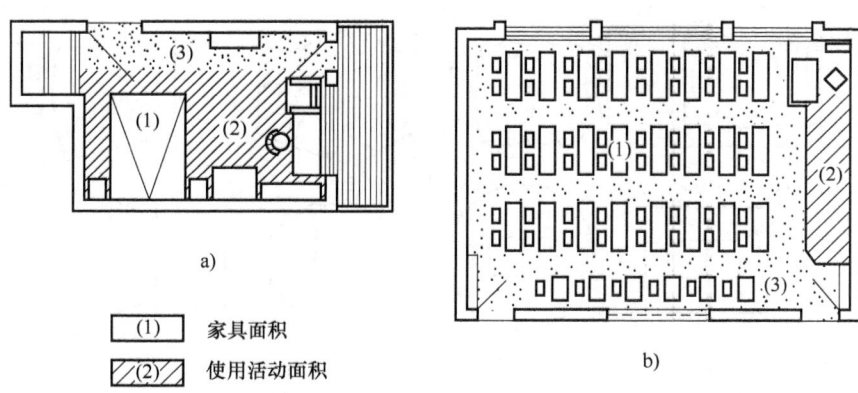

(1)	家具面积
(2)	使用活动面积
(3)	交通面积

图 10-2 卧室及教室中使用面积分析示例

表 10-1 部分民用建筑房间面积定额的参考指标

建筑类型	房间名称	面积定额/(m²/人)	备注
中小学	普通教室	1~1.2	小学取下限
办公楼	一般办公楼	3.5	不包括走道
	会议室	0.8	无会议桌
		2.3	有会议桌
铁路旅客站	普通候车室	1.1~1.3	
图书馆	普通阅览室	1.8~2.5	4~6座双面阅览室

（2）家具设备及人们使用活动的面积。家具设备的尺寸数量、在房间中占用的面积、布置方式及人们使用这些家具设备时所需的活动面积，这些都直接影响到房间的面积。

（3）房间的交通面积。房间的交通面积是指连接各个使用区域的面积，如教室中课桌行与行之间的距离一般取 550mm 左右，如图 10-2b 所示。

2. 形状

民用建筑常见的房间形状有矩形、方形、多边形、圆形、扇形等。绝大多数的民用建筑房间形状常采用矩形。矩形具有平面体型简单，墙体平直，便于灵活布置家居设备，能充分利用室内空间；结构布置简单，便于施工；便于统一开间、进深，利于平面及空间组合等非常多的优点。

但矩形并不是民用建筑考虑房间形状时选择的唯一形式。中小学为满足视、听等要求，也会采用方形及六角形平面。相比矩形平面，具有房间进深加大、长度缩短、相应交通路线缩短、用地经济、缩短最后一排视距、改善视听条件等优点，如图 10-3 所示。

3. 尺寸

对于常用的矩形房间，要确定房间的开间、进深。开间是指房间在建筑外立面上所占的宽度，即相邻两个横向定位间的距离。进深是垂直于开间的深度尺寸。开间和进深是表示两个方向的轴线尺寸，如图 10-4 所示。房间尺寸一般应从以下几个方面进行综合考虑：

（1）满足家具设备布置及人们的活动要求。考虑家具设备的尺寸，应便于家具设备的布置，并保证使用活动所需的面积。

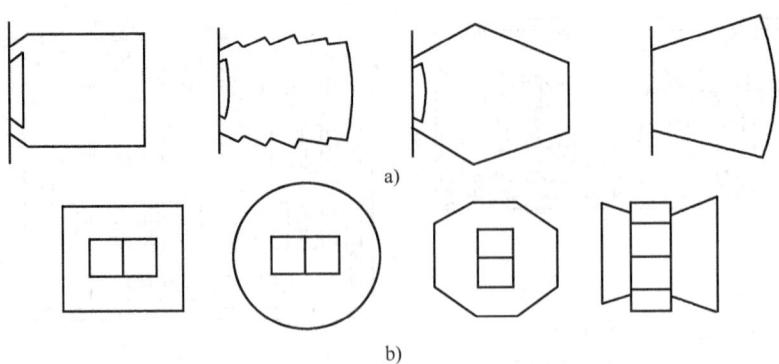

图 10-3 不同形状的平面示意
a) 影剧院观众厅 b) 体育馆观众厅

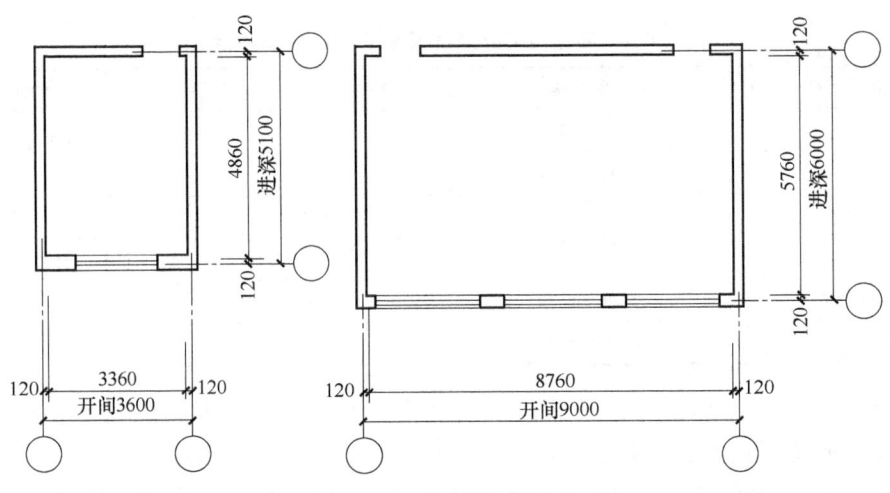

图 10-4 开间及进深示意

在设计住宅卧室尺寸时,要考虑便于不同的床位布置方式,应考虑床的大小、家具的相互关系,提高床位布置的灵活性。卧室应用直接采光、自然通风。主要卧室要求床能两个方向布置,因此开间尺寸常取 3.3m,深度方向常取 3.90~4.50m。小卧室开间尺寸常取 2.70~3.00m。

医院病房的设计主要是满足病床的布置及医护活动的要求,3~4 人的病房开间尺寸常取 3.30~3.60m,6~8 人的病房开间尺寸常取 5.70~6.00m。

(2) 满足视听要求。中小学普通教室为使前排两侧座位不致太偏,后面座位不致太远,必须根据水平视角、视距、垂直视角的要求,确定合适的房间尺寸。

(3) 满足采光、通风等要求。一般房间多采用单侧或双侧采光,因此房间的深度常受到采光的限制。一般单侧采光时进深不大于窗上口至地面距离的 2 倍,双侧采光时进深可较单侧采光时增大一倍,如图 10-5 所示。

(4) 满足经济合理的结构布置和建筑模数的要求。应考虑空间组合和结构、施工的可能性与经济合理的要求,并符合《建筑模数协调标准》(GB/T 50002—2013)。一般民用建筑常采用墙体承重的梁板式结构和框架结构体系。较经济的开间尺寸是不大于 4.20m,钢筋混凝土梁较经济的跨度是不大于 9.00m。在房间没有特殊要求的情况下，对于由多个开间组成的大房间，如教室、会议室、餐厅等，应尽量统一开间尺寸，减少构件类型，选择较经济的跨度，使结构布置合理。房间开间、进深一般以 3M 为模数。

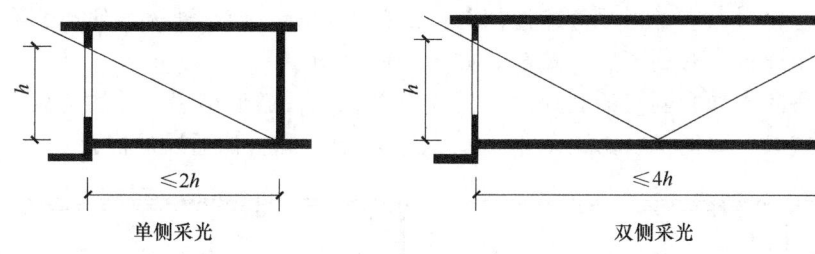

图 10-5 房间采光示意

4. 房间门窗的设置

（1）房间门的设置。门的设置包括确定房间门的宽度、数量、位置及开启方式。

1）门的宽度。建筑平面图中标注的门的宽度是指门洞口宽度。不超 1m 时宜以 1M 为模数，超过 1m 宜以 3M 为模数。

门的通行宽度是指门的净宽，即两侧门框内缘之间的水平距离。房间的门的最小宽度是由人体尺寸、通过人流的股数、家具设备的大小决定的。

门的宽度应满足人流通行、家具设备搬运及防火要求。

民用建筑常用门的宽度取值，按照人流股数考虑为：一股人流通行最小宽度 550mm（门宽 700~1000mm）；两股人流通行最小宽度 1100mm（门宽 1200~1500mm）；三股人流通行最小宽度 1650mm（门宽不小于 1800mm）；大型公共建筑门总宽按每 100 人 600mm 宽（根据规范估计值）计算。

为便于开启和少占使用面积，门扇宽度通常在 1m 以内。门宽不超 1m 时，采用单扇门；1.2~1.8m，采用双扇门；超过 1.8m，一般不少于四扇门。各部位门洞的最小尺寸是根据使用要求的最低标准提出的，门的材料构造过厚或有特殊要求时，应留有余地。

2）门的数量。门的数量应由房间的面积和可容纳的人数确定。按照建筑设计防火相关规范的要求：当房间使用人数超过 50 人，面积超过 60m² 时，至少需设两个门，门需分散设置，相邻两个门最近边缘之间的水平距离不应小于 5m；影剧院、礼堂的观众厅，按≤250人/安全出口设置，人数超过 2000 人时，超过部分按≤400 人/安全出口设置；体育馆按≤400~700 人/安全出口设置，规模小的取下限值。

当门宽>1000mm 时，应根据使用要求采用双扇门、四扇门或增加门的数量，如图 10-6 所示。

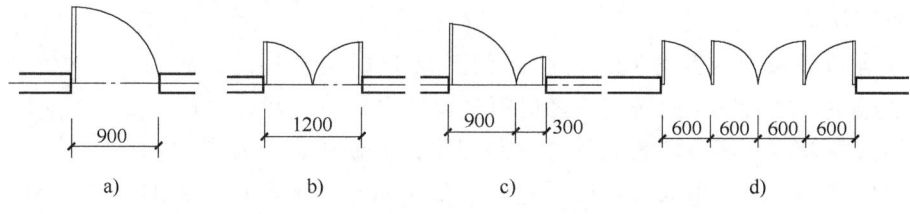

图 10-6 门的数量示意
a）单扇平开门　b）双扇平开门　c）字母平开门　d）四扇平开门

3）门的位置。门的位置直接影响家具布置、人流交通、采光、通风等。房间门的数量少时，为留有较完整的墙面布置家具，门常在端部。在设计集体宿舍门时，门常被设置在中间，以便布置四张床。当房间门的数量超过一个时，门与门之间就可能成为内部交通的路线，在确定门的位置时，应考虑尽量缩短门与门之间的距离，使交通流线便捷，利于家具布置，同时也更便于通行，有利于安全疏散，如图10-7所示。

人流量大的房间，如影剧院的观众厅，门应布置在人行通道尽端，并均匀设置，便于紧急状态下的人流疏散，如图10-8所示。同时，还应考虑房间自然通风的需要。

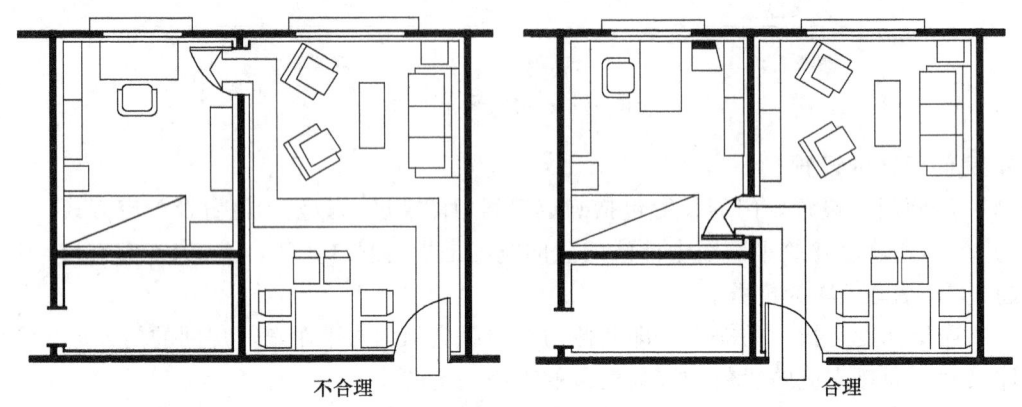

图10-7　门的位置与家具布置关系

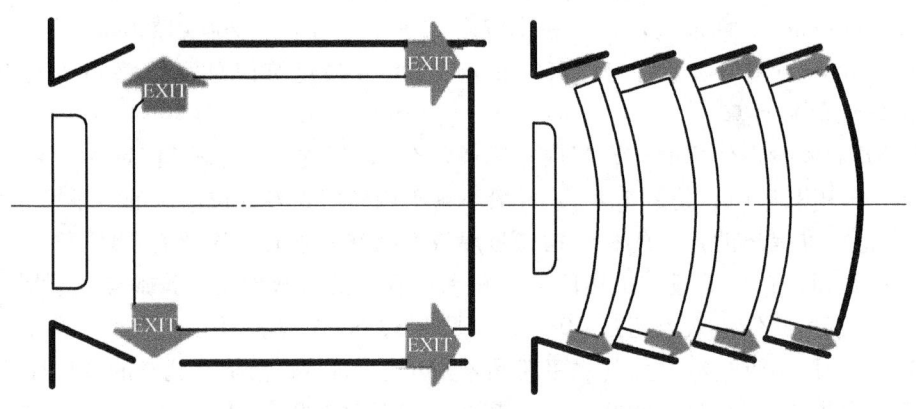

图10-8　剧院观众厅中门的位置及疏散方向

4）门的开启方式。门的开启方式，一般应考虑人流畅通、节省面积、安全疏散等因素。门的开启方式应便于室内家具布置、交通流线便捷及适应房间组合的需要，同时还应考虑组织通风的需要。

大多数房间门采用内开方式，可防止门开启时影响室外的人行交通，如普通教室、办公室、起居室、客房等多设计内开门的开启方式。

而使用人数较多、面积较大的公共活动用房，为便于人流疏散，门应向疏散方向开启，或采用双向开启弹簧门，如观众厅、候车厅、营业厅。但是，幼儿园、中小学不得使用弹簧门。多个门集中布置时，应防止门扇相互碰撞，如图10-9所示。

《民用建筑通用规范》
（GB 55031—2022）

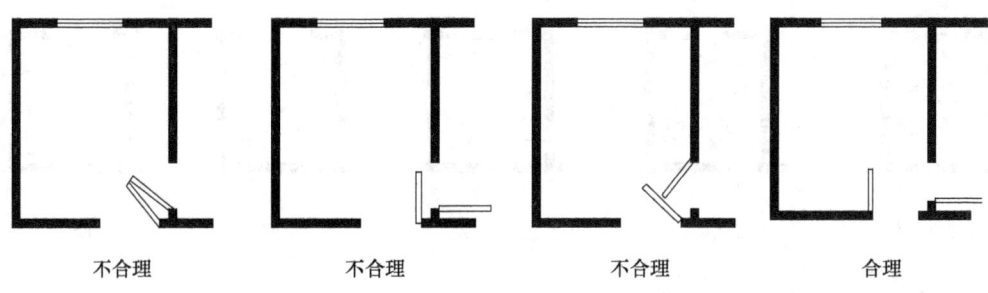

| | | 不合理 | | 不合理 | | 不合理 | | 合理 |

图 10-9　多个门集中布置时门的开启方式设计

如公用房间面积超过 $60m^2$，且人数超过 50 人，为确保安全疏散，门必须外开。

（2）房间窗的设置。窗口面积大小主要根据房间的使用要求、房间面积及当地日照情况等因素来考虑。根据不同房间的使用要求，建筑采光标准分为五级，每级规定相应的窗地面积比，见表 10-2。

表 10-2　民用建筑房间天然采光分级

等级	采光要求	房间类别	窗地面积比
Ⅰ	很高	绘画室、制图室、手术室、展览室	1/4 左右
Ⅱ	较高	阅览室、健身房、游泳馆、实验室、托儿所、幼儿园	1/5 左右
Ⅲ	一般	礼堂、教室、办公室、餐厅、营业厅、候车室	1/7 左右
Ⅳ	较低	书库、居室、浴室、厕所、洗衣间	1/9 左右
Ⅴ	很低	楼梯间、走道、仓库、储藏间	1/10 以下

采光面积比，又称玻地比，是指窗有效透光面积与房间地面面积之比。窗有效透光面积等于窗洞口面积乘以窗的透光率。采光要求不是确定窗口面积的唯一因素，还应结合通风、朝向、建筑节能、立面设计等因素。如气候炎热可增大窗口面积争取通风量，寒冷地区可适当减小窗口面积防止散热。

窗地面积比就是房间窗洞口面积与该房间地面面积之比，简称窗地比。它是估算室内天然采光水平的常用指标。

（3）房间门窗位置。窗的平面位置直接影响房间照度是否均匀，是否会产生暗角和眩光。为使室内照度均匀，窗宜布置在房间或开间居中位置，窗间墙的宽度一般不宜过大。同时，窗户和挂黑板墙面之间的距离要适当，这段距离太小会使黑板上产生眩光，距离太大又会形成暗角，采光效率低。

房间的自然通风由门窗组织，门窗在房间中的位置决定气流走向，影响室内通风范围。因此，门窗应尽量使气流通过活动区，使室内形成穿堂风，如图 10-10 所示。

10.1.3　辅助房间的平面设计

辅助用房是保证主要房间正常使用的一些附属房间，包括厕所、盥洗室、浴室、厨房、配电房、水泵房等，在整个建筑中虽处于次要地位，但又是建筑中不可缺少的一部分。辅助用房的设计原理和方法与主要房间基本相同，但由于这类房间中一般布置较多管道、设备，因此房间大小、布置均受设备、管道影响。

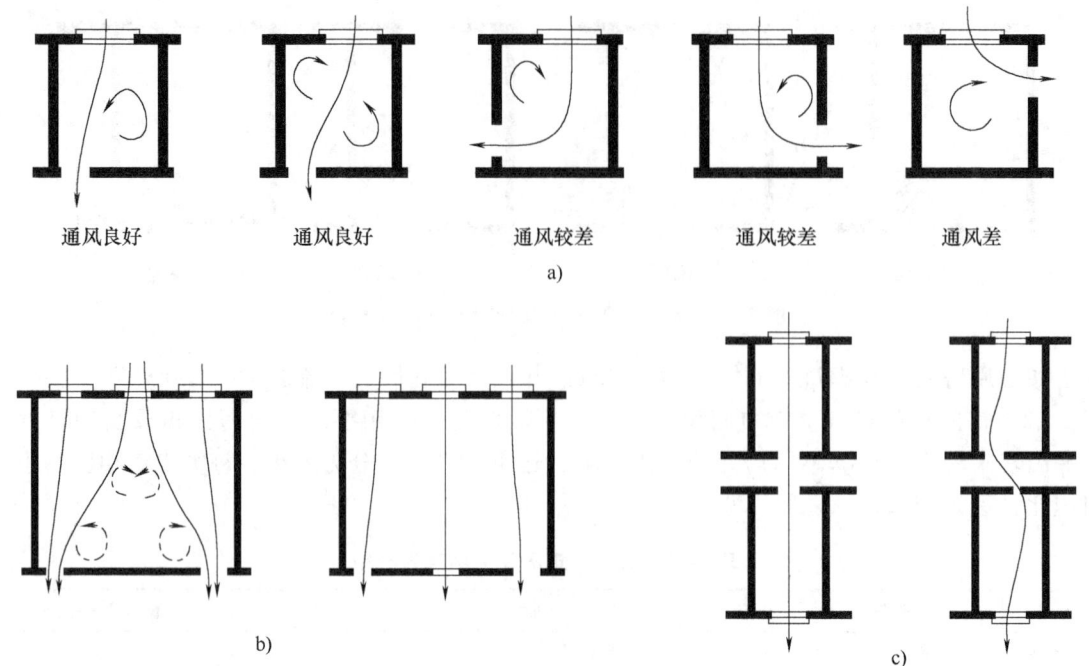

图 10-10 门窗位置对房间内通风的影响
a) 一般房间门窗相互位置　b) 教室门窗相互位置　c) 内廊式平面房间门窗相互位置

1. 厕所平面设计

（1）厕所设备类型及数量。厕所的卫生设备主要有大便器、小便器、洗手盆、污水池等。

大便器有蹲式和坐式两种，可根据建筑标准及使用习惯分别选用。小便器有独立小便器和合用小便槽（池）两种。对于使用频繁或使用时间集中如学校、办公室、车站等建筑物，一般采用蹲式，卫生设备的数量应相对多一些。标准较高或使用人数少、老年人使用的厕所常采用坐式。图 10-11 所示是一般民用建筑中常用的几种卫生设备及其尺寸。

卫生设备的数量主要取决于使用人数、使用对象和使用特点。一般民用建筑每个卫生器具可供使用的人数可参考表 10-3。

表 10-3　一般民用建筑每个卫生器具可供使用的人数

建筑类型	男小便器/(人/个)	男大便器/(人/个)	女大便器/(人/个)	洗手盆(人/个)	备注
中(小)学	50(40)	50(40)	25(20)	90	男女比例 1:1
宿舍	15	8 人以下 1 个,超过 8 人每 15 人加 1 个	6 人以下 1 个,超过 6 人每 12 人加 1 个	5 人以下 1 个,超过 5 人每 10 人加 1 个	男女比例按实际情况
办公楼	30	40	20	40	男女比例 5:1~3:1
幼儿园	4(个)	4(个)		6(个)	每班卫生器具个数

（2）厕所的布置。厕所按平面形式可分为公共厕所和专用厕所。

公共厕所使用人数多，应设置前室，前室可有效改善通往厕所的走道和过厅的卫生条件，并有利于厕所隐蔽。前室的深度 1.5~2m，一般设洗手盆、污水池，如图 10-12 所示。

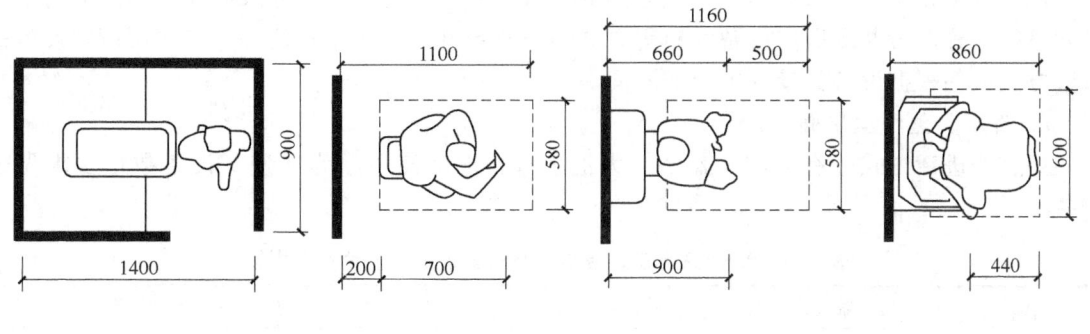

图 10-11　一般民用建筑中常用的几种卫生设备及其尺寸

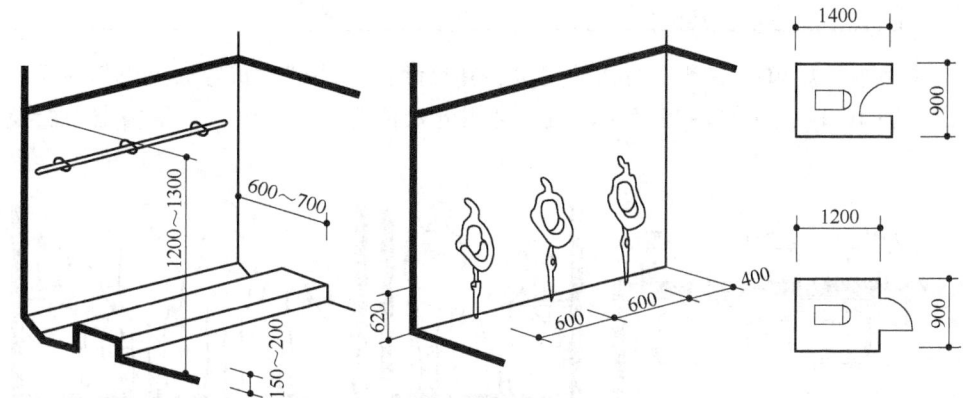

图 10-12　公用厕所布置举例

专用厕所使用人数少，往往是盥洗、厕所、浴室组成的卫生间，如图 10-13 所示。

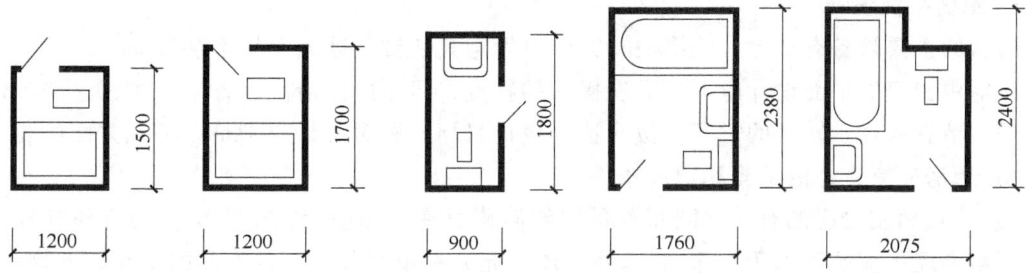

图 10-13　专用厕所平面布置举例

设计时可根据使用人数确定卫生器具的数量,同时结合设备尺寸及人体活动所需的空间尺寸进行布置。公共厕所内设备的布置方式一般有单排式和双排式两种。专用厕所内设备的布置方式往往根据设备数量的不同而不同。

2. 浴室、盥洗室平面设计

浴室按进浴方式分有淋浴、盆浴、大池三种,淋浴使用最为普遍。设备数量要求见表10-4。

表 10-4 部分民用建筑浴室、盥洗室或龙头个数参考指标

建筑类型	男浴器/(人/个)	女浴器/(人/个)	盥洗器/(人/个)	备注
旅馆	40	8	15	男女比例按设计
幼儿园	每班2个		2.5	

盥洗室是宿舍、旅馆必不可少的辅助用房,其尺寸由盥洗槽的布置以及人们使用和交通活动所决定。图10-14所示是一般民用建筑中常用的几种洗手盆、浴盆、淋浴器布置及其尺寸规格。

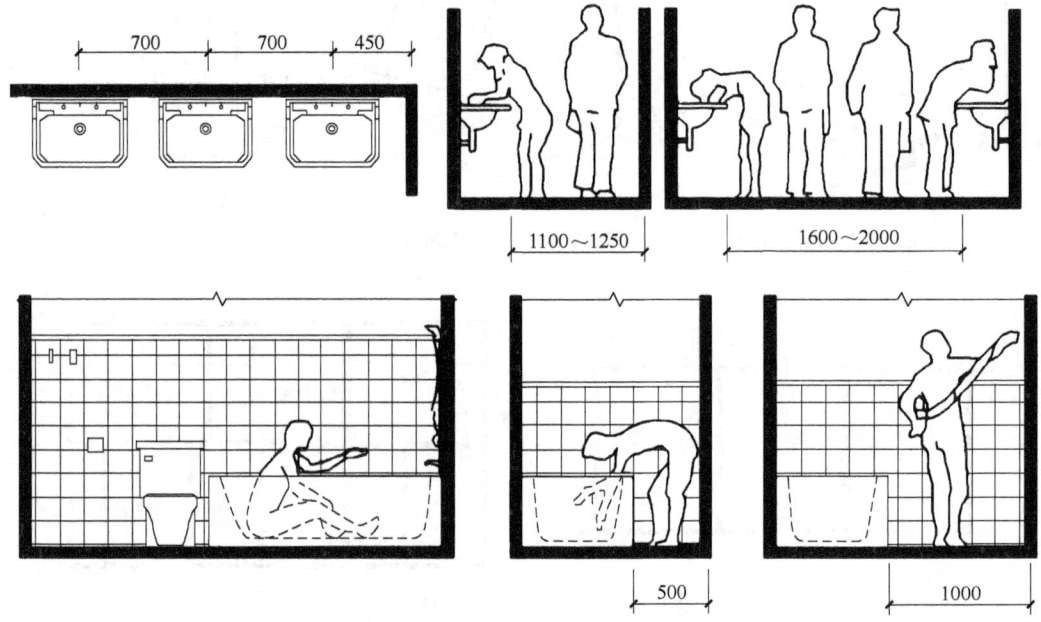

图 10-14 洗手盆、浴盆、淋浴器布置及其尺寸规格

3. 厨房平面设计

厨房的主要设备有灶台、洗涤池、案台、固定式碗橱、冰箱及排烟装置。

住宅中厨房的平面设计应考虑厨房操作的特点,尽可能使清洗、备菜、烹饪整个工作流程顺畅,节省来往、转身的时间。按照这个设计目标,厨房设计应满足以下几方面的要求:

1)厨房应有良好的采光和通风条件。

2)尽量利用厨房的有效空间布置足够的储藏设施,如壁柜、吊柜等。为方便存取,吊柜底距地高度不应超过1.7m。除此以外,还可充分利用案台、灶台下部的空间储藏物品。

3)厨房的墙面、地面应考虑防水,便于清洁。地面应比一般房间地面低20~30mm。

4）厨房室内布置应符合操作流程，并保证必要的操作空间。厨房的布置形式有单排、双排、L形、U形等几种，如图10-15所示。

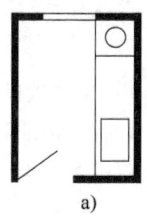 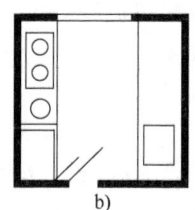 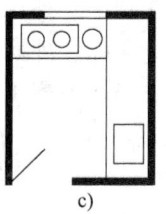 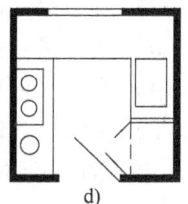

图 10-15　厨房平面布置类型
a）单排　b）双排　c）L形　d）U形

10.1.4　交通联系部分的平面设计

一幢建筑物除了有满足使用要求的各种房间外，还需要有交通联系部分把各个房间之间以及室内外之间联系起来。建筑物内部的交通联系部分可以分为水平交通联系的走廊、过道等；垂直交通联系的楼梯、坡道、电梯、自动扶梯等；交通联系枢纽的门厅、过厅等。

交通联系部分的设计要求包括：要有足够的通行宽度；交通路线应简捷明确，联系通行方便；互不干扰；通风采光良好；尽量减少交通面积，提高平面利用率。

交通联系部分的面积，在一些常见的建筑类型（如宿舍、教学楼、医院或办公楼）中，占建筑面积的1/4左右。交通联系部分平面设计的重要性在于这部分面积设计得是否合理，除了直接关系建筑物中各部分的联系通行是否方便外，也对房屋造价、建筑用地、平面组合方式等许多方面有很大影响。

1. 走道

走道又称为过道、走廊，有内廊和外廊，主要起到联系同层各种房间的作用。

按使用性质不同可分为完全为交通需要而设置的走道；主要作为交通联系同时也兼有其他功能的走道（如教学楼走道兼设陈列橱窗；医院门诊部的走道兼供候诊之用等）；多种功能综合使用的走道。

（1）走道的宽度和长度。走道的宽度和长度主要根据人流和家具通行、安全疏散、防火规范、走道性质、空间感受来综合考虑，如图10-16所示。

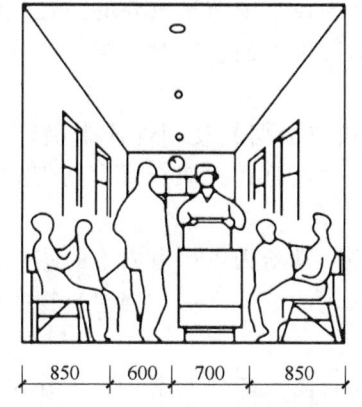 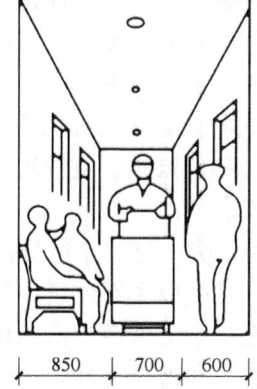

图 10-16　医院候诊廊基本宽度的确定

一般民用建筑常用走道宽度如下：
1）教学楼：内廊 2.10~3.00m、外廊 1.80~2.10m。
2）门诊部：内廊 2.40~3.00m、外廊 3.00m（兼候诊）。
3）办公楼：内廊 2.10~2.40m、外廊 1.50~1.80m。
4）旅馆：内廊 1.50~2.10m、外廊 1.50~1.80m。
5）作为局部联系走道宽度不应小于 0.90m。

走道的长度应根据建筑性质、耐火等级及防火规范来确定。按照《建筑设计防火规范》（GB 50016—2014）（2018 年版）的要求，最远房间出入口到楼梯间安全出入口的距离必须控制在一定的范围内，见表 10-5。

《民用建筑设计统一标准》（GB 50352—2019）

表 10-5 房间门至外部出口或封闭楼梯间的最大距离　　（单位：m）

名称	位于两个外部出口或楼梯之间的房间			位于袋形走道两侧或尽端的房间		
	耐火等级			耐火等级		
	一级、二级	三级	四级	一级、二级	三级	四级
托儿所、幼儿园	25	20		20	15	
医院、疗养院	35	30		20	15	
学校	35	30	25	22	20	
其他民用建筑	40	35	25	22	20	15

（2）走道的采光和通风。走道的采光和通风主要依靠天然采光和自然通风。

走道宜采用天然采光，采光面积比一般不低于 1/10。外走道由于只有一侧布置房间，可直接获得较好的采光通风效果。而对于两侧布置房间的内走道，可采取以下方式采光：走道尽端开窗直接采光；利用门厅、过厅、开敞式楼梯间直接采光；利用走道两侧墙上高窗或门上亮间接采光，间接采光走道的采光面积比以不小于 1/5 为宜。在走道设计中一般不宜有高差或踏步，如不可避免，则在高差处应有良好的天然采光。

2. 楼梯

楼梯，是解决房屋各层之间垂直的交通，是楼层人流疏散的必经通道。

楼梯设计主要包括根据使用要求和人流通行情况确定梯段和休息平台的宽度；选择适当的楼梯形式；考虑整幢建筑的楼梯数量；以及楼梯间的平面位置和空间组合等。

建筑物的楼梯数量以及分布位置是建筑平面设计中非常重要的问题。楼梯数量主要根据楼层人数和紧急疏散的要求来决定。当设置两部以上的楼梯时，楼梯的分布应使整个建筑物的人流组织均匀有序、主次分明。

（1）楼梯的形式与位置。楼梯的平面形式应根据其使用性质来确定。楼梯的形式主要有单跑梯、双跑梯（平行双跑、直双跑、L 形、双分式、双合式、剪刀式）、三跑梯、弧形梯、螺旋楼梯等形式。

直跑楼梯有明确的方向感，空间导向明确，常给人以严肃向上的感觉。双跑楼梯由于面积紧凑，使用方便，是一般民用建筑中最常采用的形式之一。当建筑物的层高较高，或利用楼梯间顶部天窗采光时，常采用三跑楼梯。

楼梯根据交通流线的需要来确定，并应符合防火疏散要求。其可分为主要楼梯、次要楼梯、消防楼梯等。主要楼梯为在主要出入口附近较明显位置的楼梯。次要楼梯为设置在次要出入口附近或建筑物的转角、交接处的楼梯。消防楼梯用于建筑物端部。

为保证主要房间好的朝向居多，在确定楼梯间位置时，楼梯通常布置在朝向差的一面，但要注意楼梯间要有天然采光。

（2）楼梯的宽度和数量。楼梯的宽度和数量主要根据使用性质、使用人数和防火规范来确定。

一般情况下，单人通行的楼梯宽度应不小于850mm；双人通行为1100~1200mm；一般民用建筑楼梯的最小净宽应满足两股人流疏散要求；住宅内部楼梯可减小到850~900mm，如图10-17所示。

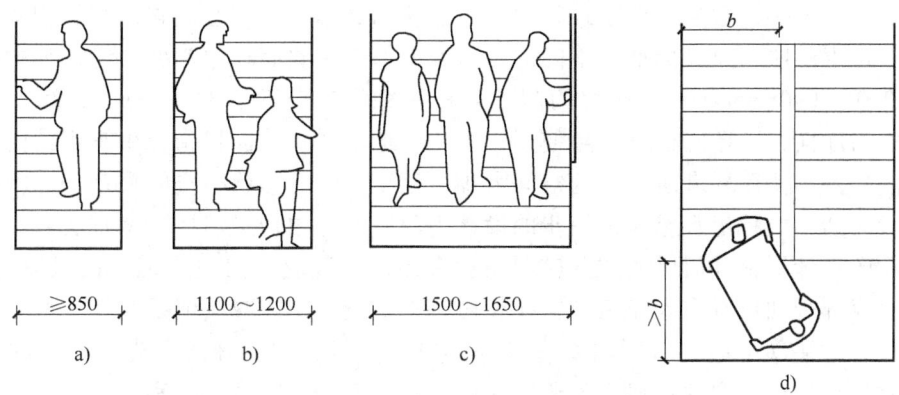

图10-17 楼梯梯段和平台的通行宽度

楼梯的数量应根据楼层人数的多少、建筑防火要求来确定。公共建筑的楼梯数量一般不少于两个。

3. 电梯与自动扶梯

（1）电梯。电梯通常使用在多层或高层建筑中，一些有特殊使用要求的建筑（如医院病房部分）也常采用。

电梯间的平面设计主要应根据所选电梯的类型与规格，解决电梯的布置方式、电梯候梯厅的设计、电梯机房的设计等问题。

确定电梯间的位置及布置方式时，应充分考虑以下几点要求：

1）电梯间应布置在人流集中的地方，如门厅、出入口等，位置要明显，电梯前面应有足够的等候面积，以免造成拥挤和堵塞。

2）按防火规范的要求，设计电梯时应配置辅助楼梯，供电梯发生故障时使用。布置时可将两者靠近，以便灵活使用，并有利于安全疏散。

3）电梯井道无天然采光要求，布置较为灵活，通常主要考虑人流交通方便、通畅。电梯等候厅由于人流集中，最好有天然采光及自然通风。

（2）自动扶梯。自动扶梯是一种在一定方向上能大量连续输送流动客流的装置。常用于具有频繁而连续人流的大型公共建筑中，除了提供乘客一种既方便又舒适的上下层间的运输工具外，它还可引导乘客走一些既定路线来游览购物，并具有良好的装饰效果，如百货大楼、展览馆、游乐场、火车站、地铁站、航空港等建筑。

自动扶梯可正逆运行，即可作提升或下降之用。在停止运转时，也可作为临时性的普通楼梯之用。其应布置在明显的位置，两端应较开敞，避免面对墙壁、死角，一般均可设在大厅的中间。公共建筑中设置自动扶梯的同时，仍需布置电梯及一般性楼梯，作为辅助性垂直交通工具。自动扶梯布置方式有单向式、转向式和交叉式几种。

4. 门厅

门厅是建筑物主要出入口处的内外过渡、人流集散的交通枢纽。在一些公共建筑中，门厅除了交通联系外，还兼有适应建筑类型特点的其他功能要求，如旅馆门厅中的休息、会客、接待、登记、服务台、问询处，并兼有休息、会客功能，门诊所门厅中的挂号、取药、收费等部分。除此以外，门厅作为建筑物的主要出入口，其不同空间处理可体现出不同的意境和形象。因此，民用建筑中门厅是建筑设计需要重点处理的部分。

门厅的面积大小，主要根据建筑物的使用性质和规模确定，在调查研究、积累设计经验的基础上，根据相应的建筑标准，不同的建筑类型都有一些面积定额的参考，如中小学的门厅面积为 $0.06 \sim 0.08 m^2$/生，电影院的门厅面积按每位观众不小于 $0.13 m^2$ 计算，一些兼有其他功能的门厅面积，还应根据实际使用要求相应地增加。从面积指标中查到的门厅大小只确定了为满足基本使用要求所需要的空间大小，至于空间的形状、空间处理仍需根据建筑物的性质、所需达到的特定观感作进一步的设计，门厅设计中切忌门厅"大而无用"或过小。

按门厅的设计要求，门厅的位置应明显而突出，一般应面向主干道，使人流出入方便。门厅内各组成部分的位置与人流活动路线相协调，尽量避免或减少流线交叉，为各使用部分创造相对独立的活动空间。门厅内要有良好的空间气氛，如良好的采光、合适的空间比例等。门厅对外出入口的宽度不得小于通向该门的走道、楼梯宽度的总和。

10.1.5 建筑平面组合设计

建筑平面组合设计就是将建筑平面中的使用部分、交通联系部分有机地联系起来，使之成为一个使用方便、结构合理、体型简洁、构图完整、造价经济及与环境协调的建筑物。

1. 设计要求

（1）使用功能。平面组合的优劣主要体现在合理的功能分区及明确的流线组织两个方面。当然，采光、通风、朝向等要求也应予以充分的重视。

合理的功能分区是将建筑物若干部分按不同的功能要求进行分类，并根据它们之间的密切程度加以划分，使之既分区明确，又联系方便。在分析功能关系时，常借助功能分析图来形象地表示各类建筑的功能关系及联系顺序。具体设计时，可根据建筑物不同的功能特征，从以下三个方面进行分析：

1）主次关系。组成建筑物的各房间，按使用性质及重要性，必然存在着主次之分。在平面组合时应分清主次、合理安排。平面组合中，一般是将主要使用房间布置在朝向较好的位置，靠近主要出入口，并有良好的采光通风条件，次要房间可布置在条件较差的位置。

2）内外关系。各类建筑的组成房间中，有的对外联系密切，直接为公众服务，有的对内关系密切，供内部使用。一般是将对外联系密切的房间布置在交通枢纽附近，位置明显，便于直接对外，而将对内性强的房间布置在较隐蔽的位置。对于饮食建筑，餐厅是对外的，人流量大，应布置在交通方便、位置明显处，而对内性强的厨房等部分则布置在后部，次要入口面向内院较隐蔽的地方。

3）联系与分隔。在分析功能关系时，常根据房间的使用性质，如"闹"与"静"、"清"与"污"等方面进行功能分区，使其既分隔互不干扰，又有适当的联系。如教学楼中的多功能厅、普通教室和音乐教室，它们之间联系密切，但为防止声音干扰，必须适当隔开。教室与办公室之间要求方便联系，但为了避免学生影响教师的工作，需适当隔开，如图10-18所示。

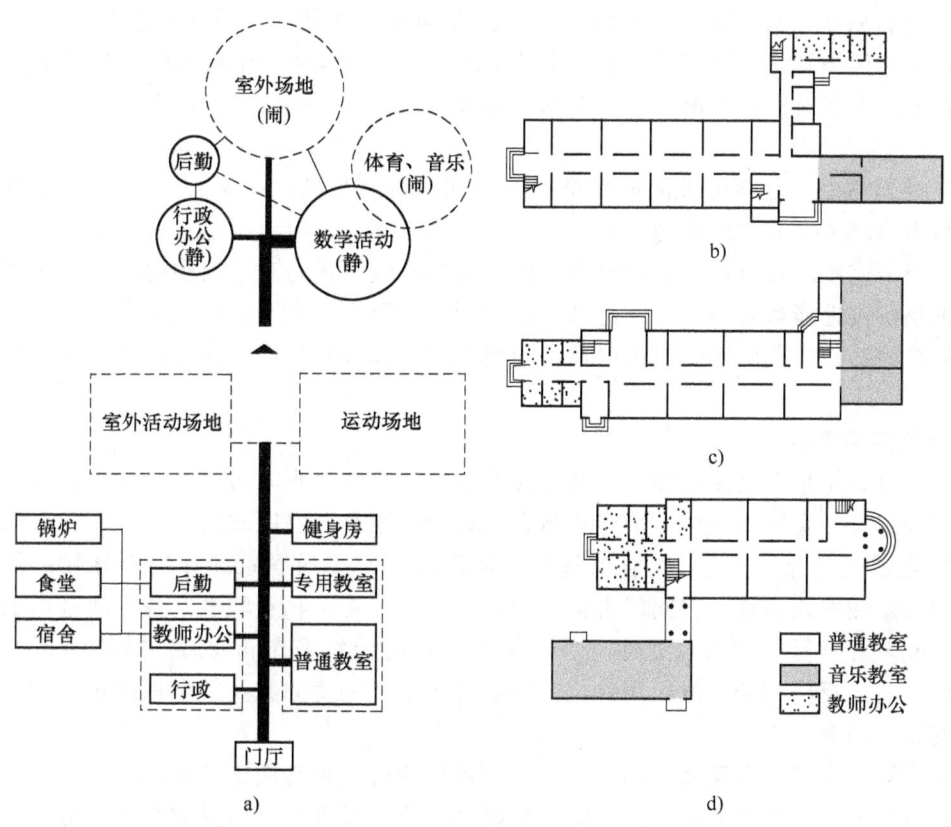

图 10-18 学校建筑的功能分区和平面组合
a）中学的功能分区 b）教学楼以门厅区分三部分 c）声响较大的教室在教学楼尽端 d）声响较大的教室在教学楼外单独设置

流线组织则分为人流及货流两类。所谓流线组织明确，即是要使各种流线简洁、通畅、不迂回逆行，尽量避免相互交叉。

（2）结构类型。目前，民用建筑常用的结构类型有混合结构、框架结构、剪力墙结构、框剪结构、空间结构。

1）混合结构。多为砖混结构。这种结构形式的优点是构造简单、造价较低，其缺点是房间尺寸受钢筋混凝土梁板经济跨度的限制，室内空间小，开窗也受到限制，仅适用于房间开间和进深尺寸较小、层数不多的中小型民用建筑，如住宅、中小学校、医院及办公楼等。

2）框架结构。框架结构的主要特点是强度高，整体性好，刚度大，抗震性好，平面布局灵活性大，开窗较自由，但钢材、水泥用量大，造价较高。适用于开间、进深较大的商店、教学楼、图书馆之类的公共建筑以及多高层住宅、旅馆等。

3）剪力墙结构。剪力墙结构的主要特点是强度高，整体性好，刚度大，抗震性好，其缺点是房间尺寸受钢筋混凝土梁板经济跨度的限制，室内空间小，开窗也受到限制，适用于房间开间和进深尺寸较小、层数较多的中小型民用建筑。

4）框剪结构。框剪结构结合了框架结构和剪力墙结构的优点。

5）空间结构。这类结构用材经济，受力合理，并为解决大跨度的公共建筑提供了有利条件，如薄壳、悬索、网架等。

（3）设备管线。民用建筑中的设备管线主要包括给水排水、采暖、空气调节以及电气照明等所需的设备管线，它们都占有一定的空间。在满足使用要求的同时，应尽量将设备管线集中布置，上下对齐，方便使用，有利施工和节约管线，如住宅、厨房、卫生间应尽量毗邻布置。

（4）建筑造型。建筑的外部造型是内部空间的直接反映，内部空间的形式和组合方式必然要影响建筑体型和立面处理效果。在进行平面组合时，应考虑建筑造型要求。

一般简洁完整的建筑造型无论对缩短内部交通流线，还是对于结构简化、节约用地、降低造价以及抗震性能都有利。建筑造型会影响到平面组合。当然，造型本身是离不开功能要求的，但是简洁、完美的造型要求以及不同建筑的外部性格特征又会反过来影响平面布局及平面形状。

2. 平面组合形式

平面组合就是根据使用功能特点及交通路线的组织，将不同房间组合起来。常见组合形式有走道式组合、套间式组合、大厅式组合、单元式组合、庭院式组合等。

（1）走道式组合。走道式组合的特点是使用房间与交通联系部分明确分开，各房间沿走道一侧或两侧并列布置，房间门直接开向走道，通过走道相互联系。各房间基本上不被交通穿越，能较好地保持相对独立性。各房间有直接的天然采光和通风，结构简单，施工方便。这种形式广泛应用于一般民用建筑，特别适用于相同房间数量较多的建筑，如学校、宿舍、医院、旅馆等。

根据房间与走道布置关系不同，走道式又可分为外走道与内走道两种。

外走道可保证主要房间有好的朝向和良好的采光通风条件，但这种布局走道过长，交通面积大。个别建筑由于特殊要求，也采用双侧外走道形式。

内走道各房间沿走道两侧布置，平面紧凑，外墙长度较短，对寒冷地区建筑热工有利。但这种布局难免有一部分使用房间朝向较差，且走道采光通风较差，房间之间相互干扰较大。

（2）套间式组合。套间式组合的特点是用穿套的方式按一定的序列组织空间。房间与房间之间相互穿套，不再通过走道联系。其平面布置紧凑，面积利用率高，房间之间联系方便，但各房间使用不灵活，相互干扰大。适用于住宅、展览馆等。

（3）大厅式组合。大厅式组合是以公共活动的大厅为主穿插布置辅助房间。这种组合的特点是主体房间使用人数多、面积大、层高大，辅助房间与大厅相比，尺寸大小悬殊，常布置在大厅周围并与主体房间保持一定的联系。适用于影剧院、体育馆等。

（4）单元式组合。单元式组合是将关系密切的房间组合在一起成为一个相对独立的整体，称为单元。将一种或多种单元按地形和环境情况在水平或垂直方向重复组合起来成为一幢建筑，这种组合方式称为单元式组合。

单元式组合的优点是能提高建筑标准化，节省设计工作量，简化施工；功能分区明确，平面布置紧凑，单元与单元之间相对独立，互不干扰；布局灵活，能适应不同的地形，满足朝向要求，形成多种不同组合形式。因此，广泛用于大量性民用建筑，如住宅、学校、医院等。

（5）庭院式组合。建筑物围合成院落，适用于学校、医院、图书室、旅馆等。

3. 建筑平面组合与总平面的关系

（1）基地的大小、形状和道路布置。基地的大小和形状直接影响到建筑平面布局、外轮廓形状和尺寸。基地内的道路布置及人流方向是确定出入口和门厅平面位置的主要因素。因此，在平面组合设计中，应密切结合基地的大小、形状和道路布置等外在条件，使建筑平面布置的形式、外轮廓形状和尺寸以及出入口的位置等符合城市总体规划的要求。

（2）基地的地形条件。基地地形若为坡地，则应将建筑平面组合与地面高差结合起来，以减少土方量，而且可以创造富于变化的内部空间和外部形式。

坡地建筑的布置方式有两种：当地面坡度在 25% 以上时，建筑物适宜平行于等高线布置；反之，则建筑物应结合朝向要求布置。

（3）建筑物的朝向和间距。我国大部分地区夏季热、冬季冷。为保证室内冬暖夏凉的效果，建筑物的朝向应为南向，南偏东或偏西少许角度（15°）。在严寒地区，由于冬季时间长、夏季寒冷，应争取日照，建筑朝向以东、南、西为宜。

根据当地的气候特点及夏季或冬季的主导风向，适当调整建筑物的朝向，使夏季可获得良好的自然通风条件，而冬季又可避免寒风的侵袭。

对于人流集中的公共建筑，房屋朝向主要考虑人流走向、道路位置和邻近建筑的关系。对于风景区建筑，则应以创造优美的景观作为考虑朝向的主要因素。

建筑物之间的距离，主要应根据日照、通风等卫生条件与建筑防火安全要求来确定。除此以外，还应综合考虑防止声音和视线干扰，绿化、道路及室外工程所需要的间距以及地形利用、建筑空间处理等问题。

我国大部分地区日照间距为 $1.0 \sim 1.7H$（H 为前排房屋高度）。越往南日照间距越小，越往北则日照间距越大，这是因为太阳高度角在南方要大于北方的原因。

对于大多数的民用建筑，日照是确定房屋间距的主要依据，因为在一般情况下，只要满足了日照间距，其他要求也能满足。但有的建筑由于所处的周围环境不同，以及使用功能要求不同，房屋间距也不同，如教学楼为了保证教室的采光和防止声音、视线的干扰，间距要求应大于或等于 $2.5H$（H 为前排房屋高度），而最小间距不小于 12m。又如医院建筑，考虑卫生要求，间距应大于 $2.0H$（H 为前排房屋高度），对于 1~2 层病房，间距不小于 25m；3~4 层病房，间距不小于 30m；对于传染病房与非传染病房的间距，应不小于 40m。为节省用地，实际设计采用的建筑物间距可能会略小于理论计算的日照间距。图 10-19 所示为建筑物的日照间距示意。

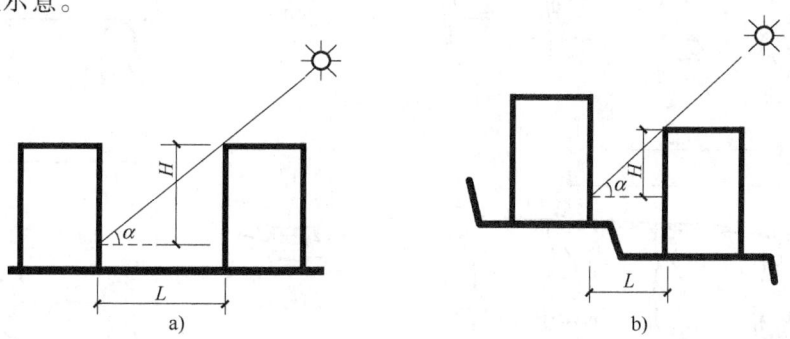

图 10-19　建筑物的日照间距示意

a）平地　b）向阳坡

10.2 建筑剖面设计

建筑剖面设计与平面设计从两个不同方面来反映建筑物内部空间的关系。平面设计着重解决内部空间水平方向上的问题；而剖面设计则主要解决建筑物各部分应有的高度、建筑层数、建筑空间的组合和利用，垂直方向上的空间组合关系，建筑剖面中的结构和构造关系等问题。

建筑剖面设计内容包括确定房间的剖面形状及比例；确定建筑的层数和各部分的标高（如层高、净高、窗台高度、室内外地面标高）；解决天然采光、自然通风、保温、隔热、屋面排水等建筑构造方案；选择主体结构及维护结构方案；进行房屋竖向空间的组合，研究建筑空间的利用等方面。

10.2.1 房间的剖面形状

房间的剖面形状主要根据建筑的使用要求和特点来确定，既要适合使用，又要达到一定的艺术效果，同时也要结合具体的物质技术、经济条件及特定的艺术构思考虑。

房间的剖面形状有矩形和非矩形两大类。大多数建筑均采用矩形，这是因为矩形剖面简单、规整，便于竖向的空间组合，容易获得简洁而完整的体型，同时结构简单、施工方便。非矩形剖面常用于有特殊使用要求的建筑或是采用特殊结构形式的建筑。影响房间剖面形状的因素有使用要求，结构、材料、施工要求和采光、通风要求等。

1. 使用要求对剖面的影响

在民用建筑中，大多数建筑对音质和视线的要求较低，矩形剖面能满足正常使用，因此住宅、办公、旅馆等建筑大多采用矩形剖面。

有特殊音质和视线要求的房间，主要是影剧院的观众厅、体育馆的比赛大厅、教学楼的阶梯教室等。为了满足一定的视线要求，其剖面会采用特殊形式，室内地面按一定的坡度变化升起，设计视点越低，地面升起坡度越大，如图 10-20 所示。观看行为不同，设计视点的

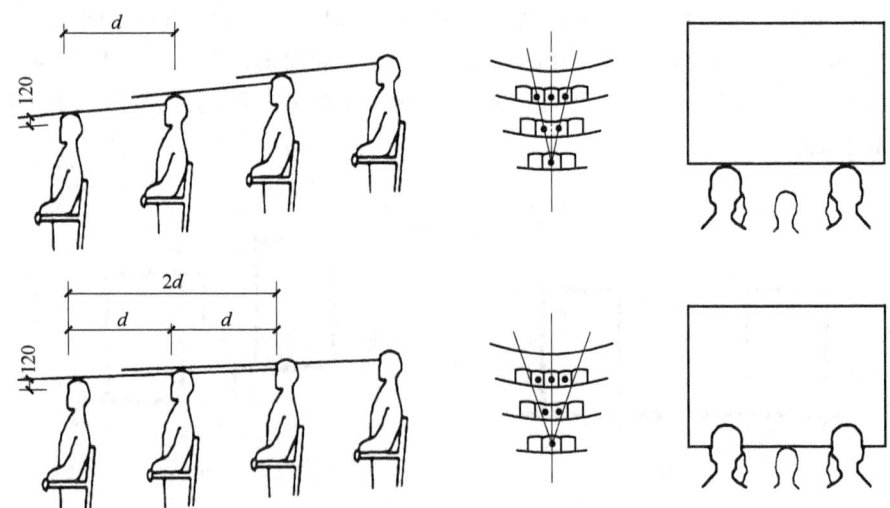

图 10-20 室内地面与视线的关系

选择高度也不相同。

为达到良好的室内音质效果，保证室内声场分布均匀，避免产生有害声现象，如回声、声聚焦等，在剖面设计中还要注意对顶棚的材料和形状进行设计，使其一次反射声均匀分布，如图10-21所示。

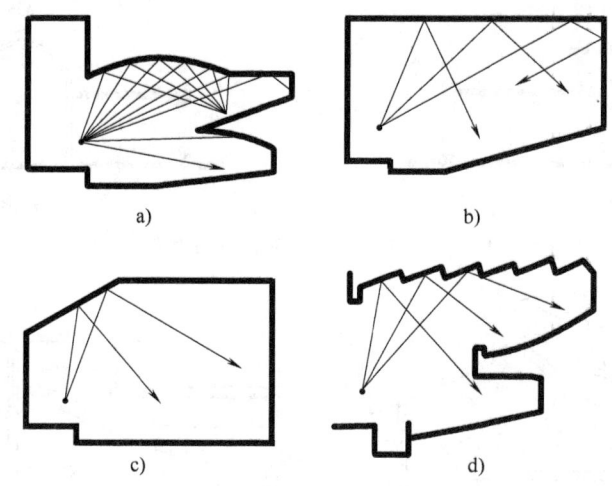

图 10-21　剖面形状与声音的关系
a）凹曲面顶棚（声音反射有聚焦）　b）平顶棚（声音反射较均匀）
c）台口降低（声音反射较均匀）　d）波浪式顶棚（声音反射较均匀）

2. 结构、材料和施工要求对剖面的影响

矩形的剖面形状适用于简单的梁板式结构布置，施工方便，绝大部分民用建筑都采用矩形剖面形状设计。

大跨度建筑的房间剖面由于结构形式的不同而形成不同的内部空间特征。当房间采用梁板结构时，剖面形状一般为矩形；当房间采用拱结构、壳体结构、悬索结构等结构类型时，其剖面形状也各有不同。大跨建筑中特殊的结构形式能为建筑创造独特的室内空间。

3. 采光、通风要求对剖面的影响

室内光线的强弱和照度是否均匀，除了和平面中窗户的宽度及位置有关外，还和窗户在剖面中的高低有关。房间里光线的照射深度主要靠侧窗的高度来解决，进深越大，要求侧窗上沿的位置越高，即相应房间的净高也要高一些。

单层房间中进深较大的房间，从改善室内采光、通风条件考虑，常在屋顶设置各种形式的天窗，使房间的剖面形状具有明显的特点。

当房间进深较大，侧窗无法满足要求时，应设置各种形式的天窗，如图10-22所示，形成不同的剖面形状。

厨房一类房间，由于使用过程中常产生大量蒸汽、油烟等，一般在顶棚设置排气窗，如图10-23所示。

10.2.2　房间高度的确定

1. 房间的净高与层高

净高是指楼地面完成面至结构层（吊顶或楼板、梁、管道）底面之间的高度。

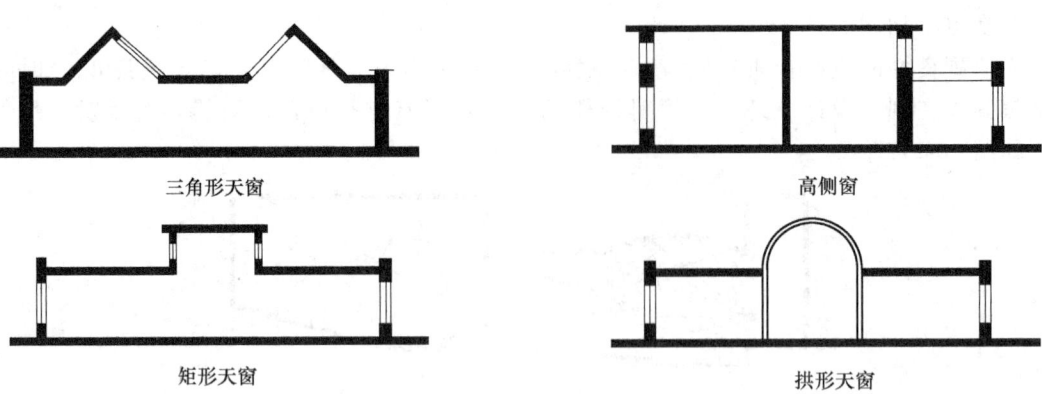

图 10-22 不同采光方式对剖面形状的影响

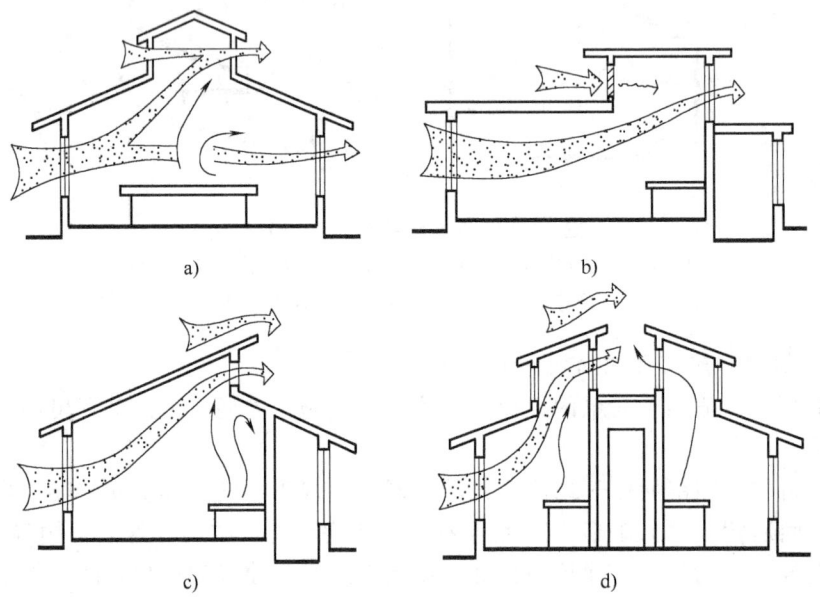

图 10-23 设置顶棚排气窗的厨房剖面形状

层高是指该层的地坪或楼板面到上层楼板面的距离,即该层房间的净高加上楼板层的结构厚度(包括梁高),如图 10-24 所示。

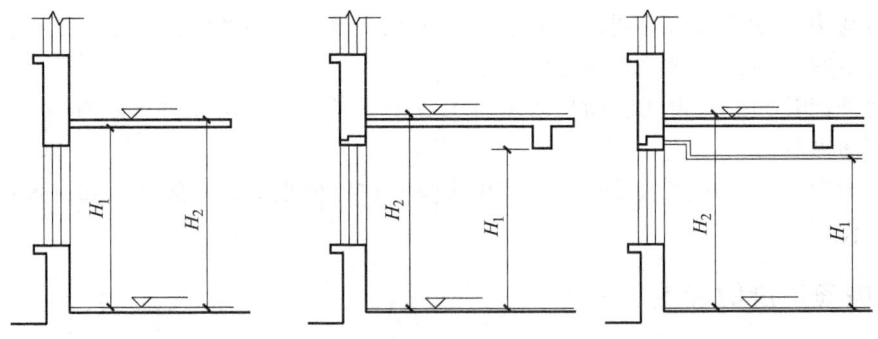

图 10-24 房间净高与层高之间的关系

注:H_1 表示净高;H_2 表示层高。

影响房间层高和净高的因素有人体活动及家具设备的要求、采光与通风等卫生要求、结构层的高度及构造方式的要求、建筑经济方面的要求和室内空间比例的要求五方面。

（1）人体活动及家具设备的要求。房间的高度与人体活动尺度、室内使用性质、家具设备设置等密切相关。在民用建筑中，对房间高度有一定影响的设备布置主要有顶棚部分嵌入或悬吊的灯具、顶棚内外的一些空调管道以及其他设备所占的空间。

房间的主要用途决定了房间的使用性质和人在其中的活动特征。如住宅中的卧室和起居室，因使用人数较少，面积不大，净高要求一般不应小于2400mm，层高在2800mm左右；而中学的普通教室，由于使用人数较多，面积较大，净高也相应加大，要求不应小于3400mm，层高在3600~3900mm；同样面积的中学舞蹈教室，由于人在其中活动的幅度较大，虽然使用人数较少（一般不超过20人），但净高却要求不应少于4500mm，层高达到4800~5100mm。

房间内的家具设备以及人们使用家具设备所需要的空间大小，也直接影响房间的净高和层高。如学生宿舍设有双层床时，净高不应小于3000mm，层高一般取3300mm左右；医院手术室的净高应考虑到手术台、无影灯以及手术操作所必需的空间，而无影灯的装置高度一般为3000~3200mm，因此手术室的净高不应小于3000mm。

（2）采光与通风等卫生要求。房间里光线的照射深度，主要靠侧窗的高度来解决。侧窗上沿越高，光线照射深度越深；反之则越浅。为此，进深大的房间，为满足房间照度要求，常提高窗的高度，相应房间的高度也应增加。

对容纳人数较多的公共建筑，为保证房间必要的卫生条件，在剖面设计中，除组织好通风换气外，还应考虑房间正常的气容量。

（3）结构层的高度及构造方式的要求。在房间的剖面设计中，梁、板等结构构件的厚度，墙柱等构件的稳定性，以及空间结构的形状、高度对剖面设计都有一定影响。例如砖混结构中，钢筋混凝土梁的高度通常为跨度的1/2左右。由于梁底下凸较多，楼板层结构厚度较大，相应房间的净高降低，如将梁的宽度增加，高度降低，形成扁梁，楼板层结构的厚度减小，在层高不变的前提下，就提高了房间的使用空间。承重墙由于墙体稳定的高厚比要求，当墙厚不变时，房间的高度也受到一定的限制。框架结构系统，由于改善了构件的受力性能，能适应空间较高要求的房间，但此时也要考虑柱子断面尺寸和高度之间的长细比要求。

（4）建筑经济方面的要求。层高是影响建筑造价的一个重要因素，在满足使用要求、采光、通风、室内观感等前提条件下，应尽可能降低层高。普通砖混结构的建筑物，层高每降低100mm，可节省投资1%。

合理选择房间高度，适当降低层高可以减少房屋的间距，节约用地，减轻房屋自重，改善结构受力状况，节约材料。对于寒冷地区以及有空调要求的建筑，可减少空调费用、节约能源。

（5）室内空间比例的要求。室内空间的封闭和开敞、高大和矮小、比例协调与否都会给人不同的感觉。要改变房间比例不协调或空间观感不好的情况，通常需要改变某些尺度，也会涉及和影响房间的高度。

2. 室内窗台高度

窗台的高度主要根据室内的使用要求、人体尺度和家具设备的高度来确定。

一般的生活、学习、工作用房，窗台高度常取 900~1000mm，以保证人的视线能望到窗外和书桌上有充足的光线。建筑中的某些房间，为扩大视野，丰富室内空间，常常降低窗台高度，甚至采用落地窗。托儿所、幼儿园的窗台，由于考虑到儿童的身高和家具尺寸，高度常采用 600~700mm。医院儿童病房的窗台高度也较一般民用建筑的窗台低一些。展览类建筑中的展厅、陈列室等，窗台高度常提高到距地面 2500mm 以上。卫生间、浴室的窗台高度也提高到 1500~1800mm，如图 10-25 所示。

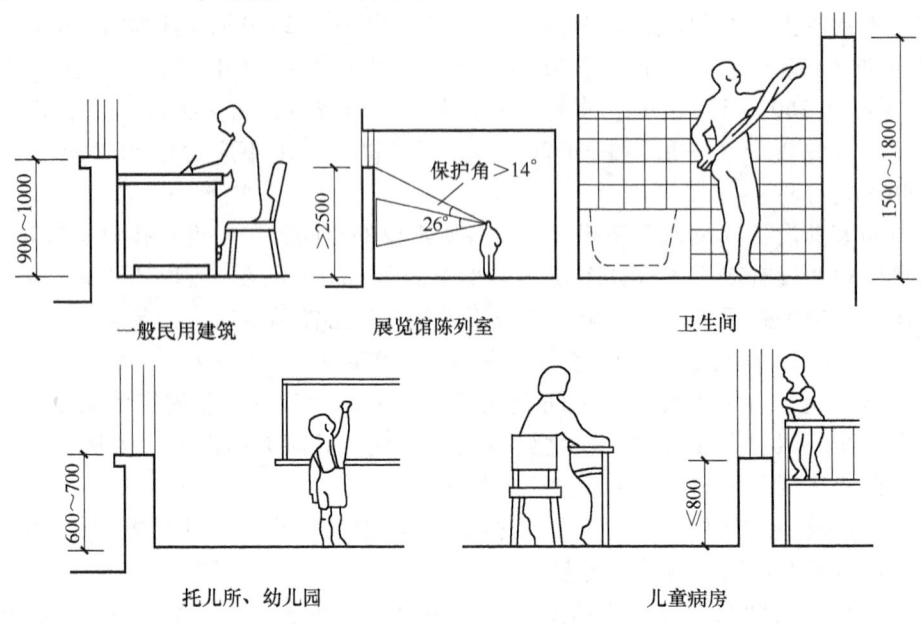

图 10-25 窗台高度举例

3. 室内外高差

为了防止室外雨水流入室内，并防止墙身受潮，底层室内地面高出室外地面一般不应低于 150mm，室内外高差要适当，高差过小难以保证基本要求，高差过大又会增加建筑高度和土方工程量。对大部分民用建筑，室内外高差常取 450mm。

一些大型公共建筑或纪念性建筑，常借助加大室内外高差的设计手法，设置大台阶、高基座以创造出庄严、肃穆、雄伟的气氛。

当建筑物所在基地的地形起伏变化较大时，需要根据地段道路标高、施工时的土方量以及基地的排水条件等因素综合分析后确定合理的室内外高差。

10.2.3 建筑层数的确定

建筑层数不确定，建筑各层平面无法布置，剖面、立面高度也就无法确定。影响建筑层数确定的因素很多，主要有建筑使用要求，基地环境和城市规划的要求，结构类型、材料和施工的要求，经济条件及防火要求等。

1. 建筑使用要求

房屋用途不同，使用对象不同，对层数的要求就会有差异。

在幼儿园设计中，考虑到幼儿的生理特点、活动特征以及必要的安全性，建筑层数不应超过 3 层。小学、中学的教学楼层数应分别控制在 4 层、5 层以内。影剧院、体育馆、车站等建筑，由于聚集的人数多，疏散时人流集中，为了疏散安全，也应以单层或低层为主。医院门诊部、疗养院、养老院等建筑物，一般以1~3层为宜。公共食堂，宜建成低层。住宅、宿舍、办公楼等建筑，一般可建多层，当设置电梯作垂直交通时，也可建高层。

2. 基地环境和城市规划的要求

确定建筑的层数，不能脱离一定的环境条件限制。特别是位于城市街道两侧、广场周围、风景园林区、历史建筑保护区的建筑，必须重视与环境的关系，做到与周围建筑物、道路、绿化相协调，同时要符合城市总体规划的统一要求。

3. 结构类型、材料和施工的要求

建筑物建造时所用的结构体系和材料不同，允许建造的建筑物层数也不同。

钢筋混凝土框架结构、剪力墙结构、框架剪力墙结构及筒体结构则可用于建多层或高层建筑，如高层办公楼、宾馆、住宅等。空间结构体系，如折板、薄壳、网架等，则适用于低层、单层、大跨度建筑，如剧院、体育馆等。砌体结构，墙体多采用砖或砌块，自重大、整体性差，下部墙体厚度随层数的增加而增加，故建筑层数一般控制在6层以内，如住宅、宿舍、普通办公楼等。

建筑施工条件、起重设备及施工方法等，对确定房屋的层数也有一定影响。

除此之外，建筑的层数与节约土地关系密切。在建筑群体组合设计中，个体建筑的层数越多，用地越经济。将一幢5层住宅和5幢单层平房相比较，在保证日照间距的条件下，用地面积要相差2倍左右，道路和室外管线设置也都相应减少。

4. 经济条件

建筑物的层数也受到经济因素的影响。在经济繁荣时期，开发商可能会更愿意投资建造更高的建筑物，因为市场对高层建筑的需求较大。而在经济不景气时期，建筑物的层数可能会受到限制，因为市场对高层建筑的需求减少，开发商也可能会面临资金短缺的压力。

5. 建筑防火要求

按《建筑设计防火规范》和《高层民用建筑设计防火规范》规定，建筑的层数与建筑的耐火等级有关，如一级、二级耐火等级建筑，原则上层数不受限制，三级耐火等级民用建筑，允许层数为1~5层，四级耐火等级的建筑物，允许层数为1~2层。

10.2.4 建筑剖面的组合形式

当一个建筑不是单层时，就存在房间的竖向组合问题，各层房间形成不同的楼层。在做设计时，应根据使用性质和使用特点进行合理的垂直分区，做到区分明确，使用方便，流线清晰，合理利用空间，设备管线集中。

1. 单层组合

单层剖面便于房屋中各部分人流或物品和室外直接联系，它适用于覆盖面及跨度较大的结构布置，一些顶部要求自然采光和通风的房屋，也常采用单层的剖面组合方式，如体育馆、会场、车站、展览大厅等。

2. 多层和高层组合

多层剖面的室内交通联系比较紧凑，适用于有较多相同高度房间的组合，垂直交通通过楼梯联系。

多层剖面的组合应注意上下层墙、柱等承重构件的对应关系，以及各层之间相应的面积分配。许多单元式平面的住宅和走廊式平面的学校、宿舍、办公楼、医院等房屋的剖面较多采用多层的组合方式。

一些建筑类型（如旅馆、办公楼等），由于城市用地、规划布局等因素，也会采用高层剖面的组合方式，大城市中有的居住区内，根据所在地段和用地情况考虑已建成了一些高层住宅。高层剖面能在占地面积较小的条件下，建造使用面积较多的房屋。这种组合方式有利于室外辅助设施和绿化等的布置。但是高层建筑的垂直交通需用电梯联系，管道设备等设施也较复杂，费用较高。

3. 错层和跃层组合

当建筑物内部出现高低差或受地形条件限制时，可采用错层的形式。错层还可适用于结合坡地地形建造的住宅、宿舍等建筑类型。

房屋剖面中的错层高差有以下三种解决方式：

1）利用踏步解决错层高差。
2）利用室外高差解决错层高差，如图10-26a 所示。
3）利用楼梯间解决错层高差，即通过选用不同数量的梯段，调整楼梯的踏步数，使休息平台的标高和错层楼地面一致，如图10-26b 所示。

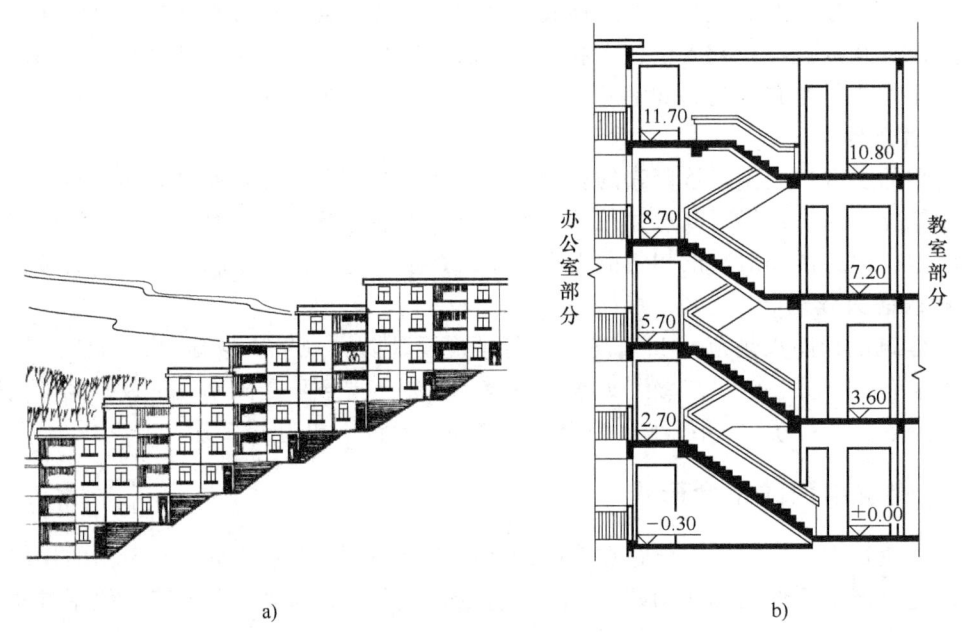

a) b)

图 10-26 错层高差处理
a) 利用室外高差解决错层高差 b) 利用楼梯间解决错层高差

跃层式住宅是近年来出现的一种新颖的住宅建筑形式。

这类住宅的特点是住宅占有上、下两层楼面，卧室、起居室、客厅、卫生间、厨房及其他辅助用房可以分层布置，上下层之间的交通不通过公共楼梯，而采用户内独用小楼梯连接。跃层式住宅的特点是每户都有两层或两层合一的采光面，即使朝向不好，也可以通过增大采光面积弥补，通风较好，户内居住面积和辅助面积较大，布局紧凑，功能明确，相互干扰较小，但结构布置和施工比较复杂。

10.2.5 建筑空间的处理

1. 室内空间的形状、尺度与比例

不同形状的室内空间，给人的感觉不同。

在确定空间形状时，必须把建筑的使用功能和艺术要求结合起来考虑，要获得良好的艺术空间效果，必须认真处理空间的形状、尺度和比例。

在公共建筑的空间尺度处理中存在功能尺度和视觉尺度问题。功能尺度是根据建筑使用功能要求确定的尺度，视觉尺度是为满足人的视觉和心理要求而确定的尺度。在进行空间处理时，我们一般以功能尺度为准，对于有特殊要求的空间再进行视觉尺度的处理。

2. 室内空间的划分

室内空间的划分是根据室内使用要求来创造所谓空间里的空间，可以按照功能需求作多种处理。随着应用物质的多样化，加上采光、照明的光影、明暗、虚实，陈设的简繁及空间曲折、大小、高低和艺术造型等多种手法，都能产生形态繁多的空间划分。

在进行空间划分时，还应注意空间的过渡处理。过渡空间是为了衬托主体空间，或对两个空间的联系起到承上启下的作用，以加强空间层次感。

3. 建筑空间的利用

充分利用建筑物内部的空间，实际上是在建筑占地面积和平面布置基本不变的情况下，起到了扩大使用面积、丰富室内空间艺术效果的作用。

在人们室内活动和家具设备布置等必需的空间范围之外，可以充分利用房间内剩余部分的空间。

10.3 建筑体型和立面设计

建筑体型和立面设计是整个建筑设计的重要组成部分。建筑体型是指建筑物的轮廓形状，反映建筑物外形总的体量、形状、比例、尺度等空间效果。建筑立面由门窗、墙面、梁柱（外露）、阳台、雨篷、檐口、勒脚、台阶、花饰等组成，立面设计是对建筑体型的进一步深化。外部体型和立面反映内部空间的特征，应与平、剖面设计同时进行，并贯穿于整个设计的始终。

从方案设计开始，就应在功能、物质技术条件等制约下按照美观的要求考虑建筑体型及立面的雏形，在平、剖面设计的基础上对建筑外部形象从总体到细部反复推敲、协调、深化，使之达到形式与内容完美的统一，这是建筑体型和立面设计的主要方法。

建筑体型和立面设计着重研究建筑物的体量大小、体型组合、立面及细部处理等。在满足使用功能和经济合理的前提下，运用不同的材料、结构形式、装饰细部、构图手法等创造出预想的效果。但不能离开物质技术发展的水平和特定的功能、环境而任意塑造，它在很大程度上要受到使用功能、材料、结构、施工技术、经济条件及周围环境的制约。因此，每一幢建筑物都具有自己独特的形式和特点。此外，还要受到不同国家自然社会条件、生活习惯和历史传统等综合因素的影响。建筑外形不可避免地要反映出特定历史时期、特定民族和地区的特点，使之具有时代气息、民族风格和地区特色。

只有全面考虑上述因素，运用建筑艺术造型构图规律来塑造建筑体型和立面造型，才能创造出真实、淳朴、具有强烈感染力的建筑形象。

10.3.1 建筑体型和立面设计的要求

1. 反映建筑功能要求和建筑类型的特征

不同功能要求的建筑类型，具有不同的内部空间组合特点，房屋的外部形象也相应地表现出这些建筑类型的特征。

住宅建筑，考虑到内部房间较小、人流出入较少的特点，和一般公共建筑相比，通常体型上进深较浅，立面上常以较小的窗户和入口、分组设置的楼梯和阳台反映住宅建筑的特征，如图 10-27a 所示。

学校建筑中的教学楼，由于室内采光要求高，人流出入多，立面上往往形成高大明快、成组排列的窗户和宽敞的入口，如图 10-27b 所示。

大片玻璃的陈列橱窗和接近人流的明显入口，通常是一些商业建筑立面的特征，如图 10-27c 所示。

剧院建筑由于观演部分音响和灯光设施等要求，以及观众场间休息所需的空间要求，在建筑体型上，常以高耸封闭的舞台箱和宽广开敞的休息厅形成对比，如图 10-27d 所示。

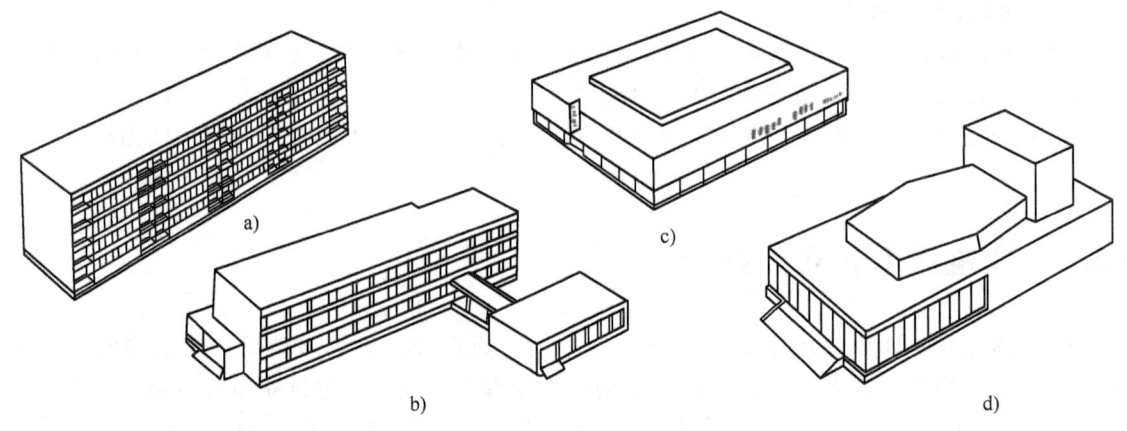

图 10-27 不同建筑类型的外形特征
a) 多层住宅 b) 教学楼 c) 商业建筑 d) 剧院

2. 结合材料性能、结构构造和施工技术的特点

建筑物所用材料、选用的结构系统以及采用的施工技术、构造措施与立面设计的关系都极为密切，这是由于建筑物内部空间组合和外部体型的构成，只能通过一定的物质技术手段来实现。

中国传统建筑的形象是使用木材以及运用木构架系统，希腊古典柱式又和使用石材以及采用梁柱布置密切相关，两种不同风格的建筑造型和立面处理，都和当时手工生产为主的施工技术相适应。

墙体承重的砖混结构，由于构件受力要求，窗间墙必须保留一定宽度，窗户不能开得太大，这类结构的房屋外观形象，可以通过门窗的良好比例和合理组合，以及墙面材料质感和色彩的恰当配置，取得朴实、稳重的建筑造型效果，如图 10-28a 所示。

钢筋混凝土或钢框架的结构系统，由于墙体只起围护作用，立面门窗的开启具有很大的灵活性，建筑物的整个柱间可以开设横向窗户，如图 10-28b 所示。同时，房屋底层可以采用灵活开敞的布置方式，以取得室内外空间相互渗透的效果。有些框架结构的房屋，立面上外露的梁柱构件，形成节奏鲜明的立面构图，显示出框架房屋的外形特点。

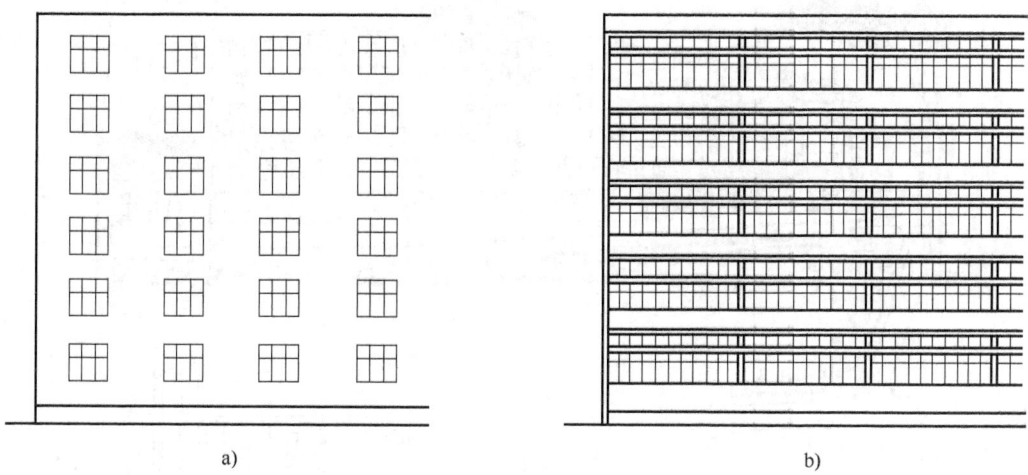

图 10-28　不同结构体系对建筑立面的影响
a）砖混结构　b）框架结构

3. 掌握建筑标准和相应的经济指标

建筑体型和立面设计，应该遵循设计方针政策，根据房屋的使用性质和规模，严格掌握国家规定的建筑标准和相应的经济指标。同一城市中建筑物所在地区不同，以及少数大型公共建筑和大量性中小型民用建筑之间，在造型要求上也应有所区别。建筑外形设计的任务是在合理满足使用要求的前提下，用较少的投资建造起简洁、明朗、朴素、大方以及和周围环境协调的建筑物。

4. 适应基地环境和建筑规划的群体布置

单体建筑是规划群体中的一个局部，拟建房屋的体型、立面、内外空间组合以至建筑风格等方面，要认真考虑和规划建筑群体的配合。同时，建筑物所在地区的气候、地形、道路、原有建筑物以及绿化等基地环境，也是影响建筑体型和立面设计的重要因素。

山区或丘陵地区，为了结合地形和争取较好的朝向，往往采用错层布置，从而产生多变的体型。

炎热地带由于考虑阳光辐射和房屋的通风要求，立面上通常设置富有节奏感的遮阳和通透的花格，这也是我国南方地区立面处理的特点之一。

建筑物所在基地和周围道路相对方位的不同，对建筑物的体型和立面处理也会带来一定影响。如图 10-29 所示，商店的沿街住宅建筑由于基地和道路相对方位的不同，结合住宅的朝向要求，采用了各种不同组合的体型。

5. 符合建筑造型和立面构图的某些规律

建筑体型和立面设计，除了要从功能要求、技术经济条件，以及总体规划和基地环境等因素考虑外，还必须符合建筑造型和立面构图的一些规律，例如比例尺度、完整均衡、变化统一，以及韵律和对比等。

这些有关造型和构图的基本规律，同样也适用于建筑群体布局和室内外的空间处理。由

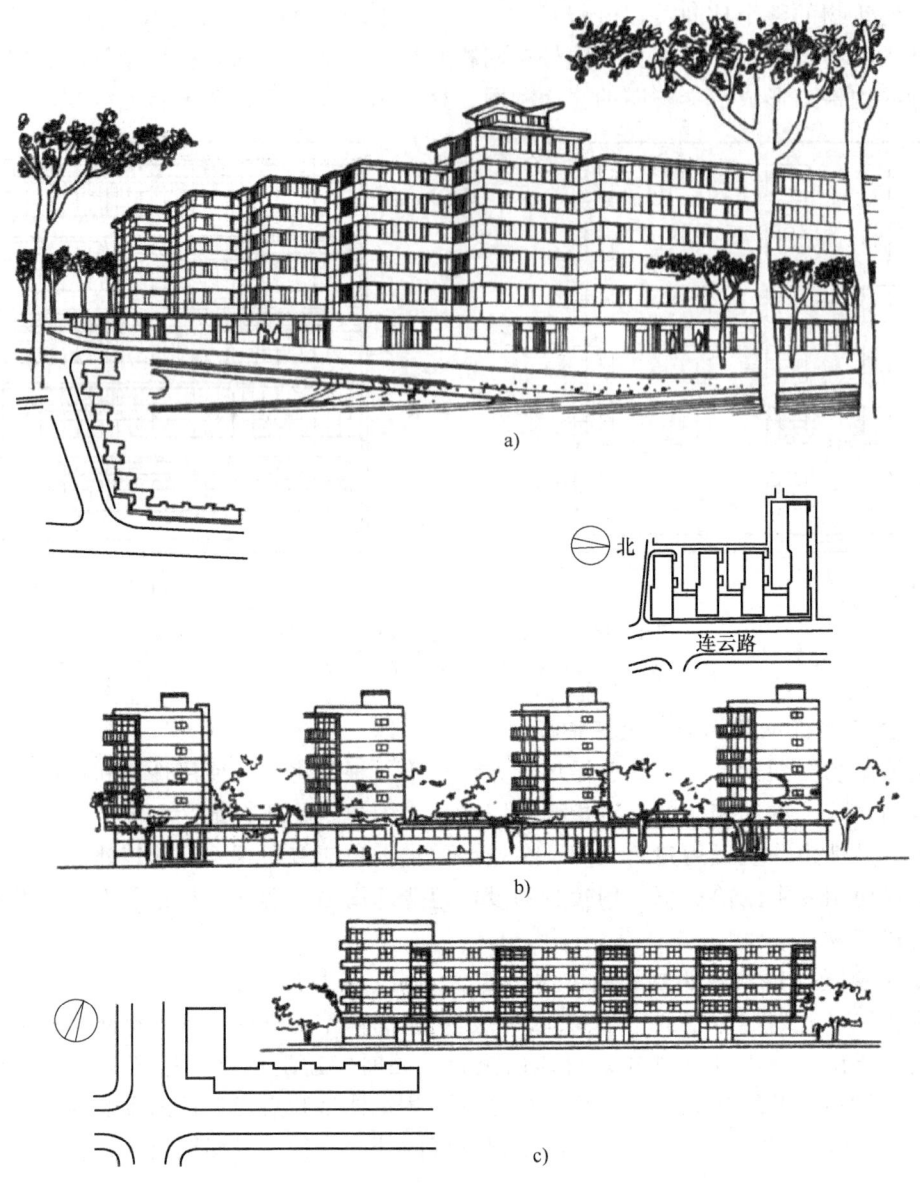

图 10-29 方位对住宅、商店体型的影响
a）基地两侧道路斜交　b）基地位于路东　c）基地位于路北

于建筑艺术是和功能要求、材料以及结构技术的发展紧密结合在一起的，因此这些规律也会随着社会政治文化和经济技术的发展而发展。

建筑作为社会物质文化的组成部分，其外部形象的创作设计，也应本着"古为今用""洋为中用""推陈出新"的精神，有批判、有分析地吸取古代和外国优秀的设计手法和创作经验，为创造人们喜闻乐见、具有我国民族风格的新建筑所借鉴。

10.3.2 建筑体型的组合

建筑体型组合的造型要求，主要有三点：完整均衡、比例恰当；主次分明、交接明确；

体型简洁、环境协调。

建筑体型的组合，首先要求完整均衡，这对较为简单的几何形体和对称的体型，通常比较容易达到，如图10-30所示。对称的体型有明确的中轴线，建筑物各部分组合体的主从关系分明，形体比较完整，容易产生端正、庄严的感觉。我国古典建筑较多地采用对称的体型，一些纪念性建建筑和大型会堂等，为了使建筑物显得庄严、完整，也常采用对称的体型。

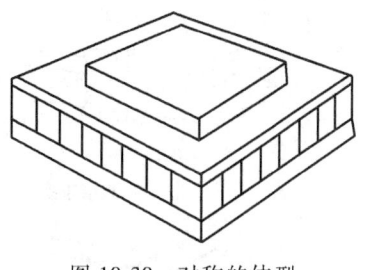

图 10-30　对称的体型

而对于较为复杂的不对称体型，为了达到完整均衡的要求，需要注意各组成部分的大小比例关系，使各部分的组合协调一致、有机联系，在不对称中取得均衡。不对称的体型，布局比较灵活自由，对功能关系复杂或不规则的基地形状较能适应，容易使建筑物取得舒展、活泼的造型效果，一些医院、疗养院、园林建筑等，常采用不对称的体型。图10-31所示是一不对称体型组合的宾馆，由于右边有凸起的宴会厅，主楼入口立面上又有偏右设置的门厅和窗户，使房屋的体型和立面取得了协调和均衡的效果。

图 10-31　宾馆的不对称体型组合

建筑体型的组合，还需要处理好各组成部分的连接关系，尽可能做到主次分明、交接明确。建筑物有几个形体组合时，应突出主要形体，通常可以由各部分体量之间的大小、高低、宽窄形状的对比，平面位置的前后，以及突出入口等手法来强调主体部分。各组合体之间的连接方式主要有几个简单形体的直接连接、咬接，以走廊或连接体的连接等，如图10-32所示。

简洁的建筑体型易于取得完整统一的造型效果，同时在结构布置和构造施工方面也比较经济合理。随着工业化构件生产和施工的日益发展，建筑体型也趋向于采用完整简洁的几何形体，或由这些形体的单元所组合，使建筑物的造型简洁而富有表现力。注意与周围建筑、道路相呼应配合，和地形、绿化等基地环境的协调一致，使建筑物在基地环境中显得完整统一、配置得当。

10.3.3　建筑立面设计

建筑立面设计是建筑体型设计的进一步深化。由建筑四周的外部形象——门窗、墙面、外露梁柱、檐口、阳台、雨篷、勒脚、台阶、花池等组成，建筑立面设计就是恰当地运用建

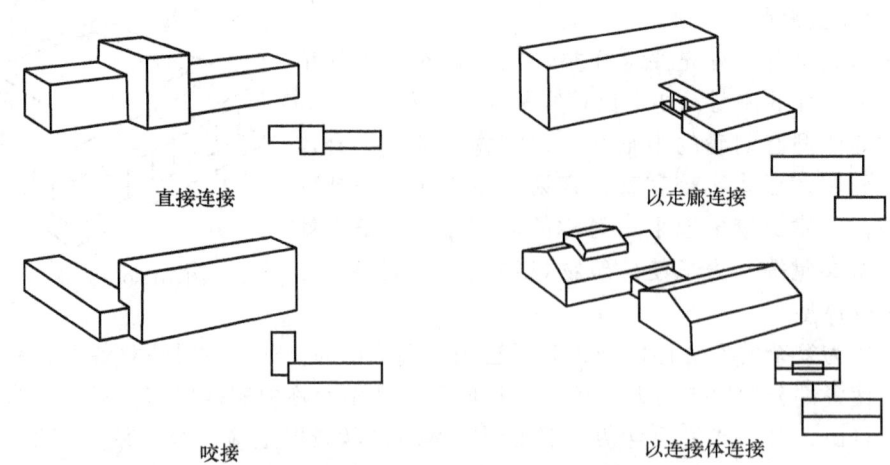

图 10-32　房屋各组合体之间的连接方式

筑形式美的规律，确定这些组成部分的形状、尺度、比例、排列方式、材料、色彩等，使之与总体协调，与内部空间相呼应。

完整的立面设计，并不只是美观问题，它和平、剖面的设计一样，同样也有使用要求、结构构造等功能和技术方面的问题，但是从房屋的平、立、剖面来看，立面设计中涉及的造型和构图问题，通常较为突出，所以尺度正确和比例协调，是使立面完整统一非常重要的方面。

建筑立面中的一些部分，如踏步的高低、栏杆和窗台的高度、大门拉手的位置等，由于这些部位的尺度相应比较固定，如果它们的尺寸不符合要求，在使用上会使人感觉不方便，同时在视觉上也会使人感到不协调。

至于比例协调，既存在于立面各组成部分之间，也存在于构件之间，以及对构件本身的高宽等比例要求。一幢建筑物的体量、高度和出檐大小有一定比例，梁柱的高跨也有相应的比例，这些比例上的要求首先需要符合结构和构造的合理性，同时也要符合立面构图的美观要求。

此外，建筑物材料的质感也会对建筑立面产生相当的影响。一般来说，光滑的表面使人感到富贵、轻巧，粗糙的表面使人感到朴实、厚重。

模块小结

一幢建筑的平面图、立面图、剖面图是这幢建筑物在不同方向的外形及剖切面的投影，这几个面之间是有机联系的。一幢建筑物的设计，主要也是平面图、立面图、剖面图的设计。

平面设计包括主要房间、辅助房间、交通联系部分的设计和平面结合设计。主要使用房间设计涉及确定房间的面积、形状、尺寸以及门窗的大小和位置。辅助房间是保证主要房间正常使用的一些附属房间。各个房间之间以及室内外之间依靠交通联系部分联系起来，建筑物内部的交通联系部分主要包括水平交通联系和垂直交通联系。平面组合设计就是将建筑平面中的使用部分、交通联系部分有机地联系起来，使之成为一个使用方便、结构合理、体型简洁、构图完整、造价经济及与环境协调的建筑物。

剖面设计包括房间的剖面形状、房间高度、建筑层数的确定，主要考虑房屋使用要求以及房屋的结构、材料和施工对剖面的影响。房屋高度包括房间的净高与层高、室内窗台高度、室内外高差的确定。

建筑体型和立面设计应反映建筑物外形总的体量、形状、比例、尺度等空间效果，着重研究建筑物的体量大小、体型组合、立面及细部处理等。在满足使用功能和经济合理的前提下，运用不同的材料、结构形式、装饰细部、构图手法等进行创造。

习题

一、选择题

1. 民用建筑内部各种空间尺度主要是依据（ ）而确定的。
  A. 心理学 B. 测量学
  C. 家具、设备尺寸及所需的必要空间 D. 人体尺度及人体活动的空间尺度
2. 建筑平面的组合形式有（ ）。
  A. 走道式组合、大小空间组合、单元式组合、主次空间组合
  B. 套间式组合、走道式组合、大厅式组合、单元式组合
  C. 大厅式组合、主次空间组合、走道式组合、套间式组合
  D. 单元式组合、套间式组合、主次空间组合、走道式组合
3. （ ）是建筑外部环境的组成要素。
  A. 内部空间 B. 水文条件 C. 电梯 D. 防火门窗
4. 在我国，（ ）属于北方地区，设计要考虑冬季避风的问题。
  A. 东北和华北 B. 长江以北 C. 黄河以北 D. 秦岭与淮河以北
5. 房间平面大小的设计，应该考虑（ ）。
  A. 通风 B. 日照 C. 室内布置 D. 保温
6. 门厅的主要用途是（ ）。
  A. 展示 B. 运输 C. 集散人流 D. 客人休息
7. 矩形平面房间的优点是（ ）。
  A. 美观 B. 便于室内布置 C. 构件尺寸小 D. 容易布置门窗
8. 下列因素中的（ ）不是影响建筑日照条件的因素。（比赛试题）
  A. 建筑基地的地理纬度 B. 建筑基地的地理经度
  C. 日照间距系数 D. 冬季太阳的高度角和方位角
9. 居住建筑的室内通风设计中，下列选项不符合规定的是（ ）。（考证试题）
  A. 居住用房的通风开口面积不应小于该房间地板面积的 1/20
  B. 厨房的通风开口面积不应小于其地板面积的 1/10，并不得小于 $0.6m^2$
  C. 严寒地区无直接自然通风的浴室、厕所，应设自然通风道，其有效面积不应小于 $0.015m^2$
  D. 自然通风道的位置应设于窗户或进风口的一侧
10. 根据中国建筑气候区划图，广州属于（ ）。
  A. 严寒地区 B. 寒冷地区 C. 夏热冬冷地区 D. 夏热冬暖地区

二、填空题

1. 各种类型的民用建筑，从组成平面各部分的使用性质来分析，建筑平面设计包括_____和_____两类。

2. 在民用建筑中，一般功能要求的大量性房间，其平面形状常采用_____。

3. 一般民用建筑的房间开间和进深以_____为模数。

4. 对使用人数较少的房间，为防止影响走道的交通，一般要求门向_____开启，使用人数较多的房间，为便于安全疏散，门应向_____开启。

三、简答题

1. 建筑平面设计包括哪些基本内容？

2. 影响房间平面形状的因素有哪些？为什么矩形平面被广泛采用？

3. 门的主要作用是什么？在平面设计中主要应解决哪些问题？

4. 如何确定门的宽度？门的宽度与门扇数有何关系？

5. 如何解决中间走道的采光和通风问题？

6. 剖面设计的内容有哪些？

7. 如何确定房间的高度？

8. 建筑的空间利用有哪些处理手法？

9. 建筑体型组合中各体量之间的连接方式主要有哪几种？各有什么特点？

10. 建筑立面设计的处理手法主要有哪些？

习题答案

实训项目

1. 实训目标

通过本次实训，同学们能够运用所学的理论和方法进行一般建筑的初步设计，进一步理解建筑设计的基本原理，了解初步设计的步骤和方法。

2. 设计内容

根据任务书内容要求，进行建筑施工图设计。

3. 设计条件

单元式多层住宅设计

（1）建设场地及环境：场地自定，假设场地通风、日照等条件良好。

（2）气象条件：

气温：最高37℃，最低-6℃。

风向：东南风为主导风向，基本风压 $0.35kN/m^2$。

雨量：年降雨量1950mm，最大日降雨量250mm。

抗震：按六度区设防。

日照间距：按1∶1.2控制。

水、暖、电等均由城市集中供应。

（3）技术条件：结构按砖混结构或者框架结构考虑，承重方向的开间或进深应符合模数要求，承重墙、外墙、内墙和隔墙厚度结合当地地区情况确定，应满足相当于240mm砖墙的热工条件。

4. 设计要求

（1）面积指标：按照三个单元或更多单元设计，至少包含两种套型，套型建筑面积分别为 80~90m²、100~110m² 与 120~140m²。

（2）居室面积：大卧室 12~15m²，中卧室 8~11m²，小卧室 8~11m²。每套住宅必须有一间大居室，主要居室应能同时两个方向放床，并要求每套住宅居室大小搭配恰当。

（3）主要使用房间应包括客厅、卧室、餐厅等。

（4）辅助房间：厨房和卫生间均为每户单独使用，厨房设置洗池、案台和灶台（燃料：煤或煤气）和必要的储藏设施，卫生间设置大便器（蹲式或坐式）、浴缸或淋浴，也可根据实际情况设置洗面盆。

（5）其他设施：每户可设置生活阳台、服务阳台，单元不考虑垃圾道。

（6）层数及层高：建筑层数按六层或六层加跃层设计，层高按照 2.8m 设计。

（7）住宅设计要求布局合理紧凑，动静分离，结构合理，重视节能，采光通风良好。

（8）在环境和建筑造型方面，应力求具有特色，避免千篇一律。

（9）图纸绘制要求各部分作法正确、完整无遗漏，投影关系正确、无矛盾，符合建筑设计规范要求和房屋建筑制图统一标准。

5. 设计成果要求

要求设计文件需达到详细规划的深度，并满足现行政府城规部门的常规审批要求。详细内容如下：

（1）建筑单体：一层平面图、标准层平面图、顶层平面图（各一个）、立面图（至少三个立面）、剖面图（至少一个，楼梯部位），均以 1∶200~1∶100 比例绘制。节点详图 3~4 个。

（2）文字部分包括建筑设计说明、主要技术经济指标（建筑面积、层数、户型构成及户型面积等）。

（3）以上所有图纸均以 A3 或 A2 图纸绘制，并自行设计图框。

6. 设计流程

（1）方案草图设计。方案草图设计以徒手单线绘制，图幅及表达方式自选。具体内容如下：

1）单元平面图（1∶200~1∶100）。

① 确定房间的形状、尺寸、位置及其组合。房间内应布置家具及设备，并且标注居室面积及每套住宅建筑面积。

② 确定门窗位置、大小（按比例画，不标尺寸）及门的开启方式和方向。

③ 楼梯应画出踏步、平台及上下行方向线，平面图还应表示储藏设施（自定）和阳台位置、深度尺寸。

④ 标注总尺寸、轴线尺寸及必要的尺寸。

⑤ 标出房间名称、剖切线、图名及比例。

2）单元组合平面示意图（1∶500）。

要求：单线徒手绘图，单元外边线为粗实线，单元分界线为细实线。

3）方案说明、技术经济指标。

方案说明的内容包括方案特点，与方案有关的结构、构造、材料或其他方面的说明，套型及单元组合的说明，技术经济指标等。

4）剖面图（1~2个，比例1：200~1：100）。

① 单线徒手绘图，着重表达住宅建筑内部空间的尺度，如总高、层高、屋面、室内与室外的关系等。

② 标出各层标高、屋面标高和室外地坪标高。

③ 楼梯不画踏步，以斜线表示。

④ 标注图名及比例。

5）立面图（1：200~1：100）。

① 外轮廓线画中粗实线，地坪线画粗实线，其余均为细实线。

② 窗应分扇，以单线表示。

③ 能画配景和阴影者，画出配景和阴影（选作）。

④ 立面图不标尺寸及做法。

⑤ 标注图名及比例（以单元入口为正立面图）。

(2) 方案设计。方案设计是在上述方案草图的基础上进行的，图幅为A3或A2，具体内容如下：

1）平面图（1：200~1：100）。

① 确定房间的形状、尺寸、位置及其组合。房间内可以布置活动家具及固定设备，并且标注居室净面积及每套住宅户内使用面积。

② 确定门窗位置、大小（按比例画，不标尺寸）及门的开启方式和方向，墙画双线，剖切部分以粗实线表示，窗洞以细实线表示。

③ 楼梯应画出踏步、平台及上下行方向线，平面图还应表示储藏设施和阳台位置、深度尺寸。

④ 标注各定位轴线编号和总尺寸、轴线尺寸及必要的尺寸。

⑤ 标出房间名称、剖切线、图名及比例。

2）总平面图（1：1000~1：500）。

① 确定建筑的位置、尺寸、朝向、轮廓（以粗实线绘制）。

② 确定建筑的层数、与周边道路的关系。

3）技术经济指标及方案说明与方案草图内容相同。

4）剖面图（1：150或1：100）。

① 用工具绘图，着重表示住宅内部空间的尺度，如总高、层高、屋面、室内与室外的关系等。

② 剖切部分的墙体轮廓画双粗实线，钢筋混凝土部分涂黑表示，门窗洞口用双细实线表示，未剖切部分的投影画细实线。

③ 活动的家具不画，只画固定设备。

④ 尽可能表示出结构构件的相互关系。

⑤ 标出各层标高、屋面标高和室外地坪标高。

⑥ 楼梯不画踏步，以斜线表示。
⑦ 标注剖面图的起止定位轴线。
⑧ 标注图名及比例。
5）立面图（1∶100）。
① 外轮廓线画中粗实线，地坪线画粗实线，其余均为细实线。
② 窗应分扇，以单线表示。
③ 阳台、楼梯间花格形式可以简化，但应全部画出。
④ 能画配景和阴影者，画出配景和阴影（选作）。
⑤ 立面图不标尺寸及做法。
⑥ 标注单元组合体两端轴线号，轴线号以整幢住宅为准。
⑦ 标注图名及比例，图名以起止轴线号表示，即○~○立面图表示。
6）主要构造节点设计（1∶25~1∶20）。
准确表达建筑构件的相互关系，图例正确，材料及做法、尺寸表达准确、清晰。

参 考 文 献

[1] 胡永平,张琦. 房屋建筑构造 [M]. 北京:中国建材工业出版社,2015.
[2] 郑贵超,赵庆双. 建筑构造与识图 [M]. 北京:北京大学出版社,2009.
[3] 夏广政,吕小彪,黄艳雁. 建筑构造与识图 [M]. 武汉:武汉大学出版社,2011.
[4] 聂洪达,郄恩田. 房屋建筑学 [M]. 北京:北京大学出版社,2007.
[5] 袁雪峰. 房屋建筑学 [M]. 北京:科学出版社,2016.